Ralph Charbonnier, Ulrike Gebelein, Astrid Giebel, Insa Schöningh (Hg.)
Alleinerziehende Familien in Gesellschaft, Kirche und Diakonie

Ralph Charbonnier, Ulrike Gebelein,
Astrid Giebel, Insa Schöningh (Hg.)

Alleinerziehende Familien

in Gesellschaft, Kirche und Diakonie

Wichern-Verlag

© Wichern-Verlag GmbH, Berlin 2020
Umschlag: FRUEHBEETGRAFIK, Thomas Puschmann · Leipzig
Coverbild: © Konstantin Yuganov · Adobe Stock
Lektorat: Beate Schneppen, Berlin
Satz: NagelSatz, Reutlingen
Druck und Verarbeitung: CPI books GmbH, Leck
ISBN 978-3-88981-455-5

Inhalt

Vorwort 11

Beate Hofmann / Maria Loheide
Statements der beiden Schirmherrinnen 18

Franziska Giffey
Grußwort 19

Kapitel 1: Politische, Kirchliche und Diakonische Perspektiven

Beate Hofmann im Gespräch mit Cornelia Coenen-Marx
Mit Alleinerziehenden lernen
Ein Dialog 23

Maria Loheide
Familie in konzentrierter Form
Zur Situation Alleinerziehender 28

Ulrich Lilie
Unerhört! Diese Alleinerziehenden 39

Kapitel 2: Geistlicher Impuls

Margit Baumgarten
Familienbilder in der Bibel
Ein geistlicher Impuls 49

Kapitel 3: Alleinerziehende Familien – Portraits

Bettina Kenter-Götte
Sozialprotokoll: „Es reicht nicht mal für den Cafébesuch" 55

Eine alleinerziehende Mutter
Single Mum
Interview mit einer alleinerziehenden Mutter 58

Ein alleinerziehender Vater
Ende gut – alles gut. Rückblick eines alleinerziehenden Vaters 64

Johannes Albrecht
König Salomo und der kaukasische Kreidekreis
Von der Liebe, die loszulassen vermag 69

Luisa Meyer
Die Familien-WG 73

Manfred Carrier im Gespräch mit Josephine
Als Pflegerin alleinerziehend – wie soll denn das gehen? 75

Janina Müller
Plötzlich Witwe und alleinerziehend! 80

Luise Janke / Noémie Koenig
Besonderheiten einer Lebenslage
Erfahrungen Alleinerziehender mit Hartz IV 87

Marion Arens
„Endlich fragt mich jemand!"
Alleinerziehende erforschen ihren Lebensalltag 94

Kapitel 4: Alleinerziehende Familien – Grundlagen

Insa Schöningh
Familienpolitische Unterstützung von Alleinerziehendenfamilien 111

Daniela Jaspers
Alleinerziehend in Deutschland
Lebenswirklichkeit und Reformbedarf 120

Uta Meier-Gräwe
Erschöpft und mutterseelenallein?
Warum Alleinerziehende in Deutschland immer noch deutlich
schlechter gestellt sind als andere Lebensformen und was dagegen
zu tun ist 128

Ulrike Gebelein / Rosemarie Daumüller
Wenn das Geld knapp wird
Familien brauchen finanzielle Sicherheit 141

Sabine Walper / Alexandra N. Langmeyer / Julia Reim
Partnerschaft und Elternschaft im Wandel
Chancen, Risiken und Unterstützungssysteme für Alleinerziehende 148

Henning Theißen
Theologische Grundlegung zur Ethik der Alleinerziehung 165

Barbara Städtler-Mach
Zuwendung, wenn etwas zerbrochen ist
Seelsorgliche Begleitung in Krisenzeiten 193

Kapitel 5: Alleinerziehend – Herausforderungen und Wege

Elisabeth Mackscheidt
Vom Wunsch loyal zu sein 203

Astrid Giebel
„Was nicht sein kann, das nicht sein darf!"
Krisen, Scheitern, Brüche – und dabei alleine erziehen 212

Petra-Angela Ahrens
Wie steht es um die Taufe bei Alleinerziehenden? 222

Timon Heuser
„Den werden Sie nicht mehr los"
Die bleibende Verbindung zur Ex-Beziehung im Alltagserleben
von Alleinerziehenden 230

Annette Habert
Mein Papa kommt! Meine Mama kommt!
Rückenwind für multilokale Nachtrennungsfamilien 241

Miriam Boger
Pädagogische Haltung in der Arbeit mit alleinerziehenden Eltern 250

Susanne Gröne
Vom (Wieder-)Erlernen des aufrechten Gangs 260

Ulrike Stephan
Angebote der Familienbildung für Alleinerziehende 267

Kapitel 6: Alleinerziehende Familien begleiten und unterstützen in ihren Lebenslagen

Karin Mack / Werner-Malte Hahn
Alleinerziehendenfamilien in Kirchengemeinden
Potenziale entdecken 271

Johanna Behrens
Beratung und Unterstützung für Alleinerziehende
durch die Kirchliche Allgemeine Sozialarbeit (KASA) /
Diakonisches Werk Landshut 282

Kornelia Brückmann
Zwischen Start und Ziel passiert ganz viel 288

Barbara Christian / Liane Krause
Treffpunkte für alleinerziehende Mütter und Väter und ihre Kinder
Auch heute noch ein wichtiger Bestandteil der Arbeit
mit Alleinerziehendenfamilien 292

Christian Bakemeier
„Alex's on the road again ..."
Kids on Tour – ein Angebot der Bahnhofsmission 301

Sylvia Brinkmann
„Müttergenesung" – alter Hut oder unverzichtbares Angebot
auch oder gerade für Alleinerziehende? 308

Eva-Maria Zabbée
Ist Familienerholung Luxus?
Familienerholung für alleinerziehende Familien 314

Johanna Thie
Alleinerziehend aufgrund von Häuslicher Gewalt 318

Corinna Mäder-Linke
Sucht zuhause?
Situation, Herausforderungen und Hilfen für Familien
mit abhängigkeitskranken Müttern oder Vätern 324

Katharina Ratzke
Alleinerziehende Familien – was, wenn ein Elternteil
psychisch krank ist? 334

Klaus Daniel
Kinder alleinerziehender Inhaftierter 342

Doris Scheer
Diakonie goes international
SEMPRE – Social Empowerment in Rural Areas 347

Kapitel 7: Poetisches und Praktisches

Wenn Wege sich trennen
Gedichte und Gedankenanstöße 359

Hilfreiche Links, weiterführende Materialien 365

Die Autorinnen und Autoren 367

Vorwort

Im Kontext von Kirche und Diakonie fanden in der jüngsten Vergangenheit zwei viel beachtete Veranstaltungen statt: zum einen die Tagung *Familie leben. Fachkonsultation für Kirche und ihre Diakonie* vom 24. bis 25. September 2019 in der Evangelischen Bildungsstätte auf Schwanenwerder[1] und zum anderen am 20. September 2019 in Travemünde die Themensynode der II. Landessynode der Evangelisch-Lutherischen Kirche in Norddeutschland *Familienformen, Beziehungsweisen: Vielfalt sehen und fördern – Menschen stärken.*[2] Herausgestellt hat sich auf diesen Tagungen wieder einmal, dass alleinerziehende Familien vor besondere Herausforderungen gestellt sind und es einer gesonderten Wahrnehmung bedarf, um ihren Bedürfnissen und Lebenslagen gerecht zu werden und sie adäquat begleiten und unterstützen zu können.

Die Lebenssituationen von alleinerziehenden Familien in Deutschland sind vielfältig. Ob Kinder von Anfang an allein erzogen werden, ob geschieden oder ob nach dem Tod des anderen Elternteils – die Gründe, als Mutter oder Vater die tägliche Erziehungsverantwortung für Kinder und die Sorge um den Lebensunterhalt für die Familie überwiegend allein wahrzunehmen, sind so facettenreich wie das Leben selbst. 20 % aller Familien in Deutschland sind alleinerziehende Familien. In Zahlen sind dies rund 2,5 Millionen, davon sind rund 2,17 Millionen Mütter und etwa 407.000 Väter – mit steigender Tendenz.[3]

---

[1] Die Tagungsdokumentation wurde veröffentlicht durch das Gemeinschaftswerk der Evangelischen Publizistik (GEP) gGmbH: Gepp, Uwe (Vi.S.d.P) / Schardt, Reinhold (verantwortliche Redakteure), *Familie leben – Fachkonsultation für Kirche und Diakonie*, veröffentlicht in: epd-Dokumentation Nr. 19/2020 am 05. Mai 2020 (erhältlich bei kundenservice@gep.de) oder als Sonderdruck (erhältlich bei bildung@ekd.de).

[2] Beschlussfassung der Landessynode der Evangelisch-Lutherischen Kirche in Norddeutschland vom 19. September 2019 in Travemünde: *Familienformen, Beziehungsweisen: Vielfalt sehen und fördern – Menschen stärken,* siehe: https://www.nordkirche.de/fileadmin/user_upload/Synodenportal/Dokumente_2019/Synode_201909_Resolution_Familienformen_Beziehungsweisen_Vielfalt_sehen_und_foerdern_Menschen_staerken.pdf (07.07.2020).

[3] Bislang existiert kein einheitliches Verständnis von „Alleinerziehend". So werden als Alleinerziehende Mütter und Väter definiert, die ohne Ehe- oder Lebenspartner*in mit noch oder wieder wirtschaftlich abhängigen Kindern zusammenleben. Zu wirtschaftlich abhängigen Kindern zählen neben den Kindern unter 16 Jahren auch die im elterlichen Haushalt lebenden Jugendlichen und jungen Erwachsenen bis 24 Jahre, sofern sie sich in Ausbildung befinden oder erwerbslos sind. Dementgegen wird beispielsweise vom BMFSFJ die Anzahl der Alleinerziehenden auf 1,5 Millionen beziffert. Hier werden Alleinerziehende als Mütter und Väter definiert, die ohne Ehe- oder Lebenspartner mit mindestens einem ledigen Kind unter 18 Jahren in einem Haushalt zusammenleben.

Ob gut situiert oder (weit häufiger) in prekären Lebenslagen: Alleinerziehende Väter und Mütter brauchen in Zeiten der Trennung und Scheidung oder wenn der Verlust des Partners oder der Partnerin zu beklagen ist, Unterstützung und Hilfen zur Lebensbewältigung. Sie brauchen Menschen, die sie begleiten, beraten oder entlasten, die ihnen Trost zusprechen oder Mut geben und die ihnen mitunter auch aus finanziell existenziellen Notlagen helfen. Das bringen insbesondere die Beiträge dieses Bandes zum Ausdruck, in denen sich alleinerziehende Familien selbst zu Wort melden.

Alleinerziehenden Müttern und Vätern gebührt Hochachtung und Respekt! In diesem Band „Alleinerziehende Familien in Gesellschaft, Kirche und Diakonie" – angeregt von der Arbeitsgemeinschaft für alleinerziehende Mütter und Väter in der Diakonie Deutschland (agae) – stehen die Lebenssituation, Bedarfe und Herausforderungen alleinerziehender Familien im Mittelpunkt. Wo gibt es Defizite in der Wahrnehmung ihrer Belastungen oder Kollisionen mit tradierten Rollenbildern? Was wünschen sich alleinerziehende Familien von Kirche und Diakonie? Was brauchen Eltern an Verbesserungen der gesellschaftspolitischen Rahmenbedingungen? Was leisten Kirche und Diakonie an Hilfe und Unterstützung?

Aus fachlicher und verbandlicher Sicht will das Buchprojekt Impulse setzen, damit alleinerziehende Eltern auch nach Trennung und Scheidung ihren Kindern ein unbelastetes, gutes Aufwachsen ermöglichen können und alleinerziehenden Familien die ihnen längst gebührende Anerkennung und Wertschätzung in Gesellschaft, Kirche und Diakonie entgegengebracht wird. *Dr. Franziska Giffey*, Bundesministerin für Familie, Senioren, Frauen und Jugend weist in ihrem Grußwort darauf hin, dass alleinerziehende Väter und Mütter auf eine gute Kinderbetreuung und ein finanzielles Auskommen – auch und gerade in Bezug auf Leistungen für Bildung und Teilhabe – angewiesen sind und hier das Gute-KiTa-Gesetz und das Starke-Familien-Gesetz entscheidende Verbesserungen erzielt haben.

Die Schirmherrinnenschaft über diesen Band haben *Bischöfin Prof. Dr. Beate Hofmann* und *Maria Loheide*, Vorständin Sozialpolitik der Diakonie Deutschland, übernommen. Ihnen sehr herzlichen Dank dafür! In einleitenden Statements und mit je eigenen Beiträgen in **Kapitel 1** heben sie – *Beate Hofmann* im Dialog mit *Cornelia Coenen-Marx* – hervor, dass alleinerziehende Familien als „Familien in konzentrierter Form" verstärkt in das Blickfeld von Gesellschaft, Kirche und Diakonie gerückt gehören. *Maria Loheide* stellt heraus, dass Alleinerziehende – und hier zumeist Mütter – mit gravierenden Auswirkungen auf ihre Karriere, ihren wirtschaftlichen und sozialen Status und auch ihre Gesundheit umzugehen haben. *Ulrich Lilie*, Präsident der Diakonie Deutschland, unterstreicht, dass Kindererziehung Gemeinschaftsaufgabe ist und sorgenden Gemeinschaften – auch für und mit alleinerziehenden Familien – eine hohe Bedeutung zukommt.

Dem Geistlichen Impuls von *Margit Baumgarten* ist **Kapitel 2** gewidmet. Sie zeichnet – auch heute relevant – Bilder von Familien in der Bibel nach, die vielfältige Erfahrungen von Gelingen und Scheitern widerspiegeln.

In **Kapitel 3** schließen sich Portraits von alleinerziehenden Familien an: *Bettina Kenter-Götte* berichtet von ihren Erfahrungen mit Armut und Ausgrenzung, eben von „Hearts Fear". Eine Single Mum, die gerne das Steuerrecht ändern würde und ihre drei Kinder morgens auch schon mal per Handy auf Dienstreisen aus dem ICE aufgeweckt hat, schildert die Zeit, als sie die Familienbasis allein getragen hat. Ein alleinerziehender Vater beklagt ebenfalls steuerliche Benachteiligungen von Alleinerziehenden, nimmt Beziehungen in den Blick, die – auch und gerade die Kinder – krankmachen und zeichnet Rollenbilder nach, die gleichermaßen Männern wie Frauen gegenüber chauvinistisch sind. *Johannes Albrecht* deckt literarisch auf, dass das unheilvolle Ringen ums Kind ein uraltes Unterfangen ist. Wahre Liebe vermag es, Kämpfe und Konflikte nicht über die Kinder auszutragen, sondern loszulassen und Herz und Haustür den Kindern offenzuhalten. *Luisa Meyer* schreibt über die Familien-WG, in der Philip zwar gerne lebt, zugleich aber findet, dass irgendwann auch mal Schluss sein muss mit „Hotel Papa". Wie können Alleinerziehende im Pflegeberuf arbeiten angesichts Früh-, Spät- und Nachtdiensten? – fragt *Manfred Carrier* und Josephine antwortet ihm: Man müsse riesiges Glück mit dem Arbeitergeber haben! Trauer ist ein fieses Karma! Berührend ist der Bericht von *Janina Müller*, die erzählt, wie es ihr erging, als ihr Mann am Morgen einer geplanten Kreuzfahrt verstarb und sie mit zwei Kindern allein blieb. Zahlreiche O-Töne von Alleinerziehenden, die ein höheres Risiko haben, in Armut zu fallen, fast keine Chance auf eine Ausbildung und am Arbeitsmarkt haben, mit seelischen Belastungen, Sorgen, Scham, Zukunftsängsten und Stigmatisierung ihrer Kinder zu kämpfen haben, enthält wie in einem Brennglas der Beitrag von *Luise Janke* und *Noémi Koenig*. *Marion Arens* zieht eine Zwischenbilanz eines laufenden, wissenschaftlich begleiteten und politisch geförderten Projekts, in dem Alleinerziehende ihren Lebensalltag erforschen und dringend den Appell an Gesellschaft und Politik richten, die komplexe Lebenssituation Alleinerziehender stärker zu fokussieren.

Grundlegende Betrachtungen enthält das **Kapitel 4**: *Insa Schöningh* verweist darauf, dass Alleinerziehendenfamilien nicht gegenüber anderen Familienformen benachteiligt werden dürfen und eine umfassende Reform von Elterngeld und Elternzeit erforderlich ist. *Daniela Jaspers* zeigt auf, dass bisherige familien- und sozialpolitische Leistungen bei Alleinerziehenden häufig nicht ankommen; sie ist beunruhigt über neueste Entwicklungen des Umgangs-, Sorge- und Unterhaltsrechts. *Uta Meier-Gräwe* nennt die ernüchternden Zahlen, dass sich das Zugangs- und Verbleiberisiko in Armutslagen von Alleinerziehendenfamilien seit 2005 um 6,6 % erhöht hat, während es für Paare mit zwei Kindern um 11,7 % gesunken ist. Sie geht der Frage nach, wie Alleinerziehende ihren Alltag zwischen Beruf und Familie ohne Überforderung und in guter Lebensqualität gestalten können. Für dringend erforderlich halten *Ulrike Gebelein* und *Rosemarie Daumüller* eine Neu-/Umstrukturierung des Systems monetärer Leistungen zugunsten einer Kindergrundsicherung, die sowohl das sächliche als auch das soziokulturelle Existenzminimum eines Kindes absichert. Von zentraler Bedeutung für kooperatives Coparenting, so *Sabine Walper, Alexandra N. Langmeier* und *Julia Reim*, sind präventive Bemühungen, die von Angeboten der Familienbildung bis zu stärker individuellen und auf die persönliche Situation zugeschnittenen Beratungsangeboten reichen. Die theologische Grundlegung zur Ethik der Alleinerziehung entfaltet *Henning Theißen* durchgängig am Kindeswohl orientiert und nicht aus der monokausalen Ableitung der Familie aus der Institution Ehe heraus, die in der theologischen Ethik traditionell tonangebend gewesen ist. Seelsorge, Sorge um die Seele in Zeiten der Krise, von Trennung und Alleinsein richtet Menschen auf und unterstützt darin, neue Zukunftszuversicht zu gewinnen und sich der eigenen Lebensgewissheit zu versichern. Seelsorge in Anspruch zu nehmen, dazu ermutigt *Barbara Städtler-Mach*.

Herausforderungen und Wege alleinerziehender Familien, die es zu bewältigen und finden gilt, stehen im Mittelpunkt von **Kapitel 5**. *Elisabeth Mackscheidt* verweist darauf, dass Kirchen große Erfahrung darin haben, Lebensprozesse mit Ritualen zu begleiten und Menschen dadurch zu helfen, die existenziellen Ereignisse in ihrem Leben unter den Heilszuspruch Gottes zu stellen. Ihr ist es ein Anliegen, Kinder in beiderseitiger Loyalität zu den Eltern davor zu bewahren, in Zerreißproben zu geraten. *Astrid Giebel* setzt sich damit auseinander, dass Partnerschaften, Ehen und Familien durch beziehungsstörende Kräfte der gesellschaftlichen Lebens- und Arbeitsbedingungen bedroht sein können („lost in society"), alleinerziehende Familien häufig nicht im Fokus von Kirchengemeinden stehen („lost in church"), wohingegen sie zahlreiche, aber noch zu wenig vernetzte Unterstützungsangebote in den Handlungsfeldern der Diakonie finden („found in diaconia"). Eine bereits 2006 erschienene Taufstudie aktualisiert *Petra-Angela Ahrens* und stellt heraus, dass Alleinerziehende als Familienform eine geradezu fundamentale Anfrage an kirchliches Handeln bedeuten. *Timon Heuser* fasst in seinen Beitrag ebenfalls Ergebnisse einer Forschungsstudie zusammen, die besagen, dass die andauernde Verbindung zum Ex-Partner/zur Ex-Partnerin über das gemeinsame Kind emotional belastend bleiben kann und ein relevanter Faktor in der Beschreibung des Alltagserlebens von Alleinerziehenden ist. Dauerhafter, regelmäßiger, guter Kontakt zu beiden Elternteilen gibt Kindern Stabilität und Geborgenheit und deshalb hat *Annette Habert* in einer bemerkenswerten Initiative vor vielen Jahren das bundesweite Besuchsprogramm „Mein Papa kommt! Mama kommt!" mit etwa 1.600 ehrenamtlichen privaten Gastgebenden für multilokale Nachtrennungsfamilien ins Leben gerufen. *Miriam Boger* skizziert die Herstellungsleistung von (alleinerziehenden) Familien anhand des Konzepts „Doing Family" und hebt hervor, dass eine dialogische Haltung in der

Arbeit mit alleinerziehenden Familien unerlässlich ist. In Angeboten der Familienbildung kann das Thema „Trennung und Scheidung" als bedeutsamer Lernanlass und als Möglichkeit zum transformativen und emanzipatorischen Lernen einen hohen Stellenwert einnehmen, davon ist *Susanne Gröne* überzeugt: Menschen in Krisensituationen können so erreicht und adäquat darin unterstützt werden, den „aufrechten Gang" (wieder) zu Erlernen. Zwei Beispiele für Familienbildungsangebote für Alleinerziehende, den Väter-Kinder-Treff der Evangelischen Familien-Bildungsstätte Oldenburg und das Café Eva Sophie in Berlin Mitte, beschreibt *Ulrike Stephan* daran anschließend.

Von Begleit- und Unterstützungsangeboten für alleinerziehende Familien durch Kirchen und Diakonische Verbände handelt **Kapitel 6**. *Karin Mack* und *Werner-Malte Hahn* entdecken Potenziale auf dem Weg zu einer alleinerziehenden- und familienfreundlichen, nicht schicht- und milieuspezifischen Kirchengemeinde. Denn kirchliche Arbeit mit Familien wird dann Erfolg haben, wenn sie den christlichen Glauben als hilfreiche Praxis für die Gestaltung des Alltags erfahrbar werden lässt. Nahezu ausschließlich aus kirchlichen Mitteln wird die Kirchliche Allgemeine Sozialarbeit (KASA) des Diakonischen Werks Landshut finanziert. *Johanna Behrens* beleuchtet deren vielfältige Angebote wie Schulbedarfsläden, Kochlöffeltreffs, Armutskonferenzen, Runde Tische, Krisen- und Sozialberatung. Kreativ haben das Diakonische Werk Wetterau und das Evangelische Dekanat Büdinger Land ein Spiel entwickelt, zwischen dessen Start und Ziel zahlreiche mögliche Ereignisfelder aus dem Leben von Alleinerziehenden stehen. *Kornelia Brückmann*, Miturheberin dieser pfiffigen Spielidee, beschreibt darüber hinaus Treffpunkte, Freizeit- und Ferienprojekte „ohne Koffer", die eine gute Basis zum Austausch und zur Vernetzung von Alleinerziehendenfamilien bilden. „Seht uns und macht eure Politik auch für uns", diese Botschaft aus der Treffpunktarbeit mit Alleinerziehendenfamilien der Evangelisch-lutherischen Kirche und der Diakonie in Bayern richten *Barbara Christian* und *Liane Krause* aus. Das Motto dieser weitgehend als Selbsthilfe organisierten Arbeit lautet: „Alleinerziehende helfen sich selbst – Alleinerziehende helfen sich gegenseitig."

Den Reigen verbandlicher Perspektiven eröffnet *Christian Bakemeier* mit seinem Einblick in „Kids on Tour", einem Angebot der Bahnhofsmission für Kinder zur Überwindung von geografischen Distanzen zwischen getrennt und weit auseinander lebenden Eltern. Bundesweit 30 Bahnhofsmissionen in Kooperation mit der Deutschen Bahn stellen Teams von ehrenamtlichen Begleiter*innen auf den Fahrstrecken zusammen und organisieren im Hintergrund die gesamte Logistik. Der Evangelische Fachverband für Frauengesundheit e.V. bietet hochprofessionell in etwa 400 Beratungsstellen Beratung und Unterstützung und in 15 Kliniken Vorsorge und Rehabilitationsmaßnahmen an für Mütter, Väter, Kinder und pflegende Angehörige. *Sylvia Brinkmann* erläutert das breitgefächerte Angebot der „therapeutischen Kette" des Müttergenesungswerks, auch und gerade mit Möglichkeiten und Chancen für alleinerziehende Familien. Auch *Eva-Maria Zabbée* unterstreicht, dass Familienerholung kein Luxus ist, sondern ein Angebot der Kinder- und Jugendhilfe auch und gerade für alleinerziehende Familien. Gemeinnützige Familienerholung trägt zu Entlastung bei, stärkt Eltern und Kinder in der Bewältigung ihres Alltags und fördert ihre Gesundheit. Frauen, die aufgrund von häuslicher Gewalt wie Misshandlung und Unterdrückung alleinerziehend werden – und zwar quer durch alle gesellschaftlichen Milieus hindurch –, haben es besonders schwer. *Johanna Thie* beschreibt die Folgen von Häuslicher Gewalt für die Frauen und die Kinder. Häusliche Gewalt ist eine Menschenrechtsverletzung und der Bedarf an Schutzplätzen in Frauenhäusern ist weit größer als die vorhandenen Kapazitäten. Der Gesamtverband für Suchthilfe e.V. widmet sich ebenfalls als Fachverband der Diakonie Deutschland seit vielen Jahren Familien, die von Abhängigkeitserkrankungen betroffen sind. Studien belegen, hierauf weist *Corinna Mäder-Link*e hin, dass die rund 3 Millionen Kinder suchterkrankter Eltern in Deutschland häufige Trennungen, Scheidungen der Eltern oder sogar den Tod eines Elternteils hinnehmen müssen und oft nicht von einer stabilen Eltern-Kind-Beziehung profitieren können. Erst seit den 2000er Jahren wird vermehrt die gesundheitliche Lage Alleinerziehender, und hier fast ausnahmslos die von Müttern, erforscht, stellt *Katharina Ratzke* fest. Von dem Anliegen der Diakonie Deutschland, seelische Gesundheit als Querschnittsthema in den relevanten sozialen Arbeitsfeldern zu verankern, können auch alleinerziehende Familien mit einem psychisch erkrankten Elternteil profitieren, sei es, dass diese an einer diagnostizieren Depression leiden oder an den Folgen eines missbräuchlichen Konsums psychotroper Substanzen. Eine besonders vulnerable Personengruppe in Bezug auf psychische Belastungen ist die der alleinerziehenden Migrantinnen mit Armutsrisiko. Diakonie unterstützt und berät ebenfalls Alleinerziehendenfamilien mit Inhaftierung der Mutter oder des Vaters, die in den meisten Fällen, so *Klaus Daniel*, mit einer Fremdunterbringung der Kinder einhergeht. Last but not least schildert *Doris Scheer* ein spannendes transnationales Projekt der Diakonie Schleswig-Holstein, das Menschen, die zu benachteiligten Zielgruppen zählen, zu Expert*innen ihrer Lebenswelt macht. Zwei der länderübergreifenden Projekte beziehen sich auf Alleinerziehendenfamilien: „AllDi" – Alleinerziehende in Dithmaschen haben eine Webseite mit Vernetzungsmöglichkeiten aufgebaut. Und eine Gruppe von Alleinerziehenden und arbeitslosen Jugendlichen in Lettland hat – unterstützt von Projektpartner*innen aus Deutschland, Schweden und Finnland, den Coffee-Shop „Stopover" in Liepaja gegründet mit dem Ziel, Arbeitsmöglichkeiten für Menschen mit besonderen Bedarfen zu schaffen.

Abgerundet wird der weitgespannte und farbenreiche Bogen dieses Bandes in **Kapitel 7**: Poetische Texte – Gedichte und Gedankenanstöße – ermöglichen noch einmal einen anderen, emotional tiefer greifenden Zugang zum Erleben von Alleinerziehendenfamilien. Praktische Hinweise und weiterführende Materialien bieten Anregungen zur Gestaltung von Andachten und Gottesdiensten für Alleinerziehendenfamilien, von Konfirmationen in Trennungsfamilien, von Festen und Feiern nach Trennung und Scheidung. Abschließend wird auf den Link zum Diakonie Text 5/2018 hingewiesen: „Wechselmodell: nur unter Beachtung des Kindeswohls".

Wir bedanken uns beim Kirchenamt der EKD für die Gewährung eines Druckkostenzuschusses, durch den die Erstellung dieses Buches möglich geworden ist.

Unser herzlicher Dank gilt allen Autorinnen und Autoren, die in ihren Artikeln wertvolle wissenschaftliche Erkenntnisse, weiterführende Praxis-Einblicke und auch persönliche Erfahrungen zu Alleinerziehendenfamilien vermitteln. Claudia Dubois danken wir für die kompetente Übersetzung der Abstracts ins Englische. Beate Schneppen danken wir für die sorgfältige Lektorierung der Beiträge. Kathrin Kliss im Wichern-Verlag (Gesamtkoordination) sowie Birgit Knecht (Satz) und Thomas Puschmann (Covergestaltung) danken wir für die ausgezeichnete Betreuung in der Erstellung dieses Bandes.

Ihnen, den Leserinnen und Lesern dieses Buches, wünschen wir die Erfahrung, von dem Gott unserer Mütter und Väter angesehen zu sein, so wie die alleinstehende Hagar mit ihrem Sohn Ismael angesehen war: „Du bist ein Gott, der mich sieht!" (1. Mose 16,13) Alleinerziehendenfamilien gebührt Ansehen, Hochachtung und Respekt.

Im Juli 2020

Ralph Charbonnier, Ulrike Gebelein, Astrid Giebel, Insa Schöningh
als Herausgebende

und Margit Baumgarten, Karin Mack, Eva-Maria Zabbée
als Redaktionsteam dieses Bandes.

Beate Hofmann / Maria Loheide

Statements der beiden Schirmherrinnen

An der Situation Alleinerziehender lernen wir – auch und aktuell gerade in Zeiten von Corona – besonders deutlich, unter welchem Druck Familien insgesamt stehen, wie Lebensmodelle und Traditionen sich verändern, wie wichtig Familien für die religiöse Sozialisation sind. Es wird darauf ankommen, dass wir davor die Augen nicht schließen, sondern genau hinsehen. Die Vorstellung, dass die „klassische Familie" das einzige Modell ist, verzerrt den Blick. Darum genügt es nicht, dass wir familiäre Krisen und Probleme einfach an die Diakonie delegieren. Es wird Zeit für eine neue Zusammenarbeit, für tragfähige Sorgenetze in den Quartieren. Tageseinrichtungen können dabei wichtige Knotenpunkte sein, aber auch in Nachbarschaften, bei Tauffesten oder in der Konfirmand*innenarbeit kann viel geschehen. Im besten Fall lernen Familien und Gemeinden, gemeinsam Kinder stark zu machen und Glauben zu leben.

Prof. Dr. theol. Beate Hofmann
Bischöfin der Evangelischen Kirche von Kurhessen-Waldeck.

Gesellschaftliche Krisen wie die Corona-Pandemie treffen Alleinerziehende besonders hart. Mehr denn je müssen wir das Augenmerk auf die sozioökonomischen und rechtlichen Bedingungen von alleinerziehenden Müttern und Vätern richten. Die rechtlichen Regelungen des Sozialrechts dürfen nicht zu erheblichen Konflikten und zu Nachteilen bei dem alleinerziehenden Elternteil führen, die in Folge auch Belastungen für die Kinder bedeuten.

Die Diakonie Deutschland setzt an den Stärken der Alleinerziehenden an, bietet ihnen und ihren Kindern Unterstützung und Begleitung zur Alltagsbewältigung an.

Familienunterstützende Angebote wie die Familien- und Erziehungsberatungsstellen, die Familienbildung und Familienerholung, aber auch die Allgemeine Sozialberatung und Treffpunktarbeit für Alleinerziehende sind wichtige Angebote zur Stärkung von alleinerziehenden Eltern und dringend auszubauen. Die angekündigte Reform des SGB VIII bietet eine gute Möglichkeit, für mehr verbindliche Angebote zu sorgen.

Maria Loheide
Vorständin Diakonie Deutschland / Evangelisches Werk für Diakonie und Entwicklung e.V.

Franziska Giffey

Grußwort

Ein Kind großzuziehen ist eine unbeschreibliche Freude – und eine Mammutaufgabe. Das gilt besonders für die 1,5 Millionen allein- und getrennterziehenden Familien in Deutschland mit minderjährigen Kindern. Insgesamt 2,2 Millionen Kinder unter 18 Jahren leben mit nur einem Elternteil im Haushalt. In neun von zehn Fällen ist dies die Mutter. Der vorliegende Band „Alleinerziehende Familien in Gesellschaft, Kirche und Diakonie" widmet sich diesem Thema und untersucht die Herausforderungen für eine gute, respektvolle und passgenaue Unterstützung allein- und getrennterziehender Familien, vor denen sowohl die Politik, als auch Institutionen wie Kirche und Diakonie stehen.

Ein entscheidender Bereich ist die Vereinbarkeit von Beruf und Familie. Alleinerziehende Mütter und Väter sind zu allen Zeiten besonders auf gute und ausreichende Kinderbetreuungsangebote angewiesen. Auch darum hat das Bundesfamilienministerium den Ausbau der Kinderbetreuung weiter vorangetrieben und mit dem Gute-KiTa-Gesetz 5,5 Milliarden Euro für mehr Qualität und Entlastung bei den Gebühren bereitgestellt. Hinzu kommt eine Milliarde Euro aus dem Konjunkturprogramm für ein 5. Kitaausbauinvestitionsprogramm. So viel Geld vom Bund gab es noch nie für die frühkindliche Bildung und Betreuung.

Wenn das Geld aber trotz Erwerbstätigkeit nicht reicht, braucht es zusätzliche Angebote. Mit dem Starke-Familien-Gesetz haben wir daher auch die Lebenssituation Alleinerziehender in den Blick genommen. Sie profitieren dadurch stärker vom Kinderzuschlag und den Leistungen für Bildung und Teilhabe. Das bedeutet, dass Eltern mit kleinen Einkommen für ihre Kinder mehr Geld zur Verfügung haben, dass sich ihre Erwerbstätigkeit mehr lohnt und den Kindern Leistungen wie Nachhilfe, Musik- und Sportkurse oder das gemeinschaftliche Mittagessen in Kita, Schule oder Tagespflege zustehen. Nicht zuletzt haben wir als Reaktion auf die Coronavirus-Pandemie kurzfristig eine Reihe von Unterstützungsmaßnahmen für Familien und speziell für Alleinerziehende auf den Weg gebracht.

Dazu gehören der Notfall-Kinderzuschlag und Anpassungen beim Elterngeld. Dazu gehört aber auch der Kinderbonus, die Verstärkung des Kita-Ausbaus und der Ausbau des Ganztagsangebots in Schulen. Wegen der besonderen Situation von Alleinerziehenden war mir schon zu Beginn der Kita- und Schulschließungen ein wichtiges Anliegen, dass die Notbetreuung für alle berufstätigen Alleinerziehenden geöffnet wird, unabhängig davon, ob sie in einem systemrelevanten oder in einem anderen Beruf tätig sind. Zudem unterstützen wir berufstätige Alleinerziehende bis Ende 2021 ganz gezielt mit einem verdoppelten steuerlichen Entlastungsbetrag. Auch die Entschädigungszahlung für berufstätige Eltern wegen geschlossener Kitas und Schulen kann von Alleinerziehenden 20 Wochen und damit doppelt so lang in Anspruch genommen werden wie von Elternteilen in Paarfamilien. Diese und weitere Maßnahmen sowie der in der letzten Legislaturperiode ausgebaute Unterhaltsvorschuss richten den Blick auf die finanzielle Situation der Familien.

Allein- und Getrennterziehende leisten Tag für Tag Enormes. Wir wollen sie genauso wie alle Familien in die Lage versetzen, gut für sich sorgen zu können. Damit es jedes Kind packt – egal ob es mit einem oder beiden Elternteilen aufwächst, ob in einer Stief- oder Patchworkfamilie. Ich danke allen, die dazu einen Beitrag leisten.

Berlin, im Juli 2020

Dr. Franziska Giffey
Bundesministerin für Familie, Senioren, Frauen und Jugend.

Kapitel 1
Politische, Kirchliche und Diakonische Perspektiven

Beate Hofmann im Gespräch mit Cornelia Coenen-Marx

Mit Alleinerziehenden lernen
Ein Dialog

Familien spielen eine entscheidende Rolle für religiöse Sozialisation. Eine wichtige Aufgabe von Kirche ist es, Familien darin zu unterstützen, dass ihr Alltag und ihre Lebenssituation transparent werden für Erfahrungen mit Gott. Familienformen verändern sich im Laufe des Lebens; Familienformen sind fließend. Kirchengemeinden können sich als Partnerinnen von Familien verstehen. Im Sinne der Wahlverwandtschaft mit Gott können sie darin unterstützen, erweiterte „Familiarität" zu leben (Matthäus 12,50). So können in Kirchengemeinden Familien jeglicher Form ein Zuhause finden: auch Ein-Eltern-Familien, Patchwork- und Trennungsfamilien, von Armut betroffene Familien, Adoptiv- und Pflegefamilien und viele andere mehr.

Families play a crucial role in religious socialisation. An important task for the church is to support families in making their everyday life and their life situation open for experiences with God. Family forms change in the course of life; family forms are fluid. Church parishes can see themselves as partners of families. In the spirit of elective affinity with God, they can support families in living extended "familiarity" (Matthew 12.50). In this way, families of all forms can find a home in church parishes, including single parent families, patchwork and separated families, families affected by poverty, adoptive and foster families, and many others.

Cornelia Coenen-Marx: *Die Corona-Krise hat viele gesellschaftliche Probleme unter die Lupe genommen. So war von einer Verschärfung der gesellschaftlichen und ökonomischen Spreizungen die Rede oder auch von einer Retraditionalisierung von Familie. Angesichts der Schließung von Tageseinrichtungen und Schulen wurden die Probleme der Vereinbarkeit überdeutlich: Homeoffice und Homeschooling passen nicht zusammen. Zum ersten Mal allerdings ist dabei die Situation Alleinerziehender besonders in den Fokus gerückt. Nicht nur, weil sie sich beim Homeschooling nicht in der Partnerschaft abwechseln können, sondern auch, weil sie finanziell sehr viel schlechter gestellt sind. Denn nach wie vor wird Familienarbeit finanziell nur dann honoriert, wenn sie auf Ehe- oder Lebenspartnerschaft basiert. Alleinerziehende, die kaum in Vollzeit arbeiten können, sind deshalb überdurchschnittlich häufig von Einkommensarmut betroffen – das betrifft im Schnitt jede zweite Ein-Eltern-Familie. Jetzt allerdings, beim Konjunkturprogramm in der Corona-Krise, wurden sie besonders berücksichtigt. Was ist passiert?*

Beate Hofmann: Tatsächlich hat die Corona-Berichterstattung offenbar den Blickwinkel verändert. Ich erinnere mich an eine Reportage über eine Mutter, die mit ihren dreijährigen Zwillingen versuchte, ihrer Aufgabe als

Projektmanagerin im Homeoffice nachzukommen – und dabei an den zeitlichen Vorgaben nur scheitern konnte. Ihr Stress war hautnah spürbar und hat viele Diskussionen ausgelöst. Auch das zeigte wie im Brennspiegel die Alltagsprobleme in allen Familien: das Netzwerk von Arbeitsplatz, Schule und Kita, Freunden und Familie mit den unterschiedlichen Orten und Anforderungen steht kräftig unter Spannung. Im normalen Alltag führt das immer wieder zu Zerreißproben. In der Corona-Krise implodierte es.

CORNELIA COENEN-MARX: *Nach einer Studie des Deutschen Jugendinstituts (DJI) von 2017 gaben 63 % der Männer und 37 % der Frauen an, zu wenig Zeit für Kinder zu haben; bei alleinerziehenden Müttern lag der Anteil bei 47 %. Dabei ist die gemeinsam verbrachte Zeit besonders wichtig: Sie stiftet Nähe, ermöglicht gegenseitige Anteilnahme, Unterstützung und Fürsorge.*

BEATE HOFMANN: Und dabei geht es nicht nur um die sogenannte Quality-Time. Gerade die nicht geplanten Zeiten, in denen Familienmitglieder einfach zusammen sind, ohne etwas Besonderes zu unternehmen, stärken das Miteinander und geben Halt. Das gemeinsame Frühstück, das Gespräch über die Hausaufgaben, das Aufräumen am Abend und die Gute-Nacht-Geschichte. Religiöse Erziehung findet ja zu großen Teilen im Alltag statt. Martin Buber hat einmal von „Umfassungserfahrungen" gesprochen.[1] Wie wir aufstehen und den Tag beginnen, wie wir die Kleinen schützen und die Kranken liebevoll pflegen, wie wir streiten, spielen und feiern. In den elementaren Lebensvollzügen erfahren wir Sinn. So wird unser Alltag transparent für Erfahrungen mit Gott.

CORNELIA COENEN-MARX: *Die Familie spielt eine entscheidende Rolle für religiöse Sozialisation, aber auch für persönliche Gespräche über Lebenssinn und existenzielle Fragen in Krisen. Die 5. Kirchenmitgliedschaftsuntersuchung (KMU) der EKD hat gezeigt, dass diese Fragen eindeutig dem Privaten zugeordnet werden. Wir sprechen darüber mit dem Partner, der Partnerin, mit Freunden und mit der Familie. Da muss es beunruhigen, dass es laut KMU bei den evangelischen Kirchenmitgliedern „über die Generationen hinweg zu einer kontinuierlichen Abnahme sowohl der Verbundenheit mit der Kirche als auch der Religiosität kommt". Je jünger die Befragten sind, umso seltener geben sie an, religiös erzogen worden zu sein. Von den evangelischen Kirchenmitgliedern ab 60 Jahren wurden nach eigenen Angaben etwa 83 % religiös erzogen, von den Kirchenmitgliedern unter 30 Jahren sagen das nur noch 55 %. Was bedeutet es dann, dass die Familien so unter Druck stehen, dass die gemeinsame Zeit so knapp ist?*

---

1 Buber, Martin, *Reden über Erziehung*, Heidelberg 1986, 36.

BEATE HOFMANN: Ich halte es für eine wichtige Aufgabe von Kirche, Familien (in allen Formen) in dieser Aufgabe zu unterstützen. Hier hat Corona neue Wege eröffnet, weil sich die praktische Religionsausübung zum Beispiel zu Ostern stark in die Familien verlagert hat. Mancherorts wurde das erkannt und praktisch unterstützt, zum Beispiel durch Gottesdienste „to go". Aber der Zusammenhang von Familie und Gemeinde ist viel weiter gefasst. Beide waren von Anfang an aufeinander bezogen. Einerseits sind es oft einige wenige Familien, die eine Ortsgemeinde tragen und prägen. Andererseits hat sich immer wieder gezeigt, dass die Gemeinde eine erweiterte „Familiarität" ermöglicht, die Familien in vielfältiger Weise unterstützen kann. Tatsächlich kann Gemeinde sogar Familien „schaffen": in Wahlfamilien, Freundeskreisen, Wohngemeinschaften und Nachbarschaften. Deshalb haben auch die familienkritischen Aussagen gerade des Neuen Testaments eine wesentliche Funktion – Familie ist eben nicht nur Gemeinschaft des Blutes, sondern Wahlverwandtschaft in Gott. „Die den Willen meines Vaters tun, die sind meine Mutter und Schwestern und Brüder", sagt Jesus (Matthäus 12,50). Die kirchlichen Gemeinschaften in den Klöstern oder den Einrichtungen der Gemeinschaftsdiakonie des 19. Jahrhunderts waren auf diese Weise Familie Gottes, wie auch die „Hausgemeinden" der frühen Christenheit.

Und als die Familien in der industriellen Revolution schon einmal überfordert waren, da hat die evangelische Kirche sie mit Kindergärten und Gemeindeschwestern unterstützt. Mutterhäuser gründeten Kinderheime, Gemeindeschwestern eröffneten Kindergärten. Auch heute müssen sich Kindertageseinrichtungen und Schulen, aber auch Kirchengemeinden als Partner für Familien verstehen, und das gilt ganz besonders für die Ein-Eltern-Familien. Aber auch Patchwork- und Trennungsfamilien, von Armut betroffene Familien, Adoptiv- und Pflegefamilien sollten ein Zuhause in der Gemeinde finden können. „Die Form, in der Familie und Partnerschaft gelebt werden, darf dabei nicht entscheidend sein. Alle familiären Beziehungen, in denen sich Menschen in Freiheit aneinander binden, füreinander Verantwortung übernehmen und eine verlässliche Partnerschaft eingehen, müssen auf die evangelische Kirche bauen können."[2]

Angebote für familiäre Krisen und Probleme gibt es vor allem in der Diakonie – das gilt nicht nur für soziale und ökonomische Notlagen. Auch die Hilfen für Alleinerziehende sind oft in Diakonischen Werken angesiedelt. Diese kirchliche Spaltung in die „klassische Familie" und „Defizitmodelle" aller Art verhindert den offenen Blick auf die Wirklichkeit in den Gemeinden. Da gibt es längst Pendler-Paare, in denen ein Elternteil die Woche über quasi-alleinerziehend ist. Und Patchworkfamilien, bei denen die Partner bis vor Kurzem alleinerziehend waren. Die Familienformen

---

2 EKD-Orientierungshilfe 2013.

verändern sich im Laufe des Lebens; Familienformen sind fließend. Vor allem: Jede Familie ist anders – und es geht darum, genau und sensibel hinzusehen und Familien mit den passenden Angeboten anzusprechen. Das kann nur gelingen, wenn Kirchengemeinden und diakonische Einrichtungen sich noch stärker vernetzen.

CORNELIA COENEN-MARX: Die unterschiedliche Situation von Familien spielt auch bei Familienfesten und kirchlichen Ritualen eine Rolle. Bei Taufen, Trauungen und Beerdigungen erodieren alte Traditionen. Während die einen gleich ganz auf kirchliche Rituale verzichten, gestalten andere sie neu und liebevoll, aber eben individuell. Dazwischen finden sich die vielen, die sich große Mühe geben, um der Kinder willen alte Rituale in neuen Konstellationen zu gestalten – als Geschiedene die Konfirmation der Kinder gemeinsam feiern und ein Fest gestalten, obwohl die Kosten eigentlich zu hoch sind. Noch immer haben Alleinerziehende häufig das Gefühl, nicht wirklich „dazuzugehören". Die Studie des Sozialwissenschaftlichen Instituts über die niedrige „Taufquote" bei Alleinerziehenden war ein wesentlicher Anstoß für die Orientierungshilfe der EKD zur Familie und für die Einladung zu großen Tauffesten.[3] Wie können wir als Kirche die Fokussierung auf die „heilige Kleinfamilie" überwinden?

BEATE HOFMANN: Ich denke, wir müssen den Blick weiten und die Vielfalt von Familienformen bejahen und begleiten. Wenn es um die Weitergabe von Glauben und Werten, Traditionen und Erfahrungen geht, sind alle Generationen gefragt – und auch die Kirchengemeinde. Wo die nächsten Verwandten fehlen, brauchen Familien nachbarschaftliche Unterstützung. Hier kann Gemeinde mit dem Aufbau von Netzwerken viel zur Entlastung beitragen. Sie kann wieder Wahlfamilie werden, so wie sie es neutestamentlich war. Dabei lässt sich an die alten Erfahrungen der Patenschaft anknüpfen. Das gilt schon lange für soziale Partnerschaften. Überall werden Menschen Lesepaten, übernehmen Mentorate für junge Auszubildende oder Verantwortung als Leihomas und Hausaufgabenbetreuer. Aber auch Taufpaten und Konfirmationsbegleiter können wieder eine neue Rolle spielen und Kinder und Jugendliche begleiten – wie eine ältere Freundin, ein Freund.

Und tatsächlich verändern sich ja auch Kasualien: Es gibt „Traufen" – Taufe und Trauung in einem Fest, gleichgeschlechtliche Trauungen und Tauferinnerungsfeste, Tauffeste im Grünen oder an Flüssen, gemeinsame Konfirmationsfeiern im Gemeindehaus. Die Kirche hat noch immer viel Raum für Feste und Feiern und die Möglichkeiten, Netzwerke und Generationenbegegnungen zu unterstützen.

---

3 Vgl. hierzu auch den Beitrag von Petra-Angela Ahrens in diesem Band auf S. 222–229.

Cornelia Coenen-Marx: Rüdiger Maschwitz hat einmal gesagt: Die Kirchengemeinden könnten Familien mit einer Kochschule des Glaubens unterstützen. Wie beim Kochenlernen – vom Einkaufen und Zubereiten bis zum gemeinsamen Essen. Mit ganz viel Freude an der Entdeckung. Ist das eine realistische Chance für Gemeinden und Alleinerziehende?

Beate Hofmann: Es sollte eine Chance für alle Familien sein. An der Situation Alleinerziehender lernen wir aber besonders deutlich, unter welchem Druck Familien insgesamt stehen, wie Lebensmodelle und Traditionen sich verändern, wie wichtig Familien für die religiöse Sozialisation sind. Es wird darauf ankommen, dass wir davor die Augen nicht schließen, sondern genau hinsehen. Die Vorstellung, dass die „klassische Familie" das einzige Modell ist, verzerrt den Blick. Darum genügt es nicht, dass wir familiäre Krisen und Probleme einfach an die Diakonie delegieren. Es wird Zeit für eine neue Zusammenarbeit, für tragfähige Sorgenetze in den Quartieren. Tageseinrichtungen können dabei wichtige Knotenpunkte sein, aber auch in Nachbarschaften, bei Tauffesten oder in der Konfirmand*innenarbeit kann viel geschehen. Im besten Fall lernen Familien und Gemeinden gemeinsam, Kinder stark zu machen und Glauben zu leben.

Literatur

Evangelische Kirche in Deutschland (EKD), *Zwischen Autonomie und Angewiesenheit: Familie als verlässliche Gemeinschaft stärken. Eine Orientierungshilfe des Rates der Evangelischen Kirche in Deutschland,* Hannover 2013.

Evangelischer Pressedienst (epd), *Weltlich Ding oder göttliche Stiftung? Theologisches Symposium zum Familienpapier der EKD,* epd-Dokumentation Nr. 41, Frankfurt am Main 08.10.2013.

Maria Loheide

Familie in konzentrierter Form
Zur Situation Alleinerziehender[1]

Trennung und Scheidung markieren einen entscheidenden Moment im Leben einer Familie. Dies belastet insbesondere alleinerziehende Mütter, die in der Folge häufig mit gravierenden Auswirkungen auf ihre Karriere, ihren wirtschaftlichen und sozialen Status und auch ihre Gesundheit umzugehen haben. Kirche und Diakonie versuchen, diese „Familien in konzentrierter Form / in dichter Form" zu unterstützen, indem sie niedrigschwellige Beratung und Unterstützung durch nachbarschaftliche Netzwerke anbieten. Diakonie befürwortet auch die Verbesserung der sozioökonomischen Bedingungen sowie eine Reform des zugrundeliegenden Rechtsrahmens.

Separation and divorce mark a decisive moment in the life of a family. This places a particular burden on single mothers, who often have to deal with serious consequences in their careers, their economic and social status and also in their health. Church and Diaconia try to support these "families in concentrated form / in dense form" by offering low-threshold counselling and support through neighbourhood networks. Diaconia also advocates improving socio-economic conditions and reforming the underlying legal framework.

1. Alleinerziehend sein – Zahlen, Fakten, Entwicklungen

Die wenigsten Mütter oder Väter haben geplant, ihr Leben mit Kind als Alleinerziehende zu führen. Die meisten sind durch Trennung, Scheidung oder Tod des Partners oder der Partnerin in diese Situation gelangt. In Deutschland gibt es acht Millionen Familien mit minderjährigen Kindern. 19 % davon sind Familien mit alleinerziehenden Elternteilen.

50 % dieser Väter und 43 % dieser Mütter sind geschieden. 21 % der Väter und 17 % der Mütter sind verheiratet, aber getrennt lebend. Verwitwet sind 8 % der alleinerziehenden Väter und 4 % der Mütter.[2]

2018 gab es nach Angaben des Statistischen Bundesamts rund 2,6 Millionen Alleinerziehende in Deutschland, davon 2,17 Millionen Mütter und etwa 407.000 alleinerziehende Väter.[3] Nach einer Trennung verbleiben im Großteil

---

1 Dieser Beitrag wurde in einer Vorfassung erstmals veröffentlicht in: sozialmagazin. Die Zeitschrift für Soziale Arbeit, Ausgabe 7–8/2020, Weinheim.
2 Verband alleinerziehender Mütter und Väter Landesverband Nordrhein-Westfalen e.V., *Alleinerziehend – Situation und Bedarfe*, 2020, 11.
3 Quelle: Statistisches Bundesamt: *Familien nach Lebensform und Kinderzahl im Jahr 2018 in Deutschland*, 2019; https://www.destatis.de/DE/Themen/Gesellschaft-Umwelt/Bevoelkerung/Haushalte-Familien/2-5-familien.html (03.06.2020).

der Fälle die Kinder also im Haushalt der Mütter. Die Zahl der alleinerziehenden Väter, die auf diese Weise Verantwortung für ihre Kinder übernehmen, steigt aber immerhin an.[4]

Verlässliche Zahlen zu den jeweils gewählten Betreuungsmodellen gibt es nicht. Nach Schätzungen entscheiden sich zwei Drittel der Familien für das Residenzmodell, nach dem die Kinder bei einem der beiden Sorgeberechtigten ihren Hauptwohnsitz haben. Dies ist in Deutschland – ähnlich wie in Österreich – nach wie vor auch der Regelfall. Die Wahl für den „erweiterten Umgang" ist mittlerweile auf 15 % der Familien angestiegen. Das „echte Wechselmodell", nach dem Kinder abwechselnd – oft im Wochenrhythmus – bei einem ihrer beiden Elternteile leben, liegt ungefähr zwischen 5 und 15 %.[5] Die politischen Diskussionen darum, das Wechselmodell nun statt des Residenzmodells zum Leitbild zu erheben und es entsprechend regelhaft zu etablieren, wird ab und an auf die Tagesordnung gesetzt. Dabei wird auf andere Staaten wie Belgien, Schweden, Norwegen, Italien, Frankreich und Spanien verwiesen, wo es bereits (in jeweils etwas variierender Handhabung) die übliche Praxis darstellt.

Die Arbeitsgemeinschaft für alleinerziehende Mütter und Väter in der Diakonie Deutschland sieht in der Entscheidung für das Wechselmodell grundsätzlich eine erfreuliche Entwicklung hin zu mehr Gleichberechtigung und partnerschaftlichem Engagement in der Fürsorge für die Kinder.

Die Wahl für das jeweilige Betreuungsmodell sollte jedoch in der Eigenverantwortung der getrennten Eltern bleiben und Ergebnis einer individuellen Entscheidung sein, ohne dass dabei ein Betreuungsmodell zum Regelfall erklärt und in den Vordergrund gerückt wird.

Die Diakonie Deutschland hält es für wichtig, die Entscheidung für ein bestimmtes Betreuungsmodell maßgeblich von den Rahmenbedingungen und den zu erwartenden Auswirkungen auf den Alltag des Kindes oder der Kinder abhängig zu machen. Das Wohl des Kindes muss dabei im Vordergrund stehen.

Neben den räumlichen Gegebenheiten, dem Alter, der Persönlichkeit und individuellen Konstitution des Kindes spielen dabei auch die finanziellen Verhältnisse der Eltern und ihre Fähigkeit miteinander zu kommunizieren eine Rolle.

---

4   Quelle: Statistisches Bundesamt. https://de.statista.com/statistik/daten/studie/318160/umfrage/alleinerziehende-in-deutschland-nach-geschlecht/ (18.05.2020).
5   Quellen: statista.de > Gesellschaft > Demografie > Anzahl minderjährige; www.destatis > Justiz und Rechtspflege > Familiengerichte, zitiert nach: Lohse, Kathrin, *Wechselmodell, erweiterter Umgang, Abstammungsrecht – Reformideen*, Deutsches Institut für Jugendhilfe und Familienrecht, Fulda 2019, 5. Vgl. https://www.dijuf.de/files/downloads/2019/2019_09_FT%20Beistandschaftagung_Dokumentation/2019_09_24_FT%20Beistandschaft_06_Vortrag_Lohse.pdf (20.05.2020).

Wechselmodelle können dann gut gelingen, wenn beide Elternteile nicht allzu weit voneinander entfernt leben und entsprechender Wohnraum und Ausstattung für die Kinder bei Mutter und Vater vorhanden sind. Nur dann kann sichergestellt werden, dass die Kinder in ihrem vertrauten Umfeld bleiben können: in ihrem Kindergarten oder der Schule, im Musik- oder Sportverein, in der Nähe ihrer Freunde und Freundinnen.

„Getrennt gemeinsam" zu erziehen, stellt an Eltern hohe Anforderungen. Gelingen verlässliche Absprachen und ein guter Umgang miteinander nicht, entstehen für die Kinder erhebliche Belastungen, die ihre Entwicklung beeinträchtigen können.[6]

2. Selbstverständnis und gesellschaftliche Wahrnehmung

Alleinerziehende Familien, Kinder, die abwechselnd manche Tage und Wochen, Wochenenden und Ferien wechselnd bei Mutter oder Vater verbringen, gehören mittlerweile zum Alltag und zur Normalität in unserer Gesellschaft. Allerdings haben alleinerziehende Frauen insbesondere in ländlichen Regionen oft noch mit sozialen Vorurteilen zu kämpfen. Ihnen hafte, so eine Studie des Bundesfamilienministeriums, noch immer „der Makel des Scheiterns" an.[7] Der Begriff „alleinerziehend" suggeriere nach wie vor soziale Isolation und Verantwortungslosigkeit, auch Beziehungsunfähigkeit. Dadurch erleben Alleinerziehende Schwierigkeiten der Integration, die auch die Kinder betreffen können.

Dieses Phänomen ist in Westdeutschland tendenziell häufiger anzutreffen als in den ostdeutschen Bundesländern. Bemerkenswert ist grundsätzlich die Diskrepanz zwischen Fremd- und Selbstbild: Denn die alleinerziehenden Mütter selbst haben eine deutlich positivere Sicht auf ihre Lebensrealität und auf das, was sie dabei leisten.[8]

3. Herausforderungen für „Familien in konzentrierter Form"

Grundsätzlich sind Alleinerziehende vor dieselben Herausforderungen gestellt wie alle anderen Familien auch, und zwar wirtschaftlicher, organisatorischer und sozialer Art. Allerdings sind sie den Anforderungen in verstärktem Maße ausgesetzt, da sich diese überwiegend auf ein Elternteil konzentrieren.

---

6 Vgl. Diakonie Deutschland – Arbeitsgemeinschaft alleinerziehender Mütter und Väter in der Diakonie Deutschland, *Wechselmodell: nur unter Beachtung des Kindeswohls!* Diakonietexte 05.2018.
7 https://www.bmfsfj.de/blob/94210/dd2e6d006328026c0f4d9b335d27ca82/lebenswelten--und-wirklichkeiten-von-alleinerziehenden-data.pdf, 30-35 (05.03.2020).
8 Vgl. ebd.

3.1 Wirtschaftliche Situation und erhöhtes Armutsrisiko

Die Alleinerziehenden – zumeist Frauen – sind nicht nur überwiegend für die Betreuung und Erziehung ihrer Kinder zuständig, sondern müssen vollständig für ihren Unterhalt und den ihrer Familie sorgen. Dazu gehört auch die eigenständige wirtschaftliche Absicherung fürs Alter.

Der Unterhalt, den die jeweiligen Väter beisteuern (dies betrifft zu 90 % Männer) trägt zum Haushaltseinkommen Alleinerziehender bei. Wenn Väter keinen Unterhalt zahlen können oder sich weigern, leistet (vorübergehend) der Staat einen Unterhaltsvorschuss. Eine beträchtliche Anzahl von Alleinerziehenden mit unterhaltsberechtigten Kindern gibt an, dass es Probleme mit der Zahlung des Unterhalts für ihre Kinder gibt.[9]

Erfreulicherweise hat 2017 der Gesetzgeber die Zahlung von Unterhaltsvorschuss für unterhaltsberechtigte Kinder, deren Väter nicht zahlen (können), erweitert. Zahlte der Staat zuvor nur bis zum 12. Lebensjahr eines Kindes und auch nur maximal sechs Jahre lang, so hat nun jedes Kind einen Anspruch auf Unterhaltsvorschusszahlungen bis zum 18. Lebensjahr.

Die Diakonie Deutschland setzt sich intensiv für die Existenzsicherung von Kindern und Familien ein und konnte 2016, gemeinsam mit anderen Verbänden, eine Gesetzesänderung verhindern, die Leistungskürzungen des ALG-II-Regelsatzes bei Trennungskindern vorsah, und zwar um genau die Anzahl von Tagen, die das Kind beim anderen Elternteil verbringt.

Das Armutsrisiko von Alleinerziehenden und ihren Kindern liegt doppelt so hoch wie beim Durchschnitt der Bevölkerung. Nach aktuellen Angaben des Bundesfamilienministeriums sind knapp 40 % aller Haushalte von Alleinerziehenden minderjähriger Kinder auf staatliche Leistungen nach dem Zweiten Sozialgesetzbuch (SGB II) angewiesen. In Zahlen sind das – Stand 2017 – knapp 600.000 Bedarfsgemeinschaften von Alleinerziehenden.[10] Knapp eine Million Kinder von Alleinerziehenden leben von ALG II.[11]

2016 hat die Diakonie Deutschland ein wissenschaftliches Gutachten in Auftrag gegeben, welches die bisherige Regelsatzberechnung einer kritischen Untersuchung unterzieht und im zweiten Schritt daraus resultierend eine faire Regelsatzberechnung vorstellt. Danach wird deutlich, dass die tatsächlichen Bedarfe teilweise wesentlich höher sind als die im Gesetzentwurf ausgewiesenen Regelsätze. Diese werden, so das Fazit der Diakonie, willkürlich und unsachgemäß berechnet und decken bei weitem nicht das soziokulturelle Existenzminimum. Nach der Berechnung des Diakonie-Gutachtens müsste für

---

9 Lenze/Funcke 2016, 21.
10 Vgl. Bundesministerium für Familien, Senioren, Frauen und Jugend (BMFSFJ), *Chancen und Teilhabe für Familien. Allein- und getrennt Erziehende fördern und unterstützen*, Berlin 2020 https://www.bmfsfj.de/bmfsfj/themen/familie/chancen-und-teilhabe-fuer-familien/alleinerziehende vom 20.01.2020 (05.03.2020).
11 Vgl. Statista: https://de.statista.com/infografik/5177/arme-alleinerziehende/ (Abruf 05.03.2020).

Alleinstehende und für Alleinerziehende der Regelsatz bei dem Bezug von ALG II um 150 Euro höher liegen als bisher, bei Kindern – je nach Altersgruppe – zwischen 16 bis 87 Euro.[12]

Auch wenn ein großer Teil der Alleinerziehenden den Lebensunterhalt für sich und ihre Kinder durch eigene Vollzeiterwerbstätigkeit sicherstellen, bleibt ihre Armutsgefährdung sehr hoch.[13] Insbesondere sind diejenigen Alleinerziehenden den größten Belastungen ausgesetzt, deren Einkommen gerade über der Grenze zum ALG II bzw. des Wohngeldbezuges liegen, da weitere Leistungen aus dem Bildungs- und Teilhaberecht wegfallen. So betrug das jährliche Haushaltseinkommen von Alleinerziehenden durchschnittlich 13.184 Euro.[14]

Durch unsere Beratungsstellen erfahren wir zunehmend, welche Konsequenzen das auf einem Wohnungsmarkt mit rasant gestiegenen Mieten und einem gesunkenen Engagement im sozialen Wohnungsbau bedeutet. Alleinerziehende haben es noch schwerer als früher, eine bezahlbare Wohnung zu finden. Immer öfter sind Alleinerziehende mit Kindern sogar von Wohnungslosigkeit bedroht.

3.2 Benachteiligung am Arbeitsmarkt

Eine wichtige Rolle für die wirtschaftliche Existenzsicherung spielt dabei der Zugang von Alleinerziehenden, vor allem alleinerziehenden Müttern, zum Arbeitsmarkt. Zwar sind alleinerziehende Mütter überwiegend gut ausgebildet, erfahren jedoch nach wie vor direkte oder indirekte Vorbehalte oder Benachteiligungen bei der Suche nach einem Arbeitsplatz.

Besonders augenfällig ist der Unterschied zwischen der Berufstätigkeit von alleinerziehenden Vätern im Vergleich zu alleinerziehenden Müttern: Letztere arbeiten nur zu 42 % in Vollzeit und zu 58 % in Teilzeit. Alleinerziehende Väter dagegen sind zum Großteil in einer Vollzeitstelle berufstätig.[15]

Die Mütter arbeiten zudem oft in befristeten Beschäftigungsverhältnissen. Sie arbeiten häufiger als andere abends, an Wochenenden, an Feiertagen sowie im Schichtdienst, um so ihre Arbeit mit den Ansprüchen der Kinderbetreuung und ihrem Familienleben in Einklang zu bringen.

Zeitliche Flexibilität stellt für die Diakonie daher eine der Kernforderungen

---

12 Vgl. Becker 2016 (1) und (2).
13 So gelten nach einer Studie der Bertelsmann Stiftung 42 % der Alleinerziehenden-Haushalte als armutsgefährdet. Von den insgesamt 1,92 Millionen Kindern und Jugendlichen im SGB-II-Bezug lebt die Hälfte (968.750) in Ein-Eltern-Familien. Vgl. Lenze/Funcke 2016, 6.
14 Bundesministerium für Familie, Senioren, Frauen und Jugend, *Agenda 2030 – Nachhaltige Familienpolitik*, Berlin 2020, 8.
15 Vgl. Statista: https://de.statista.com/infografik/19518/voll--und-teilzeitbeschaeftigungsquoten-von-alleinerziehenden/ (05.03.2020).

an Arbeitgeber dar, um die Vereinbarkeit von familiären Aufgaben und beruflichen Möglichkeiten und Erfordernissen zu verbessern. Die Diakonie Deutschland hält es außerdem für erforderlich, dass die Angebote an Ausbildungs- und Weiterbildungsmaßnahmen – auch in Teilzeit – stärker an den Bedürfnissen und Möglichkeiten von Alleinerziehenden ausgerichtet und ausgeweitet werden, damit alleinerziehende Mütter und Väter bessere Chancen auf dem Arbeitsmarkt haben.

3.2 Bedarfsgerechte Unterbringung

Nach wie vor ist die entscheidende familienpolitische Maßnahme eine ausreichende, bedarfsgerechte und flexible Ganztagsbetreuung von Kindern. Das ist für die Vereinbarkeit von Familie und Beruf für Familien mit zusammenlebenden Eltern wichtig und für Alleinerziehende Grundvoraussetzung für Teilhabe.

Trotz des geltenden Rechtsanspruchs auf einen Platz in einer Kindertageseinrichtung oder Betreuung durch eine Tagesmutter stellt die bedarfsgerechte Unterbringung der Kinder für viele Alleinerziehende eine große Herausforderung dar. Die Kinderbetreuung und -versorgung gestaltet sich besonders schwierig, wenn nicht auf ein enges soziales Netzwerk zurückgegriffen werden kann.

Zudem fehlt es in ländlichen Räumen stärker als in urbanen Regionen an bedarfsgerechten Kinderbetreuungsangeboten. Die Balance zwischen der eigenen Existenzsicherung durch Berufstätigkeit und der angemessenen Versorgung und Betreuung der Kinder bedeutet für Alleinerziehende nicht selten einen täglichen Spagat.

3.3 Störanfällige Mobilität

Gerade in ländlichen Regionen spielt die Mobilität für die Bewältigung des Familienalltags eine entscheidende Rolle. Nicht alle Alleinerziehenden können sich ein Auto leisten, was dort, wo der öffentliche Nahverkehr nicht ausreichend ausgebaut ist, eine große Belastung darstellen kann – ob es um die Fahrt zum Kindergarten, zur Schule, zum Flötenunterricht oder zum Sportverein geht, ob im Alltag der Familieneinkauf zu organisieren ist oder eine Arztpraxis gut erreichbar sein muss. Dies macht die Lebenssituation von Alleinerziehenden grundsätzlich störanfälliger und die Belastungen größer als die von anderen Familien, in denen sich zwei Partner*innen gegenseitig unterstützen können.

4. Unterstützung durch die Diakonie – was Kinder und Eltern brauchen

Um die vielen Herausforderungen zu bewältigen, benötigen alleinerziehende Mütter und Väter gute Rahmenbedingungen, Unterstützung und Begleitung. Vor allem, wenn Eltern sich trennen und alleinerziehende Familien entstehen, besteht besonderer Hilfe- und Unterstützungsbedarf.

Die Diakonie bietet ein flächendeckendes Netz an Beratung an, das alle damit verbundenen Lebensphasen und -konflikte begleitet. Dazu gehören ihre Schwangerenberatungsstellen, ihre familienunterstützenden Angebote, die Familien- und Erziehungsberatungsstellen, die Familienbildungsstätten und Familienerholungseinrichtungen. Unterstützung und Anlaufpunkte für Alleinerziehende sind auch die allgemeine Sozialberatung oder die kirchlichen Angebote wie Treffpunkte und Eltern-Kind-Gruppen. Einen besonderen Raum für Austausch und Begegnung bieten diakonische Mehrgenerationenhäuser und Familienzentren. Darüber hinaus gibt es vielfältige Projekte, die zeigen, wie wichtig alleinerziehenden Eltern Beratung, seelsorgerliche Begleitung sowie Bildungs- und Gemeinschaftserlebnisse sind. Empowerment und die Stärkung des Selbsthilfepotenzials sind wesentliche Ziele dieser Arbeit.

5. Trennung und Scheidung begleiten

Die Trennung ist für die Eltern und Kinder in der Regel ein einschneidendes Erlebnis und mit vielen Ängsten, Sorgen und Fragen verbunden. „Gemeinsam getrennt zu erziehen", stellt an Eltern hohe Anforderungen. So ist es wichtig, klare und einvernehmliche Lösungen zu finden.[16] Gelingen verlässliche Absprachen und ein guter Umgang nicht, entstehen für die Kinder erhebliche Belastungen.

Deshalb sind gerade Angebote der Familien- und Erziehungsberatung in Trennungs- und Scheidungssituationen wichtig. Viele Evangelische Beratungsstellen bieten sehr erfolgreich Kurse für getrennt lebende Eltern an, die nach dem Programm *Kinder im Blick*[17] durchgeführt werden. Hierbei soll der Blick auf die Bedürfnisse des Kindes geschult werden und die Streitigkeiten der Erwachsenen sollen zurücktreten. Das Evangelische Zentralinstitut Berlin bietet seit Jahren Fortbildungen an, um zertifizierte Trainer*innen für *Kinder im Blick* zu schulen.

Aber auch Angebote wie die der Evangelischen Fachstelle für Frauen und Männer in München sind unverzichtbar. Mit Beratung, Seminaren und Ver-

---

16 Vgl. Arbeitsgemeinschaft alleinerziehender Mütter und Väter (agae), Vereinbarungen für Eltern in Trennung und Scheidung, Berlin (ohne Jahresangabe).
17 Das Programm *Kinder im Blick* wird in diesem Band auf S. 365 vorgestellt.

anstaltungen sowie Treffpunkten ist es das Ziel dieser Anlaufstellen, getrennte Eltern, Patchwork-Familien und Verwitwete zu stärken und zu entlasten. Sie kooperieren mit einer Vielzahl von Einrichtungen und Beratungsstellen, die Angebote für alleinerziehende Mütter und Väter machen, und ergänzen sich so mit unterschiedlichen Professionen in der Beratung und Begleitung.

Darüber hinaus hat die Diakonie Deutschland gemeinsam mit der Arbeitsgemeinschaft für alleinerziehende Mütter und Väter (agae) Handreichungen erarbeitet, die nach Trennung und Scheidung Eltern bei den „ersten Schritten" unterstützen wollen. Auch bei der Organisation besonderer Anlässe wie Geburtstage oder kirchliche Fest- und Feiertage, die insbesondere in alleinerziehenden Familien von Unsicherheit und Spannung geprägt sein können, unterstützt die agae die Alleinerziehenden mit der Broschüre *Damit das Fest zum Fest wird*.[18]

6. Beratung zu staatlichen Leistungen

Die Allgemeine Sozialberatung der Diakonie und die Kirchlich Allgemeine Sozialarbeit helfen bei der Beantragung von staatlichen Familienleistungen wie dem Kinderzuschlag, dem Unterhaltsvorschuss oder anderen sozialen Leistungen. Dazu gehören zum Beispiel auch das Wohngeld oder Leistungen aus dem Bildungs- und Teilhabepaket für Kinder.

Alleinerziehende, die eine Ausbildung machen oder an einer Maßnahme des Jobcenters teilnehmen, sehen sich oft mit der Schwierigkeit einer unklaren Finanzierung der Kinderbetreuung während dieser Zeiten konfrontiert.

Seit 2001 bietet *SINA* – Soziale Integration neue Arbeit gGmbH in Trägerschaft des Diakonischen Werkes Hannover – das Projekt *TaF* an: Hier können junge Mütter in Kooperation mit Betrieben und Berufsschulen eine dreijährige Teilzeitausbildung im Rahmen des dualen Ausbildungssystems erhalten. Die sichere Betreuung ihrer Kinder im Alter von 15 Monaten bis drei Jahren erfolgt in der eigenen Kindertagesstätte und erleichtert den Frauen so den Einstieg ins Berufsleben.

Ein Team aus pädagogisch, psychologisch und berufspraktisch erfahrenen Kräften hilft ihnen, ihre berufliche und persönliche Lebensplanung in die Hand zu nehmen. Sie werden passend zu ihrer jeweiligen Lebenssituation, ihren Ressourcen, ihren Fähigkeiten, ihren Zielvorstellungen und ihren Bedürfnissen gefördert. Dies kann über eine erfolgversprechende Ausbildung, eine passende Weiterbildung oder auch den direkten Start in den Beruf erfolgen.

---

18 *Damit das Fest zum Fest wird. Feste feiern nach Trennung und Scheidung.* https://www.alleine-erziehen.de/files/feste-feiern-agae.pdf (05.03.2020) und weitere Hinweise in diesem Band auf S. 365–366.

7. Auszeiten vom Alltag

Es ist nicht verwunderlich, dass Alleinerziehende angesichts der Mehrfachbelastungen und der strukturellen und ökonomischen Bedingungen unter Druck stehen. Der Alltag als Alleinerziehende kann sehr kräftezehrend sein. Die Mehrzahl von ihnen berichtet von emotionalen bis hin zu gesundheitlichen Belastungen, zum Beispiel aufgrund finanzieller Sorgen.

Eine Auszeit vom normalen Alltag ermöglicht da das Durchatmen und eine neue Perspektive.

Das Evangelische Dekanat Büdinger Land bietet in solchen Situationen Familienfreizeiten für Familien und deren Kinder an.[19] Die Evangelische Familienerholung ermöglicht Freizeiten für Alleinerziehende und gibt alle zwei Jahre einen Katalog mit Angeboten heraus. Hier können die Gäste – neben der Erholung – Beratung in Anspruch nehmen und in den Austausch mit anderen Menschen in einer ähnlichen Lebenssituation treten. Für Kinder gibt es kostenlose Ferienprogramme. Auch den Erwachsenen werden Freizeitangebote gemacht. Für Ein-Eltern-Familien mit geringem Einkommen besteht die Möglichkeit, zu diesen Freizeiten Zuschüsse zu erhalten – so können auch Familien mit kleinem Geldbeutel Urlaub machen.

8. Starke Familien-Leistungen

Im Zentrum des Neunten Familienberichts *Elternschaft in Deutschland* der Bundesregierung steht die Frage, was es heute bedeutet, Eltern zu sein. Eltern haben hohe Ansprüche an sich selbst, an ihre Partnerschaft und an die Erziehung ihrer Kinder. Sie fordern eine gute Vereinbarkeit von Familie und Beruf und eine gute Qualität von Kinderbetreuung und Schule. Aufgabe der Familienpolitik ist es, Eltern dabei zu unterstützen, das Beste für ihre Kinder und die ganze Familie zu erreichen.

Diese familienunterstützenden Angebote sind Leistungsangebote des § 16 SGB VIII und des § 17 und 18 SGB VIII. Sie sollen dazu beitragen, dass Mütter und Väter und andere Erziehungsberechtigte ihre Erziehungsverantwortung besser wahrnehmen können, auch nach einer Trennung und Scheidung.

Mit Blick auf die geplante Reform des Sorge- und Umgangsrechts sowie des Unterhaltsrechts, das die Möglichkeiten der einvernehmlichen Regelung, das heißt ohne familiengerichtliche Antragsstellung, durch die Eltern hinsichtlich der Ausübung des Sorgerechts stärken will, ist es umso kritischer zu betrachten, dass mit 0,8 % lediglich ein Bruchteil der Gesamtausgaben für die öffentliche Kinder- und Jugendhilfe u.a. in familienunterstützende Beratungsangebote fließt, obwohl diese Leistungen keine „freiwilligen" Leistun-

---

19 Vgl. den Beitrag von Kornelia Brückmann in diesem Band auf S. 288–291.

gen der Kinder- und Jugendhilfe sind, sondern ein Recht des Kindes und der Eltern besteht.

Aus Sicht der Diakonie Deutschland ist es geboten, an den Stärken der Alleinerziehenden anzusetzen, ihnen und ihren Kindern Unterstützung und Begleitung zur Alltagsbewältigung anzubieten. Dies gilt unabhängig davon, ob sie ihre Existenz eigenständig absichern können, auf Unterhaltsvorschuss oder auf Transferleistungen angewiesen sind oder ob sie die Folgekosten einer Trennung sowie Kinderbetreuungskosten ausschließlich aus eigenem Einkommen bestreiten.

Angesichts der gesamtgesellschaftlichen Entwicklung ist mehr denn je das Augenmerk auf die sozioökonomischen und rechtlichen Bedingungen von alleinerziehenden Müttern und Vätern zu richten. Denn noch führen Vorgaben des Familienrechts und Regelungen des Sozialrechts zu erheblichen Konflikten und zu Nachteilen bei dem alleinerziehenden Elternteil und in Folge zu Belastungen bei den Kindern.

Aus Sicht der Diakonie Deutschland ist für das Gelingen von Familien – auch Ein-Eltern-Familien – ein Umdenken nötig. Für Eltern muss von Anfang an ein mit ausreichenden Ressourcen ausgestattetes, sozialräumlich orientiertes und niedrigschwelliges Beratungs- und Unterstützungsangebot in ausreichender Weise zur Verfügung stehen. Dann können Eltern später gegebenenfalls das Leben als Trennungsfamilie für sich und ihre Kinder gut gestalten. Die Diakonie Deutschland fordert deshalb, die familienunterstützenden Angebote wie die Familien- und Erziehungsberatungsstellen, die Familienbildung und Familienerholung, aber auch die Allgemeine Sozialberatung oder Kirchliche Allgemeine Sozialarbeit und Treffpunktarbeit für Alleinerziehende dringend zu stärken. Die begonnene Reform des SGB VIII bietet hier gute Möglichkeiten.

Literatur

Becker, Irene (1), *Regelbedarfsbemessung: Gutachten zum Gesetzentwurf 2016 für Diakonie Deutschland – Evangelischer Bundesverband*, Riedstadt 2016.
– (2), *Regelbedarfsbemessung methodisch konsistente Berechnungen auf Basis der EVS 2013 unter Berücksichtigung von normativen Vorgaben der Diakonie Deutschland. Projektbericht im Auftrag der Diakonie Deutschland – Evangelischer Bundesverband*, Riedstadt 2016.
Bundesministerium für Familie, Senioren, Frauen und Jugend (BMFSFJ), *Agenda 2030 – Nachhaltige Familienpolitik,* Berlin 2020.
Bundesministerium für Familien, Senioren, Frauen und Jugend (BMFSFJ), *Chancen und Teilhabe für Familien. Allein- und getrennt Erziehende fördern und unterstützen,* Berlin 2020.
Diakonie Deutschland – Arbeitsgemeinschaft alleinerziehender Mütter und Väter in der Diakonie Deutschland (agae), *Vereinbarungen für Eltern in Trennung und Scheidung,* Berlin (ohne Jahresangabe).

Diakonie Deutschland – Arbeitsgemeinschaft alleinerziehender Mütter und Väter in der Diakonie Deutschland (agae), *Wechselmodell: nur unter Beachtung des Kindeswohls!*, Diakonietexte 05.2018.

Lenze, Anne / Funcke, Antje (Bertelsmann Stiftung), *Alleinerziehende unter Druck. Rechtliche Rahmenbedingungen, finanzielle Lage und Reformbedarf,* Gütersloh 2016 (Aktualisierung).

Ulrich Lilie

Unerhört! Diese Alleinerziehenden

Kindererziehung ist eine Gemeinschaftsaufgabe, die einen verlässlichen sozialräumlich orientierten Mix aus professioneller Unterstützung durch Netzwerke niedrigschwelliger Beratungsstellen und familienunterstützender Angebote sowie privat motiviertes nachbarschaftliches Engagement vor Ort braucht. Sorgenden Gemeinschaften kommt hier eine hohe Bedeutung zu. Das afrikanische Sprichwort „It takes a village to raise a child" weist die Richtung, holt auch alleinerziehende Familien aus der Vereinzelung und erinnert alle im Gemeinwesen an ihre Mitverantwortung.

Child education is a common task, needing a reliable, social area-based mixture of professional support by networks of low threshold family advice centres, family-supporting offers, as well as privately motivated local neighbourly commitment. In this respect, caring communities are of vital importance. The African proverb "It takes a village to raise a child" indicates the direction, picks up single families from their isolation and reminds the community of their shared responsibility.

> *"It takes a village to raise a child."*
> (Afrikanisches Sprichwort)

1. Die Zukunft der Gesellschaft

Die Corona-Krise verschärft die bestehenden sozialen und gesellschaftlichen Problemstellungen und stellt auf diese Weise eine neue öffentliche Wahrnehmung alter Fragen sicher. Sei es die Schattenseite der Abhängigkeit von langen Lieferketten, die Schieflage in der Wertschätzung der Care-Berufe oder eben die für sich sprechende Verspätung, mit der minderjährige Kinder und Jugendliche und ihre Familien als Adressaten politischen Handelns und Kommunizierens wahrgenommen wurden. Unabhängig davon, wie und wo sie aufwachsen.

Anders etwa in Norwegen, wo die Ministerpräsidentin Erna Solberg bereits Mitte März eine „Pressekonferenz" für Kinderfragen[1] anbot. So machte die norwegische Ministerpräsidentin sichtbar und besprechbar, dass auch sehr junge Bürgerinnen und Bürger mit ernstzunehmenden Fragen in der Krise sind. In Deutschland dagegen rückten die Kinder mit ihren Eltern erst nach Wochen und massiven Hilferufen wieder ins öffentliche Bewusstsein. Die Situation der Familien erwies sich als unterbelichtet, und die besonderen Belastungen der alleinerziehenden Familien waren noch weniger im Blick: Unerhört! Diese Alleinerziehenden.

---
1 https://www.youtube.com/watch?v=MoXRVSAqYzE (28.05.2020).

Das sollte anders werden. Das gern zitierte afrikanische Sprichwort „It takes a village to raise a child" hat ja auch umgekehrt eine Wahrheit: Es braucht Kinder, um „das Dorf" zu entwickeln. Kinder sind die Zukunft unserer Gesellschaft. Ob und wie sie sich einmal in ihr einbringen werden, hat viel damit zu tun, wie sie die Gesellschaft als Kind erleben.

2. Wer hat hier ein Problem?

Ob die Welt sich rasant verändert oder eine Pandemie ausbricht: In Deutschland sind neun von zehn Alleinerziehenden weiblich. Bei den Männern ist es umgekehrt, mit leicht steigender Tendenz: Einer von zehn Vätern erzieht alleine. Die Probleme und Potenziale der Alleinerziehenden sind zuerst Probleme und Potenziale von Frauen und ihren Kindern.

Zum Beispiel die Probleme und Potenziale von Julia Stange, die in Wirklichkeit anders heißt. Die 39-jährige Bäckereifachverkäuferin ist Mutter von drei Kindern und derzeit in Elternzeit. Sie hat im Rahmen der Unerhört-Kampagne von Diakonie Deutschland erzählt, wie es war, als sie mit dem dritten Kind schwanger war:

„Ich habe mich in meiner Schwangerschaft an *Notruf Mirjam*[2] gewendet, weil plötzlich alle meine Säulen ins Wanken geraten sind. Ich fühlte mich von allen unverstanden und furchtbar allein. Niemand aus der Familie oder dem Freundeskreis hat mir gratuliert, nur so Kommentare: ‚Ist das gewollt gewesen, oder ist das jetzt ein großes Malheur?' ‚Ja, das musst du ja wissen.' ‚Mutig.' – Stellungnahmen, die mir ganz schön zugesetzt haben. Ich … habe mich trotzdem gefreut. Ich war in der Zeit berufstätig und hatte mein bescheidenes Einkommen. Wir sind auch verreist und waren zufrieden."[3]

Viele alleinerziehende Familien teilen solche und ähnliche Erfahrungen: Weniger in der eigenen Wahrnehmung, aber in den Augen der anderen, wird ihr Leben schnell zum gewissermaßen selbstverschuldeten Problem. Und damit beginnt das Alleinsein vieler Alleinerziehender.

Einige Zahlen zur Orientierung[4]: In Deutschland leben etwa 1,5 Millionen alleinerziehende Familien mit minderjährigen Kindern. Das sind 19% aller Familien. Von den 13,1 Millionen Kindern unter 18 Jahren leben inzwischen 18% mit einem Elternteil im Haushalt. Das sind 2,34 Millionen Kinder.

38% dieser Haushalte sind auf staatliche Leistungen nach SGB II angewiesen, ca. 1,8 Millionen der Kinder bezieht ALG II.[5] Die meisten allerdings

---

2 *Notruf Mirjam* ist ein Beratungsangebot für Schwangere und Mütter unter dem Dach der Diakonie. https://www.notruf-mirjam.de/wer-wir-sind/ (28.05.2020).
3 https://www.diakonie.de/kampagne-unerhoert/ploetzlich-gerieten-alle-meine-saeulen-ins-wanken (28.05.2020).
4 Bundesministerium für Familie, Senioren, Frauen und Jugend, 2020.
5 Bundesagentur für Arbeit, 2020.

– 60 % der Haushalte – erwirtschaften ihr Familieneinkommen selber! Im Durchschnitt beträgt es jährlich 13.184 Euro. Das bedeutet, das Armutsrisiko ist bei vielen Alleinerziehenden sehr hoch – auch im Blick auf das Alter. Hier liegen tatsächliche Probleme, die gesellschaftlich bearbeitet werden müssen.

Doch alleinerziehende Familien haben eben nicht nur Probleme. Ihr Potenzial wird im Diskurs viel zu wenig thematisiert. Auch sie sind Keimzellen der Gesellschaft, können Vorbild und Quelle der Inspiration sein, wie andere Familien auch. Kinder, die in diesen Familien groß werden, müssen keineswegs zwangsweise Mangelerfahrungen machen, wie gerne unterstellt wird: Sehr viele lieben ihre liebevollen und verantwortungsbewussten Mütter (und Väter), die hochflexibel, sehr kreativ und ausdauernd sind und über eine erstaunliche Stressresistenz verfügen. Ob sie ALG II beziehen oder nicht, tut da nichts zur Sache. Wie sie insgesamt von ihrem gesellschaftlichen Umfeld unterstützt werden, schon.

Alleinerziehende erwerben hohe Kompetenzen, sei es im tagtäglichen Ausbalancieren von Erwerbs- und Erziehungsarbeit, im Umgang mit den Wünschen ihrer Kinder und den eigenen Bedürfnissen, aber auch mit den in der Regel knappen Ressourcen Geld, Zeit und Kraft. Erschöpfung ist ein selbstverständliches Grundgefühl, mit dem oft klaglos geliebt, gelebt und gearbeitet wird. Dazu kommen die unkalkulierbaren Risiken: Krankheiten – des Kindes, der Angehörigen oder eigene – Arbeitslosigkeit, Angst vor Altersarmut oder Gewalterfahrungen. Aber auch Liebeskummer, ein Karrieresprung – oder, wie 2020, eine Pandemie können das fragile Familiensystem erschüttern.

Julia Stange: „Wenn man alleine ist, dann ist es eben schwer. Dann geht man alleine ins Krankenhaus und danach geht man mit seiner Babytragetasche da auch alleine wieder raus und weiß: Das ganze System steht auf deinen Füßen. Du musst gesund bleiben. Da darf nichts Gravierendes dazwischenkommen. Und plötzlich dachte ich, wie lange reicht das Elterngeld? Kann ich meinen Kindern eine Perspektive bieten?"[6]

3. ... und dann kam Corona

Die Erziehung von Kindern braucht immer ein unterstützendes Netzwerk. Idealerweise aus gesetzlich garantierten oder im Gemeinwesen verankerten Angeboten *und* privat organisierter Unterstützung: Kita, Schule und Hort, die Großeltern, Nachbarschaft und Freundinnen können genauso wie familienfreundliche Arbeitgeber*innen wichtige Knotenpunkte sein. Dieses Netzwerk hat schon im normalen Alltag zwischen Kinderkrankheiten, Schulferien und den Erwartungen des Arbeitgebers manchen Stresstest zu bestehen. Wo dieses

---

[6] https://www.diakonie.de/kampagne-unerhoert/ploetzlich-gerieten-alle-meine-saeulen-ins-wanken (28.05.2020).

Netzwerk fehlt, zu lose geknüpft ist oder reißt, wird das Leben sehr schnell sehr schwierig.

Die soziale Infrastruktur entscheidet mit über die Stabilität der alleinerziehenden Familie, doch nicht überall in Deutschland sind die Möglichkeiten gleich. Es ist schon in Normalzeiten immer auch eine Frage des Wohnorts, der Region, des Bundeslandes und der privaten Lebenssituation, wie einfach oder schwierig es für Alleinerziehende ist, die Bedürfnisse des Kindes mit denen des Arbeitgebers, des Berufs und den eigenen Wünschen zu versöhnen. Viele Frauen stellen die eignen Wünsche ganz nach hinten.

Und dann kam Corona, und das Netz zerriss im ganzen Land. Von jetzt auf gleich stellte der Lockdown im Frühjahr 2020 auch die Berufstätigen unter den Alleinerziehenden vor große organisatorische, materielle und nicht zuletzt psychische Herausforderungen: Kurzarbeit oder Kündigung, Arbeitslosigkeit oder Homeoffice, dazu Homeschooling und Ganztagsbetreuung in Zeiten von Spielplatzsperrung, Kontaktbeschränkungen und sich überschlagender Nachrichten. Und das ohne abzusehendes Ende, nicht nur für einige Tage, sondern über Wochen, ja, Monate.

Natürlich trafen die Schließung von Schulen und Kindertagesstätten, der Stopp des öffentlichen Lebens, die Kontakteinschränkungen und die massenhafte Verlagerung der Arbeit ins Homeoffice alle Familien, in denen Kinder leben. Aber Alleinerziehende erlebten in dieser stark belasteten, von Verunsicherung und Angst geprägten Zeit mit noch brutalerer Wucht als sonst, was es bedeutet, mit der Verantwortung für sich und die Kinder im Wortsinn „allein" zu sein. Niemanden verlässlich da zu haben, an den man abgeben kann, der Anteil nimmt und einem eine Pause verschafft. Sei sie noch so kurz.

Zur „sozialen Distanzierung", die viele ohnehin gut kennen – auch weil es immer noch eine moralische Arroganz gegenüber alleinstehenden Müttern gibt – trat die „physische" Distanz. Die Menschen blieben zuhause, das öffentliche Leben erlosch und auch der Kontakt zu Freundeskreis und Familie war weitgehend unterbrochen. Der Virus machte keinen Unterschied, verschärfte aber die Unterschiede.

4. Megatrend in der Nachbarschaft

Kinder wachsen nicht in geschützten Sonderwelten auf, sie sind Teil der Gesellschaft. Und die Gesellschaft, in die Kinder heute hineinwachsen, verändert sich mit rasantem Tempo. Ihre Väter und Mütter, allein oder im Team erziehend, Erwachsene überhaupt, die Kinder auf ein Erwachsenenleben vorzubereiten zu versuchen, leben wie alle anderen auch in einer Atmosphäre von zunehmender Unsicherheit und Überforderung. Soziologen wie Andreas Reckwitz sprechen von einem Epochenbruch, einer tiefgreifenden Transformation der Gesellschaft, die in ihrer einschneidenden Bedeutung mit der beginnenden Industrialisierung vergleichbar ist.⁷ Nur ist das Tempo der Veränderung heute sehr viel höher.

Die Corona-Pandemie beschleunigt diese Prozesse noch einmal. Der menschengemachte Klimawandel zeitigt längst weltweite unmittelbar bedrohliche Folgen. Beide Phänomene verändern sowohl den gesellschaftlichen Habitus als auch das Leben der Einzelnen. Dazu stellen die umwälzenden Prozesse der Digitalisierung den Arbeitsmarkt auf den Kopf, verändern das Kommunikationsverhalten und bringen ganz neue kulturelle Massenphänomene mit sich. Hier hat die Corona-Krise einen Innovationsschub ausgelöst, der sich hoffentlich in eine neue Normalität übersetzen wird, von der auch Alleinerziehende profitieren können: Digitalisierung flexibilisiert die Arbeitswelt, schafft neue Formen von Zusammenarbeit und stützt so eine andere Balance von Erwerbs- und Familienarbeit. Das weckt Hoffnung. Und schafft neue Aufgaben für alle Beteiligten, zum Beispiel bei der verantwortlichen Gestaltung des Zeitmanagements im Homeoffice. Andererseits schafft die Digitalisierung ganze Branchen ab. Arbeitslosigkeit und prekäre Beschäftigung drohen gerade weniger Qualifizierten. Es entsteht ein neues Gefühl des Abgehängtseins – jenseits des „Digital Gaps". Das schürt wieder Ängste. Besonders bei denen, die Verantwortung für Kinder tragen.

Diese Umwälzung ist begleitet durch Individualisierungs- und Singularisierungsprozesse,⁸ die die spätmoderne Kultur der Industrienationen seit den Siebzigerjahren ebenso prägen wie die signifikant größer gewordene Anzahl der Menschen mit Migrationsgeschichten die kulturelle Gewissheiten unserer Bevölkerung verwandeln. Die Vorstellungen davon, was ein gutes Leben ausmacht, unterscheiden sich immer mehr. Pluralität und Diversität wird das neue Normal. Mit allen Herausforderungen und Fremdheitserfahrungen, die das für ein solidarisches Miteinander mit sich bringt.

In dieser Welt und in entsprechend heterogenen Sozialräumen und Umgebungen werden Kinder in Deutschland in zunehmend unterschiedlichen Lebenswelten erzogen. Und das gesellschaftliche Wir steht vor der schwierigen und spannenden Aufgabe, diese sichtbare Vielfalt auszubalancieren und zu integrieren. Das braucht breite Debatten, um auf dem Boden unserer Verfassung einen menschen- oder vielleicht besser: einen kinderfreundlichen Umgang mit diesen Ambi- und Plurivalenzen zu finden. Denn immer unterschiedlicher werdende Kinder, die in immer ungleicheren und unterschiedlicheren Lebenswelten aufwachsen, werden das neue „Wir" in Deutschland prägen. Ein Zurück in eine scheinbar eindeutigere, geordnete „heile" Welt der 1950er Jahre, wie es manchen lautstarken Vereinfachern in Politik und Gesellschaft vor Augen zu stehen scheint, kann keine Option sein. Auch in dieser „heilen" Welt waren alleinerziehende Frauen undenkbar und wurden

---

7 Reckwitz, Andreas, *Die Gesellschaft der Singularitäten. Zum Strukturwandel der Moderne*, Berlin 2017.
8 Ebd.

sanktioniert, nichteheliche Kinder eine Schande und berufstätige Ehefrauen und Mütter ohnehin nicht vorgesehen. Für mich verbindet sich eine persönliche Erinnerung damit: Der sonntägliche Spaziergang noch in den Sechzigern führte unsere Familie regelmäßig an einem – wie meine Eltern sagten – „Haus für gefallene Mädchen" vorbei, und ich erinnere mich, dass ich mich als kleiner Junge immer fragte, worüber diese Mädchen denn gefallen seien.

5. Gemeinsam im Sozialraum

Diese komplexe Gemengelage aus Digitalisierung und demografischem Wandel, zunehmender weltanschaulicher, religiöser und kultureller Vielfalt unter den Bedingungen von Klimawandel und Pandemie prägt das Deutschland, in dem Kinder heute aufwachsen. Und sie übersetzt sich in die Lebenswirklichkeit der Städte, Dörfer und Nachbarschaften. Dorthin, wo die alleinerziehende Mutter dringend einen Kitaplatz braucht, ihre Freund*innen trifft oder nach einer Arbeit sucht, die ihrer Qualifikation entspricht, sie ernährt *und* Zeit für „Quality-Time" mit dem Kind lässt. Dort müssen politische Maßnahmen ankommen und orientieren.

Wer über das Leben Alleinerziehender in Deutschland nachdenkt und ihre Situation verbessern möchte, ist also auch herausgefordert, diese Megathemen und -trends der „großen Politik" mitzudenken. Sie prägen Kindheit und sollten bei der Beantwortung der schwierigen Alltagsfragen vor Ort berücksichtigt werden. Weniger komplex geht es nicht.

Beispiel Megathema Migration: Die Integration von Menschen mit Migrationsgeschichten braucht verlässliche politische Rahmenbedingungen, aber muss vor Ort gelebt werden – oder sie wird nicht gelebt. Und das prägt dann das Leben der alleinerziehenden muslimischen Mutter. Beispiel Digitalisierung: Gibt es in meiner Wohnung schnelles Internet – oder nicht? Das entscheidet über ein gestaltbares Homeoffice. Beispiel Mobilität: Fährt ein Bus regelmäßig in die Stadt – oder gibt es andere Überlegungen zur Mobilität, die dem schmalen Geldbeutel gerecht werden? Beispiel Inklusion: Findet mein Kind mit seiner Behinderung eine inklusive Grundschule in der Nähe? Alleine erzieht man nur in einer Gesellschaft, die sich der Beantwortung dieser Fragen nicht stellt.

Die Themen sind vielfältig und sie greifen ineinander: Wo finden sich niederschwellige Sozial- und Familienberatungsstellen? Wie ist die Spielplatzsituation im Stadtteil? Aber auch: Welches Familienbild spricht aus dem Internetauftritt der Kirchengemeinde nebenan? Ermöglichen die Arbeitgeber am Ort Angebote für einen flexiblen Mix aus Homeoffice und Präsenz? Bieten Bildungsträger berufliche Weiterbildungen in Teilzeit an?

Diese Liste ist unvollständig. Aber sie macht deutlich, dass es viel zu kurz greift, es „den Alleinerziehenden" und ihrem Umfeld womöglich unter Verweis auf ihre Selbstverantwortung oder Freiheit zu überlassen, „ihre" Probleme allein zu lösen. Im Gegenteil gilt: Von der umsichtigen familienpolitischen Lösung dieser Probleme profitieren mittel- und langfristig alle. Denn bei der Kinderfreundlichkeit einer Gesellschaft geht es immer um die Erwachsenen von morgen. Um deren Teilhabe- und Zukunftschancen. Also letztlich um den Zusammenhalt und die Leistungsfähigkeit der Gesellschaft von morgen.

Es ist eine Gemeinschaftsaufgabe, einen verlässlichen sozialräumlich orientierten Mix aus professioneller Unterstützung durch Netzwerke niedrigschwelliger Beratungsstellen und familienunterstützender Angebote zu gewährleisten – auch eine gemeinsame Aufgabe für Diakonie und Kirche: von der Schwangerenkonfliktberatung über die Erziehungs- und Sozialberatung bis hin zu Familienerholung oder Eltern-Kind-Kuren. Es braucht einen unkomplizierten Zugang zu Elterngeld und anderen staatlichen Leistungen nach SGB II und eine Anhebung der Regelsätze im ALG-II-Bezug.

Aber genauso wichtig ist, dass sich in den Köpfen etwas ändert. Alleinerziehende Familien sind kein Problem, vielmehr hat die Gesellschaft, die sie alleine lässt, ein Problem. Im Grunde geht es auch hier um die Frage: Was für ein Land wollen wir sein und in welchem Land wollen wir leben? Darauf gilt es heute gemeinsam eine Antwort zu formulieren, die Teilhabe aller ermöglicht. Das Sprichwort „It takes a village to raise a child" weist die Richtung. Ein angemessener familienfreundlicher Ansatz holt Eltern und Kinder aus der Vereinzelung und erinnert und unterstützt das Gemeinwesen bei der Wahrnehmung seiner Mitverantwortung. Überspitzt gesagt: Das Wort „alleinerziehend" sollte es eigentlich gar nicht geben. Es führt in die Irre.

Angemessener ist das Stichwort „Caring Community", sorgende Gemeinschaft. Es gilt Formen und Formate zu erfinden und Räume zu öffnen, die dazu einladen, gemeinsam mit anderen Verantwortung für eine kinderfreundliche und Kinder fördernde Umgebung zu übernehmen.

Hier können Kirchengemeinden, aber auch diakonische Unternehmen gemeinsam mit anderen Kooperationspartner*innen im Sozialraum eine wichtige Rolle spielen. Viele gut geführte Kindertagesstätten und Familienzentren mit integrierten interkulturellen Angeboten, mit Sozial-, Familien- und Paarberatung wirken schon heute als vernetzende Impulsgeber für ein gelingendes Zusammenleben der unterschiedlichen Kinder und ihrer unterschiedlichen Eltern. Gemeinsame konkrete Initiativen und gestaltende Verantwortung für Lebensräume, in denen allein- und im Team erziehende Eltern mit ihren Kindern nicht allein bleiben, können zum Herz einer neuen Community der Unterschiedlichen werden.[9] Oder wie Julia Stange formuliert: „Alleinerziehende haben nicht nur Probleme, wir haben auch Potenzial."

---

9 Vgl. auch Lilie, Ulrich, *Unerhört! Vom Verlieren und Finden des Zusammenhalts*, Freiburg 2018, 119 ff.

Kapitel 2

Geistlicher Impuls

Margit Baumgarten

Familienbilder in der Bibel
Ein geistlicher Impuls[1]

Bilder von Familien in der Bibel will ich nachzeichnen. Und dabei andere Seiten dieser Familienbilder herausstellen als die vielleicht üblichen, gewohnten Betrachtungsweisen.

I will trace pictures of families in the bible. And thus I want to bring out other sides of these family pictures rather than the perhaps conventional, habitual ways of looking at them.

Jede und jeder von uns hat mit ihnen, den Familien, eine eigene Geschichte. Da gibt es das traute Paar, Maria und Josef, mit milden Gesichtern, dargestellt auf alten Meister-Bildern in den Museen. Oder Maria als strahlende Jungfrau. Dabei: jubilierende Engel. Staunende Hirten und anbetende Weise. So kennen wir „Heilige Familie". Dass das Paar vorher durch eine tiefe Beziehungskrise gegangen ist, die fast in der Trennung geendet hat, dass das Paar nicht lange nach der Geburt des Kindes in ein anderes Land geflüchtet ist, ist nicht im Blick – und passt vielleicht nicht zu dem Bild, das wir uns gerne machen möchten. Schaut man genauer hin, war die Behausung der Familie ein ärmlicher Stall und keine Ferienwohnung. Es war die Geburt eines Armeleutekindes mit ungeklärter Vaterschaftsfrage. Die Hirten als Gratulanten sind die Letzten in der gesellschaftlichen Werteskala, arm und wenig geschätzt. Wir haben das, was in der Bibel erzählt wird, über die Jahrhunderte in einen schöneren Kontext gestellt, warum – weil wir es nicht aushalten, dass solch ein unvollkommenes Milieu ins Zentrum unserer Aufmerksamkeit gerückt wird? Brauchen wir unbedingt ein Heil(ig)es Vorbild, damit wir in unserer Unvollkommenheit nicht die Hoffnung verlieren? Eigentlich erzählt das Neue Testament genau das Gegenteil. In der Zuwendung Gottes in der Unvollkommenheit bekommen wir die Kraft, an dem zu arbeiten, was bedrückt und unterdrückt.

Für keine Frau erreichbar – so sie es denn überhaupt will – ist das Ideal der Madonna. Aber es dient dazu, Schuldgefühle zu wecken und sich selbst nicht wertzuschätzen. Madonnenbilder wie die Sixtinische Madonna von Raffael 1512/13 sind vielen bekannt. Maria geschmückt mit den Farben der Himmelskönigin, rot und blau und mit einem erhabenen Gesichtsausdruck zwischen milde und verklärt, freundlich und liebevoll zugewandt; eine perfekte Mutter

---
[1] Impuls zum Tagesbeginn der Geschäftsführer*innentagung der Evangelischen Arbeitsgemeinschaft Familie (eaf) am 7. März 2020 in Hannover; es gilt das gesprochene Wort.

mit Engelsgeduld. Ganz anders das Bild des Surrealisten Max Ernst von 1926 mit dem Titel: *Die Jungfrau züchtigt das Jesuskind vor drei Zeugen: André Breton, Paul Éluard und dem Maler*, zu besichtigen im Museum Ludwig, Köln.

Immer noch in den Farben der Himmelskönigin ist Maria eine Mutter, die hilflos ist, die von ihrem pfiffigen Sohn an ihre Grenzen geführt wurde, die die Nerven verliert, gegen ihre Überzeugung handelt, kurz, eine Frau wie Du und ich. Max Ernst wurde exkommuniziert wegen dieses Bildes. Wie eine Kollegin mir erzählte, stößt das Kunstwerk immer noch auf Widerstand in Frauenkreisen. „Aber eigentlich hat sie ihn doch nie geschlagen!?" – Was passiert, wenn noch nicht einmal die Heilige Familie heil und perfekt ist?

Für mich ist die heilige Familie ein gutes Beispiel dafür, dass wir das finden, was wir suchen, und dass in der Bibel immer mehr und Komplexeres zu finden ist als das, was vorherrschend gedacht wird. Die Bibel beschreibt menschliches Leben und menschliche Erfahrung in der ganzen Vielfalt, sie wertet in den seltensten Fällen, sondern stellt das, was Menschen erleben, was Leben ist, dar.

Daher ist die Bibel natürlich nutzbar für Begründungen der unterschiedlichsten Ansätze, eben weil sie die Vielfalt menschlichen Lebens beschreibt. Nur wird meist die Vielfalt ausgeblendet und jede Denk-Richtung versucht, die eigene Position mit der Bibel zu untermauern. Also ist zu fragen: Wann nimmt eigentlich wer die Bibel als Begründung einer Norm oder Institution in Anspruch und wann nicht? Wer hermeneutisch, also Bibel auslegend, einigermaßen sauber arbeitet, kann kein formales Familienleitbild mit der Bibel legitimieren.

Vom Anfang hingeschaut: Die Paradies-Geschichte wurde und wird ja noch als die Begründung für das Primat des Mannes und die Schuld der Frau herangezogen. Liest man sie als eine Lebensbeschreibung mit entwicklungspsychologischem Auge, sehe ich Leben, wie ich es kenne. Irgendwann verlangt Mensch im Kindheitsparadies nach mehr Erkenntnis, wird sich der eigenen Leiblichkeit bewusst – das kann man auch Pubertät nennen. Die Erkenntnis zieht zwangsläufig das Ende des Paradieses nach sich – wenn es denn eines war –, weil ich hinter einmal Erkanntes nie wieder zurück kann, die Pforten der Kindheit sind verschlossen. Es ist auch kein Fluch, sondern eine Lebensbeschreibung: „Du wirst mit Schmerzen Kinder gebären"; das ist nun mal so, auch wenn eine Frau die Schmerzen der Geburt ihres Kindes schnell wieder vergisst. „Mit Mühe wirst du dein Brot essen" – auch das ist für viele eine zutreffende Arbeitsbeschreibung, „mit Mühe". Die Geschichte mit der Rippe ist wie so häufig eine Übersetzungsfrage. Das Wort, das für „Rippe" in der lateinischen Übersetzung steht, heißt im hebräischen „Seite". Und es macht schon einen enormen Unterschied, ob die Frau die eine Seite des Menschen ist (Adam heißt Mensch) oder aus der Rippe des Mannes Adam stammt. Wieder: Was ich (hinein) lesen will, das lese ich dann auch (heraus).

Das erste Mal, dass das Wort „Lieben" in der hebräischen Bibel vorkommt, ist nicht in der Paradies-Geschichte (1. Mose 1–3), sondern bei Abraham, als er seinen Sohn Isaak opfern soll (1. Mose 22,2), „den, den du liebst". Isaak ist ein traumatisiertes Kind, das von seinem Vater Gewalt erfuhr. Das zweite Mal kommt das Wort „Lieben" bei Isaak und Rebekka vor (1. Mose 24,67): Isaak gewann Rebekka lieb und dies war ihm ein Trost nach dem Tod seiner Mutter. Rebekka als Mutterersatz – so kann man auch zusammenleben. Und zum dritten Mal kommt das Wort „Lieben" in derselben Geschichte vor (1. Mose 25,28): Isaak liebt Esau und Rebekka liebt Jakob. Der jüngere betrügt den älteren Bruder um das Erstgeburtsrecht und muss fliehen. Wenn man sie so lesen will, ist diese Familiengeschichte eine gescheiterte.

In 1. Mose 2,24 steht der Satz, den wir aus dem liturgischen Ablauf einer Trauung, der Trau-Agende, kennen: „Darum wird ein Mann Vater und Mutter verlassen und seiner Frau anhängen und sie werden ein Fleisch sein." Das ist keine strukturelle Verbindung wie eine Ehe. Das Verb „anhangen" zeigt eine neue Beziehung statt der bisher geltenden Elternbindung an. Dieses Verb kommt in einer anderen Geschichte wieder genauso vor, bei Rut und Noomi, zwei Frauen unterschiedlicher Generationen, die nicht blutsverwandt waren (Buch Rut). Ich glaube nicht, dass die beiden ein lesbisches Paar waren, aber es steht dasselbe Wort zur Beschreibung ihrer Beziehung wie in der Geschichte in 1. Mose 2,24 zwischen Mann und Frau. Ich sehe da die Weite des Beziehungsbegriffs wie in der EKD Orientierungshilfe[2]: Da, wo Menschen Verantwortung füreinander übernehmen, ist Familie.

Die Abrahams- und Jakobsgeschichte zeigen Leihmütter – die Mägde der Frauen – und Vielweiberei. Das ist ja nun kein Ehevorbild aus der Bibel, das heute gern herangezogen wird. Und guckt man mal genau hin, sind die sogenannten Erzväter eigentlich schwache Figuren; sie halten sich aus den Familienkonflikten heraus und versuchen den Weg des geringsten Widerstands zu gehen. Ein Beispiel hierfür sind Sara und Hagar (1. Mose 16), die in Konflikt gerieten, als Hagar schwanger wurde und Sarah nicht. Abraham schlichtet nicht den Streit, sondern zieht sich aus der Konfliktlinie. Auch das ist eine Erfahrung, die in vielen Familien heute geteilt wird.

Neben Leihmüttern gibt es auch Samenspender in der Bibel. Starb ein Mann ohne Kinder, sollte sein Bruder der Schwägerin das Kind spendieren, um sie sozial abzusichern. Die Geschichte von Tamar (1. Mose 38) hat als Ergebnis, dass der Vater ihrer Kinder gleichzeitig der Großvater ist, genau wie bei Lot und seinen Töchtern (1. Mose 19,30 ff.). Mose war Spross zweier naher Verwandter mit letztlich zwei Müttern (2. Mose 2,1–10).

Zurück zur Heiligen Familie: Der Stammbaum Jesu (Matthäus 1) birgt genug sozialen Sprengstoff, und wenn Josef nicht Jesu Vater war, hatte er zwei. Es sind zum Teil richtig verstörende Geschichten, die in der Bibel über Bezie-

---

2 Orientierungshilfe 2013.

hungen und Familien erzählt werden, eben aus dem tatsächlichen Leben gegriffen und nicht beschönigt. Normatives für einen Ehe- oder Familienbegriff daraus abzuleiten, finde ich höchstens insofern zulässig, als es in und an Beziehungen zwischen Menschen alles gibt, was man sich vorstellen kann; und wir Menschen heute sollten das nicht eingrenzen, weil es nicht in unseren kulturellen Kontext und/oder unsere Glaubensüberzeugung passt.

Die biblischen Geschichten zeigen, dass sich auch das „Leben mit schwerem Gepäck" zum Guten für viele durchsetzen kann. Eine bleibende Lehre daraus könnte sein, füreinander einzutreten. Solidarität und Treue sind die Basis der Geschichten, in ihrem Gelingen und in ihrem Scheitern.

Jesus weitet diese Strukturen der Solidarität aus auf Menschen außerhalb des familialen Netzes: Nicht nur die Witwen und Waisen, auch die Fremden und Alten, die Obdachlosen und Armen bedürfen der Solidarität. In dem hebräischen *Bet AV*, dem griechischen *oikos* und der lateinischen *familia* lebten mehrere Generationen und die Familien der Bediensteten sowie die der Sklavinnen und Sklaven zusammen. Lydia in der Apostelgeschichte war eine Hausvorsteherin (Apostelgeschichte 16,14 ff.). Maria und Marta und Lazarus lebten als Geschwister in einem Haus (Johannes 11). In Sprüche 31 wird von einer tüchtigen Frau berichtet, die als international vernetzte Kauffrau für den Familienwohlstand sorgte. Von Singles wird ebenfalls berichtet: von Elia und Elisa im hebräischen Testament (2. Könige 2), von Paulus (1. Korinther 7,8) und Jesus im neuen Testament (Matthäus 12,46 ff., Matthäus 19,27 ff.). Alleinerziehende finden sich in der Geschichte von Hagar wieder (1. Mose 16).

Wir haben gesehen: Familien in ihren verschiedenen Formen in aller Vielfalt gibt es auch schon in der Bibel, so wie in unserem Leben. Alle diese unterschiedlichen Beziehungen kennen die Erfahrung vom Gelingen und vom Scheitern, damals wie heute. Die biblischen Geschichten beschreiben menschliches Leben so wie es ist, und sie geben *eine* Antwort auf unsere menschlichen Grundfragen, nämlich: was uns durch schwierige Zeiten trägt, was und wer uns hilft und wie wir Leben konstruktiv gestalten können.

Literatur

Rat der Evangelischen Kirche in Deutschland, *Zwischen Autonomie und Angewiesenheit. Eine Orientierungshilfe*, Gütersloh 2013, sowie https://www.ekd.de/22584.htm (20.04.2020).

Kapitel 3

Alleinerziehende Familien – Portraits

Bettina Kenter-Götte

Sozialprotokoll:
„Es reicht nicht mal für den Cafébesuch"[1]

Dieser Beitrag schildert die Lebenserfahrung einer Schauspielerin aus den Jahren, in denen sie als alleinerziehende Mutter eines Babys auf Sozialhilfe angewiesen war und später während einer schweren Krankheit auf „Hartz IV". Es ist eine Geschichte von Armut und Ausgrenzung, eben von „Hearts Fear"!

This article describes the life experience of an actress from her years as a single mother of a baby and dependent on social welfare until a later period during a serious illness receiving "Hartz-IV" benefits. A true story of poverty and exclusion, precisely "Hearts Fear".

„Hartz IV? – Das passt doch gar nicht zu dir!"

Ich weiß nicht, was das Schlimmste ist, wenn man auf „Grundsicherung" angewiesen ist: Die Unfreiheit, dass man jeden Job und jede Maßnahme annehmen muss, die das Jobcenter vorschreibt, und seien sie noch so widersinnig? Die Erkenntnis, dass das offizielle Existenzminimum nicht einmal für das einfachste Leben in München ausreicht? Oder ist es die Willkür? Zwischen 2008 und 2013 war ich während einer schweren Krankheit zeitweise auf „Hartz IV" angewiesen – nicht durchgehend, sondern immer mal wieder. Das, was ich als Synchronsprecherin, Autorin und Schauspielerin verdiente, reichte nicht zum Leben, weil ich kaum arbeitsfähig war. Als Synchronsprecherin hatte ich keinen Anspruch auf Mitgliedschaft in der Künstlersozialkasse, auf ALG oder Krankengeld. Deshalb erhielt ich aufstockende Sozialleistungen. In einem solchen zehn Monate dauernden „Bewilligungszeitraum" bekam ich elf fehlerhafte Bescheide und legte zehn Mal Widerspruch ein. Immer bekam ich am Ende Recht. Doch zeitweilig wusste ich nicht, wovon ich die Miete bezahlen sollte.

Nachdem ich ein Jahr lang nicht beim Friseur gewesen war, in keinem Kaufhaus und keinem Café, wurde mir klar: Das Bedrückendste in meinem Alltag ist das Ausgeschlossensein. Ich suchte das Gespräch mit Freundinnen. „Hartz IV!?", sagten die, „das passt doch gar nicht zu dir!", oder: „Zur Tafel?

---

[1] Dieser Beitrag wurde erstmals veröffentlicht von Elisa Rheinheimer-Chabbi auf Basis von Texten von Bettina Kenter-Götte, *„Heart's Fear – Hartz IV. Geschichten von Armut und Ausgrenzung"*, Essen 2018, mit dem gleichlautenden Titel *Sozialprotokoll: „Es reicht nicht mal für den Cafébesuch"* in: Publik-Forum Nr. 4/2019, 8. Wir danken der Autorin, dem Verlag Neuer Weg und Publik-Forum für die Genehmigung des Abdrucks.

Da gehörst du aber wirklich nicht hin!" Aber zu welchem Menschen passen denn Armut und Almosen?

Von der selbständigen Jungkarrieristin zur Singlemutter und Sozialhilfeempfängerin

Am Anfang von allem stand mein Übermut zum ungeplanten Kind. Als meine Tochter auf der Welt war, mutierte ich von der selbständigen Jungkarrieristin zur Singlemutter und Sozialhilfeempfängerin, denn Arbeit für Theater und TV war mit Kind allein nicht möglich. Es brauchte nicht viel: Ein Einbruch meiner Branche, sinkende Honorare, eine Autoimmunerkrankung – und ich fiel durch alle Maschen des sozialen Netzes.

Da bist du nun also gelandet, dachte ich mir, als ich das erste Mal an der „Tafel" anstand, in der Reihe der Almosenempfänger. Das, was immer nur das Schicksal anderer war, ist plötzlich auch deine Lebensrealität. Du glaubst dich in die Dreigroschenoper versetzt, fühlst dich wie bei der Statisterie in einem Film, bist dir selbst und deinem Leben entfremdet. Und wie nett dann all die ehrenamtlichen Helferinnen auch sein mögen – mit dem Abstempeln des Tafelausweises wirst auch du abgestempelt als „unten". Ich erinnere mich noch an jenen Wintertag, an dem ich nach langem Anstehen im Schnee zu Hause freudig in ein Früchtebrot der Tafel biss – und den Mund voll Schimmel hatte. Es war ein Moment der Demütigung. Ohnmächtige Wut stieg in mir auf.

Hartz IV – in eine Parallelwelt versetzt

Der Business-Lunch mit dem potenziellen Auftraggeber, der Kinoabend mit Kolleginnen oder die Ausflüge in die Eisdiele mit der Nachbarin – ich wollte nicht lügen. Aber sich als arm zu offenbaren kostete mich Überwindung, erforderte Mut und bedeutete, dass ich aushalten musste, was darauf folgte: Ich wurde gemieden. Nach drei Jahren im Bezug kam es mir vor, als sei ich in eine Parallelwelt versetzt worden. Mitunter traf ich noch mit einst vertrauten Menschen aus der einst vertrauten Welt zusammen, hin und wieder erhielt ich noch einen Auftrag in jener nun immer fremderen Welt. Und während ich anlässlich einer Auszeichnung Glückwünsche entgegennahm und an einem Glas Champagner nippte, kürzte das Jobcenter meine Bezüge um 60%. Auch vom Preisgeld hatte ich nichts, denn es wurde mit den Hartz-IV-Bezügen verrechnet. Die verhängte Kürzung wurde zwar zurückgenommen, nachdem ich den Rechtsweg beschritten hatte. Doch zwischenzeitlich führte sie dazu, dass ich berufliche Termine absagen musste. Wer will schon bei einem Auftraggeber um einen Vorschuss für ein S-Bahn-Ticket bitten?

Als Hartz-IV-Bezieherin wurde ich, trotz 40-jähriger Berufserfahrung, zu Bewerbungstrainings geschickt, in denen die „Fachfrau" in einer kurzen E-Mail sieben Fehler machte. Trotzdem musste ich hin, sonst wäre mir der Satz gekürzt worden. Ich durfte meinen Wohnort nicht ohne amtliche Erlaubnis verlassen, sonst drohten existenzbedrohende Kürzungen. Und wurde ich von einer Freundin zum Frühstücken eingeladen, hätte ich 88 Cent an Vater Staat zurückzahlen müssen. Es ist ein Unterwürfigkeitstraining, dem man sich beugen muss. Und die Spuren der Entwürdigung, die wird man nur schwer wieder los.

Literatur

Kenter-Götte, Bettina, *Heart's Fear – Hartz IV – Geschichten von Armut und Ausgrenzung*, Essen 2018.

Eine alleinerziehende Mutter

Single Mum

Interview mit einer alleinerziehenden Mutter[1]

Gibt es eigentlich Kriterien dafür, wann jemand alleinerziehend ist und wann nicht? Drei Kinder sind da etwas unterschiedlicher Ansicht. Letztendlich war und ist es hier aber die alleinerziehende Mutter, die die Familienbasis und letztendliche Verantwortung getragen hat und immer noch trägt.

Are there any criteria for being a single parent or not? Three children can be of different opinion about the fact. However, in the end it was and always is the single mother who takes care of the family basis and, eventually, has carried the responsibility and continues to do so.

1. Bist Du alleinerziehend?

Ja, ich gebe mir anlassbezogen selbst das Label alleinerziehend oder modern „Single Mum". Steuerrechtlich bin ich alleinerziehend, wir haben kein Wechsel-, sondern das Umgangsmodell, daher haben meine drei Kinder ihren Lebensmittelpunkt bei mir. Ich bekomme den Alleinerziehenden-Freibetrag, das Kindergeld und Kinderunterhalt von meinem Ex-Mann. Also eine ziemlich klassische Konstellation. Ein Wechselmodell kam für mich damals nicht in Frage, ich wollte bewusst die hauptsächliche Verantwortung für die drei Kinder übernehmen. Gleichberechtigtes Co-Parenting habe ich der damaligen konflikthaften Situation nicht zugetraut. Und mich zum Glück durchsetzen können.

Bei näherem Hinsehen aber wird der Begriff komplex. Im Vorfeld dieses Interviews habe ich mich mit meinen drei Kindern unterhalten. Ihre Perspektiven auf das Thema sind noch einmal ganz anders und teilweise total unterschiedlich. Meine Tochter findet mich überhaupt nicht alleinerziehend, da sie mindestens einmal unter der Woche und alle zwei Wochenenden mit den Geschwistern in der neuen Familie des Vaters übernachtet hat. Er war und ist präsent in ihrem Leben, wenn auch nicht kontinuierlich und mit unterschiedlicher Intensität. Er ist in den Papa-Zeiten als Ratgeber und väterliches Gegenüber da und „erzieht mit". Für sie ein klares Kriterium, dass ich nicht zur Gruppe der Alleinerziehenden gehöre. Außerdem hat sie insofern recht, dass ich jedes zweite Wochenende komplett kinderfrei zu meiner Verfügung hatte und ebenso die Hälfte der Ferien. Sie findet es vor allem ungerecht, mich alleinerziehend zu bezeichnen, im Gegensatz zu den Frauen, die die Väter

---

[1] Der Name ist der Redaktion bekannt.

durch Tod verloren haben, nicht zu der Vaterschaft stehen oder die sich gänzlich aus dem Staub gemacht haben. Meine Söhne aber sehen mich als alleinerziehend an. Mein Jüngster sagt ganz klar: Wieso, wenn wir bei dir sind, bist du doch immer allein. Ob es anders wäre, wenn ich einen neuen Partner in unser Zusammenleben eingebracht hätte? Mein anderer Sohn pflichtet dem bei, er hat als Ältester den Überblick über die letzten beiden Jahrzehnte und findet, dass ich im Ergebnis alleinerziehend bin, da ich die Familienbasis und letztendliche Verantwortung getragen habe und immer noch trage.

Bei der Generation der Kriegswitwen, zu denen meine Oma mütterlicherseits gehört, die mit fünf kleinen Kindern aus Ostpreußen geflohen ist, gab es diesen Begriff noch nicht. Sozialpolitisch unterstützt wurde das harte Leben nicht, kaum Erziehungshilfen angeboten. Das Los wurde tabuisiert und klaglos hingenommen, es betraf ohnehin sehr viele Frauen. Alle teilten dasselbe Schicksal der vaterlosen Familien, das aber bis weit in die 70er Jahre hinein als Makel angesehen wurde. Ich bin sehr froh, dass dies heute nicht mehr der Fall ist. Für die gesellschaftliche Stellung, für das Fortkommen in Beruf und Privatleben spielt es keine Rolle mehr. Das ist ein enormer Fortschritt. Noch nie konnten sich Frauen gesellschaftlich so frei entfalten und entwickeln – vor und erst recht nach einer Trennung oder Scheidung. Ich möchte in keiner anderen Zeit gelebt haben als heute.

Und doch: Die Alltagsbewältigung in Haushalt und organisatorischen Dingen bleibt eine Herausforderung. Selbst in Familien, wo mehr als eine Person erzieht und zusammenlebt, ist aus meiner Sicht das letzte Wort der heutigen Vereinbarkeit von Familie und Beruf noch nicht gesprochen. Die „Fürsorge-Lücke" klafft überall. Es haut mit den heutigen Anforderungen an Erziehende mit Erwerbsarbeit und Ansprüchen an individuelle Entfaltung in den meisten Fällen nicht hin, allem gerecht zu werden. Erst recht bei Alleinerziehenden: Hier hatte ich tatsächlich keinen erwachsenen Mittuenden, mit dem man sich die Aufgaben teilen konnte. Kein: „Kannst du mal eben?", kein „Ich brauch mal kurz eine Pause!". Und natürlich konnte ich mich nicht immer ausgeruht mit der nötigen Aufmerksamkeit allen Kindern widmen. Das kommt schon in der heutigen Vater-Mutter-Kind-Familie zu kurz. Andererseits: Viele Mütter beneideten mich manchmal darum, dass ich keinen Absprachenaufwand habe und ich völlig autonom entscheiden, schalten und walten kann. Als mein Ex-Mann eine neue Familie gegründet hat, trat er mit solchen Ansprüchen zurück, die vorher für Zündstoff gesorgt haben. Auch bei funktionierenden Beziehungen können in Erziehungsfragen Eltern völlig unterschiedliche Haltungen haben, hier liegt ein Konfliktpotenzial. Aber letztendlich ist es nicht nur das subjektive Gefühl, dass alles auf den eigenen Schultern lastet, es ist die emotionale, zeitliche und finanzielle Beanspruchung, die an den Kräften zehrt. Denn was das Thema „alleinerziehend" angeht, teile ich die Weisheit aus dem afrikanischen Sprichwort „Es braucht ein Dorf, um ein Kind großzuziehen". Was heißt das für den Alltag? Es braucht ein gutes Netz aus sogenannten Soccer Mums, die meine Kinder zu Spielen in Sportvereinen mitnehmen, aus (Instrumental-)Lehrer*innen, die sich die Nöte meiner Kinder mit ihren Eltern anhörten, die Schülerin in der Nachbarschaft, die morgens um sechs zum Babysitten kommt und ein atmosphärisch friedliches Gemeinwesen. Aus diesem Grund bin ich auch aus Kreuzberg in den Berliner Westen gezogen, weil ich wusste, ich brauche mehr Unterstützung und „Bürgerlichkeit" im Alltag als bisher.

Was nicht zu ersetzen ist, betrifft die Erwachsenen-Ebene, die nicht notwendigerweise aus dem Elternpaar bestehen muss, die eine Familienkultur entwickelt und vorlebt. Denn Erziehung ist meiner Ansicht nach nicht das Vorgeben von Regeln, sondern das Ergebnis von authentischem Vorleben. Es ist eine Herausforderung, als einzige Erwachsene eine gute Tischgemeinschaft vorzuleben, eine Gesprächs- und Festkultur zu etablieren. Im Verhältnis 3:1 kann das ganz schön harte Arbeit bedeuten und manchmal fehlen einem auch Gespräche auf Augenhöhe. Drei ausgelassene Kinder können zu Tisch schon mal die Stimmung kapern, da muss frau sich dann und wann einfach geschlagen geben und mitalbern oder sich das Schauspiel einfach im besten Falle genüsslich ansehen.

2. Wie sieht dein Alltag aus?

Inzwischen sieht mein Alltag sehr entspannt aus im Vergleich zu früher mit drei Kleinkindern. Nun sind die Kinder aus dem Gröbsten heraus und sehr selbständig geworden, sicher oft mehr als andere Kinder es gewohnt sind. Kein morgens und abends Abhetzen für die richtige Kita-Bring- und Abholzeit, oft habe ich meine Kinder als Letzte abgeholt. Die Dienstreisen werden nicht mehr zum Spagat zwischen beruflicher Anforderung und den Gedanken, ob denn alles zu Hause klappt, der Sohn wirklich zur Schule geht und nicht wieder den Unterricht schwänzt. Unvergessen die Aufweck-Anrufe an die Kinder frühmorgens aus dem ICE, um mich herum schlafende Menschen. Aus dem Haus gehen, Schulbrote geschmiert, ja, manchmal ist auch ein schlappes oder genesendes Kind allein zu Hause geblieben. Meine Kinder sagen mir, dass es ohne mich oft besser geklappt hat. Auch die Unsummen, die ich an Babysittergeldern ausgegeben habe, um meinem Hobby nachzugehen, fallen nicht mehr an. Ich musste vor ein paar Jahren richtig umschalten und mir sagen, der Stress, die im Grunde permanente An- und Überforderung, hört jetzt irgendwann wieder auf, du kannst dich langsam mal wieder an das normale Lebenstempo gewöhnen.

Sehr viel hängt auch von der Trennungssituation ab. Leider trennen sich die wenigsten Paare im Guten. Drama und Konflikte, Kränkungen und nicht verarbeitete Familiengeschichten, aber auch schlicht Überforderungen sind – so mein eigenes Erlebnis und meine Wahrnehmung bei anderen – die oft vermeidbaren Auslöser. Und ich frage mich immer, wieso wir in dieser Hinsicht gesellschaftlich nicht schon viel mehr Allgemeinwissen über solche Zusammenhänge haben und statt Performance in Arbeit und Karriere nicht gute Beziehungen zu sich und anderen im Vordergrund stehen.

Inzwischen haben wir es geschafft, ein gutes Patchworkmodell zu leben. Jesper Juul, der im letzten Jahr gestorbene, dänische Familientherapeut, hat diesen Begriff ebenso wie das Wort Bonuseltern erfunden.[2] Sogar meine Eltern haben sich an den Begriff Bonusenkel gewöhnt. Und ich hätte nie gedacht, dass ich jemals so gut mit der neuen Bonusmutter mit den beiden Halbgeschwistern harmonieren werde. Sie bringt mit, was ich meinen Kindern nicht bieten kann und umgekehrt. Leider hat sich bei meinem Exmann bewahrheitet, dass ungelöste Konflikte in der nächsten Beziehung wieder auftauchen, auch diese Ehe wird nun aufgelöst, neue Unsicherheiten und Konflikte sind vorprogrammiert. So wie nie eine endgültige Sicherheit besteht, ist dies bei Patchworkfamilien noch einmal gravierender für die Beteiligten. Ich habe dafür das Bild entwickelt, dass sich alle Menschen in einem Patchworkgeflecht auf einem Floß befinden. In dem Moment, wo eine Person jemand Neues mit auf das Boot zieht oder es jemand fluchtartig verlässt, fängt alles an zu schwanken und die Menschen müssen mit rudernden Armen das Gleichgewicht wiederfinden.

3. Was sind deine Erfahrungen in deinem Beruf und deinem Arbeitsumfeld?

Alleinerziehende sind ja im diakonisch-kirchlichen Kontext eine Zielgruppe der sozialen Arbeit, sie gehören zu den Mühseligen und Beladenen. Es ist manchmal befremdlich für mich, wenn ich unsere Stellungnahmen und Positionen lese und höre, „Alleinerziehende haben ein höheres Armutsrisiko", sie bedürfen „besonderer Unterstützung". Da halte ich kurz inne und denke: Stimmt, ja, das vergisst du ja manchmal. Auch ich habe einmal im Zustand der permanenten Überforderung und Geldsorgen gelebt.

Aber eigentlich möchte ich es mir nicht anmerken lassen. Ich möchte Privates zu Hause lassen, meine volle Arbeitskraft einsetzen, keine Extrawürste bekommen. Denn viele haben auch andere Belastungen, die ebenfalls schwer wiegen und den Alltagsaufwand erhöhen.

Es gibt in meinem Arbeitsumfeld viele alleinerziehende Frauen, nur sehr wenige Männer. Da vermisse ich manchmal eine gewisse Solidarität. Gerade bei den Frauen der älteren Generation habe ich oft den Eindruck, dass sie meine und jüngere Frauengenerationen um die selbstverständliche Vereinbar-

---

2 Juul, Jesper, *Aus Stiefeltern werden Bonus-Eltern: Chancen und Herausforderungen für Patchwork-Familien*, München 2011.

keit von Familie und Beruf beneiden. Uns darum beneiden, als Alleinerziehende in Vollzeit tätig sein zu können und alles irgendwie unter einen Hut bekommen zu können. Weil es ausreichende Tagesbetreuung gibt, weil es gesellschaftlich akzeptiert ist und bis zu einem gewissen Punkt auch sozialpolitisch unterstützt. Ich kenne Frauen, die mussten sich damals „gefühlt" zwischen Beruf und Kindern entscheiden, hätten gerne Kinder gehabt. Doch es gibt auch Kolleginnen, die mit gutem Beispiel vorangingen und die Vorzüge der „Erziehung aus einer Hand" lobten.

Die Erfahrung der Corona-Zeit im Homeoffice hat mich überrascht: Was für einen großen Unterschied es macht, wenn ich zu Hause präsenter bin. Wie viel Gespräche möglich sind, wenn der Alltag zu Hause gemeinsam stattfindet. Ich konnte die Abiturzeit meiner Tochter hautnah mitbekommen, es wären mindestens drei größere Dienstreisen dazwischen gewesen und natürlich die tägliche Abwesenheit von mindestens neun Stunden. Ich bin dankbar für diese intensive Zeit mit den Kindern.

4. Was wünschst du dir an gesellschaftlicher Unterstützung?

Das ist eine gute Frage! Wenn ich ein paar Wünsche frei hätte, würde ich als Erstes das Steuerrecht ändern. Alleinerziehende sind immer noch schlechter gestellt als Paare, die gemeinsam Kinder erziehen oder gar Paare mit Trauschein ohne Kinder. Das halte ich für ein Unding. Ich gönne allen ein hohes Gehalt, nur sehe ich es nicht ein, dass ich nach der Arbeit noch eine Schicht fahre und dann steuerlich schlechter gestellt bin als die sogenannten DINKS („double income no kids"). Bei mir bleibt am Monatsende wenig bis nichts übrig, Urlaube und Extras sind eigentlich nicht drin, obwohl ich mit drei Kindern für die Rente vieler anderer mit sorge. Insgesamt sollten viele Aspekte des Steuer- und Existenzsicherungsrechts mutig geändert und Familien mit Kindern in jeder Konstellation noch deutlicher unterstützt werden.

Dann wünsche ich mir eine reduzierte Wochenarbeitszeit von 32 Stunden für Eltern mit Kleinstkindern oder pflegebedürftigen Angehörigen bei vollem Lohnausgleich. Ich war begeistert von Manuela Schwesigs Vorstoß in ihrer Anfangszeit als Familienministerin. Generell sollte es eine kürzere Arbeitszeit wie in Dänemark zum Beispiel geben, wo nachmittags um 17 Uhr selbstverständlich keiner mehr im Büro zu sehen ist und die Arbeit auf dem gemeinschaftlichen Vertrauen beruht, jeder erledigt die Aufgaben genauso gut wie man selbst. Insgesamt sind da viele andere europäische Länder weiter, der Blick nach links und rechts lohnt sich. Letztendlich wird für alle weniger Arbeitszeit ein Gewinn. Weniger Arbeit und mehr Zeit für sich und Beziehungen aller Art.

5. Was wünschst du dir von der Diakonie und Kirche als Arbeitgeberinnen?

Insgesamt bin ich in dieser Hinsicht zufrieden. Inzwischen gibt es Ferienbetreuung, was ich damals gerne in Anspruch genommen hätte. Eine eigene Betriebskita, das wäre in der Zeit, wo meine Kinder klein gewesen sind, der Hit gewesen.

Die EKD-Familienschrift von 2013 hat mir persönlich keine wirkliche Orientierung gegeben. Sie bleibt für mich bei der – allerdings sehr guten – Beschreibung der Lebenswirklichkeit und dem biblischen Bezug und der Öffnung hin zu allen möglichen Formen von Familienkonstellationen. Mir fehlte darüber hinaus, den Schritt weiterzugehen, die Ausrichtung, wofür es sich lohnt, in gute Beziehungen zu investieren, was die Schlüssel und Wege dazu sind. Ich finde es selbstverständlich, dass Kirche alle Formen von Familien akzeptiert und unterstützt. Aber aus meiner Sicht ist für Kinder das Zusammenleben mit Vater und Mutter zunächst immer noch das beste und auch nicht immer einfache Modell. Und für diese Grundkonstellation fehlt mir das gute Konzept, die Vision, wie das in der heutigen Zeit gelingen kann. Warum trennen sich so viele Menschen, geben so früh auf? Warum lohnt es sich, weiterzumachen, an den lebenswichtigen Beziehungen zu arbeiten? Was hat das mit Heilung von Konflikten und Familienthemen zu tun? Es geht selbstverständlich nicht um Schuldzuweisungen und Bewertung, das ist in meiner Generation glücklicherweise nicht mehr das Thema. Aber ich bin oft entsetzt, wie die Entscheidung, sich zu trennen, ohne die Perspektive der Kinder getroffen wird. „Die werden das schon mitmachen", „die sind doch flexibel", „es ist ja besser so, als streitende Eltern zu haben".

In meinem Umfeld trennen sich Paare schon mit einem Kind, meist mache ich – wie in meinem eigenen Fall – Überforderungstrennungen aus. Da treffen familiäre „Päckchen" auf die Anforderungen an meist junge Eltern, die bewusst oder geografisch bedingt ohne Unterstützung durch Großfamilie ihr urbanes und hippes Leben und die individuelle Karriere nicht aufgeben wollen. Und scheitern. Hier braucht es viel mehr öffentliche, auch mehr kirchliche Angebote. So etwas wie eine „schnelle Eingreiftruppe" für junge Paare mit Kindern, ein Netzwerk von mobilen Teams, das sofort kommen kann, wenn es „brennt". Und sagt: Ihr seid absolut nicht allein mit euren Problemen, hier geht es entlang, seid nachsichtig mit euch, seid nicht vorschnell, sondern ehrlich miteinander. Generell könnten Kirche und Diakonie sich die breite Unterstützung von (Bonus-)Familien auf die Fahnen schreiben, indem Beziehungsthemen und Voraussetzungen für ein gelingendes Paarleben und Elternschaft viel stärker thematisiert werden.

Ein alleinerziehender Vater

Ende gut – alles gut
Rückblick eines alleinerziehenden Vaters[1]

Wovon trennt sich jemand, der sich trennen will? Dieser Beitrag handelt von Beziehungen, die krank machen – auch und vor allem die Kinder. Diese sind zumeist unerschütterlich loyal gegenüber *beiden* Elternteilen, auch wenn sie unter Umständen ambivalente Erfahrungen mit ihnen gemacht haben. Wer als *alleinerziehender* oder *loslassender* Elternteil unterwegs ist, begegnet Rollenbildern, die gegenüber Männern wie Frauen gleichermaßen *chauvinistisch* sind. – Irgendwann hat sich das „alleinerziehend" dann erübrigt, die „Alleinerzogenen" gehen ihren eigenen Weg.

What from is someone seperated, who wants break up? This article deals with sickening relationships, also and mainly from the perspective of the children, who generally are imperturbably loyal to both parents, even if they may have had ambivalent experiences with them. The single parent meets with role models, which are equally chauvinist towards both men and women. At some point, the "single parent" has become superfluous, as the children brought up by single parents go their own way.

**Glassplitter im Kaleidoskop zaubern perfekte Bilder –
Geschichten, mit denen es sich leben lässt**

Sieben Jahre lang[2] war ich alleinerziehender Vater eines Kindes, das inzwischen glücklich erwachsen geworden und die Freude nicht nur seiner beiden Eltern ist. Ende gut, alles gut. Zunächst aber dies: Nein, niemand lässt seine Ehe aus Jux und Dollerei scheiden. Mag eine Trennung für Außenstehende mitunter unverständlich sein, mag sie als purer Leichtsinn erscheinen, mag auch manche Frau oder mancher Mann heimlich beneiden, was andere sich erlauben: Niemand geht diesen Weg letztlich freiwillig. Es steht fast immer eine lange Leidensgeschichte dahinter. Die hat sich niemand herbeigewünscht und die sollten wir auch niemandem wünschen. Das Elend hat in der Regel schon lange vor der Scheidung begonnen – ja, auch für die Kinder. Nur hat es niemand wahrnehmen wollen oder können. Allzu oft nicht einmal die betroffenen Partner selber. Die einzigen, die in der Regel noch „gesund" auf kranke Verhältnisse reagieren können, sind die Kinder: indem sie krank werden. Sie bekommen chronische Bronchitis und bellen ihre Eltern an, sie zerkratzen sich von Neurodermitis geplagt die Haut, sie werden „auffällig" in Schulen

---

1 Der Name des Verfassers ist der Redaktion bekannt.
2 Gerechnet bis zu seiner Volljährigkeit.

oder Kindergärten mit überfordertem Personal. Wenn Eltern dann verzweifelt Hilfe bei Ärzten oder in der Erziehungsberatung suchen, ist ihnen selten bewusst, dass das Problem nicht bei den Kindern liegt, sondern bei ihnen selber. Kinder verhalten sich wie Eisenspäne im Magnetfeld und bilden mit ihren „Störungen" getreulich die Muster der familiären Kraftfelder ab. Wovon also will sich trennen, wer sich trennen will? Von einer Beziehung, die krank macht – auch und vor allem die Kinder.

Freilich rüttelt und schüttelt sich hinterher jede und jeder die Trümmer der zerbrochenen Beziehung so lange zurecht, bis sie „stimmen". So wie aus den Glassplittern im Kaleidoskop perfekte Bilder werden, so zaubern auch die Spiegel der Erinnerung und der Selbstachtung Geschichten, mit denen es sich leben lässt. Dabei liegt die Wahrheit keineswegs immer „in der Mitte". So billig ist sie nicht zu haben, die Wahrheit. Wenn, dann liegt sie im Gespräch. Aber das ist abgebrochen. Oder es hat nie wirklich stattgefunden. Darum musste man sich trennen. Wäre es anders, hätte man auch zusammenbleiben können. So macht man künftig getrennt, was man zuvor schon als Paar gemacht hatte: Man sucht und findet die Wahrheit für sich allein – und eben auch als alleinerziehender Elternteil.

„Rabenmütter", „Anti-Chauvinisten" – oder was?

Dabei stehen wir uns oft selber im Weg mit Meinungen, Sprüchen und Projektionen – mit „Narrativen" eben. Das sind Geschichten, die uns eigentlich Entscheidungen abnehmen, Orientierung geben und unser Leben auf nützliche Weise vereinfachen sollten. Nur tun sie dies meist nicht. So wie etwa das weit verbreitete Narrativ, dass „nur eine Rabenmutter ihr Kind allein lässt – das könnte ich nie!" – Wieso allein lassen, das Kind ist doch bei seinem Vater? Und wieso „Rabenmutter"? Weil eine Mutter den Willen ihres Kindes ernst nimmt? Frauen, die ihr Kind beim Vater aufwachsen lassen, erwartet in aller Regel im Familien-, Freundes- und Kolleginnenkreis ein moralisches Spießrutenlaufen. Und auch dem alleinerziehenden Vater, wenn er zum Beispiel im kirchlichen Dienst ist, kann es passieren, dass er sich ungebetene Erziehungsratschläge von seinem Vorgesetzten anhören muss. Diese sind nicht einmal „gut gemeint", sondern schwer erträglich, auch deswegen, weil der ältere Amtsbruder seine eigenen Kinder ganz traditionsbewusst von seiner Hausfrau bzw. im Internat hat erziehen lassen.

Leider gibt es noch keinen passenden Begriff für ein Vorurteil, das in gleicher Weise sowohl Mütter als auch Väter abwertet und diffamiert. Das Wort *Chauvinismus* war im Deutschen bisher reserviert für die „grundsätzliche Einstellung von *Männern*, die aufgrund eines übertriebenen Selbstwertgefühls Frauen als minderwertig einstufen und dies auch in Worten und Taten zeigen". Es gibt jedoch nicht nur den Chauvinismus *der* Männer, sondern auch einen sehr tief sitzenden Chauvinismus *gegen* Männer, der dann indirekt aber auch die Frauen trifft. Also: Frauen können sehr wohl einen Beruf ausüben und Männer können sich sehr wohl um Haushalt und Kinder kümmern. Es ist ein chauvinistisches Vorurteil, dass Kinder in jeder Lebensphase automatisch zu den Müttern gehören. Hand aufs Herz, liebe Leserin, lieber Leser: Wenn Sie sich als Kind etwa im Alter von sechs bis zwölf Jahren hätten entscheiden müssen, wären Sie zu Vater oder zu Mutter gegangen? – Sehen Sie, das gibt doch schon ein viel differenzierteres Bild.

Daher an dieser Stelle der Dank an alle Frauen, die sich dem gesellschaftlichen Druck nicht beugen und alleinerziehende Väter überhaupt erst möglich machen. Respekt für alle Mütter, die nicht meinen, sich mit allen Mitteln gegen das wehren zu müssen, was von Vätern selbstverständlich erwartet wird: Kindern den überwiegenden Aufenthalt beim anderen Elternteil zu belassen. Niemand braucht übrigens zu befürchten, dass er oder sie die Liebe der Kinder verliert, wenn sie woanders wohnen. Aller Erfahrung nach sind Kinder unerschütterlich loyal gegenüber *beiden* Elternteilen, auch wenn sie unter Umständen durchaus ambivalente Erfahrungen mit ihnen gemacht haben. Wenn also alleinerziehende Männer oder Frauen ihrer Umgebung Kinder vorführen, die den anderen Elternteil strikt ablehnen oder abwerten, dann sollten Verwandte, Freundeskreise, Jugendämter und Familiengerichte sehr hellhörig werden. Denn in der Regel deutet dies darauf hin, dass die Kinder einem erheblichen seelischen Druck oder einer massiven Manipulation durch den alleinerziehenden Elternteil (inklusiver einflussreicher Großeltern) ausgesetzt wurden bzw. werden.

Pech, Marie: Besteuert werden sie wie Junggesell*innen – die alleinerziehenden Familien!

Kinder sind auch kein Partnerersatz. Das versteht sich eigentlich von selbst – oder etwa nicht? Wenn wir sie gut auf den Weg gebracht haben, werden die Heranwachsenden früher oder später anfangen, „ihr eigenes Ding" zu machen. An den Wochenenden, an den Feiertagen, im Urlaub. Alleinerziehende Väter oder Mütter sind dann mehr oder weniger auf eine Rolle im „Backoffice" beschränkt, als stille Förderer und dienstbare Geister. Einen neuen Partner/eine neue Partnerin müssen sie woanders suchen und finden.

Das Geld freilich ist knapp bei alleinerziehenden Eltern. Dass es allerdings derart knapp werden würde, hatte ich nicht geahnt. Familie und Ehe stehen nach Grundgesetz Artikel 6 unter dem besonderen Schutz der staatlichen Ordnung und werden daher steuerlich bevorzugt. Genau genommen wird aber nicht die Familie gefördert, sondern die Ehe. Eltern, die getrennt für ihre Kinder sorgen, werden besteuert wie Junggesellen. Sie sind halt keine richtige Familie. Sie haben aber allein schon wegen der getrennten Haushalte erhebliche Mehrkosten. Pech für die Kinder. Aber die stehen nun mal nicht unter dem besonderen Schutz des Staates, sondern die Ehe.

Zum Ehegattenunterhalt war ich nach der Scheidung noch für drei Jahre verpflichtet. Das war allemal ausreichend, um längerfristig in die roten Zahlen zu geraten – was auch unser heranwachsendes Kind immer wieder zu spüren bekam. Die in einem qualifizierten, gefragten und gut bezahlten Beruf ausgebildete Mutter durfte sich bei der Aufnahme eines Arbeitsverhältnisses viel Zeit lassen. Auch wenn kein Kind mehr in ihrem Haushalt lebte und sie vor und auch während der Ehe nach ihren Wünschen arbeiten und sich beruflich weiterentwickeln konnte: Dem Richter und auch dem von mir bestellten Anwalt fiel es offensichtlich schwer, sich vorzustellen, dass eine Frau für ihren Lebensunterhalt allein sorgen kann.

Vielleicht lag es daran, dass die beiden im Westen Deutschlands sozialisiert waren. Beide Juristen waren sich auch einig, dass die Mutter dauerhaft vom Kindesunterhalt freigestellt werden müsse. Das war das „Entgegenkommen", zu dem ich mich bereit erklären musste, um den Ehegattinnenunterhalt zeitlich begrenzen zu können. Das sei erforderlich, weil ansonsten das Sozialamt einspringen müsste, wenn die Mutter eines Tages nicht mehr zahlen könne. Offensichtlich trauten die beiden Männer es einer *Frau* nicht zu, ein stabiles Einkommen zu sichern. So hat eine sehr gut qualifizierte und später dann durchweg berufstätige Mutter tatsächlich ganz legal zwölf Jahre lang keinen Cent zum Kindesunterhalt beigetragen. Als Bonus durfte sie auch noch den hälftigen Kinderfreibetrag steuerlich geltend machen. Auch das offensichtlich legal, denn der Einspruch meines Steuerberaters beim Finanzamt wurde abgewiesen. Ich wundere mich noch heute, dass der Richter diesen zweifelhaften Deal durchgehen ließ. Der Unterhalt gehört doch dem Kind!? Ein Elternteil kann auf die Zahlung doch nicht einfach „verzichten"!? Das geht doch gar nicht! Ob ich als Mann im umgekehrten Falle auch von der Unterhaltszahlung freigesprochen worden wäre? Immerhin gab es das Gesetz über die zeitliche Beschränkung des Ehegattenunterhaltes damals schon. Es war noch neu und niemand wusste Bescheid über die praktische Umsetzung. Ich hatte die Gesetzesnovelle selber im Internet recherchiert und meinen Anwalt darauf aufmerksam gemacht. Dieser hatte dann seinerseits den Richter davon in Kenntnis gesetzt. Ansonsten wäre ich noch nach dem alten Grundsatz geschieden worden: „Einmal verheiratet, lebenslang versorgt" – als Frau, versteht sich.

Heute ist alles im grünen Bereich

Genug davon. Wer sich dem Thema *alleinerziehende* bzw. *loslassende Elternteile* nähern will, findet sich in einem Dschungel von Vorurteilen wieder. Da stellen sich Narrative aus längst vergangenen Zeiten in den Weg. Selbst vor Gericht sind immer noch Rollenbilder wirksam, die gegenüber Männern wie Frauen gleichermaßen *chauvinistisch* sind.

Irgendwann jedoch hat sich dann das „alleinerziehend" erübrigt. Das Kind oder die Kinder sind gut auf den Weg gebracht. Die alten Verletzungen vernarben, weil nicht ständig wieder neu daran herumgekratzt wird. Wenn die Zeit reif ist, können die Heranwachsenden ihre Angelegenheiten mit dem anderen Elternteil selber klären. Sie müssen nicht mehr als Kommunikationsmedium herhalten: Ende gut, alles gut. – Ach so, ja: Alle Beteiligten staunen in unserem Fall auch heute noch, wie schnell und souverän das *alleinerzogene Kind* seine Rolle als Symptomträger der elterlichen Spannungsfelder abgelegt hat. Also haben wir wohl alles richtig gemacht?

Johannes Albrecht

König Salomo und der kaukasische Kreidekreis
Von der Liebe, die loszulassen vermag

Die meisten Beiträge in diesem Band handeln von denen, die Alleinerziehende sind. Doch was ist mit jenen Elternteilen, denen die Erziehungsverantwortung im Alltag nicht zukommt, die das Kind gern bei sich hätten, denen es dennoch – aus welchen Gründen auch immer – nicht vergönnt oder gar versagt ist? Auch sie bleiben doch Eltern, bleiben Väter, bleiben Mütter für ihr Kind/ihre Kinder.

Most articles in this volume deal with those who are single parents. But what about those parents who are not allowed to realise the responsibility in daily life, who would love their child to be living with them, but to whom – for whatever reason – this is not allowed or even denied? They, too, remain parents, remain fathers, remain mothers of their child/children.

Es gibt viele Gründe, warum Menschen zu Alleinerziehenden werden. Manchmal durch unbarmherziges Schicksal, weil ein Partner stirbt, manchmal vielleicht, weil jemand sich sehnlich ein Kind wünscht, der Partner dazu aber nicht passt, manchmal weil jemand nicht in einer Partnerschaft leben möchte. Zuweilen erfordern auch berufliche Orientierungen und Wege, dass Menschen zu Alleinerziehenden auf Zeit werden.

Häufig aber stehen Trennungen nach gemeinsamer Lebenszeit im Hintergrund. Es sind dann schwierige Schritte, zu einer Lösung für das Kind oder die Kinder zu kommen. Bei wem soll es/sollen sie künftig leben – ganz oder mit Schwerpunkt oder im Wechselmodell? Zuweilen entscheiden dann sogar völlig Fremde in Ämtern oder Gerichten. Ein Zerren um das Kind – ein Zerren am Kind geht nicht selten voraus.

Die Sache ist offensichtlich alt, uralt. Wer bekommt das Kind? Wer hat das größere Recht an ihm?

An zwei Geschichten aus Vorzeiten möchte ich erinnern, auch wenn es in beiden jeweils um zwei Frauen geht, die um den rechtmäßigen Anspruch auf das Kind ringen.

Ein weises und verständiges Herz

König Salomo wird aufgefordert, ein Urteil zu sprechen. Da sind zwei Frauen, von denen eine ihr Kind im Schlaf versehentlich erdrückt haben soll. Die Anschuldigung: Sie habe dann das tote Kind gegen das lebende Kind einer anderen schlafenden Frau getauscht. König Salomo soll Recht zwischen den Frauen sprechen. Er befiehlt – scheinbar herzlos –, ein Schwert zu holen und das Kind einfach zu teilen. Nur eine der Mütter weist das vehement zurück. Dann lieber doch der Verzicht auf das Kind. In der Bereitschaft loszulassen, offenbart sie sich als die wahre Mutter und ihr wird das Kind zugesprochen.[1]

Salomo stand damals am unmittelbaren Anfang seines Königtums. Er hatte Gott Opfer dargebracht und dieser erschien ihm daraufhin im Traum und gewährte ihm einen Wunsch: *„So wollest du deinem Knecht ein gehorsames Herz geben, dass er dein Volk richten könne und verstehen, was gut und böse ist. Denn wer vermag dies dein mächtiges Volk zu richten? Das gefiel dem Herrn, dass Salomo darum bat. Und Gott sprach zu ihm: Weil du darum bittest und bittest weder um langes Leben noch um Reichtum noch um deiner Feinde Tod, sondern um Verstand, auf das Recht zu hören, siehe, so tue ich nach deinen Worten. Siehe, ich gebe dir ein weises und verständiges Herz, sodass deinesgleichen vor dir nicht gewesen ist und nach dir nicht aufkommen wird."*[2]

Die oben kurz geschildete Geschichte über Salomos Urteil hat besonderes Gewicht, legt sie doch die Wurzel für seinen legendären Ruf als gerechter Richter: *„Und ganz Israel hörte von dem Urteil, das der König gefällt hatte, und sie fürchteten den König; denn sie sahen, dass die Weisheit Gottes in ihm war, Gericht zu halten."*[3]

„… dass da gehören soll, was da ist, denen, die für es gut sind …"

Die andere Geschichte erzählt Bertolt Brecht: Der Kaukasische Kreidekreis. Zwei Kolchosen streiten nach dem Krieg um ein Stück Land, wer es zukünftig bewirtschaften solle. Bertolt Brecht lässt einen Sänger die Geschichte vom Kreidekreis erzählen. In dieser Kaukasusgeschichte (Grusinien) ist sogar klar, wer die leibliche Mutter ist. Sie, die sich aber in den politischen Wirren nicht um ihr Kind gekümmert hatte, erhebt später Anspruch gegen die Magd, die es gerettet und großgezogen hat – unter Verzicht auf die eigenen Lebensträume.

Als Richter agiert der Dorfschreiber Azdak, kein Rechtsgelehrter, aber ein tiefsinniger Lebenspraktiker mit Rückhalt im einfachen Volk. Der Richter zeichnet einen Kreis mit Kreide, das Kind kommt in die Mitte. Nun sollen beide ziehen. Der Frau, der es gelingt, das Kind aus dem Kreis zu sich zu ziehen, der soll das Kind zugesprochen werden. Die Ziehmutter aber zieht

---

1 1. Könige 3,16 ff.
2 1. Könige 3,9 ff.
3 1. Könige 3,28. Die Geschichte ist umso erstaunlicher, als es darum geht, Menschen in einer der gewöhnlich gering geachteten Bevölkerungsschichten Recht zu sprechen. Ich kenne die Geschichte seit Kindertagen. Erst jetzt bei der Recherche zu diesem Artikel ist mir bewusst geworden, dass die Geschichte von zwei Huren erzählt. Doch dies nur nebenbei.

nicht, denn das Kind könnte bei diesem Tauziehen doch Schaden nehmen. Sie bekommt – obwohl doch nicht leibliche Mutter – das Kind schließlich zugesprochen: „... *dass da gehören soll, was da ist, denen, für die es gut sind.*"

In beiden Geschichten steht im Zentrum die Bereitschaft, aus tiefer Liebe heraus, ein Kind zu lassen, loszulassen. Märchenhaft führt das zur Belohnung durch ein Happy End.

Die Wirklichkeit ist häufig anders. Tauziehen um ein Kind – um die Kinder. Ich habe das zu oft schon miterlebt. Das tut Kindern gar nicht gut. Da wird an ihnen herumgezerrt, wird versucht, sie auf die jeweilige Seite zu ziehen, dass es sie zerreißt – oft im tiefsten Inneren, äußerlich kaum sichtbar, mit Spuren, die weit hineinreichen ins künftige Leben.

Wahre Liebe vermag loszulassen

Liebe lässt los. Das müssen irgendwie und irgendwann alle Eltern tun, wenn ihre Kinder heranwachsen, eigene Wege gehen wollen/müssen. Das ist der Lauf der Lebensdinge, geht dann aber auch nicht immer leicht, nicht immer gut, gelingt zuweilen mehr oder auch weniger.

Die größere Herausforderung ist es, wenn dieses Loslassen der Kinder durch Trennung vor der Zeit gefragt ist. Auch unter der Idee des Kindeswohls tragen dann nicht selten Eltern ihre ungelösten Konflikte, ihre Kämpfe miteinander über das Kind / die Kinder weiterhin aus. Und wenn dann irgendwie eine Entscheidung fällt, steht da eben nicht immer das Urteil des Salomo oder des Azdak Pate. Welcher in der Lage war, aus Liebe loszulassen, findet sich zuweilen nicht belohnt, sondern auf einmal allein wieder (und eben nicht alleinerziehend). Nicht selten ist das Kind / sind die Kinder dann bei dem, der es besser verstand, seine Interessen durchzusetzen.

Das kränkt dann um so mehr, wenn die Kinder schon mitreden durften, wo sie künftig mit Schwerpunkt leben wollen. In den meisten Fällen gibt es diesen Schwerpunkt.[4] Die Gründe für solche Entscheidung eines Kindes sind wieder vielfältig. Manchmal entscheidet sich ein Kind, um in schwieriger Zeit mittels des Lebensortes Stabilität zu haben, für die vertrauten Räume, für die angestammte Umgebung. Gastrolle dann beim anderen Elternteil. Oder ein Kind hält Abstand, weil es schwer fällt, eine neue Partnerschaft des anderen Elternteils verstört. Manchmal fühlen sich Kinder auch verantwortlich für den vermeintlich Schwächeren der Eltern. Vorsicht – es ist eigentlich nicht ihre Aufgabe, dafür zu sorgen, dass es den Eltern gut geht!

Wahre Liebe vermag loszulassen. Dazu gehört der Respekt auch vor der Entscheidung des Kindes. Konkret gehört zur Praxis dieser Liebe vor allem,

---

4 Die vermeintlich ausgeglichenen Wechselmodelle – wenn sie überhaupt möglich sind und irgendwie funktionieren – tun häufig auch nicht gut, verstetigen die Zerreißprobe.

dass wir das Kind aus der Zerreißprobe dauerhaft befreien. Es wird nicht zum Träger von offenen oder verdeckten Botschaften an den anderen Elternteil gemacht. Es wird nicht benutzt, den anderen auszukundschaften (so sehr die Neugier auch manchmal drängt). Es wird keiner Loyalitätsprüfung unterzogen, indem etwa Geheimnisse auferlegt werden. Wahre Liebe liebt das Kind um seiner selbst willen – in seinem Sein und Sosein. Wahre Liebe liebt das Kind, auch wenn es sich anders entscheidet als erhofft oder ersehnt.

Wir können der Liebe zu dem von uns getrennt lebenden Kind vielfältig Ausdruck geben. Neben allen Zeichen der Aufmerksamkeit und Zuwendung wirkt sie verlässlich auch im Stillen. Das gehört zur Kraft der Liebe. Wir können unser Kind zum Beispiel jeden Tag und zu jeder Zeit segnen. Haben Sie das schon einmal versucht, probiert – auf Ihre eigene Art? Schicken Sie einen Segensgedanken, ein Segensbild, ein Segensgefühl auf die Reise! Es wird dem Kind guttun – und Ihnen selbst auch. Und vielleicht gelingt es Ihnen – trotz manchmal lange wirkender Verletzungen – ebenfalls einen Segen zum anderen Elternteil zu schicken, denn wenn es dem gut geht, wächst die Chance, dass dies auch auf Ihr Kind ausstrahlt.

Auch dürfen wir im Blick zurück vertrauen, dass alle Liebe, die wir zuvor unseren Kindern zu geben und mit ihnen zu leben vermochten, wirksam bleibt, Spuren hinterlassen hat. Jede liebevolle Zuwendung, die wir je verschenkt haben, ist wie eine Saat, die irgendwann aufgeht.

Wahre Liebe vermag loszulassen und trägt gleichzeitig darin und verbindet selbst über zuweilen große Entfernung hinweg. Sie hält das Herz (und die Haustür) offen.

Luisa Meyer

Die Familien-WG[1]

Als Philip[2] nach Hause kommt, erwartet ihn in seinem Zimmer, ordentlich gebügelt und gefaltet, seine Wäsche. Das Bett ist frisch bezogen, die Spülmaschine ausgeräumt, auf dem Tisch steht warmes Essen.

Statt nach dem Abitur mit Freunden oder Kommilitonen in eine Wohngemeinschaft zusammenzuziehen, hat Philip eine andere WG gegründet mit seinem Vater, dessen Frau und ihrem neunjährigen Sohn. Beide nun zusammengefügte Familienhälften waren zuvor alleinerziehend. Vor einem Jahr ist er mit seinem Vater nach Berlin gezogen. Philip zum Studieren, sein Vater, um mit seiner neuen Frau zusammenzuwohnen und zu arbeiten. Inzwischen studiert Philip im dritten Semester an der Freien Universität Berlin. Durch die Patchwork-Familien-WG spart der 19-Jährige an einigem: an der Miete und an dem Nebenjob, den er bräuchte, um die Miete zu bezahlen. Er braucht nicht einmal einzukaufen, sauberzumachen und zu kochen.

„Es ist enorm befriedigend und angenehm, mit der Familie zusammenzuwohnen", sagt Philip. „Aber eigentlich würde ich auch selbst gerne mal meine Wäsche waschen müssen oder mehr auf meinen eigenen Beinen stehen", meint er. Doch ohne diese ganzen Pflichten hat er viel mehr Zeit, um seinen Uni-Kram zu erledigen. „Ich schaffe einfach viel mehr als meine Kommilitonen", sagt Philip.

Doch wenn er Freunde besucht, die in einer WG leben, dann wird er ein bisschen neidisch. „Ich bringe mich so um ein Stück Lebenserfahrung", sagt er. Es reizt ihn, sich mit Kumpels zusammenzutun und gemeinsam in einer eigenen Wohnung durchzubeißen. Doch im Moment überzeugt ihn die günstigere Variante bei seiner Familie. Dafür muss er ab und an als Teil des Familienbundes etwas tun. Wenn seine Mitstudenten nach der Uni etwas unternehmen, dann kann es schon einmal vorkommen, dass er keine Zeit hat: Er muss seinen kleinen Bruder von der Schule abholen. Und sich abends damit abfinden, dass sein Bruder den Fernseher blockiert.

Für ihn hat diese Wohngemeinschaft aber auch einige Vorteile. Wenn er bald für ein Semester ins Ausland geht, dann muss er keinen ordentlichen Zwischenmieter für sein Zimmer finden. Und wenn seine Familie nicht da ist, kann er auch im Wohnzimmer Partys schmeißen.

---

[1] Dieser Beitrag wurde in einer Erstfassung abgedruckt in: Hannoversche Allgemeine Zeitung, 29.09.2013, 3. Wir danken für die Abruckgenehmigung.
[2] Der Name wurde geändert. Philip hat inzwischen seinen Master in einer anderen Stadt gemacht.

Mit seinem Vater versteht er sich sogar viel besser, seit sie sich als Patchwork-Familie eine Wohnung teilen. „Ich bin ein praktisches, Geld sparendes Kind", sagt Philip. Oft ist auch Zeit, sich mit seinem Vater auszutauschen. Und ein Teil der obligatorischen Familienbesuche somit abgehakt.

Aber irgendwann ist dann auch mal Schluss mit Hotel Papa, hat Philip beschlossen. Nach dem Bachelor wird er ausziehen. Egal, ob er in Berlin bleibt oder nicht.

Manfred Carrier im Gespräch mit Josephine

Als Pflegerin alleinerziehend – wie soll denn das gehen?

Als alleinerziehende Mutter im Pflegeberuf zu arbeiten ist eigentlich kaum möglich. Früh-, Spät-, Nachtdienste gehören üblicherweise zum Dienstplan. Nicht immer sind das Verständnis der*des Dienstvorgesetzten und des Pflege-Teams sowie (Stichwort: Pflegenotstand) passgenaue Rahmenbedingungen für Ausnahmeregelungen gegeben, die es ermöglichen, die Arbeitszeiten der alleinerziehenden Pflegeperson mit den Betreuungszeiten ihrer Kinder und den Berufsanforderungen in Einklang zu bringen. Neben geeigneten Angeboten zur Kinderbetreuung sind maßgeschneiderte Lösungen gefragt, die die individuell unterschiedlichen Zeitpotenziale der alleinerziehenden Pflegepersonen mit den Erfordernissen der Einrichtung und der ambulanten Dienste vereinbar machen.

Working as a single mother in the caring profession is actually hardly possible. Early, late and night shift duty usually are part of the service schedule. The understanding of the service supervisor(s) and the nursing team as well as (keyword: nursing crisis) custom-fit framework conditions for exceptions that would make reconciling the working hours of a single mother carer with the care times of her children and the job requirements possible are not always given. Apart from suitable offers of child care, made-to-measure solutions are necessary to combine the individually different schedules of single parents in caring professions with the professional requirements of the institution and the ambulant services.

Riesiges Glück mit ihrem jetzigen Arbeitgeber

Josephine arbeitet als 80%-Teilzeitkraft in der stationären Altenpflegeeinrichtung eines diakonischen Trägers in Berlin. Sie ist alleinerziehende Mutter von zwei Söhnen, sechs und zwei Jahre alt. Dass es ihr gelingt, ihre Teilzeitberufstätigkeit mit der Sorge für ihre Kinder in Einklang zu bringen, hängt mit Rahmenbedingungen zusammen, die im Pflegebereich keinesfalls selbstverständlich sind. Mit ihrem jetzigen Arbeitgeber und ihren Kolleginnen in ihrem Wohnbereich, so erzählt Josephine, hätte sie riesiges Glück, weil es ihr gelingt, ihre Berufstätigkeit und die Sorge für ihre Kinder einigermaßen reibungslos miteinander zu verbinden. Ihre beiden Söhne gehen morgens in die Kita, die um 6 Uhr öffnet, Josephine schafft es dann bis 7 Uhr an ihrem Arbeitsplatz zu sein. Sie hat mit ihrem Arbeitgeber vereinbart, dass ihr Frühdienst erst eine halbe Stunde später beginnt. Ihre Schicht im Frühdienst dauert 6,5 Stunden, so dass sie ihre Söhne rechtzeitig aus der Kita abholen kann. Wegen der Kita-Öffnungszeiten ist ein Spät- oder Nachtdienst nur in Ausnahmefällen und mit hohem organisatorischem Aufwand möglich.

Nach ihrer Elternzeit ging es in einem langen Gespräch mit ihrer vorgesetzten Pflegedienstleitung darum, gemeinsam nach Lösungen zu suchen, die für beide Seiten möglich sind. Im Regelfall arbeitet Josephine ausschließlich an Werktagen im Frühdienst und das ermöglicht ihr und ihren Söhnen einen routinierten Tagesablauf ohne ständiges Krisenmanagement. Wenn es unvorhergesehene Lücken im Dienstplan ihres Wohnbereichs gibt, wird Josephine nur gefragt, ob sie einspringen kann, wenn absolut keine andere Lösung möglich ist. Das passiert zum Glück nur sehr selten. Was Josephine als besonders wohltuend erlebt, ist, dass sie trotz ihrer zeitlichen Einschränkungen von den Kolleginnen und Kollegen geschätzt wird und eine kollegiale Zusammenarbeit ohne Einschränkungen möglich ist. Früher, in der Zeit ohne Kinder, hat Josephine am liebsten im Spätdienst oder im Nachtdienst gearbeitet, aber sie hat sich schon lange an den geänderten Tagesrhythmus gewöhnt.

Der Berufsalltag ist sorgsam austariert, Oma, Mutter und Schwester leben in erreichbarer Nähe

Nach der Geburt ihres ersten Kindes hat Josephine einige Zeit gebraucht, um einen Arbeitsplatz zu finden, der es ihr ermöglicht, ihren Pflegeberuf mit der Sorge für ihre Söhne zu verbinden. Nach dem Wiedereinstieg im Anschluss an ihre Elternzeit gab es bei früheren Arbeitgebern immer wieder Probleme mit einem unsicheren Dienstplan und der häufigen Bitte, wegen Personalengpässen kurzfristig einzuspringen. Manche Kolleginnen haben allerdings Josephines zeitliche Einschränkungen als eine besondere Vergünstigung erlebt, die sie ausbaden müssten. Das hat sich auf die Stimmung im Team negativ ausgewirkt.

Der sorgsam austarierte Alltag gelingt aber auch, weil Josephine in einen familiären Kontext eingebunden ist. Mutter, Schwester und Oma leben in erreichbarer Nähe und übernehmen, obwohl sie ebenfalls berufstätig sind, bei Bedarf Kinderbetreuungsaufgaben. Josephine revanchiert sich dafür gerne durch die Betreuung ihrer Nichte. Dieses soziale Umfeld ermöglicht Josephine, auf Schließzeiten der Kita und bei Erkrankung eines Kindes reagieren zu können.

Von der Pflegehelferin zur Pflegefachfrau – flexible Kinderbetreuungsangebote fehlen

Ihr pflegerischer Berufswunsch ist schon während ihrer Schulzeit gewachsen, und das Ziel einer 3-jährigen Ausbildung zur Pflegefachperson hat Josephine nie aus den Augen verloren. Nach Abschluss der Schulzeit war es ihr allerdings wichtig, schnell in eine Berufstätigkeit einzusteigen, um auf eigenen

Füßen stehen zu können. Deshalb hat sie eine 300-stündige Weiterbildung zur Pflegehelferin absolviert und ist jetzt als Pflegeassistentin tätig. Sie ist hoch motiviert und sieht gute Chancen, im nächsten Jahr eine Ausbildung zur Pflegefachfrau beginnen zu können. Allerdings befürchtet Josephine, dass es als ausgebildete Pflegefachfrau in der Altenpflege noch schwieriger wird, einen Arbeitgeber zu finden, der es ihr ermöglicht, Beruf und die Erziehung ihrer Kinder miteinander zu verbinden. Der hohe Bedarf an Pflegefachpersonen in der Altenpflege ermöglicht es ihrer Einschätzung nach kaum, als Teilzeitkraft mit verkürzten Schichtzeiten zu arbeiten.

Auf die Frage, was ihr helfen würde, Berufstätigkeit und Kinderbetreuung besser miteinander verbinden zu können, nennt Josephine als Erstes ein Kinderbetreuungsangebot, das die Arbeitszeiten in der Pflege durch flexible Öffnungszeiten berücksichtigt. Zumindest in ihrem Stadtteil steht aber ein solches Angebot nicht zur Verfügung.

Gravierender Personalmangel in der Pflege – auch durch Unvereinbarkeit von Pflegetätigkeit und Familie

Viele Menschen mit einem Pflegeberuf wechseln wegen der Unvereinbarkeit von Pflegetätigkeit und Familie den Beruf oder reduzieren ihre Arbeitszeit. Das ist einer der verschiedenen Faktoren, der zum gravierenden Personalmangel in der Pflege beiträgt. Schon seit längerer Zeit reichen die Ausbildungszahlen nicht aus, um die aus Altersgründen ausscheidenden Pflegemitarbeiter*innen zu ersetzen und die schon jetzt riesige Lücke bei der Personalgewinnung zu schließen. Beschäftigte, die aus verschiedenen Gründen aus ihrem Pflegeberuf aussteigen, vergrößern den Pflegepersonenbedarf zusätzlich.

Die Folgen des Personalmangels sind schon jetzt gravierend. In einzelnen Regionen sind ambulante Pflegedienste nicht mehr in der Lage, pflegebedürftige Menschen zu versorgen, und vollstationäre Einrichtungen können kein bedarfsgerechtes Versorgungsangebot machen, so dass es zu regionalen Versorgungsdefiziten kommt.

Wissenschaftliche Studien zum Personalbedarf in stationären Pflegeeinrichtungen berechnen den Personalbedarf in der Altenpflege in den nächsten Jahren mit über 100.000 zusätzlichen Pflegepersonen. Um diese Personallücke zu schließen und qualitative Standards in der Altenpflege zu erhalten, ist ein breites Spektrum von Maßnahmen erforderlich, die die Attraktivität des Pflegeberufs deutlich erhöhen. Dazu gehört auch, dem Berufsausstieg entgegenzuwirken. Nach Angaben des Bundesministeriums für Familie, Senioren, Frauen und Jugend (BMFSFJ) ist jede fünfte Familie eine Ein-Eltern-Familie und Frauen sind unter Alleinerziehenden in der deutlichen Mehrheit. Pflege ist traditionell in Deutschland noch immer eine klassische Frauendomäne. Alleinerziehende wollen in ihrem Beruf arbeiten, um für ihren

Lebensunterhalt sorgen zu können. Deshalb sind sie auf eine Arbeitszeitgestaltung angewiesen, die ihnen die Vereinbarkeit von Pflege und elterlicher Sorge ermöglicht. Auch wenn keine zuverlässigen Zahlen dazu vorliegen, stellen alleinerziehende Pflegepersonen ein erhebliches Potenzial dar, auf das die Altenpflege nicht verzichten kann.

Rund um die Uhr in Arbeitsbereitschaft? – Darunter leiden die Kinderbetreuung und die eigene Arbeitszufriedenheit!

Unzuverlässige Dienstpläne verbunden mit kurzfristigen Dienstzeitänderungen sind für Pflegepersonen, die die Betreuung ihrer Kinder organisieren müssen, nur sehr schwer händelbar, weil die Kinderbetreuung dann kurzfristig neu organisiert werden muss. Es gibt verschiedene Organisationsmodelle, die die Dienstplanzuverlässigkeit mehr oder weniger wirkungsvoll erhöhen. Sie finden aber ihre Grenzen in einer Personalbemessung und Dienstplangestaltung ohne einkalkulierte Reserven, bei der ein plötzlicher Personalausfall hektische Aktivitäten provoziert, um das entstandene Dienstplanloch zu schließen. Unter der kontinuierlichen Arbeitsverdichtung der letzten Jahre in der Altenpflege hat nicht nur die Arbeitszufriedenheit gelitten, sondern Mitarbeitende haben auch das Gefühl, rund um die Uhr in Arbeitsbereitschaft zu sein.

Neben geeigneten Angeboten zur Kinderbetreuung sind maßgeschneiderte Lösungen gefragt, die die individuell unterschiedlichen Zeitpotenziale der alleinerziehenden Pflegepersonen mit den Erfordernissen der Einrichtung und der ambulanten Dienste vereinbar machen.

Die naheliegende Möglichkeit eines Zwischendienstes anzubieten, der passend zu den gängigen Kita-Öffnungszeiten nach Beginn des Frühdienstes anfängt und nach Beginn des Spätdienstes endet, zum Beispiel von 8 bis 16 Uhr, ist insbesondere in der Altenpflege schwer realisierbar, da die besonders personalintensiven Arbeitsphasen außerhalb dieser Dienstzeiten liegen und eine solche Dienstplangestaltung unter den Kolleginnen zu Akzeptanzproblemen führt. Josephine absolviert immer ganze Schichtdienste und das ermöglicht eine verlässliche Ablaufplanung innerhalb eines Frühdienstes.

Der Gestaltung der Dienstzeiten in ambulanten Pflegediensten und stationären Pflegeeinrichtungen kommt bei der Vereinbarkeit von privaten Anforderungen und einer pflegerischen Berufstätigkeit eine Schlüsselfunktion zu, nicht nur für Ein-Eltern-Familien, sondern beispielsweise auch für pflegende Angehörige. Wenn in Partnerschaften beide in der Pflege tätig sind oder beispielsweise das Berufsprofil eines Elternteils längere Abwesenheiten erfordert, reichen die Kita- und Schulöffnungszeiten nicht aus, um eine Kinderbetreuung zu gewährleisten. Solange keine flächendeckenden Betreuungsangebote in Kitas mit erweiterten Öffnungszeiten zur Verfügung stehen, sind Pflegeeinrichtungen darauf angewiesen, ihre Dienstplangestaltung zu individualisieren und an den zeitlichen Möglichkeiten der Mitarbeitenden auszurichten bzw. die individuell unterschiedlichen zeitlichen Potenziale mit den Flexibilisierungsmöglichkeiten des Dienstplans in Einklang zu bringen und gleichzeitig die Kolleginnen nicht zu überfordern. Es erfordert jedoch einiges an Engagement und Organisationstalent von den alleinerziehenden Müttern und Einrichtungen, damit diese individualisierten Arbeitszeitmodelle zu einem Gewinn für beide Seiten führen.

Janina Müller

Plötzlich Witwe und alleinerziehend!

„Das Leben ist das, was mit einem passiert, während man damit beschäftigt ist, etwas anderes zu planen." (Oscar Wilde) So wie bei uns damals, als ich meinen Mann an einem Mittwochmorgen wiederzubeleben versuchte, weil sein Herz plötzlich nicht mehr schlug. Und daneben standen die gepackten Koffer für unsere Kreuzfahrt in den Norden. Und innerhalb eines Tages glaubt man, dass sich die Welt nicht mehr weiterdrehen kann.

"Life is what happens to you while you're busy making other plans." (Oscar Wilde) This is how it was for us, when I tried to reanimate my husband one Wednesday morning, after his heart suddenly did not beat any more. Next to us stood our suitcases, all ready for our cruise to the North. And within a day, one believes that the world can no longer continue to turn.

Trauer ist ein fieses Karma

Es war ein Mittwoch im Dezember 2016, als ich innerhalb eines Tages von der glücklichen Ehefrau zur Witwe wurde. Das Wort Witwe habe ich lange nicht ausgesprochen. Es bestand ja immer noch diese Hoffnung in mir, dass der verstorbene Partner doch wiederkommt, dass das hier nur ein schlechter Scherz ist und ich irgendwann wieder aufwache und alles ist wieder so, wie es war. Ich habe lange noch das vermeintliche Geräusch gehört, dass der Partner den Schlüssel in die Haustür steckt und einfach das Haus betritt, als wäre nie etwas vorgefallen. Denn wenn man erst das Wort „Witwe" ausspricht, dann ist es besiegelt, dass der Partner nicht mehr wiederkommt, einen nicht mehr in den Arm nimmt, keiner mehr da ist, mit dem man über die Erziehung der Kinder streiten kann, mit dem man sich über seine Träume unterhalten oder Pläne für die Zukunft schmieden kann.

Dann ist es wieder ein Stück mehr Realität, dass man von einem Tag auf den anderen und ohne dass man es gewollt hat, einfach allein dasteht mit zwei Kindern. Die Trauer ist ein fieses Karma. Sie ist gemein und hinterlistig und überrumpelt mich, wann immer sie will. Sie raubt mir Energie, lässt mich weinen, zieht mich herunter. Und sie ist da. Sie ist da, um mit dem Tod eines geliebten Menschen klarzukommen. Es zu überstehen. Meine große Tochter war damals gerade fünf Jahre alt geworden und meine kleine Tochter stand kurz vor ihrem dritten Geburtstag. Ich weiß noch, dass ich für meine beiden Kinder eine Klarheit zutage gebracht habe, über die ich mich heute immer noch wundere. Ich muss für sie da sein. Ich bin jetzt die Einzige, die den Lebensunterhalt bestreitet. Ein enormer Druck, der jeden Monat spannend macht, ob sich die Ein- und Ausgaben die Waage halten. Ich gehe gerne zur Arbeit und jetzt ist es ein Muss. Ein Muss, das ich jetzt mit Schule, Hort und Kindergarten in Einklang bekommen muss und bei dem ich Abstriche hinnehme, wenn es um berufliche Chancen geht. Denn immerhin bin ich ja die Kollegin, die nicht mehr so belastbar ist wie früher und die zur rechten Zeit ausfallen kann. Ich bin nun der einzige Elternteil, den meine Kinder haben.

Das menschliche Wesen ist in der Trauer ganz einfach programmiert und schaltet auf Funktionsmodus um. Dieser Funktionsmodus hält sich sehr hartnäckig über einen sehr langen Zeitraum. Es hat bei mir Hilfe von außen gebraucht, damit ich erkenne, wie tief ich in diesem Funktionsmodus stecke und dass ich da wieder herauskomme. Dieser Funktionsmodus hat einen Schutzschild um mich herum aufgebaut, in dem ich mich auch wohlgefühlt habe. Es kommen keine Gefühle oder Emotionen herein oder hinaus. Gefühle werden irgendwann deaktiviert. Man lebt in einer Art Trance. Und dann gibt es noch diese besonderen Momente.

Erinnerungen an Papa lebendig halten

Das Ausräumen der Spülmaschine war die Aufgabe meines Mannes. Mittlerweile habe ich es an meine Kinder übertragen. Die damit verbundenen Emotionen, anfänglich schmerzliche Erinnerungen in positive Nähe zu meinem Mann aufzubauen, war für mich ein schwerer Weg. Den richtigen Umgang mit dieser Präsenz, Nähe, Erinnerung – oder wie man das auch immer nennen will – zum Partner/Elternteil zu finden, ist für mich eine unlösbare Aufgabe. Jede Erinnerung an meinen Mann ist nach wie vor mit Tränen verbunden. Auf der anderen Seite will ich jedoch für die Kinder diese Erinnerung an ihren Papa lebendig halten. Es hat lange gedauert, bis ich den Mut fand, mit meiner großen Tochter darüber zu reden, was ihr gut tut in ihrer Trauer und wie sie die Erinnerungen an ihren Papa gestalten möchte. Bis heute werde ich das Gefühl nicht los, es besser machen zu können. Es gibt so vieles, von dem ich glaube, es besser machen zu müssen. Das Allein-Erziehen von zwei kleinen Kindern steht in ständiger Diskussion – bei mir wie auch in der Gesellschaft. Ich habe es gehasst, alleinerziehend zu sein und finde es nach wie vor nicht prickelnd. Aber ich habe mich an diese Aufgabe gewöhnt und wachse daran. Es ist ein einziger Kraftakt. Es kostet Kraft, für zwei Kinder da zu sein, ihnen und ihren Bedürfnissen einigermaßen gerecht zu werden, ihnen positiv gegenüberzutreten, sie zu trösten, ihnen Kraft und Mut zu geben, auch einfach nur für sie da zu sein, ihnen uneingeschränkt zuzuhören, ihnen die (neuen) Regeln zu erklären, sie zurechtzuweisen, konsequent zu sein, sie beide ins Bett zu bringen, ohne selbst dabei einzuschlafen.

Die Energiequelle Ehemann gibt es nicht mehr

Eine einfache Umarmung, ein „Es wird schon alles gut", ein Gespräch auf Augenhöhe. Abends zusammen auf dem Sofa ein Glas Wein trinken und über den Tag reden. All das ist auf einmal weg. Freunde und Familie können diesen Part nicht auffangen. Ich befürchte schon, dass meine sozialen Kompetenzen im Hinblick auf Gespräche mit Erwachsenen irgendwann nur noch rudimentär vorhanden sein werden und ich mich dafür aber bestens bei den aktuellen Kindermusikgruppen und Kinderfilmen auskennen werde. Eine sehr gute Freundin ermahnt mich schon immer zur rechten Zeit, dass es heute mal nicht um die Kinder gehen soll, sondern um uns Erwachsene.

Diese Momente, in denen ich einfach nur Ich bin und keine berufstätige alleinerziehende Mutter, sind selten, aber sie sind vorhanden. Und ja, ich gönne sie mir mittlerweile bewusst. Dank der Großeltern, die beide immer noch sehr aktiv und rüstig sind, erlaube ich mir den Luxus, meine Kinder hin und wieder aufs Land zu schicken, damit ich für mich sein kann.

Anfangs habe ich das nur gemacht, weil ich irgendwelche Tätigkeiten zu erledigen hatte. Nach drei Jahren kann ich meine Kinder auch mal abgeben, um einfach nur Zeit für mich zu haben, um mich mit Freunden zu treffen. Die ersten Jahre wusste ich nichts mit mir anzufangen. Ich habe das Haus auf den Kopf gestellt, Möbel neu organisiert, einiges so gestaltet, wie ich es schon immer wollte. Ich tue es immer noch. Ich sehne mich danach, endlich zur Ruhe zu kommen, mich wohl zu fühlen, so wie es ist. Es ist eine Reise. Der Grat zwischen allein und einsam ist manchmal ein sehr schmaler. Und ich wollte auch nicht mit mir allein sein. Sich mit mir und meinem Schmerz auseinanderzusetzen, wollte ich nicht. Ich wollte etwas Schönes mit mir und meiner Zeit anfangen, aber was?

Mit zwei Kindern hat man beim Betreten des Kreißsaals seine Hobbys ad acta gelegt. Es dreht sich alles nur um die Familie. Wir haben uns zu viert perfekt gefühlt. Für meinen Mann und mich war es klar, dass wir zwei Kinder haben wollen. Nicht mehr und nicht weniger. Wir waren uns in diesem wie in so vielen anderen Punkten einig. Jetzt bin ich gezwungen, mich mit mir selbst zu vertragen und im Einklang zu sein. Und das ist die wohl größte Herausforderung in meinem Leben, die ich jemals zu bewältigen hatte, habe und haben werde. Mit sich selbst zufrieden zu sein.

Auf dem silbernen Präsentierteller der Gesellschaft

Jede Entscheidung, die man als alleinerziehender Elternteil trifft, hat unweigerlich eine Außenwirkung. Man spürt diese Blicke der anderen. Sie fragen sich, kann sie das überhaupt, wie macht sie das, braucht sie Hilfe, warum macht sie das so. Diese Blicke der anderen sind belastend, auch wenn sie es sicherlich nur gut meinen oder vielleicht selbst überfordert oder mit der eigenen Trauer beschäftigt sind. Man kämpft mit der eigenen Trauer, muss gleichzeitig den eigenen Laden allein schmeißen und sitzt dann noch auf dem silbernen Präsentierteller der Gesellschaft. Mich hat lange die Angst getrieben, dass irgendjemand das Jugendamt anruft, weil ich den Eindruck erwecken könnte, mit der Situation überfordert zu sein. Da gab es diese Gespräche im Kindergarten, wenn eines meiner Kinder etwas Blödes gemacht hat. Diese Gespräche waren mir zuvor zwar auch immer etwas unangenehm, aber ich habe keine Angst dabei verspürt, dass man mir die Kinder wegnehmen könnte. Diese Angst ist rückblickend absolut blödsinnig gewesen, weil meine Kinder nicht zur Sorte Störenfriede gehören, die einer besonderen Betrachtung bedürfen. Aber sie war da. Und sie war für mich real. Ich wollte mit meinen Kindern nirgendwo anecken, nicht auffallen, nicht stören. Eher im Gegenteil, ich wollte positiv mit meinen Kindern auffallen, damit die Gesellschaft sehen konnte, dass ich es sehr wohl allein schaffe. Ein enormer Druck, den ich mir da selbst aufgebaut habe und vielleicht bis heute noch nicht wieder abgebaut habe. Meine Kinder standen unter einer besonderen Beobachtung. Auch ihr Verhalten wurde genauer bewertet und beurteilt als das der anderen Kinder. Jedes Verhalten wurde auf den Verlust ihres Papas bezogen und reflektiert. Sei es nun das Spielverhalten im Rollenspiel oder dass die Kleine sehr lange nachts noch eine Windel gebraucht hat. Ersteres ist für mich nachvollziehbar. Ja, die Rollenspiele meiner Kinder haben sich verändert. Zweiteres sehe ich als eine Frage der Entwicklung. Der eine startet früher durch, die andere etwas später.

Es war und ist teilweise noch ein langer Prozess für alle Beteiligten, die Kinder einfach nur als Kinder zu sehen. Kinder mit all ihren Stärken und Schwächen. Es gibt Regeln und Werte, die mir wichtig sind und die ich meinen Kindern weitergebe. Dazu gehören auch die einfachen Dinge des Lebens wie „bitte" und „danke" sagen, sich zu entschuldigen, auch wenn man jemanden nur aus Versehen verletzt hat, ordentlich mit Besteck zu essen und natürlich nicht spucken, zwicken, beißen, schlagen oder treten. Dies mag bei vielen als streng wirken, ich sehe es als die Basics an. Aber wenn es bei anderen Kindern mal okay ist, sich körperlich zu wehren, so wird das bei meinen Kindern gleich als Ausdruck von unterdrückter Trauer oder sonst irgendwas gedeutet. Die Gesellschaft ist da nicht sehr zimperlich, wenn es darum geht, eine Situation zu beurteilen. Denn schließlich weiß „man" ja alles besser. Dabei ist es für meine Kinder immer wieder eine schwere Situation, da bei uns der ausgleichende Elternpart fehlt. Es gibt keinen, der bei böser Cop/guter Cop den Part des guten Cops übernimmt und die kritische Situation rettet. Für meine Kinder wie auch für mich ist es eine sehr schwere Erfahrung.

Es tut mir in der Seele weh, wenn ich mit meinem Kind schimpfe und es dann nach seinem Papa ruft und bitterlich weint, weil kein Papa mehr da ist.

Berg- und Talfahrten

Unser Freundeskreis hat sich verändert. Die mitleidigen Blicke haben mich überfordert. Mir war ihre eigene Trauer lange Zeit nicht bewusst. Freunde, die meinen Mann sehr gut kannten, habe ich lange auf Standby gestellt. Jeder Kontakt zu ihnen ist für mich eine Reise in die Vergangenheit, in der ich noch keine Witwe war. Die Rückkehr in die Gegenwart ist dann wie ein Schlag ins Gesicht, der mich brutal in die Realität zurückholt. Eine Berg- und Talfahrt der Gefühle, die mir zu viel Energie raubte. Ich habe immer noch Tränen in den Augen, wenn ich mit Freunden über besondere Erlebnisse mit meinem verstorbenen Mann rede oder scherze. Und ich will diese Erinnerungen aufrechterhalten. Es ist wichtig. Für mich und für die Kinder. Mit der Einschulung meiner großen Tochter und dem Wechsel des Kindergartens meiner kleinen Tochter hat es sich verändert, ja verbessert. Weder Schule, Hort noch der neue Kindergarten kannten meinen Mann. Es war für uns wie eine Art Neuanfang. Klar wissen alle Bescheid, aber ich fühle mich dort einfach nur als eine alleinerziehende Mama und nicht noch mit dem Stempel „überforderte Witwe" gebrandmarkt. Eher im Gegenteil, jetzt ist endlich der Zeitpunkt erreicht, an dem ich auch mal Anerkennung und Bewunderung ernten und annehmen kann. Alleinerziehende Witwe ist ein Stempel, der sich wie ein Tattoo eingebrannt hat neben dem Schatten der Trauer, der mich auch immer begleiten wird, egal wie lange es schon her ist. Dieser Schatten bleibt ein Leben lang, weil die Erinnerung auch ein Leben lang bleiben wird.

Sicherheit und Stabilität

Die Erinnerung an meinen Mann teilt sich mit mir auch noch meine Familie. Meine Familie ist immer da, immer präsent, egal ob ich sie brauche oder nicht. Für diese Dankbarkeit, die ich ihnen gegenüber spüre, finde ich keinen wirklichen Ausdruck. Ich kann es nur immer wieder versuchen und es ihnen sagen, wie dankbar ich ihnen bin. Unser Verhältnis zueinander hat sich wesentlich verändert. Ich hatte zu meinen beiden großen Schwestern immer ein sehr gutes Verhältnis. Und jetzt ist es noch enger. Auch meine Kinder haben den Kreis der Verbundenheit zu meinen Schwestern, ihren Patentanten, enger geschnürt. Es war das erste Osterfest nach dem Tod meines Mannes, an dem mich meine Kinder links liegen ließen und sich nur mit meinen Schwestern beschäftigt haben und ihnen nicht von der Seite gewichen sind. Dies war für mich ein Zeichen, dass auch dann alles gut sein wird, wenn mir etwas passieren sollte. Wir haben dies offen angesprochen und geregelt. Für meine Kinder war es sehr wichtig, dass viele ihrer Fragen beantwortet wurden, Sorgen genommen und ihnen Sicherheit und Stabilität vermittelt wurde. Auch wenn „Umzugskartons packen und weg" eine Möglichkeit ist, mit der Situation klarzukommen, so kam diese Option für mich nicht in Frage. Mein Mann und ich haben uns erst wenige Jahre vor seinem Tod ein Haus gekauft. Wir leben hier in einer so tollen Nachbarschaft, dass ich hier schon von einer Art Zweitfamilie reden kann. Die Bereitschaft, uns zu helfen, ist nach wie vor ungebrochen. Egal ob es Samstagnacht um dreiviertel elf ist, weil ich nicht mehr ins Haus komme, oder ich jemanden brauche, der mir mein Kind morgens in den Kindergarten bringt, weil ein wichtiger Termin in der Arbeit ansteht: Die Hilfsbereitschaft geht weit über das übliche Maß „wir leihen uns zwei Eier aus" hinaus. Zu wissen, dass ich trotz des Alleinseins nicht einsam sein muss, ist sehr beruhigend.

Ich weiß jetzt, dass ich es schaffe

Ich lebe nach wie vor in zwei Welten. Es gibt da diese eine frühere Welt, in der ich meinen Mann schmerzlich vermisse, und die reale Welt, in der ich meine Kinder versorge, mit ihnen Ausflüge mache, sie in den Arm nehme, mit ihnen kuschle, tagtäglich zur Arbeit gehe, mit Kollegen über schlechte Witze lache, mich über die anderen Kollegen ärgere, mich an den ersten warmen Sonnenstrahlen erfreue und mein Gesicht in den Himmel recke. Ja, ich bin ein lebensbejahender Mensch, denn das kann nicht das Ende sein. Ich habe auch wieder gelernt glücklich zu sein, glücklich über das Lachen meiner Kinder, sich mit ihnen zu freuen, wenn ihnen etwas gelingt. Auch wenn es bisher nur das Mutterglück ist, das ich verspüre, so ist dies doch ein Anfang. Dieses Glück zu haben, hat für mich bedeutet, dass ich meine Gefühle wieder aktivieren muss, sie wieder erfahren, spüren und erleben muss. Das war kein einfacher Weg. Und ich hatte Hilfe von außen. Auch wenn es sehr schwer ist, die Hoffnung und das Vertrauen aufrechtzuhalten, so sehe ich mich selbst doch wieder irgendwann – vielleicht sogar in einer neuen Beziehung – glücklich. Und bis dahin versuche ich, mir selbst treu zu bleiben.

Eines der wichtigsten Vermächtnisse meines Mannes für meinen Alltag ist, dass ich mir nicht so viele Gedanken über mich, über andere oder was auch immer machen soll. Eine gesunde Art von „am A… vorbeigehen lassen" ist nicht immer leicht zu praktizieren als Alleinerziehende. Aber es geht. Es geht, wenn ich mit meinen Entscheidungen zufrieden bin und ein gutes Gefühl habe. Mein Bauchgefühl ist mir jetzt mein neuer treuer Begleiter geworden. Es hat einen höheren Stellenwert eingenommen als früher. Ich nehme es viel bewusster wahr. Ohne das Gefühl geht gar nichts. Wenn ich spüre, dass ich mit dieser oder jener Entscheidung oder mich in einer Situation nicht wohl fühle, dann versuche ich es zu umgehen und eine Alternative zu finden – egal, ob das nun mein Berufsleben oder mein Privatleben betrifft. Es hilft mir, mich nicht mehr so beobachtet, bewertet oder sogar verurteilt zu fühlen. Ich stehe zu meinen Entscheidungen und kann sie daher auch Dritten gegenüber besser verteidigen. Und wenn die Entscheidung mal nicht so glorreich war, dann stehe ich auch dazu. Fehler machen ist auch Alleinerziehenden gestattet. Und sie bereichern das Leben ungemein. Mein jetziges Leben ist im Laufen. Es läuft zwar immer noch etwas hart am Limit, aber es läuft. Stolpersteine oder Umwege kosten nach wie vor sehr viel Kraft und überfordern mich. Manchmal lösen sie den Fluchtreflex aus, aber ich weiß jetzt, dass ich es schaffe. Ich habe gelernt, mit meinen Energien zu haushalten, mich nicht mehr über Dinge aufzuregen, die es einfach nicht wert sind. Das Leben geht weiter. Ja, mit Gottes Segen geht es weiter. Einer ist also immer bei uns, der uns begleitet oder auch mal auf Händen trägt. Diese Zuversicht will ich mir bewahren, will ich an meine Kinder weitergeben.

Luise Janke / Noémie Koenig

Besonderheiten einer Lebenslage
Erfahrungen Alleinerziehender mit Hartz IV[1]

Dieser Beitrag handelt davon, dass Alleinerziehende ein höheres Risiko haben, in Armut zu fallen; fast keine Chance auf eine Ausbildung und auf dem Arbeitsmarkt haben; die Vereinbarkeit von Beruf und Kinderbetreuung häufig nicht gegeben ist; Alleinerziehende alles unternehmen, damit ihre Kinder nicht als „Hartz-IV-Kinder" stigmatisiert werden; davon, dass der Verdienst der Kinder auf den Lebensunterhalt der Bedarfsgemeinschaft angerechnet wird; und darüber hinaus von Sorgen, Scham, Stigmatisierung, Zukunftsängsten, die Frauen und Mütter zusätzlich belasten zu ihren sonstigen Mühen, den Alltag der Familien zu managen.

This article deals with the higher risk single parents have to become impoverished, the fact that they have only minimal chances to complete a qualification and to find a job. The compatibility of job and child care is often not given. Single parents will do anything to prevent their children from being stigmatised as "Hartz IV children" (public welfare children). Earnings of the children are being charged with the subsistence of the collective requirement. Moreover, worries, shame, stigma, fear of the future, all of these put an extra burden on women and mothers in addition to their other efforts to manage the everyday life of their families.

„Ich habe doch Verantwortung für mein Kind und mich!"

FRAU B.: Ich hatte selber zwei Kinder zuhause. Alleinerziehend. Und meine letzte Schicht war nachts um zwölf zu Ende. Und früh um neun sollte ich schon wieder im Betrieb sein. Dann habe ich gesagt: „Ich brauche noch eine zweite Kraft. Dass ich auch mal – wenn ich jetzt mal krank bin oder irgendwie mal was ist – dass ich noch jemanden habe." Und da ich kein Fahrzeug habe, war das sowieso dann immer suboptimal. Und das habe ich nicht bekommen. Und da habe ich gesagt: „Nein!" Und dann hörte ich erstmal auf.

Habe dann auch drei Monate Sperre gekriegt. Und da hatte ich dann ein bisschen Angst bekommen – ich hatte gerade eine neue Wohnung angemietet und so. Wo ich immer sage, ich habe doch Verantwortung für ein Kind und mich. Arbeitslos ist man nicht gerne, aber man bekommt jeden Monat – wenn du dich dranhältst und

---

[1] Dieser Beitrag beruht auf einer transversalen Analyse, die erstmals veröffentlicht wurde in: *Denkfabrik – Forum für Menschen am Rande*, Sozialunternehmen NEUE ARBEIT gGmbH Stuttgart (Hg.) – Unerhört! Langzeitarbeitslose melden sich zu Wort. Stuttgart: Sozialunternehmen Neue Arbeit 2019. Die Interviews für die transversalen Analysen wurden zwischen Juli 2016 und August 2017 geführt.

so – bekommst du deine Sachen bezahlt. Ich will das nicht kostenlos haben. Deswegen habe ich mir dann immer wieder was gesucht, dass ich ehrenamtlich immer irgendwo drinnen bin. Auch wenn das jetzt hier ein Ein-Euro-Job war, habe ich niemals gesagt, ich bin nur eine Ein-Euro-alleinerziehende-Frau. Mit der Besonderheit einer Lebenslage: Job. Weil, man ist ja auch viele Stunden dabei und da habe ich mir immer gesagt gehabt, im Grunde genommen, wenn man das mit dem Hartz IV aufrechnet, ist das im Grunde genommen wie ein richtiger Lohn. Und so habe ich mir das immer gesagt. Ja. Also man muss wirklich jeden Pfennig umdrehen. Der letzte Urlaub war vor vierzehn Jahren gewesen. Und das, was ich an Geldern hatte oder so, das ist eben dann in die Kinder reingeflossen. Aber wenn man jetzt mal eine Waschmaschine braucht, muss man immer beim Amt nachfragen um ein Darlehen. Das Darlehen kannst du dir trotzdem nicht leisten. Du musst das ja dann trotzdem wieder abstottern. Und du hast ja noch andere Sachen, die eigentlich auch laufen müssen und so. Das ist hart. Trotzdem ich mir da immer noch was gesucht hatte. Das ist eigentlich wirklich nur, dass man mal rauskommt. Unter die Menschen kommt. Und dass man weiß, man wird gebraucht. Aber dass man sich da irgendwie was anspart, das kann man knicken.

Alleinerziehende haben ein höheres Risiko, in Armut zu fallen

In Deutschland haben Alleinerziehende ein höheres Risiko, in Armut zu fallen als Familien mit Kindern. Zurzeit liegt der Anteil von Alleinerziehenden in Hartz IV bei 37,6 %, davon sind mehr als 89 % Frauen. Von 1,92 Millionen Kindern und Jugendlichen, die ALG-II-Leistungen beziehen, leben 968.750, also die Hälfte, in Alleinerziehenden-Haushalten.[2] Jede fünfte Familie in Deutschland wird von einem einzigen – in der Regel weiblichen – Elternteil gemanagt. Dabei muss man unterscheiden, in welchem Alter und unter welchen Voraussetzungen die Frauen alleinerziehend wurden. Bei einer frühen Mutterschaft hat ein Großteil von ihnen keine Ausbildung. Sind die Frauen nach einer Trennung vom Lebenspartner beziehungsweise Ehemann alleinerziehend geworden, haben die meisten zwar eine Ausbildung und haben vor der Mutterschaft auch gearbeitet, aber sie sind durch die Mutterrolle unter Umständen schon längere Zeit aus dem Berufsleben ausgeschieden. Bei Alleinerziehenden im ALG-II-Bezug stellen sich mehrere Fragen: Welche Auswirkungen hat das auf die Jobsuche? Wie gewährleisten sie, dass ihre Kinder einigermaßen unbelastet am sozialen Leben teilhaben können? Welche Zukunftsängste haben sie für den weiteren Lebensweg ihrer Kinder? Welche

---

2 Lenze, Anne, *Alleinerziehende unter Druck – Rechtliche Rahmenbedingungen, finanzielle Lage und Reformbedarf.* Gütersloh 2014: Bertelsmann Stiftung, in: https://www.bertelsmann-stiftung.de/fileadmin/files/BSt/Publikationen/GrauePublikationen/GP_Alleinerziehende_unter_Druck.pdf (01.03.2020).

Schwierigkeiten haben Alleinerziehende im ALG-II-Bezug bei der Jobsuche? Die erste Frage, die von jedem Arbeitgeber an eine Alleinerziehende gestellt wird, ist, ob die Betreuung der Kinder beziehungsweise des Kindes auch im Krankheitsfall garantiert ist. Für eine Alleinerziehende stellt sich eher die Frage, ob sie im Falle eines Jobangebots sofort einen Platz in einer Kita bekommt, sollte sie noch keinen haben.

„Also hab' ich mich drei Jahre lang im Kreis gedreht!"

FRAU J.: *Ich bin 44 Jahre alt, geschieden und habe zwei Kinder. Außerdem habe ich eine abgeschlossene Ausbildung als Bürokauffrau und vor der Geburt der Kinder habe ich zehn Jahre bei einer Spedition gearbeitet. In den letzten elf Jahren habe ich meinen erlernten Beruf nicht ausgeübt. – Ja, und da hieß es dann immer: „Nein, wenn Sie keinen Platz für Ihr Kind haben, dann sind wir nicht für Sie zuständig. Wir können Sie nirgendwohin vermitteln. Wir können nichts mit Ihnen machen." Und andersrum war es halt genauso. „Ein Kindergartenplatz? Nein, den können Sie erst kriegen, wenn Sie einen Job haben." Also habe ich mich drei Jahre lang im Kreis gedreht.*

Und ja, mein Problem ist es wirklich, das unter einen Hut zu kriegen – eine garantierte Kinderbetreuung gibt es nämlich nicht. Also ich bin jetzt froh, dass ich meinen Lütten – der ist sieben Jahre alt – in der Grundschule habe, die hoffentlich bis 16 Uhr diesen „Ganz-Tag" auch einhält. Mein Großer ist elf und da fällt alle Jubeljahre, also da fällt immer wieder etwas aus. Jedes Mal stehe ich dann da. „Ja, Sie haben die Kinder doch garantiert betreut?" – „Ja, solange sie gesund sind, sind meine Kinder garantiert betreut!"

„Jetzt habe ich erst einmal meinen Hauptschulabschluss nachgeholt!"

FRAU S.: *Ich bin 19 Jahre alt, ledig und Mutter eines dreijährigen Kindes. Ich wollte Verkäuferin werden. Über einen Bildungsträger. Im Betrieb habe ich keine Stelle gekriegt mit der Begründung, ich wäre eine alleinerziehende Mama und könnte ja so oft fehlen – Schwachsinn eigentlich! Jetzt habe ich erst einmal meinen Hauptschulabschluss nachgeholt. Dann war ich zu Hause mit meinem Kind und habe die Zeit ein bisschen genossen – ja! (Frau S. schmunzelt). Letztes Jahr habe ich angefangen, Bewerbungen zu schreiben, mit über 50 Absagen!*

Alleinerziehende haben fast keine Chance auf eine Ausbildung und auf dem Arbeitsmarkt

Auch wenn die Betreuung der Kinder irgendwann geregelt ist, heißt das noch lange nicht, dass die Chancen auf dem Ersten Arbeitsmarkt steigen. Denn für die Arbeitgeber ist es nicht ausschlaggebend, ob die Frauen arbeiten wollen und müssen, sondern dass sie uneingeschränkt für den Beruf zur Verfügung stehen.

Jungen Müttern mit dem Wunsch nach einer Ausbildung werden auf dem freien Arbeitsmarkt Steine in den Weg gelegt. Am Beispiel von Frau S. kann man erkennen, dass motivierte Alleinerziehende ohne Sozial- oder Bildungsträger fast keine Chance auf eine Ausbildung haben. Hier stellt sich jedoch die Frage, warum es auf dem Ersten Arbeitsmarkt nicht möglich ist, auch hier vermehrt Teilzeitausbildungen anzubieten, wenn andererseits immer wieder auf den Fachkräftemangel hingewiesen wird. Auf der Jobsuche ist es in manchen Bereichen und Branchen schwer, Beruf und Kinderbetreuung unter einen Hut zu bringen.

„Ich kann meine Tochter doch nicht alleine zuhause lassen! Wenn da was passiert!"

FRAU Z.: Ich bin 34 Jahre alt und Mutter eines neunjährigen Kindes. Ich habe eine abgeschlossene Ausbildung als Einzelhandelskauffrau. Bevor ich arbeitslos wurde, habe ich zwölf Jahre in einer Fabrik Vollzeit gearbeitet. Auf Wunsch des Jobcenters hin sollte ich mich in meinem erlernten Beruf als Einzelhandelskauffrau bewerben. Die dort üblichen Arbeitszeiten sind – je nach Branche – von 7 bis 22 Uhr. Die Kitas betreuen überwiegend zwischen 7 bis 17 Uhr, in Ausnahmen bis 18 Uhr. Es stellt sich die Frage, warum es nicht möglich ist, in jeder Stadt ein oder zwei Kitas anzubieten, die rund um die Uhr geöffnet sind, damit Alleinerziehende sich auch auf Jobangebote bewerben können, deren Arbeitszeiten von den herkömmlichen Öffnungszeiten der Kitas abweichen. Ich kann nicht so flexibel sein mit Kind. Das ist neun Jahre alt. Ich dürfte meine Tochter ja gar nicht alleine – nicht eine Stunde lang – zuhause lassen. Das wäre ja Verletzung der Aufsichtspflicht. Ich habe mich da beim Jugendamt auch erkundigt. Wenn da was passiert – da darf ich ja gar nicht dran denken. Also eigentlich müsste ich immer um 15.30 Uhr Feierabend haben.

Die Vereinbarkeit von Beruf und Kinderbetreuung ist häufig nicht gegeben

Häufig ist in den sogenannten Frauenberufen die Vereinbarkeit von Beruf und Kinderbetreuung nicht gegeben, da die Öffnungszeiten der Kitas nicht flexibel genug sind. Und viele Tagesmütter, die bei den Betreuungszeiten flexibler wären, stehen nicht zur Verfügung. Wie gewährleisten alleinerziehende ALG-II-Bezieher, dass ihre Kinder einigermaßen unbelastet am sozialen Leben teilhaben können? Bei der Frage sollte man bedenken, dass bei der Berechnung des ALG-II-Regelsatzes von Alleinerziehenden sowohl der Unterhalt als auch das Kindergeld angerechnet werden. Unter dem Strich bedeutet das, dass jede Kindergelderhöhung mit dem Regelsatz verrechnet wird, sprich: Die, die ein höheres Kindergeld bräuchten, bei denen kommt es nicht an. Im Normalfall heißt das für die Alleinerziehenden, dass alles, was den Kindern zugutekommt, woanders eingespart werden muss. In den meisten Fällen sparen die Mütter bei sich.

„Manchmal kommt man sich schon ein bisschen schäbig vor!"

FRAU T.: *Ich bin 55 Jahre alt und habe insgesamt vier Kinder großgezogen, wobei das jüngste Kind mit 13 Jahren noch bei mir wohnt. Also die Arbeitslosigkeit ist manchmal ein bisschen störend. Da komm ich mir dann schon vor wie ... – weil an meiner Person selber spare ich. Also das heißt, ich trage meine Jacke auch zehn Jahre, weil wenn sie nicht kaputt ist, warum nicht. Manchmal komm ich mir dann schon vor wie ... – „Sehen die Leute jetzt, dass du keine Arbeit hast, dass du dir nichts Neues holst?" Aber anders herum, denke ich dann wieder, dafür geht deine Tochter ja wie aus dem Ei gepellt, der sieht man das ja nicht an. Aber manchmal kommt man sich schon ein bisschen schäbig vor – aber das ist bloß eine Einbildung, weil jeder sagt: „Du hast eine Macke, das merkt man überhaupt nicht."*

Alleinerziehende unternehmen alles, damit ihre Kinder nicht als „Hartz-IV-Kinder" stigmatisiert werden

Alleinerziehende geben das Geld, das sie sich vom Munde ab- oder an Kleidung bei sich einsparen, für ihre Kinder aus. Sie unternehmen alles, damit die Kinder nicht als „Hartz-IV-Kinder" stigmatisiert oder gehänselt werden und mit den sogenannten normalen Kindern mithalten können. Die größte Beeinträchtigung erfahren Alleinerziehende jedoch beim Anrechnen des Verdienstes der Kinder auf den Hartz-IV-Regelsatz, denn die Kinder zählen ja zur Bedarfsgemeinschaft.

„Dass wir dann noch so gelinkt werden, in dem Moment!"

FRAU K.: *Ich bin 39 Jahre alt und lebe mit meiner 19-jährigen Tochter in einer sogenannten Bedarfsgemeinschaft. Mein Kind soll im nächsten Jahr das Fachabitur machen. Wir kriegen jetzt ALG II, Hartz IV, wie auch immer, ja, und unsere*

Kinder, die arbeiten gehen, müssen uns dann noch mit der Hälfte unterstützen, wo ich mir denke, dann haben die auch nichts zum Leben. Und manche sagen sich dann: „Ja, warum soll ich denn arbeiten gehen? Ich krieg doch eh kein Geld dafür. Ich muss das ja eh zu Hause abgeben." Warum sollen unsere Kinder für uns noch arbeiten gehen, wo wir nicht können? Dass wir dann noch so gelinkt werden, in dem Moment. Das finde ich so traurig. Ich habe es gesehen, als meine Tochter letztes Jahr arbeiten war, da musste sie die Hälfte an mich abgeben. Natürlich waren das, in diesem Sinne, 200 Euro, die sie für sich hatte monatlich, aber trotzdem denke ich mir so, die geht den ganzen Monat arbeiten, verdient 450 Euro und muss die Hälfte an mich abdrücken. Traurig. Das macht mich dann so zornig, wenn ich dann so denke: „Warum macht die Politik nichts für uns?"

Der Verdienst der Kinder wird auf den Lebensunterhalt der Bedarfsgemeinschaft angerechnet

Tatsächlich ist dies der Fall: Bei Kindern, die eine Ausbildung machen oder einen Nebenjob haben, wird deren Verdienst oder die Ausbildungsvergütung auf den Lebensunterhalt der Bedarfsgemeinschaft angerechnet. Vielleicht ist auch das einer der Gründe, weshalb Jugendliche aus Hartz-IV-Familien zum Teil, abgesehen von anderen Hemmnissen, weniger Interesse an einer Beschäftigung oder Ausbildung haben. Wie sollen die Jugendlichen eine Zukunftsperspektive entwickeln, wenn sie einerseits von den Jobcentern zum Teil gezwungen werden, bis zum Alter von 25 Jahren zu Hause zu wohnen, und andererseits in dieser Zeit von ihrem Einkommen einen großen Teil für die Bedarfsgemeinschaft abgeben müssen?

Welche Zukunftsängste haben alleinerziehende ALG-II-Bezieher*innen für den weiteren Lebensweg ihrer Kinder? Ein Großteil der Alleinerziehenden macht sich Gedanken über den weiteren Lebensweg ihrer Kinder: Klappt es mit dem Schulabschluss? Bekommen sie einen Ausbildungsplatz? Verdienen sie genügend, um eine Familie zu gründen? Und: Ist das Gehalt so hoch, dass sie nicht auf das Jobcenter angewiesen sind? Doch die größte Angst ist, dass ihre Kinder auch „in Hartz IV" leben müssen.

„Wenn ich nicht mehr da bin, dann gehen sie alle baden!"

Frau T.: Jetzt ist mein Sohn 21. Er möchte arbeiten, findet aber keine Ausbildung. Unsere Politiker erzählen uns ständig: „Es gibt Firmen, viele Firmen, es gibt viele Ausbildungsplätze." Ja, mein Sohn bewirbt sich bei einer Firma nach der anderen und kriegt eine Absage nach der anderen. Dass meine Kinder nicht so eine große Klappe und so ein Durchsetzungsvermögen haben wie ich, ist das Eine. Andererseits müssen sie es alleine versuchen. Aber wenn sie dann merken, dass sie hier und da alleine

Schiffbruch erleiden mit irgendwelchen Sachen, die sie erledigen müssen – dann springe ich ja doch ein. Wenn ich dann nicht mehr da bin, wer macht das dann? Dann gehen sie, dann gehen sie alle baden.

Seelische Belastungen: Sorgen, Scham, Stigmatisierung, Zukunftsängste

Diese Zukunftsängste belasten die Frauen und Mütter noch zusätzlich zu ihren sonstigen Sorgen, den Alltag der Familien zu managen. Dazu zählt das Einteilen der Grundsicherung, die sie vom Staat bekommen, damit am Monatsende noch genügend Geld zur Ernährung der Familie zur Verfügung steht. Um dieses Ziel zu erreichen, müssten sie eigentlich zur Tafel gehen. Und dieser Weg kostet die eine oder andere Alleinerziehende Überwindung oder sie gehen aus Scham gar nicht hin. Auch wenn es bei den Hartz-IV-Gesetzen, im Gegensatz zu anderen Gesetzen, die meisten Änderungen und Verbesserungen gegeben hat, sind sie für die Betroffenen eine seelische Belastung. Vor allem die Alleinerziehenden haben mit diesen Belastungen zu kämpfen. Nicht nur die Frauen werden stigmatisiert, auch ihre Kinder haben unter dem Stigma zu leiden. Sei es, dass das Geld für ein Geschenk für einen Kindergeburtstag fehlt, sei es, dass die Kinder nicht mit ihren Klassenkameraden oder Freunden ins Kino können. Alles, was außerhalb des normalen Monatsablaufs liegt, wird zur Belastung. Was oft außer Acht gelassen wird, ist, dass diese Frauen die Zukunft unserer Gesellschaft groß- und erziehen. Deshalb sollte diese Leistung von unserer Gesellschaft honoriert und auch dementsprechend finanziell unterstützt werden. Dazu zählt auch, dass die freie Wirtschaft die Frauen nicht nur nach ihrer Verfügbarkeit beurteilt, sondern hauptsächlich nach ihren Fähigkeiten. Dass die Frauen aufgrund von Erkrankungen der Kinder auch mal ausfallen können, sollten die Unternehmer in ihrer Personalplanung einfach mit einbeziehen. Um es etwas überspitzt zu sagen: Die Frauen erziehen die Facharbeiter*innen von morgen. Firmen können nicht einerseits über den Fachkräftemangel klagen und andererseits die vielfach ausgebildeten Frauen wegen der Erziehung der Kinder vom Anspruch auf einen Arbeitsplatz ausschließen. Es muss zudem darauf hingewiesen werden, dass 40 % der alleinerziehenden Frauen von Armut bedroht sind. Selbst wenn sie kein ALG II bekommen, leben sie trotzdem oft knapp über der Grundsicherung gemäß SGB II. Das aber bedeutet, dass sie auf manche Erleichterung, die es in der einen oder anderen Kommune gibt, keinen Anspruch haben, weil sie vielleicht den einen Euro zu viel zur Verfügung haben. Unter dem Strich kann man sagen: Als Alleinerziehende ist das Leben in unserer doch so reichen Republik kein Zuckerschlecken.

Marion Arens

„Endlich fragt mich jemand!"
Alleinerziehende erforschen ihren Lebensalltag

In dem laufenden Forschungsprojekt „Endlich fragt mich jemand! – Partizipative Datenerhebung bei und mit Alleinerziehenden in Bielefeld-Stieghorst"[1] artikulieren Alleinerziehende, welche Themen ihren Alltag bestimmen und wie sie die Herausforderungen dieser besonderen Lebenssituation – auch unter Berücksichtigung gegebener Unterstützungsstrukturen – wahrnehmen, erleben und bewältigen. Bemerkenswert ist das Selbstverständnis von Partizipation Alleinerziehender im Forschungsprozess. Alleinerziehende sind als Co-Forscherinnen Teil eines multiprofessionellen Forschungsteams: Sie werden in ihrer Rolle selbstermächtigt, forschen aktiv mit, diskutieren in Gruppen, geben Interviews und bündeln dadurch wertvolles Expert*innenwissen. Ausführliche Ergebnisse der qualitativen Studie können an dieser Stelle noch nicht formuliert werden. Fest steht aber schon eines: Die Alleinerziehenden haben viel zu erzählen und richten klare Botschaften an die (kommunale) Politik, an soziale Dienstleister und nicht zuletzt an die Gesellschaft.

This article provides initial insights into the ongoing research project "Finally I am given a voice! – Participatory data collection with and by single parents in Bielefeld Stieghorst", which is being conducted by "Diakonie für Bielefeld" in cooperation with the University of Applied Sciences Bielefeld (Department of Social Sciences). Single parents are being asked about their current well-being, about which topics dominate their lives and how they perceive, experience and cope with this extraordinary situation. The study considers external supportive structures as well. Participation of single parents is of high value within the research process. As co-researchers, single parents are part of a multi-professional research team: they are empowered in their role, they actively participate in the research, discuss in groups, give interviews and thus collect valuable expert knowledge. Detailed results of the qualitative study cannot yet be formulated at this point. One thing is certain, however: the single parents have a lot to tell and send clear messages to (local) politics, social service providers and, last but not least, to society.

„Also ich bin, glaube ich in all den Jahren nicht so viel über mein Alleinerziehenden-Dasein gefragt worden wie von euch jetzt …" *(Sabine, 52 Jahre)*

Um es vorwegzunehmen: Die beschriebene qualitative Studie ermöglicht eine differenzierte Abbildung des individuell erlebten Alltags Alleinerziehender. Alle im Folgenden verwendeten Zitate stellen individuelle Stimmen ein-

---

1 Das Forschungsprojekt „Endlich fragt mich jemand! – Partizipative Datenerhebung bei und mit Alleinerziehenden in Bielefeld-Stieghorst" ist eine Kooperation der Diakonie für Bielefeld gGmbH und der Fachhochschule Bielefeld (Fachbereich Sozialwesen). Es wird vom Ministerium für Arbeit, Gesundheit und Soziales NRW im Rahmen des Aktionsprogramms „Zusammen im Quartier – Kinder stärken – Zukunft sichern" gefördert und in der Zeit vom 01.01.2019 bis zum 31.12.2020 in einem ausgewählten Stadtteil Bielefelds durchgeführt. Gesellschafter der Diakonie für Bielefeld sind der Evangelische Kirchenkreis Bielefeld und das Evangelische Johanneswerk.

zelner Alleinerziehender dar, die auf deren persönlicher Wahrnehmung beruhen. Sie zeichnen damit nicht zwangsläufig einen Konsens unter den an der Studie beteiligten Alleinerziehenden ab, sondern sollen einzelnen, auch in der öffentlichen Diskussion möglicherweise bislang weniger fokussierten, Details des alltäglichen Lebens Relevanz verleihen.

1. Warum es so wichtig ist, „endlich zu fragen"

„Selbst wenn man, ich sage jetzt mal, ein Buch über Alleinerziehende liest, steht da ja auch nicht drin, wie es denen eigentlich geht oder was sie für Belange haben. Da können die gar nicht diese Beratungen machen, die ich eigentlich bräuchte." (*Sabine, 52 Jahre*)

Dieses Zitat einer Alleinerziehenden ist für engagierte Berater*innen, Wissenschaftler*innen und Autor*innen gleichsam schwer verdaulich, attestiert es doch Unterstützungsangeboten, individuelle Lebensumstände Alleinerziehender nicht detailreich zu berücksichtigen und Unterstützung damit nicht passgenau zur Verfügung stellen zu können. Diesen Eindruck hatte diese Alleinerziehende in der Vergangenheit auch dann, wenn das Beratungssetting als grundsätzlich positiv empfunden wurde:

„… Es war auch total nett und auch eine sensationell nette Frau, aber die eigentlich auch diesen Sinn oder mein Anliegen nicht so richtig verstanden hat. Das hatte zwar auch ein Stück weit was mit dem Alleinerziehenden-Dasein zu tun, aber das ist natürlich auch schwierig für einen Außenstehenden zu verstehen …" (*Sabine, 52 Jahre*)

Nicht nur vonseiten der hier zitierten Alleinerziehenden, die ihre Erfahrungen im Rahmen des Forschungsprojekts zu Protokoll gibt, sondern auch aus den Reihen der Wissenschaft und der Unterstützungspraxis gibt es Anmerkungen zur mangelnden Kompatibilität von Unterstützungsbedarfen und -angeboten.

In der Vergangenheit haben Erkenntnisse aus Studien und Projekten gezeigt, dass eine dialogische Auseinandersetzung mit Alleinerziehenden und die Entwicklung nachhaltiger Unterstützungsstrukturen für diese Personengruppe im Gleichschritt erfolgen sollten. Auch bei engagierten Bemühungen von Kommunen und Trägern, wirksame Netzwerkstrukturen zur Unterstützung Alleinerziehender zu implementieren, wie zum Beispiel im ESF-Bundesprogramm „Netzwerke wirksamer Hilfen für Alleinerziehende"[2], war die

---

2 Auch in Bielefeld wurde von engagierten Netzwerkpartner*innen im Rahmen des von 2011 bis 2013 durchgeführten Projekts das Ziel verfolgt, Unterstützungsnetzwerke für Alleinerziehende so aufzubauen, dass sich systematisch Verknüpfungen zwischen den bestehenden Unterstützungsangeboten in Bielefeld bildeten. In der Projektevaluation ist hierunter beschrieben, dass durch die

Partizipation der Alleinerziehenden bei Aufbau, Entwicklung und Evaluation des Vorhabens häufig nicht inbegriffen. Durch die fehlende Rückkopplung aus der Zielgruppe konnten Unterstützungsstrukturen damit nicht ideal den Bedürfnissen Alleinerziehender angepasst werden und sich daher häufig nicht nachhaltig etablieren:

> „… ich glaube, die wissen einfach gar nicht, wo der Hase langläuft. Und die wissen, glaube ich, einfach gar nicht, was es da draußen für Leute gibt, die sie da zu versorgen und zu betreuen haben, weil sie sich in dieser Materie einfach gar nicht auskennen."
> *(Sabine, 52 Jahre)*

Die Kooperationspartner*innen schlussfolgerten daraus den grundsätzlichen Handlungsbedarf, das Alltagserleben Alleinerziehender aus deren eigener Perspektive abzubilden und konzipierten das partizipative Forschungsprojekt „Endlich fragt mich jemand!". Im Fokus steht dabei ein ausgesuchter Stadtteil Bielefelds, der eine vergleichsweise hohe Anzahl alleinerziehender Haushalte aufweist.

Welche kleinteiligen, individuellen Themen und Herausforderungen kennzeichnen den Alltag Alleinerziehender in diesem Stadtteil?

Welche Lösungsstrategien werden von den Alleinerziehenden gewählt, welche Ressourcen werden mobilisiert, um den strukturellen Herausforderungen dieser besonderen Lebenssituation gerecht zu werden?

Welche gängige Unterstützungspraxis erfahren Alleinerziehende dabei in ihrem Stadtteil oder darüber hinaus?

Diese Fragen sollen anhand einer qualitativen Erhebung beantwortet werden. In der Studie wird die Perspektive außerdem erweitert: Lokale Unterstützungsangebote für Alleinerziehende durch Institutionen, Behörden, soziale Dienstleister und potenzielle Arbeitgeber werden vom Forschungsteam identifiziert und mit dem Fokus auf die hier verorteten Deutungsmuster zum Alltag Alleinerziehender evaluiert. Die erhobenen Daten werden im Anschluss zu einer Gesamterkenntnis zusammengeführt. Damit soll eine wissenschaftliche und gesellschaftspolitische Diskussionsgrundlage vorgelegt werden, die die Formulierung nachhaltiger, an der Alltagsrealität orientierter Handlungskonzepte für die Unterstützung Alleinerziehender ermöglicht.

---

fehlende Rückkopplung mit der Zielgruppe insgesamt offenblieb, ob und inwiefern das Projektvorhaben einen nachhaltigen Nutzen für die Alleinerziehenden bewirkt hat (vgl. Vaudt 2013, 8). Eine nachhaltige Etablierung eines stabilen Netzwerks konnte damit nicht gewährleistet werden.

2. Partizipative Forschung: Alleinerziehende als Co-Forscherinnen

"... Ich kam mal irgendwann in der Schule mit einer Frau ins Gespräch, die wusste gar nicht, wovon ich rede, wie andere, ich glaube acht Millionen Menschen auch. Die interessiert das einfach nicht oder die haben ihre Felle im Trockenen." (Christine, 40 Jahre)

Alleinerziehende sind Expert*innen ihrer Lebenssituation. Niemand weiß besser als sie selbst, wie es sich anfühlt, alleinerziehend zu sein und wie der Alltag in seinem Detailreichtum wirklich aussieht.

Hinzu kommt, dass Alleinerziehende unter differenzierten kulturellen, wirtschaftlichen, persönlichen und individuellen emotionalen Bedingungen leben. Nicht selten pflegen Alleinerziehende überdies Kontakte zu anderen Alleinerziehenden und sind damit Teil einer Community als lebensweltdefinierte Bezugsgruppe. Die Gruppe Alleinerziehender verfügt damit über eine umfangreiche Expertise.

Im Forschungsprojekt „Endlich fragt mich jemand!" werden Alleinerziehende als Mitforscherinnen bzw. Co-Forscherinnen aktiv in die Erhebung eingebunden. Ihr Wissen wird partnerschaftlich mithilfe des professionellen Forschungsteams sichtbar gemacht. Methodisch lässt sich das Vorgehen in der *Partizipativen Forschung* verorten: Hier „... stehen die Menschen, die an ihr teilhaben, im Mittelpunkt – ihre Perspektiven, ihre Lernprozesse und ihre individuelle und kollektive (Selbst-)Befähigung. Partizipative Forschung ist damit nie ein rein akademisches Unterfangen, sondern immer ein Gemeinschaftsprojekt mit nichtwissenschaftlichen, gesellschaftlichen Akteuren".[3]

In der Partizipativen Forschung werden nach Chung und Lounsbury (2006)[4] unterschiedliche Intensitäten von Beteiligung in Forschungsprozessen definiert. Im Forschungsprojekt „Endlich fragt mich jemand!" gelingt die Partizipation der Alleinerziehenden im Wesentlichen in den Stufen zwei und drei von möglichen vier Stufen[5]: Als „gesteuerte, gezielte Beratung", bei der Alleinerziehende zum Beispiel im Rahmen von Interviews gefragt werden, sowie in der höheren Beteiligungsstufe als „gegenseitige Beratung" in Form einer „... länger währenden Zusammenarbeit des akademischen Projektteams mit ..."[6] den co-forschenden Alleinerziehenden.

Im Folgenden werden alle an der Erhebung beteiligten Alleinerziehenden als Co-Forscherinnen[7] definiert.

---

3 Von Unger 2014, 2.
4 Ebd., 39.
5 Ebd.
6 Ebd.
7 Da die beteiligten Co-Forscherinnen alleinerziehende Frauen waren, entfällt hier die gendergerechte Schreibweise.

2.1 Co-Forscherinnen im Forschungsprojekt
„Endlich fragt mich jemand!"

Umfangreiche Bemühungen der Akquise von Co-Forscherinnen stehen zu Beginn der Studie im Vordergrund. So werden unter anderem im ausgewählten Stadtteil alle relevanten Stakeholder identifiziert, über das Projekt informiert und gebeten, das Projekt in ihrem jeweiligen Wirkungskreis zu unterstützen. Auf diesem Weg kann das Forschungsprojekt im Stadtteil gleichsam auf institutioneller Ebene wie auf der Ebene der dort lebenden Alleinerziehenden zügig etabliert werden. Die Akquise wird flankiert von einem regelmäßig durchgeführten Frühstück für Alleinerziehende, das dem laufenden Kontakt im Stadtteil dient. Insgesamt melden sich mehr als dreißig alleinerziehende Mütter und Väter, die ihr Interesse an der aktiven Mitarbeit, aber auch am davon unabhängigen Kontakt und Austausch kommunizieren. Letztendlich können zwölf Alleinerziehende als Co-Forscherinnen gewonnen werden. Durch die Komm-Mentalität der Akquise setzt sich die Gruppe der Co-Forscherinnen folgendermaßen zusammen: Es handelt sich ausschließlich um Frauen im Alter von 27 bis 56 Jahren. Alle Frauen verfügen über eine abgeschlossene Berufsausbildung oder einen Hochschulabschluss. Die Frauen sind überwiegend berufstätig, überwiegend ohne Migrationshintergrund und haben ein bis zwei Kinder im Alter von zwei bis zwanzig Jahren. Die Co-Forscherinnen sind zwischen zwei Monaten und fünfzehn Jahren alleinerziehend.

2.2 Mitarbeit der Co-Forscherinnen

Die Mitarbeit der Co-Forscherinnen orientiert sich weitestgehend an deren zeitlichen Ressourcen und persönlichen Möglichkeiten. Sie nehmen aktiv an verschiedenen Beteiligungsformaten der Datenerhebung (siehe 2.3) sowie an flankierenden Eltern-Kind-Treffen teil. Wachsende vertrauliche Beziehungen zwischen den Akteuren begünstigen ein Klima kollektiver Selbstbefähigung. Räumlich und zeitlich sind die Formate auf die Bedürfnisse der Co-Forscherinnen ausgerichtet, so spielt die Sicherung der Kinderbetreuung immer eine Rolle.

Im Sinne der oben als „Gegenseitige Beratung" beschriebenen Beteiligungsstufe kann eine Gruppe von drei Co-Forscherinnen für eine besonders enge Zusammenarbeit bis zum Ende des Forschungsprojekts gewonnen werden. Dieser fest definierte Projektbeirat wird auch in den Auswertungsprozess des Datenmaterials eingearbeitet und gewährleistet eine laufende Rückkopplung von Forschungsergebnissen.

2.3 Erhebungsmethoden

Alleinerziehende Elternteile fühlen sich nicht selten auf ihre Rolle als Alleinerziehende reduziert wahrgenommen:

> „Ich bin ja nicht nur alleinerziehende Mutter, sondern ich bin eine Frau, ich bin ein Mensch." *(Lena, 33 Jahre)*

In der Studie soll es gelingen, das Alltagserleben alleinerziehender Eltern ganzheitlich und möglichst unbeeinflusst von etwaigen Zuschreibungsprozessen abzubilden. Dieses Ziel wird vordergründig durch die Partizipation der Co-Forscherinnen realisiert. Entscheidend ist aber auch die Wahl geeigneter Erhebungsmethoden, die eine möglichst themenoffene Herangehensweise gewährleisten. Im Folgenden werden zwei zentrale Erhebungsmethoden skizziert, die im Rahmen des Projekts angewendet wurden.

2.3.1 Gruppenwerkstätten mit Bild-Text-Collagen

Gruppenwerkstätten erweisen sich im Forschungsprojekt als geeignete Kommunikations- und Erhebungsinstrumente, da sich hier die Kriterien einer partizipierenden, themenoffenen Herangehensweise erfüllen. Den konzeptionellen Kern der hier angewandten Gruppenwerkstätten bildet die Arbeit an Bild-Text-Collagen. Im Laufe des Forschungsprojekts nehmen fast alle Co-Forscherinnen an einer Gruppenwerkstatt teil, deren Ablauf hier sehr kurz erläutert werden soll:

Zu einer Gruppenwerkstatt wird eine Gruppe von vier bis sechs Co-Forscherinnen einmalig für eine Dauer von etwa vier Stunden eingeladen. Nach einer Vorstellungsrunde erarbeiten die Co-Forscherinnen in Kleingruppen eine Bild-Text-Collage zu dem Impulstitel: „Mein Alltag als Alleinerziehende". Nach der etwa neunzigminütigen kreativen Arbeit an der Collage wird eine Diskussion über die visualisierte Darstellung eröffnet. Die Diskussion wird auf Tonband aufgezeichnet und dient als Datenmaterial, das später durch Auswertungsmethoden qualitativer Forschung[8] interpretiert wird. Die entstandenen Bild-Text-Collagen legen darüber hinaus als visualisiertes Dokument ein bleibendes Zeugnis über das Alltagserleben Alleinerziehender ab.

Die Anwendung dieses Verfahrens bietet zahlreiche positive Möglichkeiten, wie zum Beispiel den niedrigschwelligen und schnellen Zugang zu emotional aufgeladenen Themen sowie die Überwindung etwaiger Sprachbarrieren. Zwei Fakten sind im Kontext der Forschungsarbeit mit den Co-

---

8 Die qualitative Auswertung erfolgt anhand der „Systematic text condensation" (Malterud 2012).

Forscherinnen besonders interessant: Die Arbeit an einer Collage ermöglicht es, die hohe Komplexität eines Sachverhalts (hier des Alleinerziehenden-Daseins) darzustellen, weil unterschiedliche Aspekte und Widersprüche anhand von Bildern und Textbausteinen kompromisslos nebeneinander platziert werden können und damit auch „bestehende Unvereinbarkeiten erkennbar"[9] gemacht werden können. Höchste Relevanz dieser Methode hat aber, dass die diskutierten Themen anhand der Impulsfrage ausschließlich von den Co-Forscherinnen generiert werden. Die Co-Forscherinnen agieren also weitestgehend unbeeinflusst und bilden damit reines Expertinnenwissen ab. Das gelingt letztendlich auch, da „der Gruppenwerkstatt ... die Annahme zugrunde [liegt], dass soziale Gruppen, die in ähnlichen Lebensbedingungen stehen und über gemeinsame Erfahrungen verfügen, kollektive Haltungen und Einstellungen miteinander teilen"[10].

2.3.2 Leitfadengestützte Interviews

Leitfadengestützte Interviews bilden eine weitere Säule der Datenerhebung. Die Interviews werden mit jenen Co-Forscherinnen durchgeführt, für die aus unterschiedlichen Gründen die Teilnahme an einer Gruppenwerkstatt nicht in Frage kommt. Sie dienen aber auch als Ergänzung zu den Gruppenwerkstätten, um individuelle Themen und Erkenntnisse vertiefend zu erfassen.

Die Co-Forscherinnen begeben sich zusätzlich selbständig und dabei sehr kreativ auf Spurensuche, steuern eigene, tagebuchähnliche Textsequenzen bei oder geben Impulse zu themenspezifischen Diskussionen und Interviews. Offene Einladungen zur sozialen Begegnung und Interaktion zum Beispiel zum Frühstück, Kaffeetrinken oder Picknick gewährleisten einen fortwährenden Kontakt und damit eine stete Verdichtung der Forschungserkenntnisse.

3. Erste Ergebnisse

Erste Ergebnisse des Forschungsprojekts sind hier angesichts des noch laufenden Auswertungsprozesses nur punktuell und ohne Anspruch auf Vollständigkeit zusammengetragen.

Die Evaluation gegebener institutioneller Unterstützungsstrukturen und deren Zusammenführung mit den Erkenntnissen der Co-Forscherinnen, wie sie eingangs (siehe 1.) als Teil des Forschungsprojekts beschrieben wird, findet hier noch keine Berücksichtigung.

---

9 Grell 2008, 190.
10 Bremer et al. 2015, 44.

3.1 Popularität des Forschungsprojekts bei den Alleinerziehenden

„Endlich gefragt" zu werden und dabei die eigene Lebenssituation in allen Dimensionen artikulieren zu können, stellt nach den Erfahrungen im Projekt auch für langjährig alleinerziehende Mütter und Väter eine neue, durchaus willkommene Erfahrung dar. Die Motivation Alleinerziehender, als Co-Forscherin an der Erhebung teilzunehmen, begründet sich hauptsächlich in dem Wunsch, der eigenen Situation eine Stimme zu verleihen und die Lebensrealität in ihrem ganzen Detailreichtum an die Öffentlichkeit weitertransportieren zu können:

> „Also, ich fühle mich immer noch nicht ernstgenommen als alleinerziehende Mutter …, also es ist in der Gesellschaft scheinbar immer noch nicht angekommen. Und das macht mich auch einfach aggressiv … und mürbe und ja, wenn ich das so salopp sagen darf: Das kotzt mich maßlos an." *(Sabine, 52 Jahre)*

Dabei kristallisiert sich auch heraus, dass die Co-Forscherinnen sich nicht nur mit Vorurteilen und einem starren Familienbegriff konfrontiert sehen, sondern insgesamt viel zu wenig gesehen und gehört fühlen:

> „… ich fühle mich halt einfach nicht willkommen und schon mal gar nicht herzlich willkommen." *(Sabine, 52 Jahre)*

So erhoffen die Co-Forscherinnen sich, sowohl bei der Politik (auf kommunaler wie nationaler Ebene) als auch in der Gesellschaft Gehör zu gewinnen. Dabei möchten sie auch als Sprachrohr für andere Alleinerziehende agieren, die hier nicht zu Wort kommen können:

> „Das ärgert mich, dass ich immer noch kämpfen muss …, dass wir nicht wahrgenommen werden, … wir haben kein Sprachrohr, kein gar nichts." *(Mona, 40 Jahre)*

3.2 Alltag als Alleinerziehende: Eine komplexe Gemengelage

Erste Auswertungen der erhobenen Daten zeigen deutlich, dass sich die Co-Forscherinnen mit einer komplexen Gemengelage von alltäglichen Themen und Herausforderungen konfrontiert sehen. Im Wesentlichen werden Alltagsthemen in folgenden Lebensbereichen diskutiert:

Existenzfragen und Finanzielles einschließlich der Erwerbstätigkeit; psychische und physische Gesundheit und Stabilität; Erziehungsfragen und Beziehungsgestaltung zum Kind sowie die eigene Elternrolle; Einfluss der persönlichen Trennungsbiografie auf den gegenwärtigen Alltag; persönliche Entwicklungs- und Entfaltungsmöglichkeiten in Gegenwart und Zukunft; die eigene Rolle in der Gesellschaft und Politik; das Wohlbefinden im städtischen (Nah-)Raum, kommunikativer Austausch, Gemeinschaft und Selbsthilfe; Mobilität und Wohnen; institutionelle und informelle Unterstützungsstrukturen im Stadtteil und darüber hinaus.

Die Themenfelder sind nicht isoliert, sondern nur im dynamischen Zusammenspiel zu betrachten, einzelne Aspekte werden im persönlichen Kontext von den Co-Forscherinnen ganz unterschiedlich bewertet. Sie werden durchaus konträr diskutiert und mehrpolig dargestellt. So herrscht zu vielen Themen eher Vielfalt als Konsens.

Eine Co-Forscherin merkt zu der Gemengelage an, dass viele der Themen „gar nicht alleinerziehendenspezifisch" *(Mona, 40 Jahre)* seien, sondern auch in Zwei-Eltern-Familien vorkämen. Aber:

> „Generelle Elternthemen sind in ihrem Gewicht um ein Vielfaches verstärkt, da man alleine damit ist." *(Mona, 40 Jahre)*

Alleinerziehend zu sein, könnte man hier bildlich als Katalysator verstehen. Die zitierte Co-Forscherin würdigt generelle Belastungen von Eltern, wie etwa die Doppelbelastung durch Kindererziehung und Beruf und den damit einhergehenden ständigen Zeitdruck. Dieses Bild der vielfachen Verstärkung kann hilfreich bei dem Versuch sein, die Alltagsrealität Alleinerziehender begreifbar zu machen. Die Co-Forscherinnen sind sich ansonsten einig, dass es sich Eltern in einer Paarbeziehung nur sehr schwer erklären lässt, wie es sich anfühlt, alleinerziehend zu sein:

> „Die können sich da gar nicht reinversetzen. Also das ist, glaube ich, schwierig. Wie will man das erklären, wenn man selber ... Du musst selber in der Situation gewesen sein, um das wirklich zu verstehen ... Also wie fühlen sich Kopfschmerzen an, wenn du nie Kopfschmerzen hattest?" *(Janine, 41 Jahre)*

Ausgewählte Aspekte der komplexen Lebenssituation sollen in ihrem Zusammenspiel im Folgenden beispielhaft erläutert werden. Orientierung geben dabei die eingangs formulierten Kernfragen nach den kleinteiligen Herausforderungen im erhobenen Stadtteil, insbesondere mit Blick auf die gegebenen (institutionellen) Unterstützungsstrukturen für Alleinerziehende. An dieser Stelle empfiehlt sich ergänzend die Lektüre des Artikels „Den werden Sie nicht mehr los" von Timon Heuser.[11] Der Artikel befasst sich speziell mit den aus dem Forschungsprojekt hervorgehenden Erkenntnissen zum Einfluss der Beziehung zum Ex-Partner[12] auf den gegenwärtigen Alltag Alleinerziehender.

---

11 Vgl. den Beitrag von Timon Heuser in diesem Band: „Den werden Sie nicht mehr los" – Die bleibende Verbindung zur Ex-Beziehung im Alltagserleben von Alleinerziehenden, auf S. 230–240.
12 Die Studie bezieht sich auf alleinerziehende Mütter in Bezug auf ihre Ex-Partner (nicht auf Väter und ihre Ex-Partnerinnen).

3.2.1 Wohlbefinden im städtischen Nahraum im Zusammenspiel mit Orten sozialer Begegnung

> „Also soziale Kontakte sind so wichtig. Also für mich sozial ... Ja, dieser Austausch mit den andern ist so wichtig ... Also ich fühle mich besser, wenn ich dann auch den Austausch habe." *(Beate, 54 Jahre)*

Insgesamt erhärtet sich schon zu Projektbeginn, in der Phase der stadtteilbezogenen Akquise von Co-Forscherinnen, der Eindruck, dass bei den Alleinerziehenden im Stadtteil ein verstärktes Bedürfnis nach Kontakt und Austausch, vor allem zu anderen Alleinerziehenden besteht. Einige Alleinerziehende können sich eine aktive Mitarbeit im Projekt zwar nicht vorstellen, sind aber überaus dankbar für die punktuellen flankierenden Informationsveranstaltungen beim Frühstück oder Kaffeetrinken, die sie aktiv für die Kontaktaufnahme zu anderen Alleinerziehenden nutzen. Begründet wird dieses Kontaktbedürfnis häufig mit einem aufkeimenden oder bereits manifestierten Gefühl von Einsamkeit und dem zeitweiligen Mangel an Austausch- und Beratungsmöglichkeiten mit erwachsenen Gesprächspartnern:

> „Ja, man kommt dann abends nach Hause irgendwie, sei es jetzt meinetwegen Schule oder irgendwelche anderen Entscheidungen, sei es, was weiß ich beim Kinderarzt ist etwas oder so. Dann sitzt du abends wieder mal auf dem Sofa und denkst dir: Mensch, mit wem besprichst du das?" *(Lena, 33 Jahre)*

Hinzu kommt die Erwartung, bei anderen Betroffenen auf blindes Verständnis der eigenen Situation zu stoßen. Deutlich wird, dass die Alleinerziehenden auch aus Gründen des Informationsaustauschs gruppenspezifischer Themen an Kontakten und Netzwerken interessiert sind. Man erhofft sich den Anschluss an eine bestehende oder sich gründende Community, die Insiderwissen bündelt und Kenntnisse über Unklarheiten rund um die Lebenssituation ermöglicht.

Mit Hilfe der Co-Forscherinnen werden die relevanten, strukturellen Bedingungen im Stadtteil schnell greifbar. Obwohl das Leben im Stadtteil insgesamt als „weder gut noch schlecht" bezeichnet wird, sind weder Treffpunkte für diese Personengruppe auffindbar noch eine bestehende Community bzw. eine Peergroup im Sinne von Selbsthilfe. Das mag sich darin begründen, dass es im Stadtteil an geeigneten, gruppenspezifischen Begegnungsräumen mangelt. Auch mit Blick auf die gesamte Kommune und die sich hier bietenden strukturellen Bedingungen finden sich nur vereinzelt etablierte Treffpunkte für Alleinerziehende. Mit wenigen Ausnahmen sind diese aus der Perspektive der Co-Forscherinnen schwer auffindbar, nicht ausreichend barrierefrei oder inhaltlich nicht an den individuellen Bedürfnissen der Alleinerziehenden orientiert. Zusammenfassend: Ein bestehendes verstärktes Bedürfnis nach Kontakt und Austausch Alleinerziehender im untersuchten Stadtteil kann nicht wohnortnah befriedigt werden.

Eine Co-Forscherin berichtet von lange zurückliegenden, sehr guten Erfahrungen mit einer Selbsthilfegruppe, die in der Kommune leider nicht mehr existiert. Die Initiierung einer Selbsthilfegruppe kann sich indes keine der Co-Forscherinnen vorstellen. Die Zeitressourcen seien zu knapp, die (geschwächten) eigenen Kräfte sollten den eigenen Kindern zugutekommen und Engagement sei darüber hinaus auf politischer Ebene angesagt:

> „Nein, ich finde, das ist auch nicht mehr meine Aufgabe …, das gehört einfach in die Politik, das gehört in die Gesellschaft, das gehört meinetwegen auch zu Herrn Bürgermeister. Das ist mir eigentlich Wurst, aber zu mir gehört das nicht mehr … Weil ich kümmere mich erst mal um mich und ich kümmere mich um meinen Sohn und ich kümmere mich um das, dass ich irgendwie mein Leben hinkriege … ich bin raus aus dem Gedanken, mich da engagieren zu wollen." *(Sabine, 52 Jahre)*

3.2.2 Erwerbstätigkeit und Kinderbetreuung im Zusammenspiel mit Gesundheit und Selbstfürsorge

Obgleich alle Co-Forscherinnen berufstätig sind, sind die finanziellen Möglichkeiten eher eng, vor allem aufgrund einer ausgeübten Teilzeittätigkeit:

> „… ich muss halt einfach auf mein Geld achten, sehr achten … weil ich weniger arbeite und da bin ich auch völlig alleingelassen von der Politik … also auch später in der Rente." *(Sabine, 52 Jahre)*

Eine Teilzeittätigkeit wird häufig mit der mangelnden Kompatibilität der Betreuungsmöglichkeiten begründet, obwohl man teilweise einen Ausbau der Betreuungsmöglichkeiten auch kritisch sieht:

> „Was tut man den Kindern an, wenn man sie dann nachts auch irgendwie in die Kita bringt?" *(Sabine, 52 Jahre)*

Hinzu kommt aber der vielfach geäußerte Wunsch der Co-Forscherinnen, durch verringerte Arbeitszeiten mehr Qualitätszeit mit den Kindern verbringen zu wollen, einerseits weil die Kraft für den Alltag auch aus einer liebevollen Beziehung zum Kind geschöpft wird, andererseits weil man gerade als alleinerziehende Mutter von Selbstzweifeln betroffen sei und ein schlechtes Gewissen den Kindern gegenüber entwickele:

> „Viele sagen zu mir: Du bist eine starke Frau. Ja, nach außen hin. Aber im Inneren, ich zweifle an jeder Entscheidung." *(Ella, 30 Jahre)*

Ständiger Zeitdruck und trennungsbedingte Belastungen wirken sich wiederum auf das Verhältnis zum Kind, aber auch auf die eigene physische und psychische Gesundheit aus. Fast alle Co-Forscherinnen geben an, mindestens schon einmal eine Episode psychischer Instabilität im Zusammenhang mit dem Alleinerziehenden-Dasein erlebt zu haben. Eine Co-Forscherin gibt zudem an, aufgrund des jahrelangen Dauerstresses auch gegenwärtig nicht mehr in Vollzeit tätig sein zu können, obwohl ihr Kind aufgrund seines vorangeschrittenen Alters keine Betreuung mehr benötige:

> „Ja, und jetzt könnte ich arbeiten. Jetzt ... fühle ich mich einfach zu schlapp und zu alt und zu ausgemergelt, um mehr zu arbeiten. Aber ja, ich müsste eigentlich." *(Sabine, 52 Jahre)*

Zugleich stellen sich die Co-Forscherinnen als starke Persönlichkeiten dar, die sich ihrer alltäglichen Leistung bewusst sind. Die Doppelbelastung durch Berufstätigkeit wird zum Beispiel bewusst gewählt, auch wenn man sich ausrechnet, dass eine selbstgewählte Arbeitslosigkeit in Verbindung mit Transferleistungen aus finanzieller Sicht nicht zwingend schlechter sei. Dieses empfundene Ungleichgewicht wird hier aber bewusst in Kauf genommen, um dem Kind ein zukunftsfähiges Vorbild zu bieten. Viele geben an, mit ihrem Leben trotz allem durchaus zufrieden zu sein, weil Stressmomente aus der Ex-Beziehung wegfallen, aber auch weil man sich einen Grad an Selbstbestimmung und Selbstwirksamkeitsgefühl erarbeitet habe. Eine positive Beziehung zum Kind spielt außerdem eine Rolle bei dem Grad der Lebenszufriedenheit:

> „So das Leben mit Kind, das finde ich, glaube ich, irgendwie – eigentlich will ich es auch gar nicht anders haben, auch rückblickend nicht. So, das ist also ... ein Geschenk irgendwie, und das ist sensationell irgendwie ..." *(Sabine, 52 Jahre)*

Die Co-Forscherinnen berichten über ganz unterschiedliche Bewältigungsstrategien alltäglicher Herausforderungen. Bewältigung geschieht informell und selbstorganisiert durch individuelle Strategien der Selbstfürsorge wie etwa soziale Kontakte, Sport oder die Inanspruchnahme entlastender Hilfen im persönlichen Umfeld:

> „Zeit, die du in dich investierst, ist die Zeit, in der es deinem Kind auch wieder besser geht, weil du ausgeglichener bist. Weil, wenn du jeden Tag alleine bist und dann immer diesen Turn hast, klar wirst du irgendwann verrückt." *(Tine, 27 Jahre)*

Es werden aber auch in allen Phasen des Alleinerziehenden-Daseins institutionelle Unterstützungsstrukturen in Anspruch genommen, um die multiplen Herausforderungen des Alltags zu bewältigen.

3.2.3 Zusammenspiel von Unterstützungsbedarf und vorhandenen Unterstützungsstrukturen im Stadtteil

Zusammenfassend muss gesagt werden, dass jegliche Form der persönlichen Selbstfürsorge aufwendig und zum Teil mit erheblichem Energieaufwand organisiert werden muss. Die Inanspruchnahme institutioneller Unterstützung wird von den Co-Forscherinnen dabei nicht unbedingt als barrierefrei empfunden:

> „Und wie kann ich es schaffen, für mich gut zu sorgen und dann eben auch mir Hilfe zu holen?" – „Weil du musst es alleine tun. Es kommt ja keiner auf dich zu und sagt ..., das muss man selber sagen!" *(Dialog von Beate, 54 Jahre, und Tine, 27 Jahre)*

Die Co-Forscherinnen schildern eine breite Palette unterschiedlicher institutioneller Unterstützungsformate, die sie als Alleinerziehende bislang in Anspruch genommen haben. Nur wenige davon sind im untersuchten Stadtteil angesiedelt, die meisten im gesamten Stadtgebiet verteilt.

Sie skizzieren dabei einen dichten Dschungel von Unterstützungsstrukturen durch Jugendamt, Jobcenter, Schule und Kindergarten, freie Träger, Agentur für Arbeit, Kommune, Beratungsstellen und Sonstigen, den man alleine durchkämpfen müsse, da es an einer zentralen Anlaufstelle mangele, die Informationen für Alleinerziehende bündelt. Der Unterstützungsbedarf zielt auf vielfältige finanzielle und rechtliche Fragen, Erziehungsfragen, aber auch auf Fragen der persönlichen Orientierung und Gesunderhaltung ab.

Die Co-Forscherinnen empfinden die Situation als unglücklich. Häufig mache sich ein Gefühl der Orientierungslosigkeit breit. Zum Teil habe man nur über Mund-zu-Mund-Propaganda von Anlaufstellen und Möglichkeiten der Beratung und finanziellen Unterstützung erfahren, was umso schwieriger sei, da es im Stadtteil grundsätzlich an Möglichkeiten der Begegnung mit anderen Alleinerziehenden mangele, die über dieses Wissen möglicherweise bereits verfügen. Immer wieder erfahre man beispielsweise erst spät oder nur durch Zufall von nicht ausgeschöpften finanziellen Ansprüchen. Genannt werden hier in erster Linie spezielle Transferleistungen und Leistungen der Bildung und Teilhabe, die vor allem den Kindern zugutekommen würden. Das Personal in den diversen Anlaufstellen sei dabei in der Regel freundlich, inhaltlich aber häufig nicht ausreichend mit den vielfältigen Bedürfnissen und Möglichkeiten Alleinerziehender vertraut:

> „Nein, also es gibt ja niemanden *(lacht)*, der einen irgendwie begleitet. Das ist wirklich so, wenn, ja, das Thema quasi abgehakt ist, dann ist es ja auch aus. Also deswegen, wie gesagt, also hätte ich mir wirklich so eine Anlaufstelle gewünscht, die dann so ein bisschen einen betreut, an die Hand nimmt." *(Luise, 53 Jahre)*

Insgesamt äußern alle Alleinerziehenden den Wunsch, sich sowohl in der akuten Phase der Trennung als auch zu einem späteren Zeitpunkt an eine feste Anlaufstelle wenden zu können, die eigens für die Themen der Alleinerziehenden reserviert und sensibilisiert ist.

> „… ich war dann nach, ich weiß nicht, nach 20 Jahren auf einmal alleine mit dem Kind. Ich war in einer Wohnung, die musste ich aufgeben, also umziehen. Ich wusste nicht, wie ich den Umzug bezahlen sollte, alles erledigen sollte und solche Sachen. Und man sitzt da in diesem Loch mit diesen Scheuklappen. Ich konnte gar nicht den-

ken, muss ich ganz ehrlich sagen. Ich war wirklich in dieser Situation, wo ich gar nicht wusste, wie soll ich das jetzt irgendwie bewältigen." *(Luise, 53 Jahre)*

Gerade angesichts komplexer alltäglicher Herausforderungen sei es eine entscheidende Hilfe, die Lebensumstände zügig zu ordnen und zu entzerren, zur Ruhe zu kommen und dadurch vielleicht erst gar nicht oder zumindest abgemildert mit physischen, psychischen und finanziellen Langzeitfolgen konfrontiert zu werden.

4. Resümee

Durch die engagierte Mitarbeit der Co-Forscherinnen kann die Lebensrealität Alleinerziehender im erhobenen Stadtteil detailreich abgebildet werden. Der skizzierte Alltag ist geprägt von individuellen, komplexen Herausforderungen. Diese werden durch persönliche Bedingungen und Ressourcen bestimmt und verändern sich dynamisch im Verlauf der jeweiligen Alleinerziehenden-Biografie. Diese Dynamik spiegelt sich auch in der Wahl individueller Bewältigungsstrategien wider.

Die Co-Forscherinnen stellen sich als starke, aktive und kritische Persönlichkeiten dar, die sich ihrer Selbstwirksamkeit bewusst sind und selbstbewusst ihre alltäglichen Leistungen resümieren, aber auch großen Handlungsbedarf auf politischer und gesellschaftlicher Ebene sehen. Sie verdeutlichen gleichzeitig ihre Sensibilität und psychische wie physische Aus- oder Überlastung und formulieren damit einen dringenden Bedarf an Strukturen zur Orientierung und Entlastung ihrer Lebenssituation. So herrscht bei den Co-Forscherinnen der Wunsch nach Austausch und Vernetzung im städtischen Nahraum sowie die Bündelung und Ordnung institutioneller Unterstützungsstrukturen in Form einer eigens für die Belange der Alleinerziehenden reservierten Anlaufstelle.

Insgesamt könnte der Alltag Alleinerziehender durch diese Strukturoptimierungen in jeder Phase des Alleinerziehenden-Daseins einfacher und kräfteschonender gelingen, was nicht nur den Alleinerziehenden selbst, sondern auch deren Kindern nachhaltig zugutekommen würde.

Die Co-Forscherinnen bewerten ihre Mitarbeit im Forschungsprojekt insgesamt als Gewinn. Sie erfahren sich als selbstwirksam, als Teil einer Community und appellieren an die Gesellschaft und die Politik, diese Gruppe stärker zu fokussieren.

„Ich bin alleine, also obwohl ich ja nicht alleine bin. Wir sind ja eine Masse an Frauen und an Männern, die eben einfach alleinerziehend da sind. Das ist so was, was ich einfach unbegreiflich finde, dass da einfach nicht schon seit Jahr und Tag was gemacht wird. *(Mona, 40 Jahre)*

Denn alleinerziehend zu sein, ist in der Regel kein temporärer Zustand, sondern für die Betroffenen omnipräsent:

„Mein Leben ist ja, das ist ja nicht nur ein Augenblick in dem Alleinerziehenden-Dasein, sondern das ist ja 24 Stunden, 365 Tage im Jahr." *(Lena, 33 Jahre)*

Endgültige Ergebnisse dieser Studie, insbesondere die Zusammenführung der Erkenntnisse der Co-Forscherinnen mit der hier noch nicht berücksichtigten parallelen Erhebung der gegebenen institutionellen Unterstützungsstrukturen sind zum Projektende 12/2020 zu erwarten. Entsprechende Publikationen sind in Fachzeitschriften und Open Access geplant.

Literatur

Bremer, Helmut / Faulstich, Peter / Teiwes-Kügler, Christel / Vehse, Jessica, *Gesellschaftsbild und Weiterbildung*, Baden-Baden 2015.

Grell, Petra, *Im Bild erinnert – aus der Sprache gefallen? Bild-Text-Collagen als Forschungs- und Reflexionsinstrument*, in: Dörr, Margit / von Felden, Heide / Kleinau, Regina / Macha, Hildegard / Marotzki, Winfried, Erinnerung, Reflexion, Geschichte, Wiesbaden 2008, 179–193.

Malterud, Kirsti, *Systematic text condensation: A strategy for qualitative analysis,* Scandinavian Journal of Public Health, 2012, 40: 795–805.

von Unger, Hella, *Partizipative Forschung. Einführung in die Forschungspraxis,* Wiesbaden 2014.

Vaudt, Susanne, *NAVI-Netzwerk Alleinerziehende verantwortungsvoll integrieren. Ergebnisse der quantitativen und qualitativen Projektevaluation,* 2013.

Kapitel 4

Alleinerziehende Familien – Grundlagen

Insa Schöningh

Familienpolitische Unterstützung von Alleinerziehendenfamilien

Alleinerziehende sind eine Familienform neben anderen. Familien- und Sozialpolitik sollte sie grundsätzlich inklusiv mit im Blick haben und nicht gegenüber anderen Familienformen benachteiligen. Viele Alleinerziehende werden durch einige Aspekte des Familienalltags anders belastet als zusammenlebende Paarfamilien und einige wenige Faktoren treffen sogar nur auf sie zu, zum Beispiel Umgangsregelungen bzw. Betreuungsarrangements mit dem anderen Elternteil. In diesem Beitrag soll zunächst ein Blick auf die Anzahl der Alleinerziehenden geworfen werden. Einige familienpolitische Maßnahmen, die alle Familien unterstützen, werden im Hinblick auf den oben angesprochenen inklusiven Charakter untersucht und anschließend einige spezielle Unterstützungsmaßnahmen für Alleinerziehende genauer betrachtet.

Single parents are one family form among others. Family and social policy should always have an inclusive view of them and not put them at a disadvantage compared with other family forms. Many single parents are burdened in different ways by certain aspects of everyday family life compared to cohabiting couple families. Yet other aspects even apply only to them, for example observing contact or care arrangements with the other parent. This article will first take a look at the numbers of single parents. Some family policy measures that support all families will be examined with regard to the inclusive character mentioned above. Following, some specific support measures for single parents will be explored in more detail.

1. Die Lebenssituation von Alleinerziehenden

2018 gab es ca. 11,5 Mio. Familien mit minder- und volljährigen Kindern[1], davon waren 2,58 Mio. (22,6%) Alleinerziehende. Davon wiederum 407.000 männliche Alleinerziehende (15,8%), das heißt, die weit überwiegende Anzahl der Alleinerziehenden sind Mütter.[2] Die Anzahl der alleinerziehenden Familien ist seit dem Jahr 2000 ungefähr in der genannten Größenordnung konstant, also seit ca. 20 Jahren ist ein Fünftel bis ein Viertel aller Familien alleinerziehend.

---

1 Familien mit volljährigen Kindern werden mit in die Betrachtung einbezogen, denn die Unterhaltsverpflichtung für Kinder endet nicht mit dem 18. Geburtstag, sondern erst nach Abschluss der Erstausbildung. Kindergeld wird bis max. zum 25. Lebensjahr für Kinder in Ausbildung gezahlt.
2 Alle Daten lt. Statistisches Bundesamt: https://www.destatis.de/DE/Themen/Gesellschaft-Umwelt/Bevoelkerung/Haushalte-Familien/Tabellen/2-1-familien.html;jsessionid=C27A132E9C77 0916485AE35A9293F4B1.internet731 (30.3.2020).

Die Anzahl der Alleinerziehenden sagt weder darüber etwas aus, wie lange die Familien schon alleinerziehend sind, noch ob es sich im alltäglichen Familienleben um das handelt, was sich als Assoziation einstellt: eine alleinerziehende Mutter, die den Alltag mit Kind/ern weitgehend alleine bewältigt.[3] Es ist lediglich die Feststellung der gemeinsamen Meldeadresse von einem Elternteil und Kind.[4] Wie intensiv der Kontakt des Kindes mit dem anderen Elternteil ist und wie sich die Absprachen der beiden Elternteile gestalten, drückt sich darin nicht aus. Hinsichtlich der realen Alltagssituation reicht die Bandbreite bei Alleinerziehenden von einem Elternteil, bei dem weder das Kind noch das Elternteil selbst Kontakt zum anderen Elternteil hat (verstorben oder Kontaktabbruch) bis zu zwei im Wechselmodell lebenden Elternteilen. Denn auch wenn die Eltern sich die Betreuung und Sorge des Kindes paritätisch teilen, hat das Kind nur eine Meldeadresse. Schon auf dieser Ebene ist die Bandbreite des tatsächlich gelebten Familienlebens, und nicht zuletzt des Empfindens des Kindes, also sehr unterschiedlich. Für ein Kind macht es einen großen Unterschied, wie gut der Kontakt zum anderen Elternteil ist und ob es überhaupt mit ihm in Kontakt treten kann.

Dabei geht es nicht nur um die Frage der geteilten Betreuungsverantwortung, die die Verantwortung des alleinerziehenden Elternteils verringern oder erhöhen kann, sondern auch darum, wie sehr das Kind durch die Familiensituation belastet ist. Kooperative Verantwortungsübernahme entspannt sowohl das Kind wie die beteiligten Erwachsenen. Wenn die Kooperation nicht gut funktioniert, kann das auch ein zusätzlicher Stressfaktor für die Erwachsenen und das Kind sein, beispielsweise im Falle von Unzuverlässigkeit bei Absprachen, Schuldzuweisungen etc. Das Kind empfindet das als Zurückweisung und/oder Liebesentzug.

Ebenso unterschiedlich ist die Situation Alleinerziehender in wirtschaftlicher Hinsicht. Zwar lebt die große Mehrheit der Alleinerziehenden in ökonomisch engen Verhältnissen, dies gilt vor allem für Mutterfamilien, aber nicht alle Alleinerziehenden sind arm. Das ist in der Regel auch von der Anzahl und dem Alter der Kinder abhängig; während sich eine Vollzeiterwerbstätigkeit mit einem Kind noch vereinbaren lässt, wird es mit zwei oder mehr Kindern schon deutlich schwerer. Das heißt in der Regel muss ein Teilzeitgehalt dann für drei oder mehr Personen reichen, das ist fast nie auskömmlich.

Dazu kommen die ungünstigen Bedingungen weiblicher Erwerbstätigkeit im Lebenslauf. Die meisten Berufe, in denen Frauen arbeiten, sind von vornherein schlechter bezahlt als solche, in denen überwiegend Männer erwerbstätig sind. Die meist unterbrochene Erwerbstätigkeit von Frauen in Folge der Geburt/en von Kindern und die Wiederaufnahme der Erwerbstätigkeit häufig

---

3 Der besseren Lesbarkeit wegen wird im Folgenden die Einzahl „Kind" verwendet, gleichwohl sind Alleinerziehende mit zwei und mehr Kindern in die Betrachtung einbezogen.
4 Darunter können evtl. auch Paarbeziehungen ohne gemeinsame Meldeadresse sein.

in Teilzeit ermöglicht kaum Aufstiegsmöglichkeiten und dadurch die Aussicht auf bessere Bezahlung. Kommt zu diesen, in der Paarbeziehung noch verkraftbaren, Bedingungen eine Scheidung oder Trennung hinzu, und das ist der weit überwiegende Grund fürs Alleinerziehen, führt die gesteigerte wirtschaftliche Verantwortung für die Familie schnell zur finanziellen Überforderung.

2. Wirkung familienpolitischer Maßnahmen bei Alleinerziehendenfamilien

2.1 Kindergeld

Die meisten Unterstützungsleistungen für Familien gelten auch für Alleinerziehende, allerdings sind sie in ihrer Wirkung oft diskriminierend. Das beginnt schon beim Kindergeld. Es steht beiden Elternteilen hälftig zu. Beim unterhaltzahlenden Elternteil verringert sich dadurch die aus dem eigenen Einkommen zu zahlende Unterhaltszahlung. Solange der Unterhalt regelmäßig und in festgelegter Höhe fließt, ist dagegen wenig einzuwenden. Nur genau das ist sehr häufig nicht der Fall. Regelmäßige Unterhaltszahlungen in festgelegter Höhe erhalten nur 25% der Alleinerziehenden. Das heißt 75% von ihnen fehlt ein Teil oder sogar der ganze Kindesunterhalt[5] und vom Kindergeld erhalten sie auch nur die Hälfte. Das reißt eine erhebliche Lücke bei einem ohnehin geringen Haushaltseinkommen. Einfacher wäre es, das Kindergeld würde grundsätzlich ganz dem Elternteil ausgezahlt, der das Kind überwiegend betreut und der andere Elternteil leistet den Unterhalt abzüglich des hälftigen Kindergelds.

2.2 Kinderzuschlag

Diese Kluft zwischen tatsächlicher Rechtslage und gelebter Realität setzt sich beim Kinderzuschlag fort. Bis Mitte 2019 erhielten Alleinerziehende diese Leistung fast nie, weil es entweder einen Unterhaltsanspruch gegenüber dem anderen Elternteil gab oder Unterhaltsvorschuss gezahlt wurde. Beides gilt als Einkommen des Kindes. Wenn dieses – zumindest dem Anspruch nach – vorhanden ist, entfiel im Regelfall der Anspruch auf Kinderzuschlag für den betreuenden und erwerbstätigen Elternteil. Durch die Reform des Kinder-

---

5 Hartmann, Bastian, *Unterhaltsansprüche und deren Wirklichkeit: Wie groß ist das Problem nicht gezahlten Kindesunterhalts?* SOEP papers on Multidisciplinary Panel Data Research, No. 660, Deutsches Institut für Wirtschaftsforschung (DIW), Berlin 2014, https://www.econstor.eu/bitstream/10419/97517/1/787617490.pdf (25.4.2020).

zuschlags mit dem Starke-Familien-Gesetz (Inkrafttreten Mitte 2019) hat sich das geändert, weil das Kindeseinkommen nunmehr nur noch zu einem geringeren Prozentsatz angerechnet wird. Inwieweit sich die finanzielle Lage der Alleinerziehenden dadurch entscheidend verbessert, wird sich erst in Zukunft zeigen.

2.3 Steuerliche Veranlagung

Groß ist auch die Kluft bei der steuerlichen Veranlagung. Verheiratete Paare profitieren unter bestimmten Umständen vom Ehegattensplitting. Das Ehegattensplitting unterstützt das gemeinsame Wirtschaften des – verheirateten – Paares. Fiktiv werden beide so besteuert, als wenn beide Ehepartner das Familieneinkommen hälftig erwirtschaftet hätten, mit erheblichen Ersparnissen beim Besserverdienenden der beiden. Diese Ersparnisse kommen durch die gemeinsame Veranlagung natürlich beiden zugute. Sie haben aber die Wirkung, dass das Paar rechnet, ob sich mehr Erwerbstätigkeit beim teilzeiterwerbstätigen Partner finanziell überhaupt lohnt. Häufig lohnt sich das nicht bzw. kaum angesichts der Zeitersparnis, die auch in die Familie „investiert" werden kann. Der Aushandlungs- und Abwägungsprozess zwischen Erwerbstätigkeit, Haushaltseinkommen und Familienzeit findet auf der Paarebene statt. Was als Paar vermeintlich von Vorteil ist – die Kehrseite ist die ungleiche Aufgabenverteilung –, bringt erheblichen Nachteil, wenn die Ehe zerbricht.

Der teilzeiterwerbstätige Ehepartner ist im Regelfall die Frau. Häufig trägt sie nach der Trennung, genauso wie vorher, die Hauptlast der Kinderbetreuung. Gleichzeitig ist sie nun aber in erheblich höherem Maße als vorher für das Familieneinkommen zuständig, hat aber dafür schlechte Voraussetzungen: Wegen des finanziellen Vorteils und der Betreuungszeit für die Kinder war sie nicht oder in Teilzeit erwerbstätig, was sich nur selten, wenn die finanzielle Situation es erfordert und die Familiensituation das überhaupt zulässt, zu vollzeitnaher oder gar Vollzeiterwerbstätigkeit ausbauen lässt. Ihr Karriereweg ist durch die Teilzeittätigkeit und geringere berufliche Flexibilität abgebrochen, viele Arbeitgeber schrecken überdies vor der Einstellung Alleinerziehender zurück. Partnerunterhalt für den wirtschaftlich schwächeren Elternteil gibt es nur, solange das jüngste Kind unter drei Jahren ist. Im Hinblick auf die stets ungewisse Zukunft setzt das Ehegattensplitting also die falschen Anreize. Noch ungünstiger stellt sich die Situation nach der Trennung dar, wenn ein Partner die Erwerbstätigkeit ganz aufgegeben hat, auch das betrifft so gut wie ausschließlich Frauen.

Die Kompensation für Alleinerziehende, der Alleinerziehendenfreibetrag, erbringt nicht annähernd einen Steuervorteil in der Höhe, wie ihn das Ehegattensplitting erbringen kann. Ganz abgesehen davon, dass er nur den

Alleinerziehenden zugutekommt, die in nennenswertem Maß Steuern zahlen. Das ist natürlich bezüglich des Splittings bei einem Ehepaar auch nicht anders. Damit wird ein bestimmtes Lebensmodell im Hinblick auf die Erwerbssituation der Erwachsenen präferiert. Ob das Paar Kinder hat oder nicht, ist irrelevant. Die *eaf* (Evangelische Arbeitsgemeinschaft Familie e.V.) plädiert dafür, stärker vom Kind aus zu denken und die Unterstützung der Sorge und Verantwortung für Kinder in das Zentrum steuerlicher Vergünstigungen zu stellen.

2.4 Elterngeld

Eine weitere Unterstützung für Familien, die sich hoher Beliebtheit erfreut, ist das Elterngeld. Bei dieser Leistung wurden Alleinerziehende konsequent mitgedacht, das heißt, sie können die Partnermonate, die bei Paarfamilien daran gebunden sind, dass der andere Partner sie beansprucht, mitverwenden. Da das Elterngeld eine Lohnersatzleistung ist, ist das Haushaltseinkommen bei Alleinerziehenden natürlich trotzdem immer geringer als bei Paarfamilien, in denen der andere Elternteil noch sein Erwerbseinkommen in voller Höhe bezieht.

Wie sich an den drei Leistungen Kindergeld, Kinderzuschlag und Ehegattensplitting erkennen lässt, wirken Leistungen je nach Familienform sehr unterschiedlich. Vorbild einer inklusiven Leistung, die Alleinerziehende systematisch miteinbezieht, ist dagegen das Elterngeld.

3. Besondere familienpolitische Unterstützung für Alleinerziehendenfamilien

Um Alleinerziehende besser zu unterstützen, sind über viele Jahre einige Sonderregelungen entstanden. Für manche Probleme, vor die nur Alleinerziehende gestellt sind, ist das sicherlich notwendig; im Allgemeinen befürwortet die *eaf* aber den Weg, familienunterstützende Leistungen so zu konzipieren, dass sie von Familien in möglichst vielen Situationen genutzt werden können. Im Folgenden soll der Blick auf diese besonderen Leistungen für Alleinerziehende gerichtet werden.

3.1 Unterhaltsvorschuss

Das ist vor allem der Unterhaltsvorschuss für Kinder, deren barunterhaltspflichtiger Elternteil den Unterhalt nicht oder nicht in voller Höhe zahlt – entweder weil er nicht zahlen kann oder die Zahlung verweigert. Eigenartigerweise gibt es zu den Gründen ausbleibender Unterhaltszahlungen keine grundlegende wissenschaftliche Untersuchung, obwohl sie ein quantitativ bedeutsames Problem sind und die öffentliche Hand durchaus belasten. Den Unterhaltsvorschuss gibt es seit 1980. Bis Mitte 2017 wurde er nur für maximal sechs Jahre und nur für Kinder unter zwölf Jahren gezahlt. Dem lag die schon immer falsche Annahme zugrunde, dass die Zahlungsunfähigkeit des unterhaltspflichtigen Elternteils oder das Alleinerziehen ein vorübergehender Zustand sei, von denen wenigstens einer der beiden Zustände nicht auf Dauer anhält. Es gibt jedoch zahlreiche Berufe, deren durchschnittliche Entlohnung kaum mit Unterhaltszahlungen, insbesondere für mehrere Kinder, vereinbar ist. Wenn dann noch eine neue Partnerschaft mit evtl. weiteren Kindern dazu kommt, ist die Grenze der objektiven Zahlungsmöglichkeiten schnell erreicht. Im Falle, dass der alleinerziehende Elternteil einen neuen Partner/eine neue Partnerin findet und auch heiratet, wird erwartet, dass der Kindesunterhalt von diesem*r neuen Partner*in mitübernommen wird, denn mit einer Heirat erlischt der Anspruch auf Unterhaltsvorschuss. Das ist eine erhebliche Bürde für eine neue Ehe und nach mittlerweile gewandeltem Verständnis elterlicher Verantwortung überholt: Eltern bleiben grundsätzlich Eltern, auch über eine Trennung hinweg. Sehr verbreitet ist das gemeinsame Sorgerecht. Teil dieser Sorge ist auch der materielle Unterhalt.

Mit erheblichem politischem Druck seitens der zuständigen Familienministerin (damals Manuela Schwesig) und von Verbänden, auch der *eaf*, ist es gelungen, den Unterhaltsvorschuss bis zum Alter von 18 Jahren auszuweiten und die maximale Zahlungsdauer von sechs Jahren aufzuheben. Prinzipiell dürfte das erheblich zur Entspannung der finanziellen Situation in Alleinerziehendenfamilien beitragen. Trotz dieser Verbesserung gibt es immer noch einige Widersprüche dieser Regelung.[6]

Wenn auch der Unterhaltsvorschuss und insbesondere die Ausweitung dieser Leistung seit 2017 eine erhebliche Verbesserung für Alleinerziehende bringt, so gibt es nach wie vor Schnittstellenprobleme zu anderen Leistungen, die gerade von Alleinerziehenden häufig ebenfalls bezogen werden, wie zum Beispiel Wohngeld oder Leistungen nach dem SBG II. Im Zusammenwirken der Regelungen können sich Doppelanrechnungen oder unvereinbare Vorgaben ergeben, die Alleinerziehenden den Bezug dieser Leistungen erschweren.[7] Angesichts dieser Schwierigkeiten wird von Interessenvertretungen der Alleinerziehenden oft die Forderung nach einer Kindergrundsicherung erhoben. Dies wäre der Konzeption nach eine Leistung aus einer Hand und

---

6 Änderung des Unterhaltsvorschussgesetzes, Stellungnahme der eaf vom 6. März 2017: https://www.eaf-bund.de/gallery/news/news_172/170306_stn_reform_uvg.pdf (25.04.2020).

7 Vgl. Arbeitsgemeinschaft der Familienorganisationen (AGF) 2018: *Kinderexistenzminimum | Teil 4: Unterhaltsvorschuss/Kinderzuschlag*, S. 18f., https://www.ag-familie.de/media/docs18/AGF_Darstellung_Ki_existenzmin_Teil4_UVG_KiZuschlag2018.pdf (02.04.2020).

würde sowohl die Beantragung bei zahlreichen verschiedenen Ämtern nach jeweils eigener Logik obsolet werden lassen wie auch die Friktionen zwischen unterschiedlichen Leistungen beseitigen.

3.2 Umgangsrecht

Umgangs- und Sorgeregelungen sind für getrennt lebende Eltern entscheidend für den Kontakt zum Kind. Während das gemeinsame Sorgerecht inzwischen bei vorher verheirateten wie auch bei ohne Ehe zusammenlebenden Eltern weitgehend der Regelfall ist, muss die Umgangsregelung nach einer Scheidung oder Trennung jeweils ausgehandelt bzw. gerichtlich entschieden werden. Anzustreben ist, dass die beiden Eltern und ihre Kinder, soweit sie vom Alter dazu schon in der Lage sind, sich auf eine passende Regelung untereinander einigen. Das ist aber oft nicht möglich, weil auf dem Weg über das „Recht am Kind" Verletzungen der Erwachsenen aus dem Trennungsprozess ausgetragen werden. Tatsächlich gibt es kein „Recht am Kind", sondern nur ein Recht des Kindes auf beide Eltern. §1684 BGB formuliert es ganz klar: „Das Kind hat das Recht auf Umgang mit jedem Elternteil." Gegenüber den Eltern heißt es im gleichen Paragraphen: „Jeder Elternteil ist zum Umgang mit dem Kind verpflichtet und berechtigt." Damit ist klargestellt, dass jeder der beiden Elternteile berechtigt, aber auch verpflichtet ist, Kontakt (Umgang) mit dem Kind zu haben.

Den besten (Umgangs-)Weg nicht nur für sich als Erwachsene, sondern vor allem für das Kind zu finden, fällt vielen Eltern nicht leicht. Professionelle Beratungsstellen wie die Ehe-, Familien- und Lebensberatung oder ein*e Mediator*in können helfen, diesen Weg zu finden. Häufig sind die Beratungsstellen sehr nachgefragt und Eltern müssen lange auf einen Termin warten. Alternative kostenpflichtige Angebote können längst nicht alle Eltern bezahlen. Voraussetzung ist in jedem Fall, *zusammen* eine Lösung finden zu wollen. Und selbst bei einvernehmlicher Regelung muss trotzdem eine gerichtliche Entscheidung dazu ergehen. Nicht zuletzt dadurch ist in Deutschland eine „Kultur" der Umgangsregelung mittels Anwälten und Gerichten üblich. Das bedeutet, dass es überwiegend streitige und langwierige Verfahren gibt; andere Länder setzen stärker auf außergerichtliche Wege.[8] Das sollte auch in Deutschland stärker in den Vordergrund rücken. Aber auch Eltern, die in der Lage und willens sind, das Verfahren mit anwaltlicher Hilfe anzustrengen, sollten für den Weg der Mediation bestärkt werden. Denn eine von beiden Eltern gemeinsam vereinbarte Regelung ist für das Kind viel besser, als

---

8 Vgl. Arbeitsgemeinschaft der Familienorganisationen (AGF) 2019: *Arrangements der Kinderbetreuung vor und nach Scheidung/Trennung*, Berlin, https://www.ag-familie.de/media/docs19/agf_childcare_expert.pdf (02.04.2020).

wenn ein Elternteil ein Verfahren „gewonnen" und der andere es „verloren" hat. Das sollte nur das letzte Mittel für hochstreitige Fälle sein.

Der elterliche Streit belastet die betroffenen Kinder erheblich und sich lang hinziehende Verfahren, in denen die für die meisten Kinder wichtigste Frage, wie und wann kann ich den anderen Elternteil sehen, ungeklärt bleibt, belasten Erwachsene wie Kinder.

In den letzten Jahren entwickeln sich zunehmend egalitärer gestaltete Betreuungsmodelle, bis hin zum Wechselmodell, also der zeitlich paritätischen Betreuung durch beide Elternteile. Letzteres ist sehr voraussetzungsvoll, sowohl hinsichtlich des Kooperationswillens und der -fähigkeiten beider Elternteile, der räumlichen Nähe, des Platzangebots beider Wohnungen und nicht zuletzt hinsichtlich der Finanzkraft. Schließlich müssen die Kinder den ständigen Wechsel zwischen den beiden Elternhäusern auch noch verkraften und bereit sein, sich daran zu beteiligen. Wenn alle Rahmenbedingungen stimmen, kann das ein guter Weg für alle sein.[9] In diesem Fall, aber auch in Fällen des erweiterten Umgangs, also etwa 1/3- und 2/3-Betreuung, stellt sich immer auch die Frage nach dem Kindesunterhalt. Beide Eltern haben Kosten, die in der Summe den Betrag übersteigen, der in nur einem Haushalt anfiele, schon allein durch das Vorhalten zweier Kinderzimmer. Aber auch viele andere Dinge des täglichen Bedarfs müssen in beiden Haushalten vorhanden sein. Diese sicherlich zeitgemäße Auffassung von elterlicher Verantwortungsübernahme auch nach einer Trennung hat keine Entsprechung in der Trennung von Betreuungs- und Barunterhalt und der Aufteilung dieser Rollen auf beide Elternteile. Eine Lösung ist auch nicht leicht zu finden, gerade angesichts der Arbeitsmarktnachteile alleinerziehender Mütter. Eine Anpassung des Unterhaltsrechts an eine zunehmende Praktizierung des Wechselmodells darf insofern nicht zu Lasten der Mütter gehen, indem von einer paritätischen Lastenverteilung zwischen beiden Elternteilen ausgegangen wird, die sich in der Praxis tradierter Rollenverteilungen nicht widerspiegelt.

4. Fazit

Mit dem Unterhaltsvorschuss und dem Umgangsrecht sind nur zwei für Alleinerziehende besonders wichtige Bereiche angesprochen. Der Benachteiligung von Müttern im Erwerbsleben lässt sich wirkungsvoll nur langfristig begegnen. Individuell ist das nur möglich, indem Eltern Hausarbeit, Kinderbetreuung und Erwerbsarbeit von Beginn an so paritätisch wie möglich auf-

---

9 Vgl. die Stellungnahme der agae: *Wechselmodell: Nur unter Beachtung des Kindeswohls!* Arbeitsgemeinschaft alleinerziehender Mütter und Väter in der Diakonie Deutschland, 5/2018, https://www.diakonie.de/fileadmin/user_upload/_temp_/05_2018__Wechselmodell_Internet.pdf (25.04.2020).

teilen. Dadurch werden die Sorgeaufgaben wie Hausarbeit und Kinderbetreuung gleichmäßiger verteilt und beiden Elternteilen Zeit für Familie und Erwerbsarbeit ermöglicht. Gleichzeitig müssen auch Arbeitgeber durch familienfreundliche und flexible Arbeitsbedingungen zum besseren Gelingen der Vereinbarkeit von Familie und Beruf für Väter wie Mütter beitragen. Krisenhafte Entwicklungen wie eine Trennung, Arbeitslosigkeit oder länger dauernde Krankheit eines Partners sind so besser zu verkraften. Diesem Ziel zuwiderlaufende Anreize wie das Splitting müssen daher weitgehend vermieden werden. In Verbindung mit den zwei unterschiedlichen Steuerklassen werden Signale gesetzt, die Tätigkeitsbereiche in der Ehe nicht paritätisch aufzuteilen und zwar zum erheblichen Nachteil des teilzeitarbeitenden Elternteils. Gesetzgeber und Arbeitgeber*innen sind gefordert, neben familienfreundlichen Arbeitsbedingungen die Teilzeitarbeit so aufzuwerten, dass dadurch weder ein Karrierehemmnis noch ein sicherer Weg in die Altersarmut vorgezeichnet ist. Die *eaf* tritt zudem für eine umfassende Reform von Elterngeld und Elternzeit ein, um Eltern mehr Zeit in der Phase mit kleinen Kindern zu geben. Das würde stressmindernd wirken und damit die Beziehung ohnehin etwas entlasten. Arbeitgeber sind aufgefordert, mehr vollzeitnahe Teilzeitstellen zu schaffen und dadurch Eltern Erwerbstätigkeit und Familie zu ermöglichen.

Daniela Jaspers

Alleinerziehend in Deutschland
Lebenswirklichkeit und Reformbedarf

Alleinerziehende als heterogene Gruppe haben vielfältige Herausforderungen zu meistern. Der vorliegende Beitrag liefert einen Überblick zur Lebenssituation von Alleinerziehenden sowie eine Sicht auf die zukünftigen Entwicklungen. Dabei wird aufgezeigt, dass bisherige familien- und sozialpolitische Leistungen bei Alleinerziehenden häufig nicht ankommen. Die für 2020 angekündigte Reform zum Sorge-, Umgangs- und Unterhaltsrecht wird kritisch betrachtet. Den Abschluss bilden Überlegungen zu Reformen, um die Situation von Alleinerziehenden nachhaltig zu verbessern.

Single parent families as a heterogeneous group have to cope with manifold challenges. This article provides an overview of the situation of life of single parent families and a view of the further developments. It is being disclosed, that previous family and socio-political benefits frequently do not arrive in the single parent families. The reform concerning child custody, right of contact and access, and of child support, announced for 2020, is being considered critically. Concluding are considerations about reforms to improve the situation of single parent families sustainably.

1. Alleinerziehend – allein mit Kind

Alleinerziehende sind eine heterogene Gruppe. Sie eint, dass sie zuvor größtenteils als Paarfamilie gelebt haben. Nur 14 % sind von Anfang an alleinerziehend, 5 % der Alleinerziehenden sind verwitwet.[1] 2017 lebten laut Mikrozensus 2,4 Millionen Kinder bei einem alleinerziehenden Elternteil, somit wuchs knapp jedes 5. minderjährige Kind (19 %) mit einem alleinerziehenden Vater oder einer alleinerziehenden Mutter auf.[2] Während der Väteranteil bei den Ein-Eltern-Familien mit 12 % relativ gering ist, sind in der Mehrzahl der Fälle Mütter alleinerziehend (88 %).[3]

Nach der Trennung sind insgesamt 84 % der Kinder amtlich bei der Mutter gemeldet. Das heißt, die Mutter behält nach der Trennung die Rolle der Versorgerin und Helferin im Alltag des Kindes. Väter sind nach einer Trennung weitaus weniger an der Betreuung des Kindes beteiligt als vorher. In besonderen Situationen, wie beispielsweise herausragende Freizeiterlebnisse, Ausflüge und Urlaub, sind sie eher präsent. Sie beteiligen sich an besonderen Entschei-

---

1 Vgl. Bundesamt für Arbeit und Soziales 2013, 13.
2 Vgl. Statistisches Bundesamt (Destatis) 2017, 9.
3 Ebd., 13.

dungen und sind ebenfalls Ansprechpartner bei Problemen und Sorgen der Kinder.[4]

Alleinerziehende Mütter sind zu 68% berufstätig, davon 42% in Vollzeit. Viele der alleinerziehenden Mütter, die nicht erwerbstätig sind, würden gerne arbeiten.[5] Etwa 39% der Haushalte der alleinerziehenden Mütter sind auf SGB-II-Leistungen angewiesen (Stand 2015).[6] Mit 42% haben Alleinerziehende und ihre Kinder das höchste Armutsrisiko aller Familienformen.[7] Diese hohe Quote ist alarmierend, besonders im Hinblick auf die bestehende Berufstätigkeit vieler Alleinerziehender. Dabei verfügt eine große Mehrheit von ihnen über einen mittleren oder hohen Bildungsabschluss.[8] Alleinerziehende Väter sind zu 80% erwerbstätig und mehrheitlich vollbeschäftigt (73%, Stand 2012).[9] Alleinerziehende Väter leben mit weniger Kindern und vorwiegend mit älteren minderjährigen Kindern zusammen.[10]

2. Wie geht es Alleinerziehenden?

2.1 Mangelware Zeit

Alleinerziehende schultern das, was sich in Paarfamilien zwei Personen teilen können. Dies führt im Alltag zu starken Zeitkonflikten. Einkäufe, Hausarbeit, Abholung der Kinder, Hilfe bei den Hausaufgaben, berufliche Verpflichtungen sind eng getaktet. Wenn etwas Unerwartetes eintritt, wie beispielsweise die Krankheit eines Kindes, bricht die fragile Zeitplanung schnell zusammen.[11] Eine besondere Herausforderung besteht für Alleinerziehende, die nicht auf familiäre Unterstützung zurückgreifen können, weil Eltern/Geschwister nicht am selben Ort leben oder krank oder verstorben sind. Dazu kommt fehlende Zeit für eigene Bedürfnisse. Der ständige Zeitdruck sowie Existenzängste wirken sich negativ auf die Gesundheit von Alleinerziehenden aus.[12] Im Vergleich zu anderen Bevölkerungsgruppen sind Alleinerziehende anfälliger für Depressionen und physische Beeinträchtigungen.

---

4 Ebd., 11–13.
5 Vgl. Bundesministerium für Familie, Senioren, Frauen und Jugend, *Alleinerziehende fördern und unterstützen*, 2018.
6 Ebd.
7 Vgl. Statistisches Bundesamt, *Sozialberichterstattung*, 2019.
8 Vgl. Statistisches Bundesamt (2018), *Alleinerziehend in Deutschland 2017*, 22.
9 Vgl. Geisler et al., *Familien nach Trennung und Scheidung in Deutschland*, 2018, 12.
10 Ebd., 12.
11 Vgl. Braukmann et al., 13.
12 Ebd., 12.

2.2 Von Armut bedroht

Der finanzielle Spielraum ist in Ein-Eltern-Familien enger als in Paarfamilien. So ist das Pro-Kopf-Einkommen hier durchschnittlich um 20% geringer. 2018 hatte fast die Hälfte aller Alleinerziehenden für sich und ihre minderjährigen Kinder weniger als 1.700 Euro monatlich zur Verfügung.[13] Frauen sind vorwiegend in schlecht bezahlten Berufsfeldern wie der sozialen Arbeit, Bildung und Erziehung von Kindern, haushaltsnahen Dienstleistungen, Kranken- und Altenpflege beschäftigt. In gut bezahlten Führungspositionen sind Frauen unterrepräsentiert – das gilt erst recht für alleinerziehende Frauen. Wenn es dann mit der Geburt eines Kindes darum geht, wer seine Berufstätigkeit zugunsten der Familie einschränkt, sind in der Regel Frauen in der schlechteren Verhandlungsposition. Zwar wünschen sich junge Paare eine partnerschaftliche, gleichberechtigte Arbeitsaufteilung der Familie, in der Realität übernehmen jedoch 83% der Mütter in Paarfamilien die Sorgearbeit.[14] Der Vater ist in Paarfamilien der Hauptverdiener (83%), die Mutter arbeitet in Teilzeit oder gar nicht.[15] Steuerrechtliche Anreize wie das Ehegattensplitting, die beitragsfreie Mitversicherung des Ehepartners in der Krankenkasse und steuerfreie Minijobs setzten Anreize für eine traditionelle Arbeitsteilung. Nach der Trennung wird dann eine eigenverantwortliche Existenzsicherung von jedem Elternteil gefordert. Das zuvor in der Ehe/Partnerschaft ausgehandelte Zuverdiener-Arrangement – einer arbeitet, der andere versorgt die Kinder und arbeitet in Teilzeit – setzt sich nach der Trennung fort. Die Frau steckt beruflich in einem Teilzeit- oder Minijob fest, aus dem sie so schnell nicht herauskommt.

Beim gesetzlich verankerten Unterhaltsanspruch des Kindes klaffen Anspruch und Wirklichkeit auseinander. Nur 25% der Alleinerziehenden erhalten den vollen Unterhalt für das Kind, weitere 25% der Barunterhaltspflichtigen zahlen unvollständig, 50% zahlen gar nicht. Zwar können Alleinerziehende Unterhaltsvorschuss beantragen, doch im Gegensatz zum Unterhalt wird hier das Kindergeld vollständig angerechnet. Im Ergebnis bedeutet dies, dass der Unterhaltsvorschuss gegenüber dem eigentlichen Unterhaltsanspruch zu niedrig ist. Der geringe finanzielle Spielraum von Alleinerziehenden führt schnell zu Problemen, insbesondere wenn unvorhergesehene Ausgaben wie beispielsweise eine defekte Waschmaschine die Haushaltskasse zusätzlich belasten.

---

13 Vgl. Statistisches Bundesamt (2019), *Sozialberichterstattung*, 124.
14 Vgl. *Zweiter Gleichstellungsbericht*, 33.
15 Vgl. BFSFJ (2018), *Alleinerziehende fördern und unterstützen*, 33.

2.3 Familienförderung – Alleinerziehende gehen meist leer aus

Alleinerziehende benötigen, um im gewünschten und benötigten Umfang berufstätig sein zu können, eine bedarfsgerechte Kinderbetreuung. Die Regelöffnungszeiten von öffentlichen Kinderbetreuungseinrichtungen decken häufig nicht die Arbeits- und Wegezeiten ab, besonders bei atypischen Arbeitszeiten wie im Schichtdienst. In vielen Frauenberufen werden aber solche Arbeitszeiten vorausgesetzt, wie beispielsweise im Einzelhandel, Gesundheitswesen und der Pflege. Kinderbetreuung ist für Alleinerziehende existenziell.[16]

Flexible Angebote der Kinderbetreuung für Alleinerziehende sind kaum vorhanden, zumal sie kostenfrei sein müssen, damit sich Alleinerziehende diese leisten können.

Alleinerziehende sind gegenüber Verheirateten, mit und ohne Kinder, im Steuerrecht benachteiligt. Mit der Steuerklasse II erhalten Alleinerziehende mit einem Kind einen Entlastungsbetrag von 1.908 Euro,[17] bei jedem weiteren Kind erhöht sich dieser Entlastungsbetrag um 240 Euro. Damit können Alleinerziehende mit einem Kind jährlich um ca. 860 Euro entlastet werden. Ehepaare können Dank des Ehegattensplittings bis zu 17.000 Euro im Jahr zusätzlich behalten.[18] Alleinerziehende werden mit der Steuerklasse II nahezu wie Singles besteuert, obwohl sie Kinder erziehen. Vom steuerlichen Kinderfreibetrag profitieren Alleinerziehende aufgrund ihres niedrigen Einkommens kaum. Es bleibt nur das Kindergeld. Dieses wird ihnen jedoch beim Unterhaltsvorschuss vollständig auf den Bedarf des Mindestunterhalts des Kindes angerechnet. Sind dann noch (aufstockende) ALG-II-Leistungen erforderlich, muss sowohl das Kindergeld als auch der Unterhaltsvorschuss/Unterhalt für den Lebensunterhalt der ganzen Ein-Eltern-Familie eingesetzt werden. Oft bleibt Alleinerziehenden nach aufwendigen Antragsverfahren kaum oder gar kein Geld mehr zusätzlich übrig. Auch beim Wohngeld werden das Kindergeld und der Unterhaltsvorschuss/Unterhalt zum anspruchsrelevanten Einkommen gezählt. So belasten die Wohnkosten Alleinerziehende mit kleinem Einkommen besonders. Über die Hälfte ihres Haushaltsnettoeinkommens geben sie rein statistisch für die Miete aus.[19]

Nach der Neufassung des Kinderzuschlags, im Rahmen des Starke-Familien-Gesetzes, haben nun Alleinerziehende eine größere Chance, Kinderzuschlag zu erhalten. Das Einkommen des Kindes wird nur noch zu 45% (statt zuvor mit 100%) angerechnet. Gleichzeitig gehen mit dem Kinderzuschlag

---

16 Ebd., 13.
17 Coronabedingt vorübergehend erhöht auf 4.000 Euro/Jahr bis Ende 2021.
18 Vgl. Spangenberg 2016, 6.
19 Vgl. Statistisches Bundesamt (2019), Anteil der Wohnkosten am verfügbaren Haushaltseinkommen.

der kostenlose Besuch der Kindertagesstätte sowie Leistungen aus dem Bildungs- und Teilhabepaket einher.

3. Was sind die Entwicklungen?

Die Lebenssituation von Alleinerziehenden ist gekennzeichnet von Herausforderungen. Sie wünschen sich Veränderungen, insbesondere im Hinblick auf eine bedarfsgerechte und qualitative Kinderbetreuung auch in Randzeiten, im Steuerrecht, sowie eine Beendigung der Schnittstellenproblematik bezüglich der unterschiedlichen sozial- und familienpolitischen Leistungen. Kleine Veränderungen treten ein: So ist 2017 der Unterhaltsvorschuss erweitert worden bis zum 12. bzw. 18. Lebensjahr, wenn Alleinerziehende ein Einkommen von 600 Euro monatlich aufweisen. Der Kinderzuschlag ist 2019 reformiert worden, so dass Alleinerziehende und ihre Kinder eher Anspruch als zuvor darauf haben (Siehe Kapitel 2.3). Aktuell hat die Politik eine Reform des Sorge-, Umgangs- und Unterhaltsrechts für den Sommer 2020 angekündigt. Des Weiteren wird der Ruf nach dem Wechselmodell vor allem vonseiten der Väterrechtler lauter.

3.1 Reform des Unterhaltsrechts

Bei der angekündigten Reform des Unterhaltsrechts wird es um die Frage gehen, ob eine erweiterte Betreuung durch die Väter mit einer Entlastung beim Kindesunterhalt folgen soll. Bislang gilt die Gleichwertigkeit von Bar- und Betreuungsunterhalt im Falle einer Trennung. Dieser wird bei einem Betreuungsanteil des Barunterhaltspflichtigen von 30 % und mehr zunehmend infrage gestellt. Nicht beachtet wird hier die bisherige Lebensverlaufslinie vor allem von Müttern. Nach der Trennung starten diese überwiegend mit schlechteren Erwerbschancen aufgrund von Teilzeit- und Minijob während der Partnerschaft. Häufig sind Väter deshalb gut aufgestellt, weil Mütter ihnen den Rücken freigehalten haben. Hier bedarf es Lösungen, um diesen Nachteil auszugleichen. Das Ergebnis einer Unterhaltsreform darf nicht sein, dass das Kind zwischen zwei Haushalten mit unterschiedlichen Bedingungen wechselt: In einem muss jeder Cent umgedreht werden, im anderen wird dem Kind viel ermöglicht. Auch sollte das Unterhaltsrecht grundsätzlich möglichst wenig Anreize bieten, zwischen Umgang und Unterhalt Interessenkonflikte zu schüren.

Der *Verband alleinerziehender Mütter und Väter e.V. (VAMV)* setzt sich im Unterhaltsrecht dafür ein, einen Grundsatz der „Solidarität nach Trennung" einzuführen. Er empfiehlt ein Stufenmodell, das moderat den Kindesunterhalt mit steigendem Betreuungsumfang reduziert und nur im paritätischen

Wechselmodell eine Barunterhaltspflicht für beide Elternteile vorsieht. Der Elternteil, der familienbedingte Nachteile in Kauf genommen hat, soll durch angemessene Übergangsfristen ausreichend Zeit erhalten, um am Arbeitsmarkt wieder Fuß fassen und seinen Lebensbedarf (und den des Kindes) erwirtschaften zu können.[20]

3.2 Reform des Sorge- und Umgangsrechts

Für die Reform des Sorge- und Umgangsrecht hat das Justizministerium von einer Arbeitsgruppe 50 Thesen erarbeiten lassen. Begrüßenswert ist, dass kein Leitmodell als Betreuungsmodell gefordert wird. Die Vielfalt der Betreuungsmodelle bleibt erhalten. Jedoch wird die Einführung eines *automatischen Sorgerechts* mit der Geburt des Kindes *empfohlen*. Dabei wird außer Acht gelassen, dass bereits seit 2013 auf Antrag eines sorgewilligen Vaters das Gericht prüft, ob die gemeinsame Sorge dem Wohl des Kindes widerspricht. Ist dies nicht der Fall, erhält der Vater auch gegen den Willen der Mutter das gemeinsame Sorgerecht. Das *automatische Sorgerecht* wurde bereits 2013 ausführlich diskutiert und aus guten Gründen *abgelehnt*. Auch die Evaluation 2018 hat diesbezüglich keinen Handlungsbedarf feststellen können. Starke Elternkonflikte oder häusliche Gewalt in Verbindung mit Alkohol, Drogen sind für eine gemeinsame Sorge nicht kindeswohldienlich und würden bei einem *automatischen Sorgerecht* keine Beachtung finden; der Vater dürfte sein Umgangs- und Sorgerecht dann trotzdem wahrnehmen.[21]

3.3 Hin zum Wechselmodell?!

Das Wechselmodell als Betreuungsoption nach Trennung und Scheidung, bei der die Sorge- und Erziehungsarbeit unter den Eltern im Wechsel hälftig aufgeteilt wird, ist in den letzten Jahren zunehmend in den öffentlichen Fokus gelangt. Auf den ersten Blick scheint es so, dass das Wechselmodell „das Beste" für alle Beteiligten ist, wenn es um die optimale Betreuungsoption nach einer Trennung und Scheidung geht. Dem Kind sollen beide Eltern gleichermaßen erhalten bleiben. Dazu müssen sich Eltern entweder auf das Wechselmodell einvernehmlich einigen, oder diese Regelung kann auch auf Antrag eines Elternteils gerichtlich angeordnet werden.[22] In diesem Falle ist es höchst fraglich, ob dabei die Voraussetzungen gegeben sind, die zum Gelingen des Wechselmodells wichtig sind, wie ein geringes Konfliktpotenzial der Eltern,

---

20 Vgl. Andersen 2019.
21 Vgl. Andersen 2020.
22 Vgl. Salzgeber 20/2014, 921.

deren Bereitschaft miteinander zu kooperieren, Wahrung der Kontinuität (das heißt, die Betreuungsregelungen vor und nach der Trennung sind weiterhin ähnlich verteilt) und Ortsnähe.[23]

Bei den Überlegungen von Eltern, ob nach einer Trennung/Scheidung das Wechselmodell praktiziert werden soll, wird es immer auch um das Geld gehen. Es ist kostenintensiver als das Residenzmodell, bei dem das Kind vorwiegend bei einem Elternteil versorgt und betreut wird. Das Wechselmodell eignet sich nicht, um Unterhaltsleistungen gegen Betreuungszeiten auszuhebeln. Die Folgen bekommt vor allem das Kind zu spüren – seine Existenz ist nicht mehr ausreichend gesichert.

4. Fazit

Alleinerziehende sind die „Helden und Heldinnen des Alltags", da sie täglich kreative Lösungen bei wenig Zeit und Geld entwickeln müssen. Im Sozialrecht und bei der Familienförderung werden sie immer noch nicht als gleichberechtigte Familienform wie Verheiratete behandelt. Zusätzlich sind Frauen weiterhin am Arbeitsmarkt nach der Trennung durch zuvor vereinbarte ungleiche Arbeitszeitarrangements innerhalb der Partnerschaft benachteiligt.

Die finanziellen Folgen einer Trennung tragen Alleinerziehende und damit auch ihre Kinder. Erste gesetzliche Bestimmungen sind reformiert worden: die Erweiterung des Unterhaltsvorschusses und die Neugestaltung des Kinderzuschlags. Dagegen beunruhigen neueste Entwicklungen des Umgangs-, Sorge- und Unterhaltsrechts. So werden innerhalb der Unterhaltsreform bereits bei einem Betreuungsumfang von 30:70 die Unterhaltsleistungen infrage gestellt; auch die elterliche Sorge soll laut dem Thesenpapier einer Arbeitsgruppe automatisch ab Geburt eintreten, ohne Rücksicht darauf, ob dies dem Kindeswohl entspricht. Die Bestrebungen führen hin zum Wechselmodell, dabei werden die Voraussetzungen für ein gelingendes Wechselmodell, welches das Wohl des Kindes im Blick hat, nicht ausreichend berücksichtigt. Es entsteht der Eindruck, dass Unterhaltsleistungen gegenüber Betreuungsleistungen unverhältnismäßig gegeneinander aufgerechnet werden, ohne Berücksichtigung der Lebensverlaufslinie beider Eltern.

Ziel der Politik und Gesellschaft sollte es sein, die Situation von Kindern in Haushalten von Alleinerziehenden zu verbessern. Dazu gehört, sozial- und familienpolitische Leistungen so zu gestalten, dass Eltern zu jeder Zeit gleichberechtigt sowohl Care-Arbeit als auch Erwerbsarbeit leisten können. Grundvoraussetzung ist hier die Schaffung bedarfsgerechter qualitativ guter Kinderbetreuung für alle Familienformen. Ferner erfordert es Leistungen, die beim Kind tatsächlich ankommen. Weitere Reformbedarfe bestehen im Hinblick

---

23 Vgl. Salzgeber 20/2014, 922.

auf das Ehegattensplitting hin zu einer Individualbesteuerung sowie der Abschaffung der steuerfreien Minijobs als falsch verstandene Anreize zum Zuverdiener-Arrangement in Ehe und Partnerschaft.

Literatur

Andersen, Sigrid (Hg.) *Solidarität nach Trennung. Eckpunkte des Verbandes alleinerziehender Mütter und Väter*, Bundesverband e.V. (VAMV) für eine Reform des Kindesunterhaltsrechts, Berlin 2019, https://www.vamv.de/fileadmin/user_upload/bund/dokumente/Stellungnahmen/Eckpunkte_Reform_Kindesunterhaltsrecht_25092019.pdf (13.04.2020).

Andersen, Sigrid (Hg.), *Einschätzung des am 29. Oktober 2019 veröffentlichten Thesenpapiers der Arbeitsgruppe „Sorge- und Umgangsrecht, insbesondere bei gemeinsamer Betreuung nach Trennung und Scheidung" des BMJV*, Berlin 21.02.2020, https://www.vamv.de/fileadmin/user_upload/bund/dokumente/Stellungnahmen/Einschaetzung_VAMV_zu_Thesen_der_AG_Sorge-_und_Umgangsrecht.pdf (24.04.2020).

Braukmann, Jan / Stoll, Evelyn / Juncke, David, *Alleinerziehend – Situation und Bedarfe. Aktuelle Studienergebnisse zu Nordrheinwestfalen und der Bundesrepublik Deutschland*. Essen VAMV NRW, 2019, https://vamv-nrw.de/fileadmin/user_upload/lv_nrw/Dokumente/Studie-2019/VAMV_Alleinerziehende-Situationen_und_Bedarfe_Einzelseiten_web.pdf (21.03.2020).

Bundesamt für Arbeit und Soziales, *Alleinerziehende unterstützen – Fachkräfte gewinnen*. Report 2013, Berlin 2013.

Bundesministerium für Familie, Senioren, Frauen und Jugend (Hg.), *Alleinerziehende fördern und unterstützen*, Berlin 2018, https://www.bmfsfj.de/bmfsfj/themen/familie/chancen-und-teilhabe-fuer-familien/alleinerziehende (10.04.2020).

Geisler, Esther / Köppen, Katja / Kreyenfeld, Michaela / Trappe, Heike / Pollmann-Schult, Matthias, *Familien nach Trennung und Scheidung in Deutschland*, Rostock/Magdeburg 2018, https://dgd-online.de/wp-content/uploads/2018/04/Familien_Trennung_Scheidung_v1.pdf (18.01.2020).

Salzgeber, Joseph (Hg.), *Das Wechselmodell*, in: Neue Zeitschrift für Familienrecht, Frankfurt am Main 20/2014.

Spangenberg, Ulrike, *Das Ehegattensplitting. Steuer- und verfassungsrechtliche Aspekte aus Gleichstellungssicht*. Expertise für den zweiten Gleichstellungsbericht der Bundesregierung, Institut für gleichstellungsorientierte Prozesse und Strategie (GPS) e.V., Berlin 2016.

Statistisches Bundesamt, *Anteil der Wohnkosten am verfügbaren Haushaltseinkommen*, 2019, https://www.destatis.de/DE/Themen/Gesellschaft-Umwelt/Wohnen/Tabellen/eurostat-anteil-wohnkosten-haushaltseinkommen-silc.html (24.4.2020).

Statistisches Bundesamt, *Sozialberichterstattung. Armutsgefährdungsquote gemessen am Bundesmedian nach Haushaltstyp*, 2019, https://www.destatis.de/DE/Themen/Gesellschaft-Umwelt/Soziales/Sozialberichterstattung/Tabellen/06agq-zvbm-haushaltstyp.html (24.04.2020).

Statistisches Bundesamt (Destatis), *Alleinerziehende in Deutschland 2017. wissen. nutzen*. Begleitmaterial zur Pressekonferenz am 02. August 2018, https://www.destatis.de/DE/Presse/Pressekonferenzen/2018/Alleinerziehende/pressebroschuere-alleinerziehende.pdf?__blob=publicationFile (10.04.2020).

Uta Meier-Gräwe

Erschöpft und mutterseelenallein?
Warum Alleinerziehende in Deutschland immer noch deutlich schlechter gestellt sind als andere Lebensformen und was dagegen zu tun ist

Seit Jahren ist bekannt und wissenschaftlich solide belegt: Die ganz überwiegend von Frauen geleistete unbezahlte Sorgearbeit belastet alleinerziehende Eltern noch einmal mehr als andere Lebensformen mit Kindern und verhindert größtenteils, dass sie einer existenzsichernden Erwerbstätigkeit nachgehen können. Ernüchternd ist außerdem, dass sich das Zugangs- und Verbleibrisiko dieser familialen Lebensform in Armutslagen seit 2005 um 6,6 % erhöht hat, während es für Paare mit zwei Kindern um 11,7 % gesunken ist. Notwendig sind passgenaue und bezahlbare Unterstützungsangebote und neue Zeitkonzepte für Alleinerziehende, damit sie ihren Alltag zwischen Beruf und Familie ohne Überforderung und in guter Lebensqualität gestalten können. Psychische und physische Erschöpfungssymptome und Erkrankungen könnten dadurch bei der vulnerablen Zielgruppe der Alleinerziehenden wirksam vermieden und somit nachweislich auch erhebliche Folgekosten für Wirtschaft und Gesellschaft eingespart werden.

It was known and scientifically solidly proven for years: Unpaid care work, predominantly achieved by women, burdens one parent families harder than other forms of living with children and mostly prevents them to pursue a gainful employment securing their livelihood. It is also disillusioning that the risk of access and consistence of this familial form of living in situations of poverty increased by 6.6 % since 2005, whereas it sank by 11.7 % for couples with two children. Accurately fitting and affordable support services, as well as effective time concepts, for single parent families are necessary to form their daily life between job and family without excessive demand and in good quality. Thus, mental and physical symptoms of exhaustion could be prevented effectively for the vulnerable target group of single parents, and economy and society could be spared follow-up costs.

1. Vorbemerkung

Ein Videoclip, den das Bundesministerium für Gesundheit (BMG) aus Anlass des Muttertages 2020 ins Netz gestellt hat, lässt tief blicken (#Muttertag): Ein kleines Mädchen zählt auf, wie sich ihr Alltag in Corona-Zeiten geändert hat: Mama befindet sich im Homeoffice. Es gibt häufig Spagetti und das neue Lieblingsspiel der Mutter gipfelt in der Frage, wer am längsten still sein kann. Das Mädchen mag dieses Spiel nicht besonders, dafür darf sie jetzt ausnahmsweise viel mehr fernsehen. Bei den täglichen Yogaübungen der Mutter „hilft" die Tochter, indem sie sich auf Mamas Rücken setzt. Da Oma als Betreuungsperson für die Kleine wegen Corona ausfällt, erhält sie von Mama großzügig ein elektronisches Tablet, damit die Großmutter ihrer Enkelin vor dem Einschlafen schöne Geschichten vorlesen kann. Weil dem Mädchen ihre Freunde fehlen, wird sie von Mama getröstet. „Mama macht so viel für uns, sie schneidet sogar unsere Haare."

Einen Vater scheint die Kleine nicht zu haben. Oder wo steckt er? Sorgearbeit übernimmt er jedenfalls definitiv nicht. War der Clip womöglich als Persiflage gedacht, um tradierte Geschlechterrollenstereotype und ihre (Re-)Traditionalisierung in Zeiten von Corona zu kritisieren? Dann bräuchte der Clip einen Teil 2. Der existiert aber nicht. Oder handelt es sich womöglich um eine alleinerziehende Mutter? Auch das erfahren wir nicht. Doch wer mit den Lebenslagen von alleinerziehenden Müttern auch nur einigermaßen vertraut ist, weiß, dass sie ihren Kindern nicht einfach mal so ein teures Tablet kaufen können. Dafür haben sie meist kein Geld.

Was der Clip allerdings vermittelt: Es ist den Entscheidungsträger*innen im BMG offenbar durchaus klar, was Mütter in Zeiten der Corona-Pandemie tagtäglich alles leisten. Die im Homeoffice und erst recht diejenigen, die an vorderster Front stehen: in den Krankenhäusern, Altenpflegeeinrichtungen oder an der Supermarktkasse. Auch auf sie wartet nach dem anstrengenden, schlecht bezahlten Dienstleistungsjob die unbezahlte Sorgearbeit zu Hause. Mütter als Multitasking-Talente bis zur Erschöpfung. Dagegen anzukämpfen gehört eigentlich zu einer der Hauptaufgaben eines Gesundheitsministeriums. Doch was wird konkret dafür getan, Müttern, und erst recht solchen, die ihre Kinder allein erziehen (müssen), vor, während und nach Corona eine gute Balance zwischen Beruf und ihrer Sorgeverantwortung zu ermöglichen?

Einer aktuelle Erwerbstätigenbefragung des WSI der Hans-Böckler-Stiftung zufolge äußerten Alleinerziehende mit Kindern unter 14 Jahren überproportional häufig, dass sie ihre Gesamtsituation in der Corona-Krise als „äußerst" oder „stark" belastend wahrnehmen.¹ Das brachten 51,8 % von ihnen gegenüber 48 % der befragten Paare und 38,8 % der kinderlosen Erwerbstätigen zum Ausdruck.

Wie in einem Brennglas offenbart sich in dieser beispiellosen Corona-Krise, was bereits seit Jahren bekannt und wissenschaftlich solide belegt ist: Die ganz überwiegend von Frauen geleistete unbezahlte Sorgearbeit belastet alleinerziehende Eltern noch einmal mehr als andere Lebensformen mit Kindern und verhindert größtenteils, dass sie einer existenzsichernden Erwerbstätigkeit nachgehen können. In aller Regel verfügen gerade alleinerziehende Mütter weder über genügend Geld und Zeit noch über gute Zugänge zu familienbezogenen Infrastrukturen, damit ihnen im Alltag eine gute Balance zwischen einer existenzsichernden Erwerbsarbeit und der Sorgeverantwortung für ihre Kinder gut gelingt, ohne eigene Bedürfnisse nach Erholung und sozialen Kontakten zu vernachlässigen. Dabei gibt es bereits eine Vielzahl von

---

1 Hans-Böckler-Stiftung, Wirtschafts- und Sozialwissenschaftliches Institut (WSI), Policy-Brief WSI Nr. 40 5/2020, 5.

Vorschlägen und wissenschaftlich evaluierten Modellprojekten, die allerdings immer noch auf eine politisch forcierte Umsetzung bundesweit warten.

2. Bestandsaufnahme

Jede fünfte Familie ist heute eine Ein-Eltern-Familie. Zum größten Teil (89 %) sind es Mütter mit ihren Kindern. Seit Mitte der 1990er Jahre ist ihr Anteil an der Bevölkerung spürbar angestiegen. Alleinerziehende weisen seit Jahren eine vergleichsweise ausgeprägte Erwerbsorientierung auf und verfügen in aller Regel über Schul- und Ausbildungsabschlüsse, die sie zur Aufnahme einer Erwerbstätigkeit in unterschiedlichsten Berufsfeldern befähigen. So haben mehr als drei Viertel (!) der alleinerziehenden Mütter (78 %) in Deutschland einen mittleren bis hohen Bildungsabschluss. Sechs von zehn alleinerziehenden Müttern sind erwerbstätig, allerdings häufig in Teilzeit oder in einem Minijob. Alleinerziehende sind zudem deutlich häufiger von Arbeitslosigkeit betroffen, als dies bei der gesamten Erwerbsbevölkerung (15- bis 65-Jährige) der Fall ist.[2] Im Bundesdurchschnitt beziehen alleinerziehende Mütter etwa fünfmal häufiger als Paarfamilien staatliche Transferleistungen nach dem Sozialgesetzbuch II (SGB II).

Ernüchternd ist außerdem, dass sich das Zugangs- und Verbleibrisiko dieser familialen Lebensform in Armutslagen seit 2005 um 6,6 % erhöht hat, während es für Paare mit zwei Kindern um 11,7 % gesunken ist.[3] Dies ist maßgeblich auf strukturelle Hindernisse bei der Vereinbarkeit von Erwerbs- und Sorgearbeit in Deutschland zurückzuführen, die Alleinerziehende besonders betreffen. Hier liegt auch einer der Gründe für in den letzten Jahren verstärkt diagnostizierte Erschöpfungszustände und andere gesundheitliche Beeinträchtigungen bei den überwiegend weiblichen Alleinerziehenden.[4]

Wie weitere wissenschaftliche Studien bereits vor Jahren belegt haben, strebt die große Mehrheit der Alleinerziehenden eine Erwerbstätigkeit an, die ihnen finanzielle Unabhängigkeit gewährt, also eine Vollzeitbeschäftigung oder vollzeitnahe Teilzeit. Die Option, sich durch eigene Erwerbstätigkeit zu finanzieren, steht und fällt gleichwohl mit den Möglichkeiten, die Kinderbetreuung zufriedenstellend und den Bedürfnissen von Kindern entsprechend gewährleisten zu können. Die Ausübung einer Berufstätigkeit hat umgekehrt auch Konsequenzen für die Organisation und Bewältigung der vielfältigen familiären Aufgaben. Alleinerziehende sind demzufolge auf Arbeitsplätze angewiesen, die ihnen ein ausreichendes Einkommen für die gesamte Familie sichern und ihnen zugleich genügend zeitliche Freiräume eröffnen, damit sie

---

2 Lenze/Funcke 2016, 27.
3 Stichnoth 2016, 4.
4 Vgl. Lutz 2012.

aufgrund der umfassenden Sorgeverantwortung für ihre Kinder unvorhersehbare Ereignisse im Alltag (zum Beispiel das plötzliche Erkranken eines Kindes) bewältigen können.

Das hohe Armutsrisiko von alleinerziehenden Müttern ist zum einen eine Folge der tradierten geschlechtsspezifischen Arbeitsteilungsmuster mit der überproportionalen Übernahme von unbezahlter Sorgearbeit der Mütter in Paarbeziehungen, die sie nach einer Trennung oder Scheidung hart trifft. Zum anderen zeigt sich der Geschlechterbezug aber auch darin, dass es viele der als typisch „weiblich" geltenden Sorgeberufe aufgrund niedriger Löhne und Gehälter nicht ermöglichen, eigenständig eine Existenz zu sichern. Zudem verfehlen familienpolitische Leistungen für Alleinerziehende oft ihre Wirkungen: So haben beispielsweise Maßnahmen für eine steuerliche Entlastung Alleinerziehender kaum dazu beigetragen, das Armutsrisiko dieser Familienform zu verringern. Grund ist, dass lediglich diejenigen Alleinerziehenden hiervon profitieren, die überhaupt ein zu versteuerndes Einkommen in nennenswerter Höhe erzielen.[5]

Auch in qualitativen Studien wurde die spezifische Lebenssituation von Alleinerziehenden wiederholt hinreichend und kleinteilig beschrieben. In einer Armutstypologie, die bereits seit 2003 vorliegt, konnte etwa aus dem qualitativen Datenmaterial der Typ der „erschöpften Einzelkämpferinnen" generiert werden: Dabei handelte es sich um Alleinerziehende, die nach Trennung oder Scheidung erstmals in Armutslagen geraten waren. Es fehlte an passgenauen Hilfen für diese Zielgruppe durch kommunale Verwaltungen und Arbeitgeber, was sehr häufig zu einer deutlichen Verschlechterung ihres Gesundheitszustandes und ihrer finanziellen Situation führte. Zudem hatte diese prekäre Lebenslage oft negative Folgen für den Schulerfolg und die Teilhabechancen ihrer Kinder.

3. Projektvorhaben „Ergänzende Kinderbetreuung" des VAMV und erzielte Befunde

Vor dem Hintergrund solcher wissenschaftlichen Befunde und konkreter alltagspraktischer Erfahrungen hat der *Verband alleinerziehender Mütter und Väter e.V.* (VAMV) zwischen 2014 und 2017 ein von der Walter-Blüchert-Stiftung gefördertes Modellprojekt „Ergänzende Kinderbetreuung, Notfallbetreuung und Beratung für Einelternfamilien in Deutschland" mit dem Ziel initiiert, exemplarisch zu zeigen, ob passgenaue und flexible ergänzende Kinderbetreuung eine stabilisierende Wirkung auf die sozioökonomische Situation in Ein-Eltern-Familien hat. An drei Projektstandorten in Berlin, Nordrhein-Westfalen und Rheinland-Pfalz wurde von den dort ansässigen VAMV-Landes-

---

5 Stichnoth 2016.

verbänden alleinerziehenden Projektteilnehmer*innen eine ganzheitliche Beratung angeboten und eine bedarfsgerechte Betreuung ihrer Kinder in ihrem Haushalt außerhalb der Öffnungszeiten öffentlicher Betreuungseinrichtungen zur Verfügung gestellt. Die erkenntnisleitenden Fragestellungen der Evaluation lauteten: Können Alleinerziehende aufgrund der zusätzlichen Betreuung ihrer Kinder eine Erwerbstätigkeit aufnehmen, diese ausbauen oder fortsetzen? Profitieren auch ihre Kinder von einer stärkeren Erwerbsbeteiligung der Mutter oder des Vaters? Erhöhen sich dadurch die Möglichkeiten sozialer und kultureller Teilhabe für die Familie? Die nicht-repräsentative Evaluation war als Längsschnittdesign angelegt. Sie umfasste die Erhebung quantitativer Daten, bediente sich aber auch qualitativer Forschungsmethoden.

Die Zufriedenheit der Alleinerziehenden mit der Vereinbarkeit von Kindererziehung und Erwerbsarbeit stieg im Evaluationsverlauf um mehr als das Doppelte: von ursprünglich 30% in der ersten Befragungswelle auf 63% in der dritten Befragungswelle.

Zu einem der wichtigen Befunde gehörte auch, dass die Zufriedenheit der Alleinerziehenden mit ihrer ökonomischen Situation von 26% zu Projektbeginn auf 53% gegen Ende der Projektlaufzeit angestiegen ist. Knapp ein Drittel der Teilnehmer*innen gab an, dass sie dank der Teilnahme am Projekt den Umfang ihrer Erwerbstätigkeit beibehalten konnten bzw. nicht verringern mussten. Immerhin konnten 11% der Teilnehmer*innen ihre Teilzeitstelle in eine Vollzeitstelle ausbauen und 16% waren in der Lage, den Stundenumfang ihrer Teilzeitarbeit um vier bis fünf Stunden pro Woche aufzustocken. Mit dem steigenden Haushaltseinkommen infolge der ergänzenden Kinderbetreuung konnten zuvor ungedeckte Bedarfe der Kinder besser gedeckt werden. Die Zahl derer, bei denen das monatliche Haushaltsbudget gerade so ausreiche, sank von 68% in der ersten Erhebungswelle auf 47% am Ende der Projektlaufzeit. Sehr positiv ist schließlich der Befund, dass 58% der teilnehmenden Alleinerziehenden angegeben haben, dass sie mehr entspannte Zeit mit ihrem Kind/ihren Kindern verbringen konnten, seitdem sie ergänzende Kinderbetreuung in Anspruch nehmen. Der Bedarf von Alleinerziehenden an ergänzender und flexibler Kinderbetreuung ist hoch: „Die Wartelisten waren lang und hinter vielen Anfragen standen Fälle großer Dringlichkeit und Verzweiflung, in denen ohne ergänzende Kinderbetreuung der Verlust des Arbeitsplatzes drohte, ein Arbeitsplatzangebot nicht angenommen oder eine Ausbildung nicht angetreten werden konnte."[6]

Wie groß der bislang ungedeckte Bedarf an ergänzender Kinderbetreuung ist, kommt auch in der Aussage zum Ausdruck, dass „... längst nicht alle Härtefälle in das Projekt aufgenommen werden konnten".[7] 37% der teilnehmenden Alleinerziehenden nahmen pro Woche zwischen einer und fünf

---

6 VAMV 2017.
7 Ebd.

Stunden ergänzende Kinderbetreuung in Anspruch und weitere 47 % nutzten zwischen sechs und zehn Stunden ergänzende Kinderbetreuung, die im Rahmen des Modellprojekts kostenlos zur Verfügung gestellt wurde. Das war insbesondere deshalb so bedeutsam, weil sich viele Jobs, in denen die Alleinerziehenden tätig waren, nicht auf die typischen Kernarbeitszeiten von 9 bis 17 Uhr beschränken (zum Beispiel Kranken- und Altenpfleger*innen, Verkäufer*innen). Mit einem verhältnismäßig geringen Aufwand und einem relativ kleinen Finanzbudget konnte somit ein hoher Nutzen erzielt werden.

Allerdings bleibt es eine Tatsache, dass – ungeachtet der Erfolge des Coachings auf individueller Ebene – nicht erreicht werden konnte, die Arbeitsbedingungen der Alleinerziehenden zu verbessern. Sie wollten keinerlei Risiko eingehen, weil sie entweder befristete Verträge hatten, sich in einer Ausbildung befanden oder noch in der Probezeit waren. Deshalb waren die am Projekt beteiligten Alleinerziehenden unter keinen Umständen bereit, ihre jeweiligen Arbeitgeber*innen auf ihre Arbeitsbedingungen anzusprechen – offensichtlich, weil sie berufliche Nachteile erwarteten oder ihre Beschäftigungsverhältnisse als zu prekär eingeschätzt haben. Der VAMV hält es deshalb zu Recht für eine dringliche politische Aufgabe, familienfreundliche Arbeitszeiten zu schaffen.

4. Ein Wahlarbeitszeitgesetz würde (auch) Alleinerziehenden weiterhelfen

Interessant und zielführend ist in diesem Zusammenhang das Konzept der Wahlarbeitszeit, welches seit einiger Zeit in der Fachöffentlichkeit diskutiert wird und zu einem Wahlarbeitszeitgesetz weiterentwickelt werden soll. Es sieht anlassbezogene Verkürzungen der Arbeitszeit im Lebenslauf „als Normalfall" vor, das heißt Zeiten für die Kinderbetreuung und die Pflege von Angehörigen, aber auch Zeiten für die persönliche Weiterbildung. Mit diesem Gesetz soll eine stärkere Arbeitszeitsouveränität erreicht werden, weil die Beschäftigten ein Anrecht zur Verhandlung von Zeit erhalten. Ein Wahlarbeitsgesetz bedeutet allerdings nicht, dass jede*r frei wählen kann, wie viele Stunden pro Woche sie*er arbeitet. Dennoch würde ein solches Gesetz die zeitliche Selbstbestimmung stärken und eine Aushandlungsarena im Betrieb oder Büro über Arbeitszeiten eröffnen, in der sich Arbeitgeber*in und Arbeitnehmer*in auf Augenhöhe begegnen. Das Wahlarbeitszeitgesetz sieht unter anderem vor, dass Unternehmen regelmäßig Arbeitszeitchecks durchführen, um zu erfahren, wie viel jede*r einzelne Arbeitnehmer*in eigentlich arbeiten möchte. Auf dieser Basis sollen passgenaue Arbeitszeitkonzepte erarbeitet werden. Damit würden Arbeitszeiten in jedem Unternehmen zum Thema werden und es wäre nicht mehr so, dass Alleinerziehende Nachteile befürchten müssen, wenn sie diese Problematik ansprechen.

Zwar existieren auch heute schon unterschiedliche Arbeitszeitmodelle. Da die Personaldecken oft so dünn sind, erzeugen sie heftige oder latente Konflikte unter Kolleg*innen, weil hier verschiedene Ansprüche aufeinandertreffen. Wenn Unternehmen künftig gemeinsam mit ihren Belegschaften Wahlarbeitszeitmodelle erarbeiten, erfahren auch die Chefs von den Konflikten und wären gezwungen, sie zu lösen, indem sie beispielsweise Vertretungsregelungen schaffen.

5. Subventionierte Gutscheine für haushaltsnahe Dienstleistungen – ein sinnvolles Konzept für Alleinerziehende

Bereits im Siebten Familienbericht (2006) und im Ersten Gleichstellungsbericht der Bundesregierung (2011) wurde festgestellt, dass sich haushaltsnahe Dienstleistungen als ein wichtiges Instrument erweisen, um Familien in unterschiedlichen Lebensphasen die Bewältigung ihres Alltags zu erleichtern: „Die Überwindung von geschlechtersegregierten Alltags- und Lebenszeiten setzt einen Ausbau von passgenauen und qualitativ hochwertigen familienrelevanten Human- und Sachdienstleistungen voraus."[8] Haushaltsnahe Dienstleistungen, wie sie im Modellprojekt „Ergänzende Kinderbetreuung, Notfallbetreuung und Beratung für Einelternfamilien in Deutschland" bereitgestellt wurden, fallen darunter: etwa Bring- und Holdienste, die Beaufsichtigung der Kinder im Haushalt der Alleinerziehenden, die Zubereitung des Abendbrots etc. Solche Dienste erfordern keine spezifischen pädagogischen Qualifikationen, wohl aber eine Ausbildung im hauswirtschaftlichen Bereich und in der Personenbetreuung.

Für die Entwicklung dieses Dienstleistungssegments spricht auch, dass mehr als die Hälfte der Eltern mit Kindern unter 18 Jahren, die derzeit keine Haushaltshilfe haben, ihr Interesse an der Nutzung solcher Dienstleistungen bekunden. Dieser Einstellungswandel gegenüber der älteren Generation deutete sich bereits in der Machbarkeitsstudie „Haushaltsnahe Dienstleistungen für Wiedereinsteigerinnen" des Bundesministeriums für Familie, Senioren, Frauen und Jugend (BMFSFJ) von 2011 an: Haushaltsnahe Dienstleistungen wurden von Eltern im Alter zwischen 20 und 60 Jahren als ein wichtiges Instrument zur Herstellung von Geschlechtergerechtigkeit und fairen Chancen für Frauen und Männer angesehen. 83 % der befragten Mütter und 75 % aller Väter schätzten das so ein (vgl. BMFSFJ 2011b). Auch Unternehmen beginnen inzwischen, haushaltsnahe Dienstleistungen als neuen Bereich in ihr Benefit-Portfolio aufzunehmen.

Versuche einer Subventionierung von Dienstleistungsagenturen gab es in Deutschland bereits in den 1990er Jahren. Die seinerzeit mit Hilfe von EU-

---

8 BMFSFJ 2006, 92 f. und BMFSFJ 2011a, 173.

Subventionen bundesweit eingerichteten Dienstleistungspools haben gezeigt, dass eine professionelle Organisation haushaltsbezogener Dienstleistungen grundsätzlich möglich ist. Nach Auslaufen der öffentlichen Förderung sahen die meisten (Modell-)Projekte allerdings keine Möglichkeit, ihre Arbeit fortzusetzen.

Dennoch, drei Dienstleistungsagenturen, die in Aachen, Bochum und Düsseldorf Ende der 1990er Jahre bei verschiedenen Trägern vom Land NRW gefördert und vom Institut für Arbeit und Technik wissenschaftlich begleitet wurden, existieren bis heute. Eine Sozialbilanz der Modell-Agenturen in NRW hat dabei nachweisen können, dass die Summe der Einsparungen und der zusätzlichen Einnahmen bei den öffentlichen Haushalten und der Sozialversicherung deutlich höher lag als die Summe der vom Land gewährten Zuschüsse. Gleichwohl hat Deutschland in den darauffolgenden Jahren insgesamt sehr wenig für den Ausbau von sozialversicherungspflichtiger Beschäftigung im Bereich der haushaltsnahen Dienstleistungen unternommen.

Die stattdessen bestehende Präferenz für staatlich subventionierte Minijobs hat in Deutschland zwar zu einer steigenden Zahl der Anmeldungen von Arbeitsverhältnissen im Privathaushalten geführt, nicht jedoch zu existenzsichernden Arbeitsplätzen im Bereich der haushaltsnahen Dienstleistungen. Laut einer Untersuchung des Instituts der deutschen Wirtschaft in Köln erwirtschafteten Haushaltshilfen, Gärtner*innen, Babysitter*innen und alle anderen bei der Minijob-Zentrale angemeldeten Minijobber*innen im Jahr 2013 in Privathaushalten eine Bruttowertschöpfung in Höhe von 664 Millionen Euro. Sie können, so der Leiter der Studie, pro Kopf natürlich nicht so viel erwirtschaften wie zum Beispiel ein Vollzeitbeschäftigter in der Elektroindustrie. Aber es sei doch ganz beachtlich, was „die helfenden Hände in Haus und Garten" für den Wirtschaftsstandort leisten.[9] Die Minijobzentrale hat 2013 von allen in einem angemeldeten Minijob beschäftigten Frauen und Männern in Privathaushalten 100 Millionen Euro an Steuern und Sozialabgaben eingenommen, davon ca. 44 Millionen für die Rentenversicherung, 33 Millionen für die Krankenversicherung, 5 Millionen für die Unfallversicherung und fast 13 Millionen Steuern.[10] Deshalb hält der Studienleiter und Experte für Arbeitsmarkt- und Personalökonomik des Instituts der Deutschen Wirtschaft in Köln grundlegende Reformen der geringfügigen Beschäftigung für unnötig.

Damit wird deutlich, dass es bisher keine konsistente Politik zur Weiterentwicklung des Marktsegments personaler und haushaltsbezogener Dienstleistungen gibt, sondern verschiedene Interessen im Spiel sind. Aus gleichstellungs-, sozial- und familienpolitischer Perspektive wäre eine Reform der geringfügigen Beschäftigung nämlich sehr wohl ein Gebot der Stunde. In die-

---

9 Minijobzentrale 2015, 5.
10 Ebd., 7.

sem Sinne sind auch die Handlungsempfehlungen des Zweiten Gleichstellungsberichts der Bundesregierung eindeutig: Die Sachverständigenkommission spricht sich dafür aus, auch die haushaltsnahen Dienstleistungsberufe zu echten „Lebensberufen" weiterzuentwickeln, in denen die Beschäftigten dauerhaft gut und existenzsichernd arbeiten und sich beruflich weiterentwickeln können. Deshalb müsse in den Ausbau dieser Dienstleistungen ein größerer Anteil des Bruttoinlandsprodukts investiert werden als bisher.[11] Zudem hat die Sachverständigenkommission nachdrücklich empfohlen, ein Gutscheinmodell nach belgischem Vorbild zu erproben.

Nach erfolgreichem Abschluss der VAMV-Modellprojekte, welche durch die Schulung und den Einsatz von Ehrenamtlichen die Notfall-, Ferien- und Randzeitenbetreuung der Kinder von Alleinerziehenden an drei Standorten organisiert haben, stellt sich nunmehr die Frage, wie die bestehenden Bedarfe für Alleinerziehende in Zukunft bundesweit verlässlich befriedigt werden können. Gutscheine für haushaltsnahe Dienstleistungen könnten durchaus eine Lösung sein, zumal auf Grund des enormen und bisher ungedeckten Unterstützungsbedarfs eben nicht allein auf den Einsatz von Ehrenamtlichen gesetzt werden kann.

Deshalb wird nachfolgend diese in unserem Nachbarland langjährig erprobte und bewährte Maßnahme vorgestellt.

5.1 Das Belgische Gutscheinmodell

Am 1. Januar 2004 trat in Belgien das System der Dienstleistungsschecks, das sogenannte „Système Titre Service" in Kraft. Seitdem kann jede in Belgien ansässige Privatperson maximal 500 Dienstleistungsschecks pro Jahr kaufen und für eine Vielzahl von verschiedenen haushaltsnahen Dienstleistungen einlösen. Damit die Nachfrage nach haushaltsnahen Dienstleistungen ansteigt, werden die Dienstleistungen staatlich subventioniert und auf diese Weise attraktiver und bezahlbarer für die nachfragenden Privathaushalte gemacht. Der Scheck war 2014 für 7,50 Euro erhältlich, hatte jedoch einen Gesamtwert von 20,80 Euro. Der belgische Staat trägt die Differenz von 13,30 Euro. Junge Mütter und Wiedereinsteigerinnen werden außerdem gezielt unterstützt, indem sie 105 Dienstleistungsschecks kostenfrei von der Sozialversicherungskasse erhalten, um ihren beruflichen Wiedereinstieg zu erleichtern.

In Belgien wird ein weitreichendes Spektrum an Dienstleistungen gefördert. Dies ist mit der explizit arbeitsmarktpolitischen Ausrichtung des belgischen Systems zu begründen: Dadurch werden nicht nur unterschiedliche Zielgruppen im Haushalt unterstützt, sondern auch Beschäftigungsmöglichkeiten für eine Vielzahl von Arbeitslosen und Geringqualifizierten geschaffen.

---

11 Vgl. BMFSFJ 2017, 172f.

Seit der Einführung der Dienstleistungsschecks ist die Inanspruchnahme haushaltsnaher Dienstleistungen in Belgien sehr stark angestiegen. Waren 2004 nur 98.814 Personen für die aktive Nutzung von Dienstleistungsschecks registriert, erhöhte sich die Zahl der registrierten Nutzer*innen allein bis 2009 auf 665.884. Im Jahr 2009 wurden ca. 79 Mio. Gutscheine erworben, das heißt 79 Mio. Arbeitsstunden im Bereich der haushaltsnahen Dienstleistungen gefördert.

Die Dienstleistungsagenturen bündeln die Nachfrage und schaffen auf diesem Wege sozialversicherungspflichtige Arbeitsplätze in vollzeitnaher Teilzeit oder in Vollzeit. Bürokratische Hindernisse für die Nutzer*innen wie die Übernahme der Arbeitgeberrolle im Fall einer direkten Anstellung im Privathaushalt sowie hohe Suchkosten werden vermieden. Außerdem gibt es die Festlegung, dass die Gutscheine ausschließlich bei solchen Dienstleistungsunternehmen eingelöst werden können, die zertifiziert sind. Dadurch ist die Qualitätssicherung der angebotenen Dienstleistungen gewährleistet. Vorteile dieses Gutscheinsystems bestehen außerdem darin, dass sie – im Gegensatz zum Haushaltsscheckverfahren in Deutschland – Haushalten mit geringem Einkommen (zum Beispiel älteren alleinlebenden Personen, Alleinerziehenden und Familien mit einem behinderten Kind) ermöglichen, stundenweise Dienstleistungen einzukaufen, ohne sich für einen längeren Zeitraum finanziell zu verpflichten.

Der belgische Staat reagierte damit auf die vorhandenen Bedarfe und auf die Tatsache, dass es für die Entwicklung eines regulären Marktes haushaltsnaher Dienstleistungen eine stabile Subventionierung braucht. Ohne öffentliche Mittel ist dies nicht möglich. Diese sind notwendig, um die Dienstleistungen bezahlbar zu machen und gleichzeitig die dort beschäftigten Arbeitskräfte abzusichern. Auch wenn dies zunächst Mehrkosten verursacht, lassen sich in Zukunft erhebliche Einspareffekte durch Steuermehreinnahmen und Sozialabgaben erzielen. Außerdem ist die Einbeziehung von Unternehmen als Ko-Finanzierer denkbar, indem sie ihren Mitarbeiter*innen eine bestimmte Anzahl von vorfinanzierten Gutscheinen als zusätzliche familienfreundliche Leistung gewähren.[12] Insgesamt lassen sich erhebliche Synergieeffekte erzielen: Entlastungs-, Beschäftigungs- und volkswirtschaftliche Wertschöpfungspotenziale werden generiert.

Zielführend erscheint dieser Ansatz auch deshalb, weil die finanzielle Förderung nur dann erfolgt, wenn die Dienstleistung auch tatsächlich in Anspruch genommen wird und ein Beschäftigungseffekt entsteht. Es handelt sich um eine nachfrageorientierte Maßnahme, welche die Inanspruchnahme von haushaltsunterstützenden Dienstleistungen durch Menschen ermöglicht, die solche Bedarfe tatsächlich haben, aber den vollen Preis nicht zahlen können oder wollen und daher Schwarzmarktpreise präferieren. In die bestehen-

---

12 Vgl. Meier-Gräwe 2015, 104 f.

de Lohn- und Tarifstruktur wird nicht eingegriffen, weil Löhne oder Sozialabgaben selbst keine staatliche Subventionierung erfahren.

Belgien hat innerhalb von 12 Jahren rund 150.000 sozialversicherungspflichtige Arbeitsplätze geschaffen, die Schwarzarbeit ist seither deutlich zurückgegangen. Die Nachfrage nach diesen Gutscheinen ist in Belgien bislang ungebrochen hoch: 2014 wurden landesweit fast 116 Millionen Dienstleistungsschecks gekauft und eingelöst.

5.2 Der Modellversuch „Fachkräftesicherung über die Professionalisierung haushaltsnaher Dienstleistungen (HHDL)" in Baden-Württemberg

Um die Chancen zur Transformation des belgischen Gutscheinmodells für die Bundesrepublik Deutschland auszuloten, wurde zwischen 2017 und 2019 hierzulande ein Modellversuch erprobt[13]. Das in den Arbeitsamtsbezirken Aalen und Heilbronn in Baden-Württemberg implementierte Modellprojekt war gleichbedeutend mit der Erprobung eines innovativen Ansatzes im Bereich der Fachkräftesicherung auf der Grundlage des §135 SGB III. Es zielte darauf ab, eine professionelle Servicestruktur für Dienstleistungen im Privathaushalt mit zentraler Anlaufstelle vor Ort bereitzustellen, um eine Steigerung der Attraktivität sozialversicherungspflichtiger Dienstleistungen für den Privathaushalt zu erreichen. Es ging zum einen um die Entlastung von Familien bzw. Arbeitnehmer*innen und zum anderen um die Förderung von sozialversicherungspflichtiger Beschäftigung im Dienstleistungssektor. Das Modellprojekt bot zudem geringqualifizierten Personen die Möglichkeit, sich im Rahmen des Projekts weiterzubilden und einen hauswirtschaftlichen Abschluss zu erlangen. Es wurde anvisiert, dass Fachkräfte ihre Arbeitszeit aufstocken bzw. Wiedereinsteiger*innen mit unterschiedlichen Berufsqualifikationen aus der „stillen Reserve" herauszuholen, darunter auch Alleinerziehende.

Die Gutscheine konnten von Personen mit Kindern unter 18 Jahren und/oder mit pflegebedürftigen Angehörigen erworben werden, die wieder in Teilzeit mit mindestens 25 Stunden pro Woche ins Erwerbsleben einsteigen, bereits in Teilzeit arbeiten und ihre wöchentliche Arbeitszeit auf mindestens 28 Wochenstunden erhöhen oder bereits mindestens 25 Wochenstunden arbeiten, ihre Arbeitszeit jedoch auf Grund familiärer Sorgeverantwortung reduzieren mussten. Jeder Haushalt konnte maximal 20 Gutscheine pro Monat erwerben. Jeder Gutschein hatte seit dem 1. Februar 2018 einen Wert von

---

13 Das Modellprojekt wurde durch das BMFSFJ, das Ministerium für Wirtschaft, Arbeit und Wohnungsbau des Landes Baden-Württemberg, die Stiftung Diakonie Baden-Württemberg und die Agentur für Arbeit mit einem Gesamtvolumen von 1,6 Millionen Euro gefördert.

12 Euro, nachdem sich im Projektverlauf der ersten Monate gezeigt hatte, dass die ursprüngliche Fördersumme von 8 Euro zu gering war.

Personen aus den unterschiedlichsten Berufsbranchen (MINT-Berufe, Sozial-, Pflege- und Erziehungsberufe, Verwaltungsberufe) haben die Gutscheine mit steigender Tendenz in Anspruch genommen. Positiv wurde von Seiten der Nutzer*innen herausgestellt, dass der nachfragende Privathaushalt die Dienstleistung kauft und nicht selbst als Arbeitgeber*in fungieren muss. Bei den weiteren Überlegungen zur Entwicklung und Implementierung einer Gutscheinlösung als familienpolitischer Maßnahme in Deutschland wäre aufgrund der bisherigen Erfahrungen zu empfehlen, die hauswirtschaftlichen Arbeitsaufgaben der Dienstleister*innen möglichst abwechslungsreich zuzuschneiden („Job-Enrichment"), das heißt, etwa sachbezogene Dienstleistungen mit Betreuungsaufgaben zu kombinieren. Es wäre darüber hinaus zielführend, wenn Alleinerziehende einen Teil der Gutscheine kostenlos oder für einen deutlich geringeren Eurobetrag erhielten.

6. Fazit

Die vorgestellten Projektergebnisse belegen eindrücklich, wie notwendig passgenaue und bezahlbare Unterstützungsangebote und neue Zeitkonzepte für Alleinerziehende sind, damit sie ihren Alltag zwischen Beruf und Familie ohne Überforderung und bei guter Lebensqualität gestalten können. Psychische und physische Erschöpfungssymptome und Erkrankungen könnten dadurch bei der vulnerablen Zielgruppe der Alleinerziehenden wirksam vermieden und somit nachweislich auch erhebliche Folgekosten für Wirtschaft und Gesellschaft eingespart werden.

Anstatt also Autokaufprämien oder Warengutscheine zur Ankurbelung der Wirtschaft nach Corona zu favorisieren, wäre es gerade auch für Alleinerziehende äußerst hilfreich, wenn sie über subventionierte Gutscheine für haushaltsnahe Dienstleistungen verfügen könnten, um sie passgenau zur Bewältigung ihres Alltags zwischen Sorgeverantwortung und Existenzsicherung einzusetzen. Immerhin ist dieses Ziel im aktuellen Koalitionsvertrag bereits formuliert und sollte nun endlich zügig umgesetzt werden, damit es nach Corona eben nicht zu einer „entsetzlichen Retraditionalisierung" kommt, wie die Präsidentin des Wissenschaftszentrums in Berlin, Jutta Allmendinger, befürchtet.[14] Durch geschlechtergerechte Haushaltspläne („Gender Budgeting") muss nach der Corona-Pandemie strikt vermieden werden, dass es wiederum zu einer einseitigen Förderung von männerdominierten Berufszweigen kommt, wie das nach der Finanzkrise von 2008 bereits der Fall war. Außerdem könnten staatliche Markteinführungshilfen dieser Art den überfälligen

---

14 Allmendinger, Jutta, ZEIT-online, 12.05.2020.

Strukturwandel unserer Gesellschaft hin zu einer modernen wissensbasierten Dienstleistungsgesellschaft (mit einem nachhaltigen industriellen Kern) wirksam unterstützen. Arbeitsmarktprognosen belegen, dass die Nachfrage nach personen- und haushaltsnahen Dienstleistungen in den kommenden Jahren stetig zunehmen wird. Demgegenüber werden 2030 nur noch 19% aller Beschäftigten in den produktionsbezogenen Berufsfeldern arbeiten. Deshalb sollten Dienstleistungsberufe personaler Versorgung endlich professionalisiert und ihren Anforderungen entsprechend vergütet werden, anstatt weiter auf illegale Beschäftigung und Ehrenamt zu vertrauen oder auf die globalen Sorgeketten („global care chains") zu setzen. Die Systemrelevanz dieser Berufe steht seit Corona allen vor Augen, und es bleibt zu hoffen, dass auch über die Art unseres Wirtschaftens grundsätzlich neu verhandelt wird.

Die Zeit sei reif, über neue Wirtschaftsformen zu reden und in der Politik auch die Rahmenbedingungen dafür zu schaffen, sagte der Generalsekretär der SPD, Lars Klingbeil, am 9. Mai 2020 gegenüber der Deutschen Presse-Agentur: „Muss es immer höher, schneller, weiter, noch globaler, noch mehr Profit, noch mehr Rendite sein? Oder kann wirtschaftliche Stärke und gesundes Wachstum stärker zum Wohle der gesamten Gesellschaft eingesetzt werden?"

Das seien Fragen, die sich seit Ausbruch der Corona-Pandemie noch drängender stellten.

In der Tat.

Literatur

Bundesministerium für Familie, Senioren, Frauen und Jugend (BMFSFJ), *Familie zwischen Flexibilität und Verlässlichkeit. Siebter Familienbericht der Bundesregierung*, Berlin 2006.
– *Neue Wege – Gleiche Chancen. Gleichstellung von Frauen und Männern im Lebensverlauf. Erster Gleichstellungsbericht*, Berlin 2011 (a).
– *Machbarkeitsstudie „Haushaltsnahe Dienstleistungen für Wiedereinsteigerinnen"*, Berlin 2011 (b).
– *Erwerbs- und Sorgearbeit gemeinsam neu gestalten. Zweiter Gleichstellungsbericht*, Berlin 2017.
Lenze, Anne / Funcke, Antje, *Alleinerziehende unter Druck. Rechtliche Rahmenbedingungen, finanzielle Lage und Reformbedarf*, Gütersloh 2016.
Lutz, Ronald, *Erschöpfte Familien*, Wiesbaden 2012.
Meier-Gräwe, Uta, *Haushaltsnahe Tätigkeiten kosten viel mehr Zeit als angenommen*, in: DIHK/BMFSFJ, Checkheft Familienorientierte Personalpolitik für kleine und mittlere Unternehmen, Berlin 2015.
Minijobzentrale, *Die unsichtbare Wirtschaftskraft der Minijobber. Private Haushalte gewinnen an ökonomischer Bedeutung*, Knappschaft-Bahn-See Berlin 2017.
Stichnoth, Holger, *Verteilungswirkungen ehe- und familienbezogener Leistungen und Maßnahmen*, Berlin 2016.
VAMV e.V., *Endbericht des Verbandes alleinerziehender Mütter und Väter, für die Evaluation des Modellprojektes zur Wirksamkeit von ergänzender Kinderbetreuung, Notfallbetreuung und Beratung von Einelternfamilien in Deutschland*, Berlin 2017.

Ulrike Gebelein / Rosemarie Daumüller

Wenn das Geld knapp wird
Familien brauchen finanzielle Sicherheit

In zahlreichen alleinerziehenden Familien reicht ihr selbst erwirtschaftetes Einkommen nicht aus, um über die Armutsgrenze zu kommen. Ein Großteil der Alleinerziehenden – in der Regel Mütter – ist deshalb auf Unterstützungsleistungen wie den Unterhaltsvorschuss, den Kinderzuschlag und Wohngeld oder auf SGB-II-Leistungen angewiesen. Oftmals kommen diese familienpolitischen Leistungen aber nicht an, weil die Vielzahl der familienbezogenen Leistungen für viele nur schwer durchschaubar ist. Damit verpufft die armutsvermeidende Wirkung dieser Leistungen gerade bei den Familien, die sie am meisten benötigten. Deshalb mahnen die Wohlfahrtsverbände, unter ihnen die Diakonie Deutschland und kirchliche Familienorganisationen sowie Kinderschutz- und Kinderhilfsorganisationen, immer wieder ein Umdenken der Politik an. Sie fordern eine einheitliche, nachvollziehbare und bedarfsgerecht berechnete soziale Sicherung für Kinder und Jugendliche, in der alle existenzsichernden Leistungen zusammengeführt werden. Gleichzeitig mahnen sie auch eine verbesserte familienunterstützende Infrastruktur an, die Eltern entlastet und unterstützt.

In numerous single parent families, their self-generated income is not sufficient to exceed the poverty level. A considerable number of single parents – usually mothers – are therefore dependent on support services such as advanced child support, child allowance, and housing benefit or social benefits (SGB II). Often, however, these family policy benefits do not get to the person in need because the multitude of family-related benefits is difficult for many to understand. As a result, the poverty-preventing impact of these benefits fails exactly for those families who need them most. Therefore, charity organisations, among them Diaconia Germany (Diakonie Deutschland) and church-based family organisations as well as child protection and child aid organisations keep requesting politicians to re-thinking the system. They call for uniform, comprehensible and fairly calculated social protection for children and youths combining all services that secure their livelihood. At the same time, they also call for an improved family support infrastructure which relieves and supports parents.

Wenn am Ende des Monats das Geld nicht mehr reicht

Die Zahl der Ein-Eltern-Familien in Deutschland wächst von Jahr zu Jahr. Mittlerweile sind von acht Millionen Familien 1,5 Millionen Familien alleinerziehend. 18 % der 13,1 Millionen Kinder unter 18 Jahren wachsen in dieser Familienform auf. In 95 % der Fälle sind es die Mütter, die die Verantwortung für die Fürsorge der Kinder, für die Erwerbsarbeit und den Haushalt alleine tragen.

Das Einkommensrisiko von Alleinerziehenden und ihren Kindern ist trotz guter Konjunktur nach wie vor sehr hoch. Mit mehr als 32 % ist das Armutsrisiko von Alleinerziehenden doppelt so hoch wie im gesellschaftlichen

Durchschnitt. Rund 38 % der Alleinerziehenden mit minderjährigen Kindern sind auf staatliche Leistungen nach dem Zweiten Sozialgesetzbuch (SGB II) angewiesen.[1] Von den Kindern im Grundsicherungsbezug („Hartz IV") lebt mehr als die Hälfte in Haushalten von Alleinerziehenden. Kinderarmut ist damit wesentlich auf die Armut von Alleinerziehenden zurückzuführen.

Dabei hängt die hohe Armutsbetroffenheit von alleinerziehenden Familien eng mit dem Kindesunterhalt und fehlenden Möglichkeiten, einer existenzsichernden Erwerbstätigkeit nachzugehen, zusammen. Insbesondere alleinerziehende Mütter arbeiten in Teilzeit oder in befristeten Beschäftigungsverhältnissen. Bei der Hälfte der Alleinerziehenden kommt der Unterhalt für die Kinder gar nicht an, bei weiteren 25 % nicht regelmäßig oder nicht in der Höhe des Mindestunterhalts.[2] So reicht in zahlreichen Familien ihr selbst erwirtschaftetes Einkommen nicht aus, um über die Armutsgrenze zu kommen. Ein Großteil der Alleinerziehenden – in der Regel Mütter – ist deshalb auf Unterstützungsleistungen wie den Unterhaltsvorschuss, den Kinderzuschlag und Wohngeld oder auf SGB-II-Leistungen angewiesen. Oftmals kommen diese familienpolitischen Leistungen aber nicht an, weil die Vielzahl der familienbezogenen Leistungen für viele nur schwer durchschaubar ist. Damit verpufft genau bei den Familien die armutsvermeidende Wirkung dieser Leistungen, die sie am meisten benötigten. Deshalb mahnen die Wohlfahrtsverbände – unter ihnen die Diakonie Deutschland – und kirchliche Familienorganisationen sowie Kinderschutz- und Kinderhilfswerke immer wieder ein Umdenken der Politik an. Ziel muss es sein, allen Kindern Chancen auf ein gutes Aufwachsen zu eröffnen, egal ob sie in einer Ein-Eltern-Familie oder in anderen Familienformen leben.

Was Kinder und Jugendliche brauchen

Derzeit wird das Existenzminimum von Kindern und Jugendlichen in den drei Rechtsgebieten des Sozial-, Steuer-, und Unterhaltsrechts unterschiedlich bemessen, ohne dass die Abweichungen inhaltlich begründet sind. Dies führt dazu, dass die verschiedenen monetären Leistungen nicht sinnvoll ineinandergreifen. Vielmehr entstehen Gerechtigkeitsprobleme, hohe Transferentzugsraten sowie ein enormer bürokratischer Aufwand sowohl für die Anspruchsberechtigten als auch für die zuständigen Behörden.

---

1 Bundesministerium für Familie, Senioren, Frauen und Jugend (BMFSFJ), *Allein- und getrennt Erziehende fördern und unterstützen*, 2020.
2 Lenze, Anne / Funke, Antje, *Alleinerziehende unter Druck. Rechtliche Rahmenbedingungen, finanzielle Lage und Reformbedarf*, Bertelsmann-Stiftung Gütersloh 2016, 6.

Ein Beispiel für Inkonsistenzen im Zusammenspiel verschiedener Systeme ist die Schnittstelle zwischen Leistungen nach dem Gesetz zur Sicherung des Unterhalts von Kindern alleinstehender Mütter und Väter durch Unterhaltsvorschüsse (UVG) und dem Sozialgesetzbuch Zweites Buch (SGB II) und Zwölftes Buch (SGB XII). „Anspruchsberechtigt im Sinne des UVG sind Kinder, die bei einem Elternteil leben und keinen bzw. unzureichenden oder unregelmäßig Unterhalt vom barunterhaltspflichtigen Elternteil erhalten. Der Unterhaltsvorschuss (UV) soll diese besondere Lebenssituation erleichtern und die Existenzsicherung des Kindes gewährleisten. Er verdeutlicht zudem die fortbestehende Mitverantwortung des barunterhaltspflichtigen Elternteils. Grundsätzlich schließt der Bezug von Leistungen nach dem UVG den Anspruch auf existenzsichernde Leistungen nach SGB II oder SGB XII nicht aus. Wegen der Nachrangigkeit dieser Leistungen werden UV-Leistungen als Einkommen des Kindes angerechnet. Das bedeutet, dass sich die finanzielle Situation von Alleinerziehenden und deren Kindern trotz des Bezugs von UV-Leistungen nicht verbessert, wenn sie leistungsberechtigt nach SGB II oder SGB XII sind.

Kindergeldleistungen nach dem Bundeskindergeldgesetz (BKGG) sind beim Bezug von Leistungen nach dem SGB II ebenfalls (bedarfsmindernd) als Einkommen anzurechnen. Sofern das Kind mit in der Bedarfsgemeinschaft lebt und seinen Bedarf nicht aus sonstigen Mitteln – beispielsweise durch Unterhaltsleistungen – decken kann, erfolgt die Anrechnung des Kindergeldes auf den Bedarf des Kindes. Der steuerliche Freibetragsanteil für den Betreuungs-, Erziehungs- und Ausbildungsbedarf (BEA) hat im SGB II keine Entsprechung."[3] Wohngeld und Unterhaltsvorschuss müssen bei verschiedenen Stellen, mit unterschiedlichen Anrechnungsregelungen, Mitwirkungspflichten und Bewilligungszeiträumen beantragt werden. Auch die Leistungen – einschließlich des Kindergeldes – werden zu unterschiedlichen Zeitpunkten im Monat ausbezahlt. Selbst für die zuständigen Jobcenter, Wohngeldstellen und die Familienkassen ist die Beurteilung, ob eine Ein-Eltern-Familie entweder Leistungen nach dem SGB II oder Kinderzuschlag plus Wohngeld oder nur Wohngeld oder nur Kinderzuschlag oder gar keine aufstockenden Leistungen bekommt, enorm zeitaufwendig.

Neue Ansätze für eine eigenständige monetäre Absicherung von Kindern und Jugendlichen

Die dargestellten einzelnen Schnittstellenprobleme und Handlungsbedarfe zeigen, wie dringend notwendig eine Neu-/Umstrukturierung des Systems

---
3 Empfehlungen des Deutschen Vereins für öffentliche und private Fürsorge e.V. zur Weiterentwicklung des Systems monetärer Unterstützung von Familien und Kindern, 2019, 5.

monetärer Leistungen ist. Deshalb fordert die Diakonie Deutschland mit anderen Wohlfahrtsverbänden und Familien- und Kinderschutzorganisationen seit Jahren eine einheitliche, nachvollziehbare und bedarfsgerecht berechnete soziale Sicherung für Kinder und Jugendliche: Eine Leistung, in der alle existenzsichernden Leistungen zusammengeführt werden, wo nicht zwischen verschiedenen Sozialleistungsträgern hin- und her verrechnet, sondern das Existenzminimum gebündelt und in einer Summe – aus Kindergeld, Kinderzuschlag, die Regelsätze für Kinder sowie pauschalierte Leistungen für Bildung und Teilhabe – gewährt wird.[4] Dieser Ansatz wird allgemein als „Kindergrundsicherung" beschrieben. Ziel ist es, Kinder aus dem Leistungsbezug nach SGB II auszugliedern, das sächliche und soziokulturelle Existenzminimum für alle Kinder sicherzustellen, die Inanspruchnahme der Leistungen zu erhöhen und den bürokratischen Aufwand insbesondere für die Familien selbst zu reduzieren. Grundlage einer Kindergrundsicherung, die darauf abzielt, Kinder von Alleinerziehenden besser vor Armut schützen zu wollen, muss entsprechend der Rechtsprechung des Bundesverfassungsgerichtes die materiellen Voraussetzungen nicht nur für die physische Existenz, sondern auch für ein Mindestmaß an Teilhabe am gesellschaftlichen, kulturellen und politischen Leben schaffen. Derzeit fehlt es jedoch an einem schlüssigen und konsistenten Verfahren zur realitätsgerechten Erfassung und Bemessung der Bedarfe von Kindern und Jugendlichen,[5] weshalb die Regelbedarfsermittlung und damit die Regelsätze im SGB II und XII als Grundlage für eine Neujustierung ungeeignet sind.[6]

Familien brauchen mehr als Geld – monetäre und infrastrukturelle Maßnahmen nicht gegeneinander ausspielen

Alleinerziehende stehen vor besonderen Herausforderungen, die sich nach einer Trennung ergeben: Sie müssen die Trennungs- und Verlusterfahrungen bewältigen, den Alltag mit den Kindern neu organisieren und den Lebensunterhalt überwiegend alleine sichern. Das bringt sie oftmals an die Grenzen des Machbaren.

Ebenso wichtig wie die ausreichende materielle Absicherung der Alleinerziehenden Familie über Einkommen, Familienleistungen und/oder Transfers ist das Vorhandensein einer umfassenden familienunterstützenden In-

---

4 Diakonie Deutschland, *Soziale Sicherung für Kinder und Jugendliche einfach und transparent ausgestalten*, Diakonie-Texte 03.2013.
5 Becker, Irene, *Regelbedarfsbemessung – methodisch konsistente Berechnungen auf Basis der EVS 2013 unter Berücksichtigung von normativen Vorgaben der Diakonie Deutschland. Projektbericht im Auftrag der Diakonie Deutschland*, Evangelischer Bundesverband, 2016.
6 Becker, Irene, *Regelbedarfsbemessung: Gutachten zum Gesetzentwurf 2016 für Diakonie Deutschland*, Evangelischer Bundesverband, 2016.

frastruktur vor Ort. Dabei ist die Kinderbetreuung, welche die Vereinbarkeit von Familie und Erwerbsarbeit erst ermöglicht, zentral. Sie muss vor allem bei Alleinerziehenden (von denen viele in Dienstleistungsberufen oder im Handel arbeiten) auch eine Abdeckung von Randzeiten und Wochenenden beinhalten – hier gibt es noch einigen Nachholbedarf.

Von ebenso großer Bedeutung ist für Mütter und Väter ein gutes Netz der Familienförderung, die aus Beratung, Information, Bildung, Begleitung, Entlastung und Unterstützung in ganz unterschiedlichen Lebenslagen und Lebensphasen besteht. Idealerweise bilden hier die Dienste der freien Träger zusammen mit den kommunalen Angeboten ein bedarfsgerechtes und flächendeckendes Netz vor Ort. Denn das Lebensgefühl von Alleinerziehenden wird auch entscheidend davon geprägt, wie es um den eigenen Rückhalt und die empfundene oder tatsächliche Unterstützungsstruktur aussieht. Das gilt in Bezug auf die eigene Herkunftsfamilie, die Nachbarschaft und das Lebensumfeld, aber eben auch im Hinblick auf die vorhandene „professionelle" Hilfeinfrastruktur.

Schwangerschafts-, Ehe-, Familien-, Lebens- und Erziehungsberatungsstellen in kirchlicher oder diakonischer Trägerschaft sind wichtige Anlaufstellen für Alleinerziehende. Angebote der Eltern- und Familienbildung, der Familienerholung oder ehrenamtlich geleitete „Treffpunkte für Alleinerziehende" vermitteln Informationen, Austausch, Entlastung und Sicherheit im Alltag. Die Kirchliche Allgemeine Sozialarbeit (KASA) und die kirchlich-diakonische Schuldnerberatung sind Ansprechpartnerinnen für Hilfesuchende mit sozialen, finanziellen oder wirtschaftlichen Schwierigkeiten. Kindertageseinrichtungen und vielfältige andere Angebote wie zum Beispiel Hausgabenhilfen oder Freizeitangebote fördern und unterstützen Kinder; sie werden auch von Jugendlichen genutzt. Diese Angebote sind gerade dann wichtig, wenn Eltern sich trennen oder scheiden lassen.

Schon die Gesamtevaluation der ehe- und familienbezogenen Maßnahmen und Leistungen in Deutschland des Bundesministeriums für Familie, Senioren, Frauen und Jugend (BMFSFJ) hat nachgewiesen, dass spezielle Maßnahmen wie Kinderbetreuung eine wichtige Stütze für Eltern sind.[7] Werden sie zur Verfügung gestellt, fördert das nicht nur das Wohlergehen der Kinder und Jugendlichen, sondern auch die ökonomische Situation von Familien, da Beruf und Familie besser miteinander vereinbart werden können.

Oftmals führt die unzulängliche (Höhe, Verlässlichkeit) Finanzierung familienunterstützender Angebote allerdings dazu, dass diese präventiven sozialpädagogischen Angebote des SGB VIII kaum ausgebaut oder nicht in aus-

---

[7] Prognos AG, *Gesamtevaluation der ehe- und familienbezogenen Maßnahmen und Leistungen in Deutschland*, im Auftrag des Bundesministeriums der Finanzen und des Bundesministeriums für Familie, Senioren, Frauen und Jugend, 2014.

reichendem Maße vorhanden sind.[8] Eltern, Kinder und Jugendliche brauchen aber beides: auskömmliche Geldleistungen und familienunterstützende Infrastrukturangebote. Geld und Infrastruktur dürfen nicht gegeneinander ausgespielt werden! Nur beides zusammen gibt alleinerziehenden Müttern und Vätern die nötige Unterstützung und Verlässlichkeit sowie Sicherheit bei der Erziehung ihrer Kinder. Deshalb müssen alle föderalen Ebenen, das heißt Bund, Länder und Kommunen, immer wieder an ihre gemeinsame, besondere Verantwortung für die Familien erinnert werden, das gilt umso mehr, wenn es um eine so verletzliche Familienform wie die der Alleinerziehenden geht.

Weitere Schritte in die richtige Richtung sind nötig

Familienpolitik hat die Aufgabe, die Bedingungen zu schaffen, die Familien brauchen, um ihre Aufgaben gut erfüllen zu können. Familienpolitische Leistungen sollen das Leben als Familie ermöglichen, ihre Leistungen anerkennen und bestehende Nachteile ausgleichen. Dabei muss die besondere gesellschaftliche Verantwortung denjenigen gelten, die besonders auf Unterstützung angewiesen sind, wie es gerade Alleinerziehende und ihre Kinder sind.[9]

Es ist ungerecht, wenn Familien mit höherem Einkommen für ihre Kinder durch den steuerlichen Kinderfreibetrag eine höhere Leistung erhalten als Familien mit niedrigen Einkommen. Schwer verständlich ist auch, dass Kinder und Jugendliche, die auf Grundsicherungsleistungen wie ALG II angewiesen sind, faktisch gar kein Kindergeld erhalten, weil es mit den Regelleistungen verrechnet wird.

Deshalb sind geringfügige Anhebungen von Geldleistungen – wie beim Kindergeld oder mit dem „Starke-Familien-Gesetz"[10] geschehen – keine wirklichen und nachhaltigen Lösungen. Vielmehr muss Kindern ein Aufwachsen frei von Armutsgefährdungen und unabhängig vom Elterneinkommen ermöglicht werden. Mit einer Kindergrundsicherung sollte sowohl das sächliche als auch das soziokulturelle Existenzminimum eines Kindes abgesichert sein und der ungehinderte Zugang zu qualitativ hochwertigen Angeboten an Kultur, Bildung und sozialen Dienstleistungen ermöglicht werden.

---

8 Diakonie Deutschland, *Familie im Wandel. Die Rolle und Bedeutung der allgemeinen Förderung der Erziehung in der Familie,* Diakonie-Texte 05.2019.

9 Diakonie Deutschland, *Familienpolitische Positionierung: Was Familien brauchen – Verwirklichung und Teilhabe von Familien,* Diakonie-Texte 03.2014.

10 Gesetz zur zielgenauen Stärkung von Familien und ihren Kindern durch die Neugestaltung des Kinderzuschlags und die Verbesserung der Leistungen für Bildung und Teilhabe (Starke-Familien-Gesetz – StaFamG), 2019.

Nur so kann es gelingen, die bisherigen unterschiedlich hohen Förderungen im Kindergeld- und Kinderfreibetragssystem zu überwinden. Es würde dazu beitragen, viele Familien, insbesondere Ein-Eltern-Familien zusammen mit ihren Kindern und Jugendlichen, aus dem diskriminierenden, stigmatisierenden Bezug der Grundsicherungsleistungen herauszuholen und ihnen damit ein gutes Aufwachsen zu eröffnen.

Sabine Walper / Alexandra N. Langmeyer / Julia Reim

Partnerschaft und Elternschaft im Wandel
Chancen, Risiken und Unterstützungssysteme
für Alleinerziehende

Veränderte Rahmenbedingungen von Partnerschaft und Elternschaft stellen an Alleinerziehende steigende Ansprüche. Zudem sind Alleinerziehende trotz vielfach eingeschränkten Ressourcen mit vermehrten Anforderungen in der Bewältigung von Familien- und Erwerbsarbeit konfrontiert. In dem Maße, in dem beide Eltern ihre Erziehungsverantwortung auch im Alltag der Kinder wahrnehmen, können Alleinerziehende eine entscheidende Entlastung erfahren. Neben diesen bedeutsamen Chancen birgt die Zusammenarbeit und das Coparenting mit dem getrennt lebenden Elternteil aber auch Herausforderungen, denn die Beziehung zwischen getrennten Eltern ist nicht immer frei von Vorbehalten, Ressentiments und Konflikten. Entsprechende präventive Bemühungen, die von Angeboten der Familienbildung bis zu stärker individuellen und auf die persönliche Situation zugeschnittenen Beratungsangeboten reichen, sind in vielen Fällen von zentraler Bedeutung, um den Weg zu einem kooperativen Coparenting zu ebnen.

Altered framework conditions of partnership and parenthood imply increasing demands on single parents. Moreover, single parents are confronted with added requirements concerning the handling of family life as well as gainful employment, regardless of frequently limited resources. To the extent that both parents realise their responsibility in the daily life of their children they can experience an essential relief. However, apart from these significant chances, cooperation (co-parenting) with the separated parent poses a challenge, since the relationship between separated parents is not always free of reserve, resentment, and conflicts. Suitable preventive efforts, ranging from offers of family counselling to rather individually and personally adapted situations have a central importance on the way to cooperative co-parenting.

Mit dem Wandel von Partnerschaft und Familie haben sich auch die gesellschaftlichen Vorstellungen und Leitbilder von dem, was Familie ist und wie Familie und Elternschaft zu leben sei, verändert. Augenfällig sind vor allem eine Reihe von Trends, die sowohl zu einem Anstieg von Trennungsfamilien und damit von Ein-Eltern-Haushalten beigetragen haben, als auch den Alltag von Trennungsfamilien verändert haben. Hierzu zählt erstens der Rückgang der Heiratsneigung, der sich nicht auf kinderlose Paare beschränkt, sondern auch die Phase der Familiengründung verändert hat, so dass unverheiratete Elternschaft heute weit verbreitet und sozial akzeptiert ist. Zweitens ist schon längerfristig die Instabilität von Partnerschaftsbeziehungen gestiegen, die zunächst vor allem an steigenden Scheidungsraten festzumachen war, mittlerweile aber auch durch die noch höhere Instabilität nicht-ehelicher Partnerschaften bestimmt wird. Damit finden sich unter den Alleinerziehenden zunehmend auch Trennungseltern, die zwar zusammengelebt und gemeinsame Elternschaft praktiziert haben, aber nicht miteinander verheiratet waren.

Während diese beiden Trends zur wachsenden Verbreitung und Vielfalt Alleinerziehender beigetragen haben, betreffen zwei weitere Trends das Verhältnis getrennter Eltern. So hat die wachsende Verbreitung egalitärer Normen der Arbeitsteilung in der Partnerschaft auch Konsequenzen für die Arbeitsteilung nach einer Trennung der Partner. Mit dem steigenden Engagement von Vätern in der Kinderbetreuung und Erziehung während der Partnerschaft ist auch ihr Wunsch nach einer angemessenen Beteiligung und Anerkennung ihrer Rolle nach einer Trennung gestiegen. Insofern wird zunehmend diskutiert, ob der Begriff „Alleinerziehend" noch treffend den Alltag eines Großteils der Ein-Eltern-Haushalte charakterisiert, oder ob nicht eher die Bezeichnung „Getrennt Erziehende" die angemessenere Bezeichnung wäre.[1] Auch die Diskussion um das Wechselmodell beziehungsweise geteilte Betreuung von Kindern durch ihre getrennten Eltern ist in dieser Tradition zu verstehen und reflektiert den zunehmenden Wunsch nach aktiver Vaterschaft auch im Trennungsfall.

Nicht zuletzt lässt die Reform des Kindschaftsrechts eine Entwicklung erkennen, die die gemeinsame Elternverantwortung auch nach einer Trennung gestärkt hat, zunächst für ehemals verheiratete Eltern, in jüngerer Vergangenheit auch für nie miteinander verheiratete Eltern. Auch wenn die rechtliche Normierung geteilter Betreuung derzeit noch aussteht, ist doch davon auszugehen, dass das Wechselmodell an Verbreitung und Bedeutung gewinnt – sowohl in den Wünschen und der Praxis von Trennungseltern wie auch in Entscheidungen der Familiengerichte.

Im Folgenden gehen wir zunächst auf diese Entwicklungen ein und diskutieren, wie sich mit der „Normalisierung" und Entstigmatisierung von Trennung und Scheidung die Erwartungen an die gemeinsame Ausgestaltung von Elternschaft nach einer Trennung der Eltern verändert haben. Nach einer breiteren Skizze von Herausforderungen, mit denen Alleinerziehende konfrontiert sind, gehen wir vor allem darauf ein, welche Anforderungen sich im Bereich des Coparenting beziehungsweise der gemeinsamen Ausgestaltung von Elternschaft stellen. Als zentralen Maßstab legen wir hierbei das Wohlergehen von mitbetroffenen Kindern zugrunde, das im Mittelpunkt zahlreicher internationaler und nationaler Studien steht.

---

1 Als Ersatz für die Bezeichnung „Alleinerziehend" kann „Getrennt Erziehend" sicher nicht fungieren, da die letztgenannte Bezeichnung weder auf verwitwete Alleinerziehende zutreffen würde noch auf Alleinerziehende in Trennungsfamilien, in denen der Kontakt zum anderen Elternteil verloren gegangen ist. Wir verwenden im Folgenden beide Begriffe, beziehen „Getrennt Erziehende" aber auf Trennungseltern, die beide in die Betreuung und Erziehung der Kinder involviert sind.

1. Familienformen und -normen im Wandel

In den vergangenen Jahrzehnten war ein deutlicher Rückgang der Heiratsziffern zu verzeichnen, der sich allerdings mittlerweile abgeflacht hat. Als ritueller wie auch vertraglicher Rahmen für eine Partnerschaft hat die Eheschließung merklich an Bedeutung verloren. Selbst bei Geburt eines Kindes ist heute rund ein Drittel der Eltern nicht verheiratet, in Ostdeutschland sogar mehr als die Hälfte der Eltern.[2] Dies ist umso erstaunlicher, als auch nicht miteinander verheiratete Eltern gerade in der frühen Familienphase eine eher traditionelle Arbeitsteilung aufweisen und von der rechtlichen Absicherung des nicht oder wenig erwerbstätigen Elternteils und von den finanziellen Vorteilen des Ehegattensplittings profitieren würden.

Der Bedeutungsverlust der Ehe spiegelt sich auch in den Einstellungen der Bevölkerung wieder.[3] Weniger als jeder Dritte Erwachsene (28%) meint, dass Verheiratete glücklicher seien als Unverheiratete. Auch, dass man bei einem Kinderwunsch heiraten soll, wird nur von einer Minderheit unterstützt, in Westdeutschland mit 26% noch etwas mehr als in Ostdeutschland (20%). Demgegenüber besteht hoher Konsens, dass es in Ordnung ist, unverheiratet als Paar zusammen zu leben. Mehr als 80% der Befragten stimmen dem zu (Westdeutschland: 85%, Ostdeutschland: 78%).

Allerdings erweisen sich nichteheliche Lebensgemeinschaften im Vergleich zu Ehen als deutlich weniger stabil. Dies betrifft nicht nur Paare, die „auf Probe" zusammenleben und erst prüfen wollen, ob sie zueinander passen, sondern auch Paare, die sich zur Familiengründung entschlossen und ein gemeinsames Kind bekommen haben. Diese erhöhte Instabilität nichtehelicher Lebensgemeinschaften lässt sich in den Familienbiographien Jugendlicher nachzeichnen, die im Rahmen des Beziehungs- und Familienpanels *pairfam* im Jahr 2018/2019 bundesweit repräsentativ erstmals befragt wurden. Unter den 1.781 Jugendlichen, deren Eltern bei Geburt der Jugendlichen zusammenlebten, haben insgesamt 22% eine Trennung der Eltern erlebt. Dies war mehr als doppelt so oft der Fall, wenn die Eltern bei Geburt nicht verheiratet waren (35% Trennungen), als wenn sie vor der Geburt eine Ehe eingegangen waren (15% Trennungen).[4] Vielfach erfolgt die Trennung der Partner schon früh. So ist für Kinder, die in einer nichtehelichen Lebensgemeinschaft geboren wurden, schon in der frühen Kindheit das Risiko deutlich erhöht, eine Trennung der Eltern zu erleben. Dies betrifft im Alter von 3 bis 5 Jahren rund jedes fünfte dieser Kinder.[5]

---

2 Peuckert 2019; Walper et al. 2017.
3 Destatis et al. 2018.
4 Walper/Reim [in Vorb.].
5 Langmeyer/Walper 2013.

Die amtliche Statistik gibt über diese Familienbiographien nur unzureichend Auskunft. Immerhin kann man ihr entnehmen, dass der Anteil der Haushalte alleinerziehender Eltern an allen Familienhaushalten (mit minderjährigen Kindern) bis 2015 auf 20 % gestiegen ist und seither geringfügig rückläufig ist (2019: 19 %; Westdeutschland: 17 %; Ostdeutschland: 25 %). Auch nichteheliche Lebensgemeinschaften haben zugenommen und stellten im Jahr 2019 11 % aller Familienhaushalte (Westdeutschland: 9 %; Ostdeutschland: 22 %). In 70 % der Familien lebten die Kinder mit verheirateten Eltern zusammen (Westdeutschland: 74 %; Ostdeutschland: 53 %). Allerdings waren dies nicht in allen Fällen ihre leiblichen Eltern. Wie bei den nichtehelichen Lebensgemeinschaften umfassen auch die Ehepaare neben leiblichen Eltern ebenso Pflege- und Adoptiveltern, aber auch Stiefeltern, die durch eine neue Partnerschaft eines Elternteils hinzugekommen sind. Ihr Anteil lässt sich auf Basis der amtlichen Statistik nicht ermitteln. Survey-Befragungen legen nahe, dass ihr Anteil bei ca. 13 % aller Familienhaushalte liegen dürfte.[6] Damit liegt Deutschland hinsichtlich der Verbreitung von Stieffamilien im europäischen Vergleich im oberen Bereich.

Wenn es darum geht, die gestiegene Instabilität von Partnerschaften zu erklären, lassen sich vielfältige Faktoren anführen. Neben sexueller Untreue, die es zu allen Zeiten gegeben hat, spielt zunehmend das „sich Auseinanderleben" eine beträchtliche Rolle, d.h. Gemeinsamkeiten erodieren und Reibungspunkte nehmen zu.[7] Dass bei Trennungsentscheidungen nicht unbedingt gravierende Partnerschaftsprobleme im Vordergrund stehen, sondern vor allem die Erosion von Gemeinsamkeiten einen Großteil der Trennungen erklärt, mag darauf verweisen, dass heute die Erwartungen an Partnerschaften gestiegen sind und diese damit höheren Anforderungen standhalten müssen. Zudem sind Trennungen mittlerweile in hohem Maße sozial akzeptiert. Über 70 % der Erwachsenen in Ost- und Westdeutschland meinen, dass eine Scheidung bei Problemen die beste Lösung ist.[8]

Obwohl sich die Partner*innen nach einer Trennung vielfach aus dem Weg gehen möchten, ist dies für Eltern mit gemeinsamen Kindern nur in begrenztem Maße möglich. Seit der Kindschaftsrechtsreform von 1998 behalten verheiratete Partner*innen mit gemeinsamen Kindern nach einer Scheidung in der Regel das gemeinsame Sorgerecht. Die Ausnahmen, die gerichtlich festgelegt werden müssen, liegen im einstelligen Prozentbereich. Damit sind die Eltern verpflichtet, in wichtigen Angelegenheiten – etwa bei der Wahl der Kita und Schule, bei gesundheitlichen Therapien oder wenn der hauptbetreuende Elternteil den Wohnort wechseln will – gemeinsame Entscheidungen zu treffen. Finden sie im Konfliktfall keine Lösung, so sind sie auf eine Entschei-

---

6 Steinbach et al. 2015.
7 Bodenmann et al. 2002.
8 Bundeszentrale für politische Bildung 2013.

dung des Familiengerichts angewiesen. Ohnehin müssen sie die Umgangskontakte des Kindes regeln und arrangieren.

Auch für nicht miteinander verheiratete Eltern wurde der Zugang zum gemeinsamen Sorgerecht beider rechtlicher Eltern erweitert. Zum einen können die Eltern bei oder nach der Anerkennung der Vaterschaft die gemeinsame Sorge erklären. Hierzu ist auch das Einverständnis der Mutter erforderlich. Zum anderen wurde mit der Sorgerechtsreform von 2013 die Regelung des § 1626a Abs. 1 Nr. 3 BGB eingeführt, die es ermöglicht, die gemeinsame Sorge auch gegen den Willen eines Elternteils durch gerichtliche Entscheidung zu begründen. Voraussetzung ist, dass die gemeinsame Sorge dem Kindeswohl nicht widerspricht (negative Kindeswohlprüfung, vgl. § 1626a Abs. 2 S. 1 BGB). Hierbei prüft das Gericht, inwieweit ein Mindestmaß an Übereinstimmung in wesentlichen Bereichen der elterlichen Sorge und eine tragfähige soziale Beziehung zwischen den Eltern gegeben ist. Beides wird für die Kooperation der Eltern und das Wohlergehen der Kinder als erforderlich erachtet.[9] Falls zu befürchten ist, dass die Eltern kaum in der Lage sind, gemeinsame Entscheidungen in grundlegenden Angelegenheiten für ihr Kind zu treffen, würde das Kind durch die Streitigkeiten erheblichen Belastungen ausgesetzt.[10]

Damit wurde die Norm gemeinsamer Elternverantwortung auch jenseits der bestehenden Partnerschaft gestärkt. Dieser Trend im Recht reflektiert auch eine Annäherung der Rollen beider Eltern nach einer Trennung. Die lange Zeit übliche Aufteilung „Einer zahlt und eine betreut"[11] ist schon seit geraumer Zeit in der Diskussion und hat in vielen Ländern einer weniger asymmetrischen Rollenverteilung Platz gemacht. Trendbeobachtungen aus den USA und den Niederlanden lassen darauf schließen, dass geschiedene Väter im Verlauf der vergangenen Jahrzehnte ihr Engagement sowohl in den Unterhaltszahlungen als auch in den Umgangskontakten gesteigert haben.[12] Auch in Deutschland wünschen sich getrennte Eltern eine stärker egalitäre Rollenverteilung beziehungsweise eine stärker geteilte Betreuung der Kinder durch beide Elternteile.[13] Bislang gelingt dies jedoch nur einer Minderheit der Trennungsfamilien in Deutschland.[14]

Umso mehr richtet sich der Blick auf die Frage des Coparenting – des Zusammenwirkens der Eltern in der Betreuung und Erziehung der Kinder. Bevor wir hierauf eingehen, soll in gebotener Kürze die Bandbreite der Herausforderungen skizziert werden, mit denen Alleinerziehende konfrontiert sind.

---

9 BVerfG, Urteil vom 29. Januar 2003 – 1 BvL 90/99, 1 BvR 933/01 – BVerfGE 107, 150, 169; BT-Drs. 17/11048, S. 17; dazu auch Coester in: Staudinger Stand 2015, § 1626a BGB, Rn. 93 ff.
10 BGH, Beschluss vom 15. Juni 2016 – XII ZB 419/15.
11 Scheiwe/Wersig 2010.
12 Amato et al. 2009; Westphal et al. 2014.
13 Institut für Demoskopie Allensbach 2017.
14 Walper et al. [im Druck].

2. Herausforderungen für Alleinerziehende

Alleinerziehende müssen nicht nur weite Teile des Erziehungsalltags allein bestreiten, sondern sind auch darüber hinaus mit vermehrten Anforderungen konfrontiert. Eine wichtige Rolle spielen im Zuge einer Trennung, aber auch generell für Alleinerziehende finanzielle Fragen. Eine Trennung oder Scheidung ist in aller Regel mit finanziellen Einbußen verbunden, da Steuervorteile für Ehen verloren gehen und die Kosten für zwei separate Haushalte höher ausfallen als das gemeinsame Wirtschaften in einem Haushalt. Da Mütter nach Geburt des Kindes zumeist ihre Erwerbstätigkeit einschränken und auch als Alleinerziehende schlechtere Chancen auf dem Arbeitsmarkt haben, sind vor allem alleinerziehende Mütter mit einem erhöhten Armutsrisiko konfrontiert.[15]

Zur vielfach prekären finanziellen Situation Alleinerziehender trägt auch bei, dass Unterhaltszahlungen in einem beträchtlichen Anteil der Fälle nur unvollständig erfolgen oder ganz ausbleiben. Nach Befunden der Alleinerziehendenstudie des Deutschen Jugendinstituts, bei der 1.077 alleinerziehende Mütter und 73 alleinerziehende Väter mit einem Kind unter 15 Jahren befragt wurden, hatten die Eltern in jedem fünften Fall keine Vereinbarung zum Barunterhalt für das Kind bzw. die Kinder getroffen bzw. meinten, sie hätten keinen Anspruch auf Unterhaltszahlungen.[16] Dies galt häufiger für alleinerziehende Väter als Mütter. Zudem gaben diejenigen Eltern, die einen Anspruch auf Kindesunterhalt sahen, sehr geringe Beträge als vereinbarten Unterhalt an. Zur Hälfte lag der vereinbarte Unterhalt unterhalb des altersspezifischen Mindestzahlbetrags (Düsseldorfer Tabelle). Nur 61 % der (subjektiv) anspruchsberechtigten Alleinerziehenden – Mütter wie Väter gleichermaßen –, d.h. nur rund die Hälfte der Alleinerziehenden erhielten den vollen Unterhalt. Rund jede beziehungsweise jeder dritte Alleinerziehende (37 %), die*der keinen vollständigen Unterhalt erhielt, bezog Unterhaltsvorschuss. Mehrheitlich wurde die Zahlungsunfähigkeit des anderen Elternteils als Grund für ausbleibende oder unvollständige Zahlungen angeführt. Allerdings waren in immerhin einem Drittel der Fälle auch andere Gründe wie mangelnde Zahlungsbereitschaft ausschlaggebend. Analog zu früheren Befunden[17] legt auch die DJI-Alleinerziehenden-Studie nahe, dass ein Teil der Alleinerziehenden auf den Kindesunterhalt verzichtet, um die Beziehung zum anderen Elternteil nicht zu belasten.

Auch das soziale Umfeld ändert sich oft im Zuge einer Trennung, sei es, weil ein Umzug erforderlich ist, oder weil sich der Freundeskreis nach der Trennung aufteilt. Nach Befunden der umfangreichen Studie „Gesundheit in

---
15 Bundesministerium für Arbeit und Soziales 2017, 100.
16 Hubert et al. 2020.
17 Andreß et al. 2003.

Deutschland aktuell" (GEDA), berichten alleinerziehende Mütter deutlich häufiger eine geringere soziale Unterstützung (22%) als Mütter in Paarfamilien (13%).[18] Für alleinerziehende Väter ließen sich keine statistisch bedeutsamen Nachteile gegenüber Vätern in Paarfamilien beobachten. Auch die 2015 durchgeführte Befragung KiD 0-3 des Nationalen Zentrums Frühe Hilfen zur Situation von Eltern mit Kindern im Alter bis zu drei Jahren erbrachte ähnliche Zahlen zur mangelnden sozialen Unterstützung Alleinerziehender.[19] Sie bestätigt darüber hinaus nicht nur die erhöhten Armutsquoten alleinerziehender Mütter, sondern zeigt auch vielfältige weitere Belastungsfaktoren wie einen erhöhten Anteil ungeplanter Schwangerschaften und häufigere Gewalterfahrungen der Mütter in ihrer Kindheit und in ihrer Partnerschaft auf, von denen Mütter in Partnerschaften seltener betroffen waren.

Die vielfältigen Anforderungen und Veränderungen, mit denen die Familienmitglieder bei einer Trennung konfrontiert sind, aber auch die oft ungünstigeren Vorerfahrungen Alleinerziehender erhöhen das Risiko für Belastungen der körperlichen und seelischen Gesundheit auf Seiten von Eltern, insbesondere seitens alleinerziehender Mütter. So zeigen die GEDA-Daten, dass alleinerziehende Mütter im Vergleich zu Müttern in Paarfamilien doppelt so häufig von Depressivität betroffen sind, ungünstigeres Gesundheitsverhalten, einen schlechteren allgemeinen Gesundheitszustand und mehr Rückenschmerzen erleben. Hierbei scheinen die schwächeren sozioökonomischen Ressourcen, Unterschiede im Erwerbsstatus oder die schwächere soziale Unterstützung unabhängig voneinander zu gesundheitlichen Belastungen beizutragen. Besonders stark belastet sind demnach alleinerziehende Mütter mit niedrigem Sozialstatus, die nicht erwerbstätig sind und über geringe soziale Unterstützung verfügen.[20] Im Vergleich zu alleinerziehenden Müttern waren gesundheitsbezogene Nachteile alleinerziehender Väter deutlich umgrenzter und zeigten sich lediglich im erhöhten Anteil der Raucher.[21]

Auch in KiD 0-3 zeigen alleinerziehende Mütter eine jeweils doppelt so hohe Prävalenz von Depressivität/Ängstlichkeit und generellem Stress sowie deutlich erhöhten Stress in der Elternrolle. Wesentliche Prädiktoren für die einzelnen Belastungsformen der Mütter waren geringe sozioökonomische Ressourcen und mangelnde soziale Unterstützung sowie darüber hinaus Gewalterfahrungen. Der vermehrte Stress Alleinerziehender in der Fürsorge für die Kinder ließ sich vollständig durch diese Faktoren erklären; die erhöhte Depressivität und Ängstlichkeit sowie der vermehrte generelle Stress der Alleinerziehenden war zumindest teilweise auf diese Faktoren zurückzuführen.

---

18 Rattay et al. 2017.
19 Liang et al. 2019.
20 Siehe auch Borgmann et al. 2019.
21 Rattay et al. 2017.

3. Die Bedeutung des elterlichen Coparenting nach Trennung und Scheidung

Neben den zuvor berichteten Herausforderungen sind Alleinerziehende zunehmend gefordert, in Erziehungsaufgaben mit dem anderen Elternteil zusammenzuarbeiten, sich abzustimmen und wichtige Fragen gemeinsam zu entscheiden. Ausschlaggebend hierfür ist, dass ehemals verheiratete Eltern nach einer Scheidung in der Regel weiterhin die gemeinsame elterliche Sorge innehaben, dass die Mehrheit nicht miteinander verheirateter Eltern rund um die Geburt des Kindes die gemeinsame Sorge erklärt und auch nach einer Trennung behält, und nicht zuletzt dass getrenntlebende Väter das Aufwachsen ihrer Kinder vermehrt aktiv begleiten möchten (s.o.). Für getrennte Eltern mit gemeinsamem Sorgerecht stellt sich die Aufgabe, in wichtigen Angelegenheiten des Kindes wie bei medizinischen Behandlungen oder Bildungsentscheidungen einen Konsens zu finden. In Angelegenheiten des täglichen Lebens hat zwar der hauptbetreuende Elternteil alleinige Entscheidungsbefugnis, dennoch gibt es oftmals Situationen, in denen sich Eltern abstimmen müssen, etwa über Urlaubs- und Besuchszeiten des Kindes, über die Frage, wer am Elternabend in Kita oder Schule teilnimmt, und in Bank- oder Behördenangelegenheiten des Kindes, etwa wenn es einen Pass benötigt.

Diese Fragen der gemeinsamen Ausübung der Elternrolle bzw. des Coparenting haben zunehmend an Bedeutung gewonnen, da getrenntlebende Väter heute mehr als in der Vergangenheit in das Leben ihrer Kinder involviert bleiben. Vor allem das gestiegene Engagement von Vätern in Kernfamilien scheint hierfür ursächlich zu sein.[22] Getrenntlebende Väter verbringen heute im Vergleich zu früheren Jahrzehnten mehr Zeit mit ihren Kindern, leisten häufiger Unterhaltszahlungen, und Kontaktabbrüche sind seltener geworden.[23] Insgesamt entspricht dieser Trend dem generellen Wandel der Geschlechterrollen, die zunehmend vom Ideal egalitärer Arbeitsteilung sowie in der Übernahme familiärer Aufgaben und speziell der Betreuung und Erziehung der Kinder geprägt sind.[24] Allerdings ist das Coparenting auch mit besonderen Herausforderungen verbunden, da der fortgesetzte Kontakt und Abstimmungsbedarf nicht grundsätzlich günstigere Bedingungen für eine Befriedung der getrennten Partner schaffen, sondern diese auch erschweren können, wenn die Eltern eine unversöhnliche Haltung einnehmen.[25]

Ein gelingendes Coparenting ist gekennzeichnet durch ein hohes Maß an Kooperation der Eltern, geringe Unterschiede im Erziehungsverhalten und in den Erziehungseinstellungen, wenig Konflikte über die Erziehung sowie

---

22 Westphal et al. 2014.
23 Amato et al. 2009.
24 Blohm/Walter 2018.
25 Kluwer 2016.

wenig gegenseitige Unterminierung von Erziehungsbemühungen des anderen Elternteils beziehungsweise Untergrabung dessen Beziehung zum Kind (Triangulation).[26] Die Qualität des Coparenting umfasst demnach unterschiedliche eigenständige Facetten und schließt sowohl positive Aspekte wie Solidarität und Unterstützung in der Kindererziehung als auch negative Merkmale wie Konflikt, Kritik und Untergrabung des anderen Elternteils mit ein. Hierbei hat sich insbesondere die gesonderte Berücksichtigung von Kooperation und Konflikt als grundlegende Dimensionen des Coparenting als wichtig erwiesen:[27] Die beiden Dimensionen hängen weniger eng zusammen, als zu vermuten ist und sind durchaus von eigenständiger Bedeutung für das Erziehungsklima und Wohlergehen der Kinder. So bedeutet eine mangelnde Unterstützung des anderen Elternteils in seinen Betreuungs- und Erziehungsaufgaben nicht gleichzeitig, dass auch mehr Coparenting-Konflikte vorliegen. Gerade in Trennungsfamilien können äußere Umstände wie eine große Wohndistanz ein stärkeres Engagement des getrenntlebenden Elternteils erschweren, ohne damit auch mehr Konflikte provozieren zu müssen. Umgekehrt können Eltern zwar gut in der Kindererziehung kooperieren, dies geht allerdings häufig auch mit vermehrten Konflikten einher, was auf den erhöhten Abstimmungsbedarf zurückzuführen ist.[28]

Einige Studien haben die verschiedenen Aspekte des Coparenting in Trennungsfamilien untersucht und hierbei unterschiedliche Typen identifiziert. Die Typologien beschreiben (mindestens) einen Typ des kooperativen Coparenting, der durch viel Kommunikation und Abstimmung, wenig Konflikte und wenig Missstimmung charakterisiert ist.[29] In den meisten Studien findet sich zusätzlich auch der Typ des konflikthaften Coparenting, der sich durch häufige Konflikte und Kooperation auszeichnet.[30] Als dritter Typ wird zudem vielfach ein paralleles Coparenting beschrieben, bei dem die beiden Eltern weitgehend unabhängig voneinander erziehen, wenig kommunizieren und kooperieren, aber auch wenig streiten.[31] Lange wurde vermutet, dass dieses parallele Coparenting ein guter Ansatz für Trennungsfamilien ist, wenn noch starke Spannungen zwischen den Eltern bestehen. Der Verzicht auf intensive Abstimmungen wurde als ein wirksames Mittel gesehen, um Konflikte zu vermeiden. In der Tat sind bei diesem Typ offene Konflikte in der gemeinsamen Erziehung eher selten. Allerdings lassen neuere Befunde,[32] die neben dem kooperativen und konflikthaften Coparenting einen Typ des untergrabenden

---

26 Entleitner-Phlebs 2017; Langmeyer 2015.
27 Carlson/Högnäs 2009.
28 Entleitner-Phleps/Langmeyer 2015.
29 Amato et al. 2011; Lamela et al. 2016.
30 Beckmeyer et al. 2014; Lamela et al. 2016.
31 Amato et al. 2011.
32 Lamela et al. 2016.

Coparenting aufzeigen, darauf schließen, dass bei parallelem Coparenting vielfach verdeckte Konflikte vorliegen, die über die Kinder ausgetragen werden. Dies führt beispielsweise dazu, dass Eltern den anderen Elternteil dem Kind gegenüber kritisieren und in seinen Erziehungsbemühungen unterminieren. Der Typ des untergrabenden Coparenting ist gekennzeichnet durch wenig Kooperation und Konflikt, aber durch ein merklich erhöhtes Ausmaß wechselseitiger Untergrabung in der Beziehung zum Kind. In mehr als einem Drittel der Trennungsfamilien zeigte sich ein solches unterminierendes Coparenting, während starke Coparenting-Konflikte nur in einer Minderheit von rund 10 % der Fälle zu verzeichnen waren. Annähernd die Hälfte der Familien zeigte ein kooperatives Coparenting. Nicht nur bei konflikthaftem Coparenting, sondern ebenso bei wechselseitiger Untergrabung der Eltern zeigten die Kinder deutlich mehr externalisierendes Problemverhalten als bei kooperativem Coparenting. Auch eine Studie mit jungen Erwachsenen zeigt, dass die wechselseitige Herabwürdigung getrennter Eltern mit erhöhter Depressivität der jungen Erwachsenen einhergeht und sogar noch stärker als Konflikte der Eltern mit einer geringeren Lebenszufriedenheit verbunden ist.[33] Interessanterweise fiel die Herabsetzung des anderen Elternteils auf denjenigen zurück, der solches Verhalten zeigte: Nicht die Beziehung zu dem herabgesetzten Elternteil war beeinträchtigt, sondern die Beziehung zu demjenigen Elternteil, der den anderen schlechtgemacht hatte. Versuche, das Kind vom anderen Elternteil zu entfremden, bewirken demnach zumindest bei älteren Kindern das Gegenteil. Eltern sind sich dieser langfristigen Konsequenzen ihres Verhaltens vermutlich oftmals nicht bewusst.

Im Verlauf der Zeit nach der Trennung ändern sich die Formen des Coparenting. Kooperatives, aber auch konflikthaftes Coparenting sind zumeist mit zunehmender Dauer eher rückläufig und gehen vermutlich oftmals in paralleles Coparenting über, sofern nicht der Kontakt zum getrenntlebenden Elternteil völlig abbricht und der Hauptbetreuende ein echtes „Single Parenting" praktiziert.[34] In einer Studie von Amato und Kollegen (2011) berichtet immerhin gut ein Drittel der befragten Eltern echtes „Single Parenting", und auch paralleles Coparenting war mit einem ähnlichen Umfang vergleichbar oft vertreten, hingegen war das kooperative Coparenting etwas seltener aufzufinden. Gerade im Hinblick auf die Bedeutung des Coparenting für Kinder wäre es wichtig, rechtzeitig durch geeignete Präventionsangebote die Chancen für kooperatives Coparenting getrennter Eltern zu erhöhen.

---

33 Rowen/Emery 2019.
34 Vgl. Amato et al. 2011.

4. Unterstützungssysteme für Alleinerziehende

Im Rahmen des Wandels von Leitbildern der Erziehung und im Zuge einer wachsenden Kindzentrierung im Eltern-Kind-Verhältnis[35] ist Elternschaft zu einer zunehmend anspruchsvollen Aufgabe geworden, die oftmals mit Unsicherheiten verbunden ist.[36] Alleinerziehende sind mit diesen steigenden Ansprüchen bei vielfach eingeschränkten Ressourcen und vermehrten Anforderungen in der Bewältigung von Familien- und Erwerbsarbeit konfrontiert.[37] Armut, psychische Belastungen und mangelnde soziale Netze können die elterlichen Erziehungskompetenzen einschränken und weitreichende Folgen für die Kinder haben.[38] Auch die Kooperation mit dem getrenntlebenden Elternteil gestaltet sich vielfach problematisch. Entsprechend sind Alleinerziehende in besonderem Maße auf Entlastung und Unterstützung angewiesen.

Dies gilt nicht nur mit Blick auf das Wohlergehen der Alleinerziehenden, sondern auch für das Wohlergehen ihrer Kinder. Kinder aus Familien in psychosozialen Belastungslagen – beispielsweise gekennzeichnet durch Armut und Arbeitslosigkeit, psychische Belastungen beziehungsweise gesundheitliche Einschränkungen der Eltern und konfliktbelastete familiäre Beziehungen – haben ein erhöhtes Risiko für Nachteile in ihrer Entwicklung. In Trennungsfamilien kumulieren oftmals solche Belastungsfaktoren und tragen zu Nachteilen von Trennungskindern im Vergleich zu Kindern aus Kernfamilien mit beiden leiblichen Eltern bei.[39] In besonderer Weise ausschlaggebend sind das Erziehungsverhalten und die Eltern-Kind-Beziehung. Auch die Erziehungsanforderungen seitens des Kindes spielen eine Rolle. Übliche Ansätze zur Prävention erreichen solche Familien allerdings häufig kaum.[40]

Zur Unterstützung von Eltern mit Orientierungsbedarf in vielfältigen Belastungslagen steht eine beträchtliche Bandbreite von Angeboten der Kinder- und Jugendhilfe zur Verfügung, die von der allgemeinen Förderung der Erziehung in der Familie (§ 16 SGB VIII) über die Beratung in Fragen der Partnerschaft, Trennung und Scheidung (§ 17 SGB VIII) und speziell die Erziehungsberatung bis hin zu den ambulanten und stationären Hilfen zur Erziehung reichen (siehe §§ 27ff. SGB VIII). Im präventiven Bereich sind vor allem Angebote der Familienbildung und -beratung relevant.

Mit präventiver Ausrichtung wurden im angelsächsischen Raum eine Reihe strukturierter psychoedukativer Angebote entwickelt, deren Teilnahme teilweise für getrennte Eltern verpflichtend ist, um die Eltern auf Bedürfnisse der

---

35 Nave-Herz 2012.
36 Henry-Huthmacher/Borchard 2008.
37 Deutscher Verein für öffentliche und private Fürsorge e.V. 2005.
38 Eickhorst et al. 2016.
39 Walper/Langmeyer 2019.
40 Lanfranchi/Woeffray 2013.

Kinder im Trennungskontext aufmerksam zu machen und deren Coparenting zu stärken.[41] Wie eine Meta-Analyse von 19 Evaluationsstudien solcher Programme zeigt, tragen sie mit mittlerer Effektstärke zu positiven Veränderungen im Coparenting, in der Eltern-Kind-Beziehung und im Wohlbefinden von Eltern und Kindern bei und dienen auch der Vermeidung bzw. Abkürzung von Gerichtsverfahren.[42] In den USA sind solche Bildungsangebote zumeist an Familiengerichten angesiedelt, haben große Verbreitung und werden als Teil einer Public Health Strategie verstanden.

Auch in Deutschland wurden einige strukturierte Angebote für Eltern in Trennung entwickelt. Hierzu zählt der Elternkurs „Kinder im Blick", der beide Eltern in getrennten Gruppen einbezieht und auch hochstrittige Trennungseltern adressiert.[43] Er wurde im Kontrollgruppenvergleich mit vorher-nachher-Befragung positiv evaluiert.[44] Inzwischen wird er zunehmend von Familiengerichten und Jugendämtern beauflagt, d.h. mit einer Teilnahmeempfehlung bzw. -pflicht belegt. Auch in solchen „Zwangskontexten" hat sich die Teilnahme für Eltern als positiv erwiesen. Dies gilt aus subjektiver Sicht der Teilnehmenden in der Kursbewertung während der letzten Sitzung, die fast durchgängig genauso positiv ausfiel wie die Beurteilung durch freiwillig Teilnehmende, und auch nach den Befunden einer qualitativen Nachbefragung, die aufzeigt, wie sich die Einstellung zur verpflichtenden Teilnahme im Kursverlauf positiv veränderte.[45] Dies konnte aber auch in einer methodisch aussagekräftigeren Studie bestätigt werden: In einem Vergleich des Wohlbefindens, der Konflikte und des Erziehungsverhaltens von freiwillig und unfreiwillig Teilnehmenden vor und nach dem Kurs profitieren teilweise die Mütter im Zwangskontext sogar stärker von dem Kurs als Mütter ohne entsprechend verbindliche Teilnahmeempfehlung.[46] In keinem Bereich profitierten sie weniger als die freiwillig teilnehmenden Eltern.

Auch das bindungsorientierte Präventionsprogramm „Wir2", das sich speziell an Alleinerziehende richtet, konnte positiv evaluiert werden.[47] Weiterhin wurde das Elternprogramm „Kess-erziehen", das von den diözesanen Fachstellen angeboten wird, für Trennungseltern adaptiert.[48] Damit stehen auch in Deutschland zunehmend strukturierte Angebote der Familien- bzw. Elternbildung für Eltern in Trennung zur Verfügung. Allerdings unterliegt deren Angebot und Verfügbarkeit starken regionalen Schwankungen und ist für die Eltern mit unterschiedlichen Kosten verbunden.

---

41 Z.B. Jewell et al. 2017; Pruett et al. 2012.
42 Fackrell et al. 2011.
43 Walper/Krey 2011.
44 Krey 2010.
45 Retz/Walper 2015.
46 Amberg/Walper 2018.
47 Franz 2014.
48 Siehe https://www.kess-erziehen.de/elternkurse-kess/alleine-erziehen/ (22.08.2020).

Wie gut Alleinerziehende durch Angebote der Elternbildung und -beratung erreicht werden, ist kaum bekannt. Sucht man mit Blick auf die verfügbaren Statistiken nach bevölkerungsrepräsentativen Studien, die die Inanspruchnahme familienunterstützender Maßnahmen in den Blick nehmen und Informationen zu Bedarfslagen und Hürden im Zugang zu den geeigneten Angeboten untersuchen, wird man abseits der Prävalenz- und Versorgungsforschung der frühen Hilfen kaum fündig.[49]

Daten des deutschen Familienpanels *pairfam* ermöglichen einen Einblick in die Inanspruchnahme von Unterstützungsangeboten durch alleinerziehende Eltern mit mindestens einem Kind. Hierbei ergibt sich folgendes Bild: Rund 50 % der alleinerziehenden Eltern haben jemals ein Beratungsangebot (z.B. Angebote der Familienbildung, Beratung durch den Kinderarzt oder Beratung oder Hilfe durch das Jugendamt) in Anspruch genommen. Damit werden Alleinerziehende durch diese Angebote besser erreicht als der Durchschnitt aller Eltern, die nur zu ca. 37 % entsprechende Beratungsangebote genutzt haben. 17 % innerhalb der Gruppe der Alleinerziehenden haben im Laufe ihres Lebens die Beratung in Familien- oder Erziehungsfragen in einer Beratungsstelle aufgesucht, während insgesamt nur 7 % aller Eltern angeben, diese Beratung aufgesucht zu haben. Für Angebote der Familienberatung zeigt sich dagegen, dass nur 3 % der Alleinerziehenden diese Unterstützungsmöglichkeit in Anspruch genommen haben, insgesamt dagegen 4 % aller Eltern.[50] Angesichts der Heterogenität von Angeboten der Familienbildung ist fraglich, welche Angebote von den Eltern hierzu gezählt wurden. Immerhin scheint es durchaus Spielraum hinsichtlich der Verfügbarkeit und des Zugangs zu Angeboten der Familienbildung für Alleinerziehende zu geben.

5. Fazit

Nicht nur die Strukturen von Familien haben sich verändert, sondern auch das Binnenleben, das sich an der Arbeitsteilung und der Ausgestaltung gemeinsamer Elternverantwortung auch nach einer Trennung festmachen lässt. Normen und Erwartungen, die heute an das Engagement von Eltern in der Erziehung der Kinder und an deren Coparenting gerichtet werden, sind anspruchsvoller geworden. Wie mit Bezug auf Trennungsfamilien gezeigt wurde, stoßen diese hohen Erwartungen bei Alleinerziehenden – vor allem bei alleinerziehenden Müttern – vielfach auf eine ungünstige Ressourcenlage. Mangelnde finanzielle Ressourcen, vermehrte gesundheitliche Belastungen, nicht hinreichend tragfähige soziale Netze charakterisieren die Lebenslagen Alleinerziehender in stärkerem Maße als die von Paarfamilien. Umso mehr

---

49 Siehe z.B. Salzmann et al. 2019.
50 Pairfam Welle 8, Jahr 2015/16, N = 2552, eigene Berechnungen.

brauchen Alleinerziehende starke Partner*innen in Kita, Schule, Gesundheitswesen und nicht zuletzt in der Elternbildung und -beratung.

Vor allem können Alleinerziehende von einer guten Zusammenarbeit mit dem anderen Elternteil profitieren, bei der sich die Eltern wechselseitig unterstützen, die alltägliche Verantwortung für die Kinder teilen und in der Erziehung als kooperatives Team den Kindern Orientierung und Vorbild bieten. Nicht alle Trennungseltern werden in der Lage sein, ein entsprechend positivkooperatives Coparenting im Alltag zu leben. Aber es muss ein Anliegen sein, destruktive Formen des Coparenting zu minimieren und zumindest eine kindorientierte Zusammenarbeit in notwendigen Bereichen der wechselseitigen Abstimmung zu ermöglichen.

In dem Maße, in dem beide Eltern ihre Erziehungsverantwortung auch im Alltag der Kinder wahrnehmen, können Alleinerziehende eine entscheidende Entlastung erfahren. Neben diesen bedeutsamen Chancen birgt die Zusammenarbeit mit dem getrenntlebenden Elternteil aber auch Herausforderungen, denn die Beziehung zwischen getrennten Eltern ist nicht immer frei von Vorbehalten, Ressentiments und Konflikten. Umso wichtiger ist es, Eltern frühzeitig im Trennungsprozess zu erreichen, um Konflikte rechtzeitig zu entschärfen und eine Neuorientierung der Eltern zu erleichtern. Entsprechende präventive Bemühungen sind in vielen Fällen von zentraler Bedeutung, um den Weg zu einem kooperativen Coparenting zu ebnen. Strukturierte Kursangebote der Familienbildung bieten hierbei eine wertvolle Ergänzung zu stärker individuellen und auf die persönliche Situation zugeschnittenen Beratungsangeboten.

Literatur

Amato, Paul R. / Kane, Jennifer B. / James, Spencer, *Reconsidering the "good divorce"*. Family Relations, 60(5), 2011, 511–524.

Amato, Paul R. / Meyers, Catherine E. / Emery, Robert E., *Changes in nonresident father-child contact from 1976 to 2002*. Family Relations, 58(1), 2009, 41–53.

Amberg, Stefanie / Walper, Sabine, *Hochkonflikthafte Trennungsfamilien in Elternkursen*. Köln 2018. Vortrag auf dem Fachtag „Kinder im Blick" am 10.11.2018.

Andreß, Hans-Jürgen / Borgloh, Barbara / Güllner, Miriam / Wilking, Katja, *Wenn aus Liebe rote Zahlen werden: Über die wirtschaftlichen Folgen von Trennung und Scheidung*. Wiesbaden 2003.

Bartelheimer, Peter / Henke, Jutta / Marquardsen, Kai / Schelkle, Bettina / Schwarze, Henrik, *IBA – Integriertes Beratungsangebot für Alleinerziehende*. (SOFI-Forschungsbericht), Göttingen 2015, Soziologisches Forschungsinstitut an der Universität Göttingen e.V. (SOFI).

Beckmeyer, Jonathon J. / Coleman, Marilyn / Ganong, Lawrence H., *Postdivorce coparenting typologies and children's adjustment*. Family Relations, 63(4), 2014, 526–537.

Blohm, Michael / Walter, Jessica, *Einstellungen zur Rolle der Frau und der des Mannes*. In Statistisches Bundesamt (Destatis) (Hg.), Datenreport 2018. Ein Sozialbericht für die Bundesrepublik Deutschland, Bonn 2018, Bundeszentrale für politische Bildung, 397–402.

Bodenmann, Guy / Bradbury, Thomas / Maderasz, Sabine, *Scheidungsursachen und -verlauf aus der Sicht der Geschiedenen*. Zeitschrift für Familienforschung 2002, 14, 5–20.

Borgmann, Lea-Sophie / Rattay, Petra / Lampert, Thomas, *Alleinerziehende Eltern in Deutschland: Der Zusammenhang zwischen sozialer Unterstützung und psychosozialer Gesundheit*. Das Gesundheitswesen, 81(12), 2019, 977–985.

Bundesministerium für Arbeit und Soziales (BMAS) (2017), *Lebenslagen in Deutschland. Der fünfte Armuts- und Reichtumsbericht der Bundesregierung*. Bonn; online: https://www.bmas.de/DE/Service/Medien/Publikationen/a306-5-armuts-und-reichtumsbericht.html. (22.08.2020).

Bundeszentrale für politische Bildung (Hg.), *Datenreport 2013 – Ein Sozialbericht für die Bundesrepublik Deutschland*, Bonn 2013.

Carlson, Marcia / Högnäs, Robin, *Coparenting in Fragile Families*. Working Paper 09-13-FF. Princeton 2009, Center for Research on Child Wellbeing.

Destatis, Wissenschaftszentrum Berlin für Sozialforschung (WZB) & Sozioökonomisches Panel (SOEP) am DIW (Hg.), *Datenreport 2018 – Ein Sozialbericht für die Bundesrepublik Deutschland*, Bonn 2018, Bundeszentrale für politische Bildung.

Deutscher Verein für öffentliche und private Fürsorge e.V., *Niedrigschwelliger Zugang zu familienunterstützenden Angeboten in Kommunen. Handlungsempfehlungen des Deutschen Vereins,* Berlin 2005. Online: http://www.deutscher-verein.de/05-empfehlungen/pdf/empfehlung-niedrigschwelligerangebote.pdf. (22.08.2020).

Eickhorst, Andreas / Schreier, Andrea / Brand, Christian / Lang, Katrin / Liel, Christoph / Renner, Ilona / Neumann, Anna / Sann, Alexandra, *Inanspruchnahme von Angeboten der Frühen Hilfen und darüber hinaus durch psychosozial belastete Eltern* [Knowledge and use of different support programs in the context of early prevention in relation to family-related psychosocial burden]. Bundesgesundheitsblatt, Gesundheitsforschung, Gesundheitsschutz, 59(10), 2016, 1271–1280. https://doi.org/10.1007/s00103-016-2422-8 (22.08.2020).

Entleitner-Phleps, Christine, *Zusammenzug und familiales Zusammenleben von Stieffamilien*, Wiesbaden 2017.

Entleitner-Phleps, Christine / Langmeyer, Alexandra N., *Coparenting, Kontakthäufigkeit und Sorgerecht in Trennungsfamilien*, in: Walper, Sabine / Bien, Walter / Rauschenbach, Thomas (Hg.), Aufwachsen in Deutschland heute: Erste Befunde aus dem DJI-Survey AID:A 2015, München 2015, Deutsches Jugendinstitut, 34–36.

Franz, Matthias, wir2: *Bindungstraining für Alleinerziehende*, Göttingen 2014.

Henry-Huthmacher, Christine / Borchard, Michael (Hg.), *Eltern unter Druck. Selbstverständnisse, Befindlichkeiten und Bedürfnisse von Eltern in verschiedenen Lebenswelten*, Stuttgart 2008.

Hubert, Sandra / Neuberger, Franz / Sommer, Maximilian, *Alleinerziehend, alleinbezahlend? Kindesunterhalt, Unterhaltsvorschuss und Gründe für den Unterhaltsausfall*. Zeitschrift für Soziologie der Erziehung und Sozialisation, 40, 2020, 19–38.

Institut für Demoskopie Allensbach, *Getrennt gemeinsam erziehen*. Allensbach: IfD-Umfrage 7255, 2017.

Jewell, Jeremy / Schmittel, Megan / McCobin, Allison / Hupp, Stephen / Pomerantz, Andrew, *The Children First Program: The Effectiveness of a Parent Education Program for Divorcing Parents*. Journal of Divorce & Remarriage, 58(1), 2017, 16–28.

Kluwer, Esther S., *Unforgiving motivations among divorced parents: Moderation of contact intention and contact frequency*. Personal Relationships, 23(4), 2016, 818–833.

Krey, Mari, *Der Elternkurs „Kinder im Blick" als Bewältigungshilfe für Familien in Trennung – eine Evaluationsstudie.* Ludwig-Maximilians-Universität, München 2010.
Lamela, Diogo / Figueiredo, Barbara / Bastos, Alice / Feinberg, Mark E., *Typologies of postdivorce coparenting and parental well-being, parenting quality and children's psychological adjustment.* Child Psychiatry & Human Development, 2016, 47(5), 716–728.
Lanfranchi, Andrea / Woeffray, Andrea B., *Familien in Risikosituationen durch frühkindliche Bildung erreichen,* in: Stamm, Margrit / Edelmann, Doris (Hg.), Handbuch frühkindliche Bildungsforschung, Wiesbaden 2013, 603–616.
Langmeyer, Alexandra N., *Sorgerecht, Coparenting und Kindeswohl. Eltern Sein in nichtehelichen Lebensgemeinschaften,* Wiesbaden 2015.
Langmeyer, Alexandra / Walper, Sabine, *Standardisierte Kurzbefagung von Eltern nichtehelich geborener Kinder,* in: Jurczyk, Karin / Walper, Sabine (Hg.), Gemeinsames Sorgerecht nicht miteinander verheirateter Eltern. Empirische Studien und juristische Expertisen, Wiesbaden 2013, 123–186.
Liang, Linda A. / Berger, Ursula / Brand, Christian, *Psychosocial factors associated with symptoms of depression, anxiety and stress among single mothers with young children: A population-based study.* Journal of affective disorders, 2019, 242, 255–264.
Nave-Herz, Rosemarie, *Familie im Wandel? – Elternschaft im Wandel?,* in: Böllert, Karin / Peter, Corinna (Hg.), Mutter + Vater = Eltern? VS Verlag für Sozialwissenschaften 2012, 33–49.
Niedersächsisches Ministerium für Soziales, Frauen, Familie, Gesundheit und Integration – MS, *Handlungsorientierte Sozialberichterstattung. Statistikteil. Bericht 2013,* Hannover 2013.
Peuckert, Rüdiger, *Familienformen im sozialen Wandel* (8. Auflage), Wiesbaden 2019.
Pruett, Marsha K. / Cowan, Carolyn P. / Cowan, Philip A. / Diamond, Jillian S., *Supporting father involvement in the context of separation and divorce. Parenting plan evaluations: Applied research for the family court,* 2012, 123–151.
Rattay, Petra / Lippe, Elena v. d. / Borgmann, Lea-Sophie / Lampert, Thomas, *Gesundheit von alleinerziehenden Müttern und Vätern in Deutschland.* Journal of Health Monitoring, 2(4), 24–44. DOI 10.17886/RKI-GBE-12017-17112.
Retz, Eliane / Walper, Sabine, *Hochstrittige Eltern in Zwangskontexten: Effekte des Elternkurses Kinder im Blick.* Praxis der Rechtspsychologie, 25(1/2), 2015, 61–84.
Rowen, Jenna / Emery, Robert E., *Parental Denigration Boomerangs Versus Alienates: Parent-Child Closeness, Reciprocity, and Well-Being using Multiple Informants.* Family Relations, 68(1), 2019, 119–134.
Salzmann, Daniela / Lorenz, Simon / Sann, Alexandra / Fullerton, Birgit / Liel, Christoph / Schreier, Andrea / Eickhorst, Andreas / Walper, Sabine, *Wie geht es Familien mit Kleinkindern in Deutschland? Belastungen und Unterstützungsangebote am Beispiel von Familien in Armutslagen,* in: Brisch, Karl Heinz (Hg.), Familien unter HOCH-STRESS. Beratung, Therapie und Prävention für Schwangere, Eltern und Säuglinge in Ausnahmesituationen, Stuttgart 2019, 177–195.
Scheiwe, Kirsten / Wersig, Maria (Hg.), *Einer zahlt und eine betreut? Kindesunterhaltsrecht im Wandel,* Baden-Baden 2010.
Statistisches Bundesamt, *Alleinerziehende in Deutschland 2017.* Broschüre anlässlich der Pressekonferenz des Statistischen Bundesamtes am 2. August 2018. Statistisches Bundesamt, Wiesbaden 2018.
Steinbach, Anja / Kuhnt, Anne-Kirstin / Knüll, Markus, *Kern-, Eineltern- und Stieffamilien in Europa: eine Analyse ihrer Häufigkeiten und Einbindung in haushaltsübergreifende Strukturen,* Duisburger Beiträge zur soziologischen Forschung. Duisburg: Universität Duisburg-Essen, Institut für Soziologie 2015.

Walper, Sabine / Krey, Mari, *Elternkurse zur Förderung der Trennungsbewältigung und Prävention von Hochkonflikthaftigkeit. Das Beispiel „Kinder im Blick",* in: Walper, Sabine / Fichtner, Jörg / Normann, Katrin (Hg.), Hochkonflikthafte Trennungsfamilien. Forschungsergebnisse, Praxiserfahrungen und Hilfen für Scheidungseltern und ihre Kinder, Weinheim 2011, 189–212.

Walper, Sabine / Langmeyer, Alexandra N., *Belastungs- und Unterstützungsfaktoren für die Entwicklung von Kindern in Trennungsfamilien,* in: Volbert, Renate / Huber, Anne / Jacob, André / Kannegießer, Anja (Hg.), Empirische Grundlagen der familienrechtlichen Begutachtung: Familienpsychologische Gutachten fundiert vorbereiten, Göttingen 2019.

Walper, Sabine / Reim, Julia (in Vorb.), *Jugendliche aus Trennungsfamilien. Befunde aus dem Beziehungs- und Familienpanel pairfam.*

Walper, Sabine / Entleitner-Phleps, Christine / Langmeyer, Alexandra N., *Shared Physical Custody After Parental Separation: Evidence from Germany,* in: Bernardi, Laura / Mortelmans, Dimitri (Hg.), Shared physical custody: Interdisciplinary theoretical and empirical insights in custody arrangements (im Druck).

Walper, Sabine / Wendt, Eva-Verena / Langmeyer, Alexandra N., *Familiale Sozialisation und Erziehung,* in: Bierhoff, Hans-Werner / Frey, Dieter (Hg.), Kommunikation, Interaktion und soziale Gruppenprozesse (Enzyklopädie der Psychologie. Themenbereich C Theorie und Forschung. Serie VI Sozialpsychologie. Band 3), Göttingen 2017.

Westphal, Sarah K. / Poortman, Anne-Rigt / Van Der Lippe, Tanja, *Non-resident father-child contact across divorce cohorts: The role of father involvement during marriage.* European Sociological Review 2014, 30, 444–456 (doi: 410.1093/esr/jcu1050).

Zagel, Hanna / Van Lancker, Wim (2019), *Langfristige Wirkung. Familienpolitik, die Eltern früh unterstützt, senkt das Armutsrisiko für Alleinerziehende dauerhaft.* WZB-Mitteilungen, 166, 37–39.

Henning Theißen

Theologische Grundlegung zur Ethik der Alleinerziehung

Ethik der Alleinerziehung behandelt die in den vielen Konstellationen dieses Familientyps auftretenden Probleme in einer von rechtlichen, politischen und gesellschaftlichen Aspekten zu unterscheidenden Weise. Schlüssel zur Differenzierung sind die Veränderungen in der Partnerschaftskonstellation der Eltern, die zum Eintritt der Alleinerziehung geführt haben. Die ethische Grundaufgabe besteht in einer Justierung des Familiennarrativs, die auf die eingetretene Veränderung adäquat reagiert. Hierzu ist der theologische Begriff einer (auf der Taufe beruhenden) Gemeinschaft, die im Unterschied zur Familie keine gemeinsamen Erfahrungen ihrer Angehörigen voraussetzt, hilfreich.

Single parenting is an ethical issue in that the different constellations which turn mothers or fathers into single parents cannot be adequately described on the basis of legal, political or societal aspects of single parenting. This essay presents four different types which differ in the circumstances leading to single parenting. It is argued that the basic ethical task of coping with single parenting is to adjust the family narrative which combines the common experiences of all family members into a family identity. It is also argued that theology can help with this task since, unlike the kind of community encountered in a family, the theological idea of community rooted in baptism allows for close belonging of people without a common background of experience.

1. Alleinerziehung hat viele Gesichter

Als Alleinerziehung bezeichnet man die Familienkonstellation, bei der in einem Haushalt ein oder mehrere nichtselbständige Kinder von einem einzigen Elternteil betreut werden. Die bündige Definition kann nicht darüber hinwegtäuschen, dass der Begriff sehr verschiedenartige, mitunter kaum noch vergleichbare Situationen umfasst. Ich fingiere einige davon:
- Ein Ehepaar, das nach dem ersten Kind aus der enger werdenden Wohnung ausziehen will, wagt in einem Jahre währenden Kraftakt den Hausbau und zieht um, als die Frau wieder schwanger ist. Acht Monate nach dem Einzug trennen sich die beiden; die Frau bleibt mit den Kindern im neuen Haus; der Vater zieht aus. Beiderseitige Geldprobleme verhindern eine Scheidung; die sich verstetigenden Konflikte überlagern die vereinbarte gemeinsame Erziehung der Kinder.
- Nach über fünfzehn gemeinsamen Jahren hat sich ein gut situiertes Ehepaar mit drei Kindern im Teenageralter auseinandergelebt und lässt sich scheiden. Die Kinder bleiben bei der Mutter, die wieder in den alten Beruf einsteigt; der Vater nimmt sein Besuchsrecht und seine Unterhaltsverpflich-

tungen regelmäßig wahr, bis er nach vier Jahren eine neue Partnerschaft eingeht und die Kinder mit Ende der Ausbildung den Kontakt zu ihm einschlafen lassen.
- Nach jahrelanger On-Off-Beziehung wird eine Frau nach der Geburt des dritten gemeinsamen Kindes von ihrem mittellosen Partner, mit dem sie nicht verheiratet ist, verlassen und muss, um bei voller Berufstätigkeit den Lebensunterhalt bestreiten zu können, ins eigene elterliche Umfeld umziehen, wo sie privat die Kinderbetreuung organisieren kann. Ihre minimalen zeitlichen und finanziellen Spielräume nutzt sie, um den Kindern regelmäßigen Kontakt zum Vater zu ermöglichen.
- Ein junger Vater steht nach dem Unfalltod seiner Ehefrau als Witwer mit zwei Kindern im Vorschulalter da und muss mangels geeigneter Betreuungsmöglichkeiten seine Karrierepläne aufgeben, um für die Kinder da sein zu können. Nach Jahren sozialen Rückzugs und beginnender Suchtprobleme geht er eine neue Partnerschaft mit einer ebenfalls verwitweten Frau mit Kind ein; die beiden heiraten.
- Eine Mittdreißigerin wünscht sich nach mehreren gescheiterten Beziehungen nichts sehnlicher als ein Kind und wird schließlich von einem langjährigen Bekannten schwanger. Der Vater des Kindes zieht bei ihr ein und will sie heiraten, doch sie entscheidet sich nach Monaten eines kräftezehrenden Zusammenlebens gegen ihn und wohnt mit ihrem Kind allein. In ihrem Umfeld sind viele alleinerziehende Mütter; einige leben in stabilen Beziehungen, doch keine wohnt mit dem Partner zusammen.

Die Beispiele zeigen, wie viele Faktoren über die gegebene Definition hinaus in die Situation der Alleinerziehung einfließen können: der soziale und wirtschaftliche Status der Betroffenen, ihr Geschlecht und Alter sowie dasjenige der Kinder, ihre berufliche Stellung, ihre partnerschaftliche Situation. All diese Faktoren werden mit den Mitteln der empirischen Sozialwissenschaft und der Psychologie intensiv erforscht und beschrieben. Da die Kombinationsmöglichkeiten aber schier endlos sind, scheint der Versuch aussichtslos, über die Deskription hinaus zu irgendeiner normativen Einschätzung zu gelangen. Es wäre aber die Aufgabe einer Ethik der Alleinerziehung, aufgrund wiederkehrender Konstellationsmerkmale begründete Handlungsempfehlungen zum Umgang mit Alleinerziehung abzugeben. Zudem lässt sich die Aufgabe einer solchen Ethik wie folgt mehrfach ab- und eingrenzen:
- Von *rechtlichen* Regelungen, die zum Beispiel den durch das Erfordernis der Erwerbsarbeit oft erschwerten Zugang Alleinerziehender zu Kinderbetreuungsmöglichkeiten zu regeln haben, ist eine ethische Betrachtung zu unterscheiden, weil ihre Normativität nicht der rechtlichen Form bedarf.
- Die ethische Handlungsempfehlung unterscheidet sich auch von einer *politischen* Willensbildung, die sich zum Beispiel das Ziel stecken kann, Alleinerziehung als eigenwertiges Familienmodell neben der Paarfamilie anzu-

erkennen – oft unter dem programmatischen Titel der „Ein-Eltern-Familie" – und zu stärken.
- Die *ethische* Betrachtung fragt demgegenüber nach der am stärksten vorzugswürdigen Handlungsmöglichkeit und begründet diese in der gegebenen Situation.
- Soll diese Ethik zudem eine religiöse, genauer: *christliche* Betrachtung vornehmen, so ist zusätzlich nach den spezifisch christlichen Normen zu fragen, die die Handlungsempfehlung begründen.

2. Methodische Erwägungen

Die eingangs fingierten Beispiele geben den folgenden Überlegungen einige methodische Grundlinien vor.

1. *Indirekte religiöse Begründung.* Alleinerziehung hat viele Gesichter. Deshalb gibt es keine einheitliche Norm für ihre theologisch-ethische Einschätzung. Insbesondere die Bibel hält kein bestimmtes Familienbild bereit, dem eine theologische Ethik der Alleinerziehung einfach zu folgen hätte. Christliche Begründungen sind in der Ethik nie auf direktem Wege möglich, indem sie etwa ein Handlungsmuster vorzeichneten, das kirchlich orientierte Menschen nur umsetzen oder imitieren müssten. Die theologische Grundlegung einer Ethik der Alleinerziehung kann vielmehr nur indirekt erfolgen, indem sie begründet, wie alleinstehende Eltern durch religiöse Überzeugungen und Praktiken dazu befähigt werden, den kindlichen Bedürfnissen gerecht zu werden, die mit dieser Erziehungskonstellation gegeben sind.

2. *Bedürfnisethik auf Seiten der Kinder.* In diesen Methodengrundsatz fließt ein, dass Erziehungsethik – wie alles soziale Handeln an und mit Kindern – am Kindeswohl orientiert sein muss und insofern Bedürfnisethik ist. Als solche dient sie aber nicht den Wünschen, sondern allein den „berechtigten Begehrungen" (W. Kamlah) von Kindern. Kinder sind wie alle ethischen Subjekte Träger einer unveräußerlichen Würde, unterliegen für deren Zuerkennung aber nicht den Kriterien des Personseins, die in der Ethik landläufig als Messlatte der Personalität angeführt werden. Diese sogenannten Statuskriterien – regelmäßig genannt werden Bewusstsein, Sprache und Vernunft – haben Menschen auf der Höhe ihrer individuellen Entwicklung und im Vollbesitz ihrer geistigen und körperlichen Kräfte vor Augen und sind für Menschen abseits der mehrheitlichen Lebenssituation und damit für die meisten Situationen mit ethischem Entscheidungsbedarf weitgehend unbrauchbar. Wer Kinder an personalen Statuskriterien misst, verfällt dem methodischen Fehler des „Adultismus" (C. Wiesemann), der Kinder auf ihr künftiges Erwachsensein hin oder als „kleine Erwachsene" ansieht.

3. *Befähigungsethik auf Seiten der Eltern.* In den genannten Methodengrundsatz fließt weiterhin ein, dass Alleinerziehungsethik auf Seiten der Eltern keine Bedürfnis-, sondern Befähigungsethik ist. Diese ist ein Gerechtigkeitskonzept – daher auch: „Befähigungsgerechtigkeit" (P. Dabrock u.a.) –, das davon ausgeht, dass in einer Gesellschaft bei formeller Gleichheit der ethischen Subjekte (zum Beispiel aufgrund individueller Freiheitsrechte) bestimmte Konstellationen objektiver Ungleichheit vorliegen können, die einseitige Interventionen zugunsten Benachteiligter rechtfertigen, um sie damit zur Wahrnehmung der formell gegebenen Gleichheit zu befähigen. Im sozialen Sektor, auf den sich auch Familien- und Erziehungsethik richten, setzen solche Interventionen außer bei Vorliegen regelrechter Ausnahmesituationen (zum Beispiel Kindeswohlgefährdung) in aller Regel die freiwillige Mitwirkung der betreffenden Personen, also der Eltern, voraus und haben daher vorrangig die Form der Beratung, auf die unter Umständen ein (rechtlich abgesicherter) Anspruch bestehen kann.

3. Biblisch-exegetische Grundlagen

Die bisherigen Bemerkungen waren allgemeiner Natur und betrafen die Familienethik generell, lassen sich jedoch leicht für das Thema Alleinerziehung konkretisieren. In der Bibel Alten wie Neuen Testaments ist Alleinerziehung, wie sie heute als soziale Herausforderung, insbesondere für die politische Gewährleistung der Vereinbarkeit von Familie und Beruf, aber auch als potenzielles Armutsrisiko gesehen wird, kein eigenes Thema. Das liegt zum einen (3.1) an den grundlegend anderen sozioökonomischen Rahmenbedingungen, unter denen sich Familienleben und Erziehung in den gesellschaftlichen Kontexten der biblischen Schriften abspielen, hat aber zum anderen auch im engeren Sinne theologische Gründe (3.2), die dann zugleich eine Lösung des Problems eröffnen, auf welchem (alternativen) Weg dennoch ein theologischer Zugang zur Ethik der Alleinerziehung möglich wird.

3.1 Das patrilineare Gesellschaftsmodell

Die ländlich, teils halbnomadisch geprägte Stammeskultur der vorstaatlichen erzählten Zeit im Alten Testament, die auf dem Boden Israels sich entwickelnden Gesellschaften der staatlichen Zeit bis zum Aufkommen des Frühjudentums und die stärker städtisch geprägten Lebensräume ab der hellenistisch-jüdischen Epoche bis ins neutestamentliche Zeitalter sind allesamt *patrilinear*, das heißt, Familie und Erziehung sind der Autorität des männlichen Haushaltsvorstands (*pater familias*) unterstellt und gehorchen insbesondere in der Sicherung ihres rechtlichen Status und ihres gesellschaftlichen Ansehens der männlichen Erbfolge vom Vater zum Sohn. Berühmtestes Beispiel sind die sogenannten Erzvätergeschichten, die die Etablierung des ganzen Gottesvolkes Israel im Bild der Familiengeschichte von Abraham, Isaak und Jakob erzählen. Dabei treten immer wieder Züge „göttlicher Pädagogik" hervor – prominent etwa bei der sogenannten Bindung Isaaks (1. Mose 22) oder Jakobs Ringen mit Gott am Jabbok (1. Mose 32 f.) –, in deren Verlauf Israel durch seine Erzväter erst lernen muss, was Gottes Gebot und Verheißung für das Volk bedeuten. Dieses auch theologisch sanktionierte patrilineare Familien- und Gesellschaftsbild besonders der Erzvätergeschichten schließt starke und entscheidungstragende Frauengestalten wie etwa Rebekka bei der Sicherung des Erstgeburtssegens für Jakob (1. Mose 27,6–17) keineswegs aus, weswegen man besser von „Erzeltern" (I. Fischer) sprechen sollte. Doch ändert das nichts daran, dass Alleinerziehung, die nicht nur in Deutschland weit überwiegend (über 80%) Erziehung durch die Mutter meint, im patrilinearen Kontext der biblischen Texte nicht eigens zum Thema wird. Texte wie 1. Mose 16 und 21 zeigen jedoch, warum die Beschäftigung mit biblischen Grundlagen für das Thema Alleinerziehung theologisch dennoch nicht fruchtlos ist.

Die genannten Kapitel erzählen von Hagar, der Leibmagd von Abrahams Ehefrau Sara, die diesem auf ausdrücklichen Wunsch der bis dato kinderlosen Sara einen Sohn, Ismael, gebiert und damit im Rahmen der patrilinearen Anschauung Abrahams Namen und Familie und so auch die Ehre Saras, der das Kind indirekt zugeordnet wird, am Leben erhält (1. Mose 16). Als Sara jedoch später selbst Mutter des Isaak wird – biblischer Schilderung zufolge nach göttlicher Intervention (1. Mose 18) –, wird sie der von ihr selbst initiierten patrilinearen Konstruktion um Ismael überdrüssig und veranlasst Abraham, Hagar samt ihrem halbwüchsigen Sohn zu verstoßen (1. Mose 21). Hagars anschließendes Umherirren in der Wüste (1. Mose 21,14), wo sie ihr schon todgeweiht sich selbst überlassenes Kind (1. Mose 21,15 f.) nur mit Gottes Hilfe vor dem Verdursten bewahren kann (1. Mose 21,19 f.), kommt unter allen biblischen Erzählungen dem, was heute die ethische Situation alleinerziehender Mütter kennzeichnet, wohl am nächsten, und zwar auch in der schonungslosen Drastik der Schilderung. Trotzdem lässt sich daraus für eine heutige Ethik der Alleinerziehung so gut wie nichts Direktes und keinerlei Direktive entnehmen, da nicht einmal die deutliche Missbilligung des von Sara gewünschten Verstoßens, die der Bibeltext Abraham in den Mund legt (1. Mose 21,11), als Urteil theologischer Ethik oder gar als Verdikt über die patrilineare Familienauffassung gelten kann. Denn gerade hierauf antwortet Gott nach der biblischen Schilderung mit der expliziten Aufforderung, Sara willfährig zu sein, da allein Isaak und nicht Ismael Abrahams Erbe sein solle (1. Mose 21,12).

Die gemachten Beobachtungen lassen sich für das Verhältnis von Bibeltexten und Ethik verallgemeinern. Es ist absolut bibeltypisch, dass Handlungskonstellationen, die wir heute als „ethische Situation" bezeichnen würden, zum Feld göttlichen Handelns erklärt werden. In unserem Beispiel sieht

Gott die Not des verdurstenden Ismael und greift sozusagen ein, indem er Hagar einen Brunnen finden lässt (1. Mose 21,19). Das ist eine starke Aussage über Gottes Hilfe für Notleidende, aber natürlich alles andere als ethisch relevant, weil die wundersame Rettung aus individueller oder auch kollektiver Not selbst dann, wenn sie in den biblischen Schilderungen kein Einzelfall bleibt, nichts von den tatorientierenden Normbegründungen enthält, die für eine ethische Handlungsempfehlung unverzichtbar sind. Der Rekurs auf Gottes Eingreifen vom Himmel her verbaut sogar eher den Weg zu einer theologischen Ethik. Auch die lebensnah detaillierten Schilderungen und sogar Bewertungen ethisch relevanter Situationen, die sich in der Bibel finden, passen – mit wenigen Ausnahmen, die die Regel bestätigen (zum Beispiel 1. Korinther 8) – nicht in den Theorierahmen einer Ethik. Sie stehen im Dienste einer theologischen Thematik, hier der Treue Gottes zu seiner Bundeszusage an Abraham, die ein „Erbteil", nämlich das Land, das später Israel heißt, als Wohnstätte für seine Nachkommen einschloss (1. Mose 15,18–21, vgl. 12,1–3; 13,15–17). Deshalb ist der Konflikt um Ismael und Isaak in den biblischen Texten kein familiäres oder soziales, sondern ein theologisches Problem. Wenn neuerdings auch interreligiös informierte Theologien zeigen können, dass das Ergehen Ismaels, auf den sich bekanntlich der Islam als abrahamische Tradition zurückführt, für das christlich-jüdische Bild des „Gottes Abrahams, Isaaks und Jakobs" (B. Pascal) keineswegs gleichgültig sein kann, wird doch die patrilineare Gesellschaftsauffassung, deren Leidtragender Ismael in der biblischen Geschichte letztlich wird, durch die theologische Frage nach dem wahren Träger der Bundesverheißung in keiner Weise in Zweifel gezogen; vielmehr bedient sich Gottes Bundesverheißung dieser Patrilinearität. Damit liegt auch die Situation der Alleinerziehung, der die biblische Schilderung von Hagar und Ismael in 1. Mose 21 ziemlich nahekommt, scheinbar außerhalb des theologischen Blickfeldes der biblischen Texte.

3.2 Gott der Helfer der Witwen und Waisen

Die zuletzt gezogene Schlussfolgerung trügt jedoch. Wenn man akzeptiert, dass die patrilineare Gesellschaft eine in den biblischen Schriften nicht hinterfragte Voraussetzung ist, dann erst wird umgekehrt erkennbar, wie sich das theologische Urteil auch auf diese Voraussetzung bezieht und auswirkt. Konkret: In einer Gesellschaft, die Existenz und Fortbestand der Familie ganz an die väterliche Linie knüpft, ist, wie N. Molnar-Hidvegi schreibt, bereits „das vaterlose Kind"[1] – und nicht erst das elternlose Kind – eine Waise. Man kann ergänzen: Im patrilinearen Kontext kommt die verstoßene Ehefrau einer Witwe gleich, auch wenn ihr Ehemann noch lebt. Macht man sich diese Implika-

---
1 Molnar-Hidvegi 2010, 1.

tion der heute so problematisch erscheinenden patrilinearen Hintergrundanschauung der Bibel klar, dann wird deutlich, dass Gottes Rettungstat an Ismael keineswegs der isolierte Einzelfall himmlischen Eingreifens ist, von dem kein Weg zur ethischen Normbegründung führt, sondern eines der durchgängigsten und charakteristischsten Merkmale des biblischen Gottesbildes im Rücken hat, das Gott als Retter und Helfer der „Witwen und Waisen" beschreibt. Inspiziert man diese in den verschiedensten Schichten des Alten Testaments wiederkehrende, fest geformte terminologische Verbindung näher, so wird deutlich, dass Gottes Rettung und Hilfe für die Witwen und Waisen nicht in Mild- und Wundertätigkeit hier und da besteht, sondern System hat. Insbesondere erscheint Gott als derjenige, der in rechtlicher Hinsicht die Sache der Witwen und Waisen führt, ihnen also in der Rechtsversammlung besonders der vor- und frühstaatlichen Gesellschaft Israels, die idealtypischerweise als Versammlung der Männer, das heißt der freien Landbesitzer, „im Tor" (= Stadttor) stattfand, Gehör, Sitz und Stimme verleiht.

Das bekannteste Beispiel dieses göttlichen Eintretens für das Recht der Witwen und Waisen ist das biblische Buch Rut, dessen Schlusskapitel ausführlich eine Torversammlung in Betlehem schildert, bei der Boas, ein Bürger der Stadt, die Witwe des Betlehemiters Elimelech und deren ebenfalls verwitwete Schwiegertochter Rut rettet, indem er zusätzlich zu seinem eigenen Landbesitz die Ackeranteile aus dem Erbe Elimelechs kauft, die die beiden Witwen in der patrilinearen Gesellschaft nicht selbständig bewirtschaften können (Rut 4,1–10).

Zwar ist auch diese Geschichte theologisch überformt, insofern sie dazu dient, den – natürlich patrilinearen – Stammbaum des späteren Königs David, der ebenfalls Betlehemiter ist, herzuleiten (Rut 4,17), doch ist die Tatsache mehr als nur beachtlich, dass die Wiedergabe dieses Stammbaums im Neuen Testament in Durchbrechung der Patrilinearität Rut (!) mit Namen erwähnt (Matthäus 1,5 im Unterschied zu Lukas 3,32). Hingegen wird in der Schilderung der Torversammlung in Rut 4,1–10 Gott *nicht* (!) mit Namen genannt, was unterstreicht, dass sein Eintreten für die Witwen und Waisen kein isoliertes Wundergeschehen ist, sondern tatsächlich als Grundlage einer theologischen Handlungsbegründung für menschliche Ethik dienen kann. Wenn Rut auch keine Alleinerziehende ist, weil sie erst nach der Heirat mit Boas Kinder kriegt (Rut 4,13), bleibt ihre Geschichte doch der Musterfall dessen, wie aufgrund der Bibel Hilfe und Rettung für alleinerziehende Familien, die unter den Bedingungen einer patrilinearen Gesellschaft unter die Formel „Witwen und Waisen" fallen, gestaltet werden können. Damit stellt sich im Anschluss an die biblisch-exegetische eine systematisch-theologische Aufgabe.

4. Systematisch-theologische Grundlegung

Die systematisch-theologische Grundlegung folgt den drei in Ziff. 2 dieses Aufsatzes differenzierten methodischen Merkmalen. Sie wählt einen *indirekten Begründungsansatz*, der die biblischen Traditionen nicht unmittelbar, sondern nur in ihrer komplementären Zuordnung zur religiösen bzw. familiären Gemeinschaft beansprucht (4.1). Erst auf dieser Grundlage lassen sich der *bedürfnisethische* Begriff der Erziehung (4.2) sowie der *befähigungsethische* Begriff der Alleinerziehung bilden (4.3).

4.1 Indirekte Begründung

Das patrilineare Gesellschaftsbild der biblischen Texte ist mit einer heutigen Ethik der Alleinerziehung inkompatibel und kann schon deshalb keinen normativen Rang beanspruchen, weil es auch in der Bibel keinen solchen innehat, sondern lediglich eine nicht hinterfragte Rahmenbedingung darstellt. Die Vorstellung eines Gottes, der Witwen und Waisen zu ihrem Recht verhilft, besitzt hingegen in den biblischen Schriften normative Qualität und wird diese auch in einer heutigen Ethik der Alleinerziehung besitzen, sofern sich der normative Gehalt dieser Vorstellung auch ohne ihre biblisch gegebene Verflechtung mit der Patrilinearität begründen lässt. Damit wird die in der Ethik stets nur auf indirektem Wege mögliche religiöse Begründung zur Geltung gebracht.

Wie dargestellt, zielt das Gottesprädikat eines Helfers der Witwen und Waisen darauf, für vaterlose Familien, die in der patrilinearen Gesellschaft keine rechtliche Repräsentanz besitzen (also de facto rechtlos sind), einen legitimen Ort in der Gesellschaft zu gewährleisten. Unabhängig von jedem konkreten Gesellschaftsbild ist damit festgehalten, dass jener Sonderform der Familie generell gesellschaftliche Legitimität zukommt und sie dementsprechend an den für die Gesellschaft normensetzenden Instanzen (hier: der Torversammlung altisraelischer Städte) partizipieren können muss. Die alleinerziehende Familie kann unter diesen Bedingungen nicht bloß Empfänger privater oder öffentlicher Almosen sein. Deshalb erschöpft sich der argumentative Wert des Gottesbildes als Helfer der Witwen und Waisen nicht in göttlichem Eingreifen zugunsten Benachteiligter und geht auch nicht darin auf, dass Gott selbst in irgendeiner Weise (zum Beispiel durch die Propheten, die genau das immer wieder einfordern)[2] die Stelle des den Witwen und Waisen fehlenden Vaters einnimmt, wie es noch Paul Gerhardt in den pastoral höchst sensiblen Fürbittversen seines Liedes „Nun lasst uns gehen und treten" (EG 58,12) vorschwebte. Vielmehr ermächtigt die biblische Vorstellung von der Repräsen-

---

2 Belege z.B. bei Molnar-Hidvegi 2010, 3.

tanz der „Witwen und Waisen" in der Torversammlung diese Familienform in gewisser Weise zur „Mitbestimmung". Soziologisch ist davon zu reden, dass ein solches Argument die Alleinerziehung als „Normvariante" neben der Paarfamilie anerkennt, ohne letztere als allein verbindlich zu behaupten. Das ist im Grundsatz eine erstaunlich moderne Vorstellung, deren Modernität darauf beruht, die ethische Valenz der Familie *indirekt* durch ihren Beitrag zum Zusammenleben der Gesellschaft zu bestimmen – anstatt die Familie, wie es gerade in der christlichen Ethik lange Zeit gang und gäbe war, vorrangig als die Entfaltung der Ehe und direkte Umsetzung ihres vermeintlichen biblischen Auftrags zu begreifen (1. Mose 1,28: „Seid fruchtbar und mehret euch"), durch den diese sich auf die nächste Generation hin öffnet.

Für die Methode einer theologischen Ethik der Alleinerziehung besagen diese Überlegungen, dass eine solche Ethik sich in genau dem Maße auf die biblischen Normen für den Umgang mit „Witwen und Waisen" stützen kann, wie die (alleinerziehende) Familie als soziale Formation mit eigenständiger Bedeutung für die Gesellschaft insgesamt gedacht wird. Bei dieser indirekten Herangehensweise erweist sich die biblische Verflechtung des normativen Arguments der „Witwen und Waisen" mit dem deskriptiven Situationsmerkmal der patrilinearen Gesellschaft, die einer direkten normativen Beanspruchung der biblischen Traditionen im Wege steht, sogar als hilfreich. Dass besonders die Familiengeschichten der erzählenden Bücher des Alten Testaments regelmäßig mit theologischen Themen (wie im beschriebenen Beispiel den Bundesverheißungen an die Erzväter) überformt sind, weist nämlich auf einen komplementären Zusammenhang von Familien- und Bundesgeschichte hin, auf dem eine heutige Ethik der Alleinerziehung aufbauen kann.

Übertragen auf den kirchlichen Kontext, entspricht den Bundesschlüssen Gottes mit den Erzeltern Israels die Taufe als Eingliederung in den Leib Christi. Wie Gottes Bund ist auch sie keine vertragliche Vereinbarung unter gleichrangigen Partnern, sondern das Anerbieten von Gottes Wohlwollen und Gnade, in die Menschen mit ihrem Leben, das heißt im Verlauf ihres Lebens (und nicht als Eingangsbedingung in den [Tauf-]Bund) einstimmen. Diese für Bund und Taufe charakteristische Asymmetrie schlägt sich darin nieder, dass Gottes jeweilige menschliche Bundespartner keine Voraussetzungen mitbringen müssen, die sie erst für den Bund qualifizieren würden. Deshalb kommen Menschen unterschiedlichster Erfahrungshintergründe in der Gemeinschaft zusammen, die durch Bund bzw. Taufe begründet wird. Die alttestamentliche Erwählungstheologie der sogenannten Deuteronomisten (nicht vor dem späten 7. Jahrhundert v. Chr.) betont, dass die Gründe der Bundesgemeinschaft ganz auf Seiten Gottes und nicht des Volkes Israel liegen (5. Mose 7,9), was der christlichen Überzeugung entspricht, dass die Taufe, selbst wenn sie von Säuglingen am Lebensanfang empfangen wird, eine Lebenswende darstellt, die das Vorleben der Getauften in einer völlig neuen Perspektive – nämlich der Perspektive der Gnade – erscheinen lässt und es gerade so in das neue

Leben in der Gemeinschaft integriert. Die Taufe stiftet demnach als Eingliederung in den Leib Christi eine *Gemeinschaft ohne gemeinsamen Erfahrungshintergrund* ihrer Angehörigen; vielmehr kennzeichnet es die Kirche als Glaubens- und Überzeugungsgemeinschaft, dass ihre Angehörigen die unterschiedlichsten Erfahrungen mitbringen. Die verschiedenen Erfahrungshintergründe kommen der Gemeinschaft in der Kirche sogar entgegen, denn wenn diese Gemeinschaft durch eine gemeinsame Überzeugung geprägt ist, die ihre Angehörigen als lebensorientierende Wahrheit glauben, dann kennzeichnet es jede derartige Wahrheit, dass sie unter allen Umständen, also unabhängig vom mitgebrachten oder erworbenen Erfahrungshintergrund, Glauben und Vertrauen verdient.

Mit der Familie verhält es sich exakt umgekehrt. Sie ist typischerweise ein Lebensraum, in dem die Angehörigen derselben Familie dieselben Erfahrungen teilen und als gemeinsames Narrativ, das die Identität dieser Familie erzählt, einander mit-teilen. In der *Familie als Erfahrungsgemeinschaft* wurzelt die besondere gesellschaftliche Valenz der Familien, indem diese ihre Angehörigen mit Orientierungen und Werten ausstatten, die ihnen ein Leben als eigenständige Mitglieder der Gesellschaft erst ermöglichen. In dieses Werteschema fließt das Familiennarrativ mit seinen unverwechselbaren Erfahrungen dieser bestimmten Familie mit ein.

4.2 Der bedürfnisethische Begriff der Erziehung

Die Kirche als Glaubensgemeinschaft ohne gemeinsamen Erfahrungshintergrund ihrer Angehörigen und die Familie als wertebildende Erfahrungsgemeinschaft ihrer Angehörigen bilden zunächst nur eine logische Komplementarität ohne zwingende inhaltliche Verbindung. Eine solche wird erst sichtbar, wenn man beide auf das ethische Problem der Erziehung bezieht. Da vorausgesetzt werden darf, dass Erziehung nur dann ethisch legitim sein kann, wenn sie zum Besten ihrer Zöglinge ist, also dem Kindeswohl dient, erscheint es als geboten, den Begriff der Erziehung in bedürfnisethischer Manier zu entwerfen. In dieser Hinsicht kann man Erziehung als eine Lebensorientierung und -begleitung auffassen, die den berechtigten Begehrungen von Kindern so nachkommt, dass damit nicht so sehr die unmittelbare (das heißt aufschubfreie) Bedürfnisbefriedigung als vielmehr zugleich die Entwicklung der Fähigkeit einhergeht, selbst für die Stillung der eigenen Bedürfnisse zu sorgen und zu diesem Zweck den Stellenwert des jeweils Bedurften und den rechten Umgang mit den Problemen einschätzen zu können, die entstehen, wenn das Bedurfte nicht oder nicht zureichend erlangt werden kann. Erst diese Kompetenz ist das Merkmal einer Bedürfnisethik im vollen Sinne des Begriffs.

Welcher Güter Kinder jedoch bedürfen, lässt sich kaum in Form einer abschließenden Positivliste aussagen, da Bedürfnisse über einige universelle

Grundgüter wie Kleidung, Nahrung, Wohnung und insbesondere Bindung hinaus stark von der individuellen Lebenssituation der Betroffenen abhängen. In dieser methodischen Schwierigkeit steckt jedoch zugleich der Schlüssel zur Lösung des Problems. Tatsächlich werden nämlich auch die Grundgüter, derer alle Kinder scheinbar unterschiedslos bedürfen, ihnen immer nur in individueller Ausprägung zuteil. Wie der Fall des Vegetarismus schön verdeutlicht, können zum Beispiel Eltern ihre Kinder gar nicht mit Nahrung versorgen, ohne ihnen damit zugleich ihre eigenen elterlichen Werte und Orientierungen (hier über die Vorzugswürdigkeit fleischloser Ernährung) zu vermitteln. Ja, von einem wirklich bedürfnisethischen *Erziehungs*begriff kann überhaupt nur deshalb die Rede sein, weil die Stillung kindlicher Bedürfnisse immer über die Bereitstellung von Gütern – gleichgültig, ob materiell oder immateriell – hinausgeht und die Einbettung der Güterbereitstellung in die Vermittlung der Werte und Orientierungen genau dieser Familie einschließt. Selbst die banalsten oder basalsten Güter wie ein schlichter Schluck Wasser gegen den kindlichen Durst werden zu einem symbolischen Gut, wenn sie eine Bedeutung bekommen, die ausdrückt, dass Eltern mit allem, was sie ihren Kindern an Gutem gewähren, etwas von sich selbst und ihrer Liebe an sie weitergeben. Diese symbolische Qualität ist immer an die persönliche Beziehung der Familienangehörigen untereinander gebunden und darum untrennbar mit dem Familiennarrativ verknüpft, das die gemeinsamen Erfahrungen der Familienmitglieder miteinander enthält und das mit jedem noch so kleinen Erziehungsschritt ein Stück neu erzählt und weitergesponnen wird. Abseits dieses symbolischen Rahmens haben die elterlich gewährten Güter keine ethische Qualität mehr, so dass aus Erziehung bloße Versorgung wird. Erziehung in bedürfnisethisch umfassendem Sinn ist hingegen die andauernde Einbettung der Bedürfnisbefriedigung in symbolische Güterprozesse in einer durch ihr individuelles Familiennarrativ definierten Erfahrungsgemeinschaft.

4.3 Der befähigungsethische Begriff der Alleinerziehung

Was über den Begriff der Erziehung gesagt wurde, gilt vollumfänglich auch für die Alleinerziehung, die ein Sonderfall der allgemeinen Erziehungssituation ist. Worin besteht seine Besonderheit?

In streng bedürfnisethischer Hinsicht gibt es keine belastbaren Anhaltspunkte dafür, dass alleinerziehende Familien vor grundsätzlich anderen erzieherischen Herausforderungen stünden als Paarfamilien. Natürlich ist die Bedürfnislage von Kindern Alleinerziehender schon deshalb eine andere, weil auch die Situation des betreffenden Elternteils durch die Besonderheiten, die sich bei der Vereinbarkeit von Familie und Beruf oder beim sozioökonomischen Status aufgrund der Notwendigkeit zur Ausübung von Erwerbsarbeit und dem im Vergleich zur Paarfamilie meist signifikant gesteigerten Armutsrisiko ergeben, eine andere ist. Doch das betrifft als Besonderheit der elterlichen Situation ursächlich nicht die Bedürfnisse des Kindes und ist darum oft weniger eine ethische als eine politische Herausforderung, die sich aus dem Phänomen der Alleinerziehung ergibt. In dieser politischen Hinsicht ist es mehr als vollauf gerechtfertigt, vielmehr überfällig, dass alleinerziehende Familien den Paarfamilien auf Augenhöhe begegnen können. Schon das impliziert, dass zwischen diesen beiden Familienformen ethisch eben kein grundsätzlicher Unterschied und keine Abstufung zu machen ist. Gerade wenn es in der Natur der Sache liegt, dass Kinder immer zwei Eltern haben, darf daraus nicht geschlussfolgert werden, dass die alleinerziehende Familie eine irgendwie unvollständige Familie wäre. Das ist schon aufgrund der biblisch verankerten Einsicht in die Qualität der Alleinerziehung als Normvariante der Paarfamilie keine ethisch sinnvolle Option. Man kann vor diesem Hintergrund die terminologische Neubildung, die alleinerziehende Familien als „Ein-Elter-Familien" (B. Rinken u.a.) bezeichnet, gut verstehen, jedenfalls in bedürfnisethischer Hinsicht. In *befähigungsethischer* Perspektive stellt sich derselbe Sachverhalt allerdings anders dar.

Wenn Befähigungsethik im Rahmen formeller Gleichheit (Chancengleichheit) von objektiven Ungleichheiten ausgeht, die einseitige Interventionen verlangen und rechtfertigen, dann ist schon aufgrund der beschriebenen Besonderheiten, in der sich alleinerziehende Eltern in sozioökonomischer Hinsicht befinden, klar, dass die Ethik der Alleinerziehung besondere Anstrengungen zugunsten der Alleinerziehenden verlangt, damit sie befähigt und in die Lage versetzt werden, den Bedürfnissen ihrer Kinder, auch wenn das grundsätzlich keine anderen Bedürfnisse sind als in Paarfamilien, auch tatsächlich gerecht werden zu können. Zur politischen Augenhöhe mit den Paarfamilien gehört mithin, dass die Politik Alleinerziehende nicht gleich mit diesen behandelt, sondern gezielt fördert. Denn in befähigungsethischer Hinsicht ist Alleinerziehung ein Fall von gespaltener Elternschaft, bei der die verschiedenen Aspekte des Elternseins, vorrangig der biologische und der soziale Aspekt, nicht in derselben Person oder Personengruppe kongruieren. Konkret: Bei den meisten alleinerziehenden Familien gibt es eine Person außerhalb des familiären Haushalts, die zum Kind in einem Verhältnis der (biologischen) Elternschaft steht (meistens der leibliche Vater), aber diese nicht wie der alleinerziehende Elternteil (in aller Regel die leibliche Mutter) auch als soziale Elternschaft ausübt.

Im Ergebnis dieser Überlegungen hat die Ethik der Alleinerziehung ihren springenden Punkt in der *elterlichen Partnerschaftskonstellation,* aus der sie hervorzugehen pflegt. Auch diese Feststellung ist nicht wertend gemeint, als ob der alleinerziehende Elternteil zuerst sein Verhältnis zum anderen Elternteil „in Ordnung bringen" müsste, ehe an eine Bewältigung der besonderen elternethischen Herausforderungen der alleinerziehenden Situation zu denken wäre. Gemeint ist vielmehr, dass die Spezifik dieser Situation am besten ausgehend von der Elternkonstellation zu erfassen ist, aus der die Alleinerziehung entstanden ist, denn nur so lassen sich die bei aller Individualität wiederkehrenden Merkmale der Alleinerziehung bestimmen. Die ethischen Überlegungen zur Praxis der Alleinerziehung in Ziffer 5 dieses Aufsatzes werden sich daher nach den verschiedenen Partnerschaftskonstellationen im Kontext der Alleinerziehung gliedern (5.1–5.4). Man muss davon ausgehen, dass es einen ethischen Unterschied ausmacht, ob Frauen oder Männer allein erziehen und ob Alleinerziehende durch eine Trennung oder Scheidung oder aber durch den Tod des*der Partner*in in die Situation der Alleinerziehung geraten sind – oder ob sie womöglich nie in einer Partnerbeziehung gelebt haben. Je nach vorliegender Konstellation stellen sich die Befähigungen anders dar, die Alleinerziehende brauchen, um ihre Kinder bedürfnisgerecht erziehen zu können.

Die Programmatik der Augenhöhe zu den Paarfamilien, die sich im Begriff der „Ein-Elter-Familie" ausdrückt, ist politisch vollauf nachvollziehbar, unterschlägt aber mit der singularischen Formulierung tendenziell die eben skizzierte Vielfalt möglicher Alleinerziehungskonstellationen und birgt durch die terminologisch nahegelegte Schlussfolgerung, dass Kinder in solchen Familien nur einen Elternteil hätten, das doppelte Risiko von Missverständnissen, als ob Elternschaft auf die Rechte und Gestaltungsmöglichkeiten individueller Elternteile zurückzuführen oder als ob die Kinder Alleinerziehender Drohnen wären.

5. Praktische Anwendungen

Alleinerziehung hat viele Gesichter. Dementsprechend vielfältig und individuell unterschieden sind die möglichen Konstellationen der mit ihr verbindbaren ethischen Situationen. Begründete Handlungsempfehlungen drohen so entweder zu Allgemeinplätzen zu werden oder aber sich in labyrinthischer Kasuistik für vorgeblich jeden Einzelfall zu verlieren. Die ethische Grundlegung in Ziffer 4 dieses Aufsatzes stellt deshalb mit der Unterscheidung zwischen erfahrungsbasierter Begründung von Gemeinschaft in der Familie und ihrem religiösen Gegenstück (Taufe) ohne gemeinsame Erfahrungsbasis einen Rahmen zur Verfügung, in den die unterschiedlichen Konstellationen von Alleinerziehung „eingehängt" werden können.

Die ethische Gemeinsamkeit beinahe all dieser Konstellationen ist, dass ihr Erziehungsauftrag nicht nur den alleinerziehenden Elternteil adressiert, sondern in irgendeiner Form auch dessen (früheren) Partner – in aller Regel den leiblichen Vater –, der zum Kind ebenfalls in einer Beziehung der Elternschaft steht und ihm aus Gründen des Kindeswohls nicht einfach vorenthalten werden kann. Wenn sich Erziehung generell in Form symbolischer Güterprozesse vollzieht, die an das jeweilige Familiennarrativ als symbolischen Deutehorizont geknüpft sind, verlangt Alleinerziehung immer eine *Justierung des Familiennarrativs*, die der eingetretenen gespaltenen Elternschaft gerecht wird. Denn symbolische Güter besitzen ihren erzieherischen Wert immer nur im Rahmen des individuellen Familiennarrativs. Verlässt nun, wie es beim Zustandekommen von Alleinerziehung allermeistens der Fall ist, ein Elternteil die familiäre Situation, so verändert das den Sinnhorizont der Erziehung und beeinträchtigt den symbolischen Wert der erzieherischen Anstrengungen. Doch (wie) lässt sich ein Familiennarrativ, das immer auf gemeinsamen Erfahrungen beruht, die die Entwicklung des Kindes bis zum Eintritt der Alleinerziehung geprägt haben, derart justieren?

An dieser Stelle kommt der religiöse Begründungsansatz ins Spiel. Er geht davon aus, dass Menschen unbeschadet aller familiären Bindungen durch ihren Glauben oder, allgemein gesprochen, ihre lebenstragenden Überzeugungen zugleich Glieder einer Gemeinschaft sein können, die im Gegensatz zur Familie *nicht* auf gemeinsamen Erfahrungen beruht. Das befähigt sie, auch in der Familie Menschen aufzunehmen und zu integrieren, die nicht ihren Erfahrungshintergrund teilen, wie es, wenngleich statistisch selten, bei jeder Adoption geschieht, aber auch in ungleich größerer Häufigkeit immer dann, wenn sich zwei Menschen als Paar zusammentun, um allererst eine Familie zu gründen. Die Zugehörigkeit zu einer solchen (religiösen) Überzeugung ermöglicht es also grundsätzlich, das Rahmennarrativ der Familie über den Raum und die Träger*innen gemeinsamer Erfahrungen hinaus auszudehnen. Es sollte auf dieser Grundlage auch umgekehrt möglich sein, das Familiennarrativ nach Eintritt von Alleinerziehung so zu justieren, dass es auf Einschnitte in die elterliche Konstellation wie Trennung und Scheidung oder den Tod eines*einer Partner*in reagieren kann. Genau dies ist die gemeinsame ethische Herausforderung aller Konstellationen von Alleinerziehung.

Es ist übrigens für diesen Ethikansatz nicht erforderlich, dass die Familie oder auch nur der alleinerziehende Elternteil tatsächlich religiös ist. Ethisch entscheidend ist allein, dass die Betroffenen in der Lage sind, das sinnstiftende Narrativ, das allen familiären Erziehungsanstrengungen als Deuterahmen dient, auf die geänderte Familiensituation zu beziehen. Wer die dafür nötige Freiheit gegenüber den zurückliegenden gemeinsamen Familienerfahrungen besitzt, handelt aufgrund einer Befähigung, die ihrer Funktion nach als religiös angesprochen werden kann, auch wenn die konkreten Personen sich nicht als „fromm" bezeichnen würden. Dementsprechend enthalten die folgenden Anwendungen für die verschiedenen Konstellationen von Alleinerziehung auch keine inhaltlich religiösen Handlungsempfehlungen. Es wird jedoch für jede dieser Konstellationen gezeigt, wie oder an welcher Stelle das familiäre Rahmennarrativ zu justieren ist und welche Befähigungen dafür erforderlich sind. Die Leistungsfähigkeit dieser Herangehensweise wird davon abhängen, wie differenziert sie auf die unterschiedlichen Konstellationen einzugehen vermag. Ihr jeweiliges Gepräge lässt sich mithilfe der Ergebnisse empirischer Sozialforschung zum Thema[3] beschreiben.

5.1 Alleinerziehung und Gender

Alleinerziehung wird in den weitaus meisten Fällen (ca. 85%)[4] von Frauen geleistet. Die Ethik der Alleinerziehung hat einen klaren Genderbezug, auf den zum Teil die Genderaspekte benachbarter politischer oder gesellschaftlicher Debatten zum Beispiel zur Arbeits- und wirtschaftlichen Situation von Frauen bzw. zu Familienleitbildern und ihren genderspezifischen Rollen einwirken; teilweise belegt die sozialwissenschaftliche Forschung aber auch genderrelevante Problemaspekte, die originär dem Thema Alleinerziehung zuzuordnen sind. Erwähnenswert scheinen mir insbesondere die folgenden Faktoren.

- *Sozioökonomische Faktoren.* Für Frauen stellt Alleinerziehung in höherem Maße ein Armutsrisiko dar als für Männer. Das liegt nicht nur an einer weiterhin mangelhaften Lohngerechtigkeit unter den Geschlechtern allgemein (sogenanntes Gender-Pay-Gap), sondern hat auch mit der vorangegangenen Verflechtung von Familien- und Berufsbiografien zu tun, die Frauen wegen ihrer überwiegenden Wahrnehmung von Erziehungsaufgaben in Teilzeitbeschäftigungen und Zeiten ohne Erwerbstätigkeit drängen oder locken, was ihnen später als Alleinerziehenden die Karriereanknüpfung erschwert.[5]
- Frauen sind häufiger als Männer von dem mit einer Alleinerziehung meist einhergehenden Zwang zum Wohnungswechsel betroffen, denn „[v]iele alleinerziehende Väter verbleiben in der Familienwohnung".[6] Folglich trifft auch der Umstand, dass ca. einem Viertel der alleinerziehenden Familien „kein separates Kinderzimmer zur Verfügung"[7] steht, unverhältnismäßig oft Frauen.
- *Originäre Erziehungsfaktoren.* Frauen erziehen im Vergleich zu alleinerziehenden Männern überdurchschnittlich oft kleine und kleinere Kinder (im Grundschulalter und darunter).[8] Dies könnte mit dem gegenüber Männern höheren Zeitkontingent korreliert sein, das alleinerziehende Frauen ge-

---

3 In Anbetracht der herangezogenen Literatur sind die im Folgenden genannten Zahlen nicht aktueller als 2011.
4 Rinken 2010, 145. Nach Kuther in: BzgA 2011, 36 Anm. 1, der sich auf Zahlen des Statistischen Bundesamtes bezieht, sind sogar 90% der Alleinerziehenden Mütter.
5 Hier liegen die am besten gesicherten Forschungsergebnisse zum Thema vor. Vgl. nur BzgA 2011, 24 ff.: *Arme Alleinerziehende: Strukturen, Ursachen, Folgen und Mythen* (Autorin: Schutter).
6 Kuther in: BzgA 2011, 37.
7 Rinken 2010, 156.
8 Vgl. die Tabellen bei Kuther in: BzgA 2011, 38.

meinsam mit ihren Kindern verbringen.⁹ Das geringere Kindesalter erhöht für alleinerziehende Frauen den Bedarf an fremdorganisierter Kinderbetreuung, allerdings nicht automatisch in höherem Maße als für alleinerziehende Männer, da diese die relativ höhere Selbständigkeit der von ihnen erzogenen älteren Kinder oft nutzen, um (weiterhin) „in Vollzeitjobs" tätig zu sein.¹⁰

- *Faktoren der Partnerschaftskonstellation.* Gelegentlich wird über eine „Grundtendenz" alleinerziehender Männer berichtet, „die Veränderung äußerer Bedingungen abzulehnen".¹¹ Hierfür könnte neben ihren vergleichsweise wenigen Umstellungen im beruflichen Umfeld die häufige Beibehaltung der Wohnung sprechen, aber insbesondere auch die Tatsache, dass überhaupt schon der Anstoß zu einer Trennung oder Scheidung, dem mit 55% der Fälle häufigsten Anlass für Alleinerziehung,¹² bei über 60% der Betroffenen von der Frau ausging;¹³ Frauen scheinen also insbesondere bei der Akzeptanz oder bewussten Wahl der Alleinerziehung (wenn auch vielleicht nur als geringstes Übel) deutlich veränderungsbereiter zu sein als Männer.
- Es hat den Anschein, dass Alleinerziehung vor allem von Frauen nicht nur als (beklagenswertes) Schicksal empfunden wird, auch wenn sie darin überwiegend keine „ideale Lebensform"¹⁴ erblicken können. Männer hingegen begreifen Alleinerziehung in ihrer Selbstwahrnehmung oft als „Übergangsstadium"¹⁵, was zu implizieren scheint, dass sie sich – wie allerdings das „Gros der Alleinerziehenden"¹⁶ ohne Rücksicht auf das Geschlecht – eine neue Partnerschaft wünschen.
- Mit dieser Selbstwahrnehmung steht die Beobachtung in Spannung, dass es für alleinerziehende Männer schwieriger als für Frauen ist, tatsächlich eine neue Paarbeziehung einzugehen.¹⁷ Sogar von einer männlichen „Einsamkeitsfalle" – als Pendant zur weiblichen „Armutsfalle" – ist die Rede,¹⁸ so dass man die Feststellung, Alleinerziehung sei für Männer öfter als für Frauen „auf längere Zeit angelegt",¹⁹ nicht als Programmatik auffassen darf. Wenn alleinerziehende Männer die „Vaterfamilie" tatsächlich positiv als „Vorbild ... neuer lebbarer Familienmodelle" bejahen, ist dies häufig damit

---

9 Rinken 2010, 163 nennt einen Überschuss von 1,5 Stunden pro Tag; zudem verbringen Väter täglich 1,75 Stunden weniger mit häuslichen Arbeiten als alleinerziehende Mütter.
10 Kuther in: BzgA 2011, 36 sieht für alleinerziehende Väter einen Bedarf an „ganz andere[n] Unterstützungsnetze[n]".
11 So Rinken 2010, 149 mit Rekurs auf Stiehler.
12 Vgl. Rinken 2010, 147.
13 Vgl. Rinken 2010, 148.
14 Rinken 2010, 149.
15 Rinken 2010, 149 mit Zitat von Stiehler.
16 Hammer in: BzgA 2011, 6.
17 Rinken 2010, 152.
18 Beides Kuther in: BzgA 2011, 39.
19 Kuther in: BzgA 2011, 37.

korreliert, dass die Betreffenden sich bereits in der vorangegangenen Situation der Paarfamilie aktiv in Haushalt und Erziehung eingeschaltet haben.[20]

Im Sinne der theologischen Grundlegung in Ziffer 4 dieses Aufsatzes verdienen neben der Beobachtung, dass alleinerziehende Frauen unverhältnismäßig oft klein(er)e Kinder betreuen, sicherlich die Faktoren der Partnerschaftskonstellation besondere ethische Aufmerksamkeit (während die sozioökonomischen Faktoren vor allem politische Berücksichtigung bei der Diskussion um ein gesellschaftliches Familienleitbild erfordern)[21]. Frauen erscheinen allgemein als offener für Veränderung, was sie befähigt, Alleinerziehung nicht bloß hinzunehmen, sondern aktiv zu gestalten und damit letztlich auch die drohenden Benachteiligungen abzufedern. Von einer aktiven, womöglich wunschgeleiteten Wahl der Lebensform Alleinerziehung sollte man aber sicherlich auch mit Blick auf Frauen nicht sprechen. Was die genannten genderspezifischen Faktoren hingegen unterstützen, ist der Eindruck einer im Vergleich zu Männern stärker ausgeprägten Ressourcenorientierung[22] der alleinerziehenden Frauen, die sie zur Gestaltung nicht selbstgesuchter Veränderungen befähigt. Ein Beispiel ist, dass alleinerziehende Frauen bei dem Wunsch nach einer neuen Partnerschaft, der sie mit den meisten alleinerziehenden Männern verbindet, überwiegend Vorbehalte gegenüber einer (erneuten) Ehe haben und „freiere ... Beziehungskonzepte"[23] (insbesondere ohne gemeinsame Wohnung) bevorzugen – nicht zuletzt wohl ein Anzeichen für wiedergewonnenes Selbstbewusstsein infolge relativer wirtschaftlicher Eigenständigkeit. Eine solche Neueinschätzung der Partnerschaftsgestaltung liegt auf der befähigungsethischen Linie einer Neujustierung des Familiennarrativs bei Eintritt von Alleinerziehung. Theologische Ethik der Alleinerziehung wird sich in derart begründeten Entscheidungen niederschlagen. Von einer allzu eilfertigen Programmatik neuer Familienleitbilder wie der Ein-Elter-Familie ist diese theologische Linie dadurch getrennt, dass sie sich nicht einredet, Alleinerziehung sei im Familienleben eine Option wie andere, die bei all ihren Beschwernissen gesellschaftspolitisch gerade recht komme, um überholte Vorstellungen und Leitbilder von der Familie abzulösen.

---

20 Zu diesem Konnex Kuther in: BzgA 2011, 37.
21 Dieser Gesichtspunkt dominiert in BzgA 2011 die Beiträge von Kühnlein und Schutter.
22 Insofern ist der von Rinken dargestellte Forschungsstand gewiss richtig orientiert, wenn er in der Alleinerziehung nicht auf „Defizite", sondern die „Ressourcen" der Betroffenen blicken will (Rinken 2010, 143 mit eben diesen Stichworten).
23 Rinken 2010, 149.

5.2 Alleinerziehung nach Trennung oder Scheidung

Mehr als die Hälfte der alleinerziehenden Familien gehen auf eine Trennung oder Scheidung der Eltern zurück und sind schon in ihrem Zustandekommen durch die Partnerschaftssituation bestimmt, die wir als ethisch besonders einschlägigen Faktor der Alleinerziehung ausgemacht haben. Die große Verbreitung dieser Alleinerziehungskonstellation erklärt zudem die hohe politische Aufmerksamkeit, die gerade Trennungsfamilien zuteil wird und die sich noch steigert, wenn im Falle einer Scheidung (also wenn die Eltern bei Eintritt der Alleinerziehung verheiratet sind oder gewesen sind) familiengerichtliche Beschlüsse hinzukommen, mit denen verbindlich festgelegt wird, bei welchem Elternteil minderjährige Scheidungskinder ihren regelmäßigen Aufenthalt haben. Bei Konstellationen nach Trennung oder Scheidung sind also mindestens drei miteinander verbundene Problemebenen von Alleinerziehung zu unterscheiden, die in der genderspezifischen Betrachtung (Ziffer 5.1) noch ineinander lagen, weil die Genderthematik als Querschnittsfrage alle Ebenen berührt. Es handelt sich um

- die *rechtliche* Ebene in Gestalt gerichtlich beschlossener Verfügungen über das in einer konkreten Alleinerziehungsfamilie anzuwendende Wohnmodell,
- die *politische* Ebene in Gestalt der öffentlichen Debatte über die Angemessenheit der Familienleitbilder, die hinter den unterschiedlichen Wohnmodellen stehen,
- die *ethische* Ebene in Gestalt der Streitkultur, mit der Eltern in einer konkreten Familie ihren eigenen Partnerschaftskonflikt im Hintergrund der eingetretenen Alleinerziehung sowie den aus ihr möglicherweise resultierenden Konflikt über die Kinderbetreuung führen.

Offensichtlich hängen diese drei Ebenen nicht nur miteinander zusammen, sondern bauen insofern aufeinander auf, als in der generellen Konstellation einer Scheidungsfamilie häufig die gerichtliche Entscheidung über den sogenannten ständigen Aufenthalt der Kinder die Probleme auslöst, die überhaupt erst eine ethische Einschätzung der Alleinerziehung auf den Plan rufen. Das dürfte der Grund sein, warum dem Anschein nach die öffentliche Debatte um Scheidungskinder vielfach von der Frage nach dem geeigneten Wohnmodell dominiert wird.[24] Diese Zuspitzung ist, wie wir sehen werden, auch für die theologische Ethik der Alleinerziehung keineswegs belanglos. Wenn man jedoch, wie in Ziffer 1 dieses Aufsatzes betont, ethische, politische und rechtliche Betrachtung grundsätzlich voneinander differenzieren sollte, ist gerade bei der Konstellation nach Trennung oder Scheidung Vorsicht vor Diskursvermischungen angezeigt, das heißt, die Frage nach dem Wohnmodell darf nicht

---

24 Z.B. Koch 2018.

alle Ebenen der Debatte bestimmen, sondern kann ihr eher als Rahmen nützlich sein. Man kann sich das hier bestehende Problem an einigen Schlaglichtern auf die bundesdeutsche Situation – ohne jeden Anspruch auf Vollständigkeit oder Repräsentativität – verdeutlichen.

Im Jahre 2017 erregte der Bundesgerichtshof Aufsehen mit einem Beschluss, der die Möglichkeit der Familiengerichte stärkte, bei Entscheidungen über den Kindesaufenthalt das sogenannte Wechselmodell festzulegen.[25] Damit ist gemeint, dass Kinder nach Scheidung der Eltern nicht die Wohnung des einen Elternteils (in der Praxis weit überwiegend der Mutter) als regelmäßigen Aufenthalt haben, sondern zu möglichst gleichen Anteilen (zum Beispiel im wöchentlichen Wechsel) bei beiden Elternteilen leben. Der Beschluss fordert auf der *rechtlichen* Ebene gewisse personenstandsrechtliche Standards heraus, die davon ausgehen, dass Bürger*innen, zumal als Minderjährige, einen melderechtlich klar definierten Status haben; Aufsehen erzeugte der BGH aber vor allem auf der *politischen* Ebene, wo die Option für das Wechselmodell als möglicher Paradigmenwechsel zu Lasten des bisherigen Residenzmodells aufgefasst wurde, bei dem Scheidungskinder in der Regel in der Wohnung der Mutter bleiben und der Vater ein zumeist 14-tägliches Umgangs- oder Besuchsrecht plus einer elterlich auszuhandelnden Ferienaufenthaltszeit in Anspruch nehmen kann. *Rechtlich* operiert das Residenzmodell mit einer Unterscheidung von Aufenthaltsbestimmungs- und Sorgerecht, die aber auf der *politischen* Ebene zunehmend als sekundäre Abbildung des traditionellen Familienleitbildes erscheint, bei dem die Mutter schwerpunktmäßig die Betreuung und Erziehung der Kinder leistet, während der Vater als Berufstätiger für den Lebensunterhalt der Familie sorgt. Dementsprechend wird das Residenzmodell umso mehr als Auslaufmodell einer klischeehaften Rollenverteilung auf die Geschlechter kritisiert, als empirische Befragungen ebenfalls 2017 zeigten, dass viele Elternpaare eine kooperative Erziehung der Kinder wünschen und anstreben.[26]

Das Bundesfamilienministerium hatte schon 2015 eine wissenschaftliche Studie zu „Kindeswohl und Umgangsrecht" in Auftrag gegeben, die die Angemessenheit der verschiedenen Wohnmodelle klären helfen sollte. Theoretischer Hintergrund ist dabei die Bindungsforschung, die die biologisch basierten Verhaltensweisen der Nähe und Distanz (nicht nur) von Menschen zu ihren engsten Bezugspersonen als Voraussetzung für die Entwicklung zur Eigenständigkeit untersucht.[27] Während die grundsätzliche Relevanz der Bindungsforschung für die Einschätzung kindlicher Entwicklung unbestritten ist,

---

25 Beschluss des BGH vom 01.02.2017, Az. XII ZB 601/15.
26 Vgl. https://www.ifd-allensbach.de/fileadmin/studien/Abach_Trennungseltern_Bericht.pdf (28.05.2020).
27 Vgl. generell zur Bindungsforschung im Verhältnis zur Kindererziehung in Kontexten gespaltener Elternschaft: Schleiffer 2015, konkret 115 zu selektiver Bindung.

wurden einzelne Grundannahmen in der politischen Auseinandersetzung um die erwähnte Studie zum Gegenstand öffentlicher Diskussion. Können Kinder im Kleinkindalter nur zu einer einzigen Person stabile Bindungen (sogenannte selektive Bindung) aufbauen, und wenn sie (ab welchem Alter?) Bindungen zu mehreren Bezugspersonen unterhalten können, welche Hierarchien weisen diese dann untereinander auf? Je nach Beantwortung dieser fachwissenschaftlichen Fragen zeichnet sich auf der *gesellschaftlichen* Ebene der Debatte entweder ein Plädoyer für das Residenzmodell mit einer stabilen, das heißt aber auch: möglichst kontinuierlichen Bindungsperson ab, so dass im Trennungsfall geradezu regelhaft zugunsten alleinerziehender Mütter zu entscheiden wäre. Oder aber bei entgegengesetzter Beantwortung wird eine mehrfache Bindungsfähigkeit angenommen, die dann als Indiz zugunsten des Wechselmodells erscheint.

So plausibel die Verknüpfungen der genannten Ebenen anhand der Argumente zu Wohnmodell und Bindungsforschung auch erscheinen mögen, sind sie doch in erster Linie Anzeigen einer Diskursvermischung, die nur deshalb orientierende Leitalternativen zum Beispiel von Residenzmodell versus Wechselmodell erzeugt, weil in den zugrunde liegenden Fachfragen (hier: der Bindungsforschung) keine eindeutige Entscheidung erreichbar ist – sei es, weil in der Fachdebatte ein „Expertenclinch" besteht, sei es, weil den Disputanten auf der rechtlichen, politischen oder gesellschaftlichen Ebene die Entscheidung nicht bekannt oder nicht transparent ist. In einer solchen Lage ungeklärter fachlicher Entscheidungsgrundlage, wie sie bei jedem ethischen Problem auftreten kann, tritt zum Problemtableau ein weiterer Aspekt hinzu: die Streitkultur der an der Debatte Beteiligten. Bei Alleinerziehung nach Trennung oder Scheidung fügt es sich, dass die Art und Weise, wie die Eltern Konflikte austragen, ohnehin ein wichtiger Faktor der Problemkonstellation ist. Aus sozialwissenschaftlicher Perspektive ist die elterliche Konfliktfähigkeit sogar ein Schlüssel zur Ethik der Alleinerziehung, denn kaum etwas belastet das Kindeswohl so sehr wie fortgesetzte, „feindselige Konflikte" zwischen den Eltern[28] – gleichgültig, ob sie vor, während oder auch noch nach einer Trennung oder Scheidung auftreten. Diese selbst ist „weniger belastend"[29] als ein unausgeräumter Dauerkonflikt zwischen den Eltern. Umgekehrt kann die Trennung oder Scheidung, wenn sie den elterlichen Konflikt zumindest klärt oder beendet, von den Kindern sogar als relative Befreiung erlebt werden,[30] insbesondere wenn sie vom alleinerziehenden Elternteil umgesetzt wurde.

Elterliche Konfliktfähigkeit beschränkt sich in dieser Alleinerziehungskonstellation freilich nicht auf die Klärung des meist vorausgegangenen Partnerschaftskonflikts, sondern schließt die in aller Regel beide beteiligende Erzie-

---

28 Vgl. Sander in: BzgA 2011, 17 u.ö.
29 Sander in: BzgA 2011, 18.
30 Vgl. Rinken 2010, 147.

hung ein. Bekannt ist das Problem, dass im Residenzmodell der Besuchselternteil (meist der Vater) die im Vergleich deutlich kürzeren, oft am Wochenende gelegenen gemeinsamen Zeiten bewusst oder unbewusst als Gegenmodell zum Alltag, damit aber implizit auch im Gegensatz zu den Erziehungsvorstellungen des Alltagselternteils gestaltet und damit dessen Erziehung konterkariert.[31] In daraus womöglich resultierenden neuen Konflikten ist von den Getrennten oder Geschiedenen die Differenzierung zwischen Eltern- und Paarkonflikt umso mehr zu verlangen, als in beiden Richtungen bewusste oder unbewusste Instrumentalisierungen vorkommen können, die beim Kind oder den Kindern mit hoher Wahrscheinlichkeit ernsthafte Loyalitätskonflikte hervorrufen. Das wäre etwa der Fall, wenn ein Besuchsvater alleinige Umgangszeiten zum „Auskundschaften" einer möglichen neuen Beziehung der alleinerziehenden Mutter zweckentfremdet oder diese einen halbwüchsigen Sohn in die Rolle eines Partnerersatzes geraten lässt.[32] Ganz zu schweigen davon, dass offene Elternkonflikte eines geschiedenen Paares in Unterhalts-, Umgangs- oder Sorgerechtsfragen oft genug die Gerichte beschäftigen. In solchen Fällen wird die ethische Ebene, auf der sich Konfliktfähigkeit eigentlich niederschlagen soll, auf die rechtliche verschoben, wo den Eltern das Heft zur Entwicklung und Bewährung solcher Konfliktfähigkeit aus der Hand genommen ist. Demgegenüber kann als ethische Faustregel bei Scheidungsfamilien gelten, dass elterliche Konfliktfähigkeit umso ausgeprägter ist, je weniger sie die rechtliche Ebene auch nur berührt.

In der Praxis wird die Konfliktfähigkeit der Eltern häufig den Ausschlag für die Bewältigung der Alleinerziehungskonstellation nach Trennung oder Scheidung geben. Darüber sollte man die Themen der kindlichen Bindung und des Wohnmodells nicht aus dem Blick verlieren; die Ethik der Alleinerziehung verlangt jedoch zu diesen Themen keine Entscheidung. Die Bindungssicherheit von Kindern ist ein fundierter und auch ethisch wichtiger Gradmesser für das Kindeswohl nach einer Trennungs- oder Scheidungssituation, doch ist von den betroffenen Familien auf diesem Feld, vor allem wenn es selbst unter Expert*innen umkämpft sein sollte, keine eigene Expertise zu verlangen, damit sie ihrer Aufgabe in der Situation der Alleinerziehung gerecht werden können. Ebenso ist eine Grundsatzentscheidung zum Verhältnis von Residenz- und Wechselmodell nicht erforderlich. Die Frage des Wohnmodells hat zwar ethisches Gewicht, weil auf der rechtlichen Ebene der Begriff der Wohnung – oder personenstandsrechtlich: des Haushalts – zur Definition der Alleinerziehung hinzugehört: Wer mit dem/den zu erziehenden Kind/Kindern allein in einem Haushalt lebt, gilt auch dann als alleinerziehend, wenn eine stabile Partnerschaft mit einer Person eigener Wohnung und eigenen Haushalts besteht. Für das Familiennarrativ, mit dem Kinder erzogen werden,

---

31 Vgl. Sander in: BzgA 2011, 18.
32 Zu diesem Problem vgl. Sander in: BzgA 2011, 17.

wird sich die Wohnung als definitorische Größe aber eher nicht nahelegen, würde das doch häufig zum Beispiel Großeltern, die nicht am Ort wohnen, aus dem Narrativ ausschließen. Seine relative Berechtigung im Familiennarrativ hat der Begriff der Wohnung als Ort des alltäglichen Aufenthalts und damit der das Narrativ bildenden gemeinsamen Erfahrungen. Doch nach Einsicht unserer theologischen Grundlegung dürfen gerade diese gemeinsamen Erfahrungen keinen hermetischen Raum bilden, wenn ein so tiefgreifender familiärer Umbruch wie die Trennung oder Scheidung der Eltern das Narrativ nicht von vornherein sprengen soll. Aus Sicht des in diesem Aufsatz gewählten ethischen Begründungsansatzes bewährt sich Alleinerziehung daran, das Familiennarrativ für Justierungen infolge von Erfahrungen, die in ihm bislang nicht vorkamen, offen zu halten. Rechtliche Vorgaben oder politische Grundsatzentscheidungen zum Wohnmodell würden dem Familiennarrativ nur diese Justierfähigkeit rauben.

5.3 Alleinerziehung nach Verwitwung

Die Konstellation einer Alleinerziehung, die durch den Tod des anderen Elternteils eintritt, macht etwa ein Viertel der alleinerziehenden Familien in Deutschland aus,[33] kann aber in gewisser Weise als Testfall für die Ethik der Alleinerziehung generell gelten. Die sozioökonomischen Problemfaktoren der Alleinerziehung (Verschlechterung der Arbeits- und Wohnsituation) dürften Verwitwete, ähnlich wie Getrennte oder Geschiedene, in Abhängigkeit von der vorherigen Aufteilung der Erwerbsarbeit treffen. Das Fehlen einer Entsprechung zu Unterhaltszahlungen nach Scheidung wird, wo solche vorliegen, durch Lebensversicherungen mindestens kompensiert. Wenn der Beziehungskonflikt, der bei getrennten und geschiedenen Alleinerziehenden regelmäßig zum Wohnungswechsel führt, bei Verwitweten auch nicht unterstellt werden muss, kann ein Verbleib in der Wohnung, wo der*die Partner*in starb, doch als so unerträglich empfunden werden, dass aus diesem Grund ein Umzug fällig wird. Während also die sozioökonomischen Faktoren als vergleichbar erscheinen, stellt sich die Partnerschaftssituation, die der Ethik der Alleinerziehung als Schlüssel zur Differenzierung der unterschiedlichen Konstellationen dient, bei Verwitweten deutlich anders dar.

Natürlich endet die gelebte Partnerschaft mit dem Tod des einen Elternteils; die Gefahr von Elternkonflikten, die bei getrennten oder geschiedenen Paaren zu einem Hauptproblem der Alleinerziehung werden (s.o. 5.2), besteht nicht. Trotzdem ist auch bei Verwitwung das elterliche Verhältnis, in dem überlebender und gestorbener Elternteil zueinander standen, ethisch wesentlich für das Gelingen der Alleinerziehung. Es macht einen erheblichen Unter-

---

33 Vgl. Rinken 2010, 148.

schied aus, ob Mütter oder Väter plötzlich durch einen Unfall oder durch ein langes Krankenleiden oder durch Suizid der Partnerin / des Partners verwitwet werden, weil die Möglichkeiten, sich auf die Alleinerziehung einzustellen (vielleicht noch zu Lebzeiten des anderen Elternteils), in diesen Fällen stark differieren, ebenso die – vorwiegend belastenden – Gefühle der Trauer, Einsamkeit, Überforderung, Wut oder auch Gefühlsleere, mit denen sich der überlebende Teil in der neuen Situation wiederfindet.

Diese Faktoren tangieren über die Paarbeziehung hinaus auch die Kindererziehung selbst, weil sie in diese hineingetragen werden können: Verwitwete Alleinerziehende fühlen sich dann verpflichtet, die Anteile an der Erziehung, die der andere Elternteil vor seinem Tod ausfüllte, mit zu übernehmen, und tragen so an einer zusätzlichen Last im Vergleich zur Dreifachbelastung aus „Erwerbs-, Haus- und Erziehungsarbeit",[34] die die meisten Alleinerziehenden ohnehin trifft. Damit geht ein erhöhtes Überforderungsrisiko einher. Aber auch das Umgekehrte ist zu beobachten: Die Wunde, die der Tod des einen Elternteils in die Familienkonstellation geschlagen hat, wird in der neuen Situation der Alleinerziehung offen gehalten. Mehr oder minder unbewusste Ab- und Gegenwehr gegenüber den durch den Tod eingetretenen und noch eintretenden Veränderungen kann dafür ebenso einschlägig sein wie das bewusst gestaltete Gedenken, um gerade bei kleineren Kindern eine lebendige Erinnerung an den toten Vater oder die tote Mutter zu wecken und zu pflegen. Wenn zum Beispiel die Wohnung beibehalten wurde und im Interesse der Erinnerungspflege das Zimmer des gestorbenen Elternteils unverändert belassen wird, kann dies eine Konservierung des Status quo bedingen, die auch den Kindern im Verlauf ihrer Entwicklung die Auseinandersetzung mit dem Geschehen erschwert – durchaus vergleichbar dem eigentlich gegenteiligen Fall, dass der überlebende Elternteil versucht, durch Ausfüllung auch der Rolle der gestorbenen Partnerin / des Partners dem Kind bzw. den Kindern die Illusion einer „vollständigen" Familie zu erhalten.

Das Konstrukt der „vollständigen Familie" kommt einem bei verwitweten Alleinerziehenden aufgrund der augenscheinlichen Tragik ihrer Situation am ehesten in den Sinn. Sie haben unverschuldet einen schweren Verlust erlitten, weil der*die Lebenspartner*in und Elternteil des zuvor gemeinsam erzogenen Nachwuchses gestorben ist – da liegt der Schluss nahe, dass die zurückbleibende Familie beschädigt oder unvollständig sein muss, weil eine Person fehlt.[35] Mit anderen Worten: Auf die Gruppe der verwitweten Eltern scheint – unbeschadet des sozialen Netzes und der im Vergleich sogar höheren Unter-

---

34 Rinken 2010, 157.
35 *Vier minus drei* lautet der sprechende Buchtitel des Bestseller-Erlebnisberichts der durch einen Unfall verwitweten und verwaisten Barbara Pachl-Eberhart (München ⁹2011), der meine mathematisch assoziierte Rede von „einer fehlenden Person" inspirait.

stützung, die sie bekommen³⁶ – der Ausdruck *Allein*erziehung am meisten zuzutreffen. Die beiden beschriebenen Extremreaktionen – das Offenhalten der Wunde der Verwitwung und der Versuch, sie durch Übernahme der Rolle des toten Elternteils zu schließen – zeigen aber, dass das Alleinsein der Alleinerziehenden ihre empfundene Pflicht zum Selbermachen, gleichzeitig aber auch ihr Gefühl der Verlassenheit bezeichnen kann. Die Bandbreite dieser beiden Pole macht deutlich, dass Alleinerziehung nicht statisch aufgefasst oder als Leitbild anderen Familienkonzepten entgegengesetzt werden sollte, sondern eine biografische Ausgedehntheit aufweist („Alleinerziehung im Lebensverlauf")³⁷. In dieser Ausdehnung korrigiert sich der „unvollständige" Eindruck verwitweter Alleinerziehung. Ihre auch ethisch relevante Tragik liegt nicht speziell im Tod des einen Elternteils, so schlimm dieser für die Hinterbliebenen ist, sondern darin, dass er im gegebenen Zusammenhang mit der Erziehungsthematik ein *unzeitiger* Tod ist. Wessen Tod einen alleinerziehenden Elternteil hinterlässt, stirbt auf jeden Fall zu früh und kann die eigenen Kinder nicht mehr aufwachsen sehen.

Der Umgang mit dem unzeitigen Tod eines Elternteils kann Kinder schlagartig in die Rolle (kleiner) Erwachsener versetzen – vom Umfeld mitunter als ein Prozess der „Reifung" verstanden –, weil ihnen ein wesentliches Stück ihrer Kindheit regelrecht genommen wurde; er kann sie aber auch umso länger in Abhängigkeit halten, weil die Reaktion des Umfelds in einer besonderen Schutz- und Sorgehaltung besteht. Die Extreme der möglichen Reaktionen des überlebenden Elternteils spiegeln sich so in den Kindern. Das scheint mir Grund genug zu der Annahme, dass gerade verwitwete Alleinerziehung in ethischer Betrachtung nach einer Justierung eines Familiennarrativs ruft, das, durch die Wucht des eingetretenen Todes aus der Balance geraten, zwischen den beschriebenen Extremen schwankt. Der Ausdruck „Justierung" klingt in der Konstellation der Verwitwung besonders technisch und unangemessen, beschreibt aber einfach die Vorstellung, dass das Leben des toten Elternteils seinen Platz im Familiennarrativ findet, der insbesondere die Unsicherheiten der Hinterbliebenen in der neuen Situation zur Ruhe bringt: Welchen Raum soll der verwitwete Teil der eigenen Trauer geben, auch vor den Kindern? Und unter welchen Umständen ist es angemessener, um der kindlichen Zukunft willen selbst nach vorne zu blicken?

Es scheint, dass derartige Fragen, die sich insbesondere verwitweten Alleinerziehenden stellen, deshalb immer wieder ins Hin und Her zwischen den beschriebenen Extremen führen, weil Gewicht und Stellung, die der tote Elternteil und Lebenspartner*in weiterhin im Familiennarrativ besitzt, unsicher sind, da jeder möglichen Erfahrung entzogen. Mit dem Tod dieses Menschen können sich die Hinterbliebenen auseinander-, aber nicht in die-

---

36 Vgl. Rinken 2010, 148.
37 So der Titel von BzgA 2011.

sen hineinversetzen. Eine Beruhigung dieser Situation verspricht am ehesten das Narrativ einer Gemeinschaft, die – wie die christliche Gemeinschaft aufgrund der Taufe – auf die gemeinsame Erfahrung aller ihrer Angehörigen nicht angewiesen ist. Deshalb dürfte der theologische Anteil an einer Bewältigung der ethischen Anforderungen, die sich mit der Alleinerziehung stellen, bei verwitweten Eltern am höchsten zu veranschlagen sein. Es gehört schließlich zum ureigensten Auftrag des christlichen Glaubens, Hoffnung und Hilfe gegen Tod und Todesbedrohung zu geben. Aber nicht nur religiöse Menschen profitieren davon, sondern alle, die die Hoffnung einer nicht an der Grenze des Todes endenden Gemeinschaft dazu befähigt, eine*n tote*n Angehörige*n in Frieden gehen zu lassen, werden ihm*ihr damit auch den gebührenden Platz im Herzen und Gedächtnis der Familie geben.

5.4 Alleinerziehung ohne vorangehende Partnerschaft

Die Alleinerziehung ohne vorangehende Partnerschaft ist ein Sonderfall, der in der Praxis fast ausnahmslos Mütter betreffen dürfte, da die als männliche Entsprechung in Betracht kommenden Zufallsväter, die außerhalb einer Partnerbeziehung ein Kind zeugen, so gut wie nie als Erziehende in Erscheinung treten. Sofern es sich nicht um allein adoptierende Frauen handelt (praktisch eine exotische Seltenheit, die nur noch vom Vorkommen partnerlos adoptierender Väter überboten wird), liegt in dieser Gruppe regelmäßig der Fall vor, dass die Mütter bereits in der Schwangerschaft allein Verantwortung für ihr Kind übernehmen. Dennoch ist die Partnerschaftskonstellation selbst bei Müttern ohne Partner für die ethische Einschätzung der Konstellation nicht belanglos, wie schon die Extremsituation verdeutlicht, in der sich Mütter ohne Partner befinden, deren Kind durch eine Vergewaltigung gezeugt wurde. Doch auch abseits dieses Extrems ist Alleinerziehung ohne vorangehende Partnerschaft ein komplexes Phänomen.[38]

Zum einen schließt auch Mutterschaft nach einem One-Night-Stand oder im Kontext häufig wechselnder Geschlechtspartner nicht aus, dass die Frau sich doch eine Partnerschaft mit dem Kindsvater wünscht, diese Hoffnung aber nach Bekanntwerden der Schwangerschaft zerbricht. Zum anderen sind seit den fast europaweit umgesetzten Änderungen im Regime der Donogenen Insemination (DI), also der Fremdsamenspende, die (wenigen) alleinstehenden Mütter, die auf diesem Wege schwanger wurden, in der Erziehungstätigkeit zumindest auf einem Minimallevel auf die Zusammenarbeit mit dem leiblichen Vater, der nie ihr Partner war, angewiesen. Denn seit die früher gegebenen Anonymitätszusagen an Samenspender aus Gründen des kindlichen

---

38 Zu den folgenden Argumenten besonders im Zusammenhang mit DI vgl. ausführlicher Theißen 2019, 52–54, 175–186.

informationellen Selbstbestimmungsrechts rückwirkend (!) hinfällig geworden sind, müssen sich sogenannte DI-Väter bereit halten, um dem mit ihrer Hilfe gezeugten Kind zur Befriedigung seines Rechts auf Kenntnis der eigenen Abstammung zur Verfügung zu stehen.

Betrachtet man die hier angedeuteten Subtypen der Konstellation, so wird deutlich, dass auch sie – wie irgendeine der anderen Konstellationen sonst – sich nicht für eine politische Programmatik der Ein-Elter-Familie als Alternative zu den klischeehaften Rollenerwartungen traditioneller Familienleitbilder eignet. Die dafür unterstellte Autonomie des alleinerziehenden Elternteils ist schlicht unrealistisch. Sehr richtig dürfte jedoch sein, dass sich familiale Rollenklischees besonders an Alleinerziehenden ohne Partnerschaft entladen, denen vorgeworfen wird, einem verqueren Emanzipationsideal zu huldigen, das Elternschaft ohne Partnerschaft auf Kosten staatlicher Unterstützungsleistungen realisieren will.[39] Hiergegen Aufklärung zu leisten, ist eine wichtige politische und gesellschaftliche Aufgabe.

In ethischer Hinsicht dürfte die Herausforderung für das weitgehend auf die Mutter und ihr Kind eingeschränkte Familiennarrativ bei dieser Alleinerziehungskonstellation darin bestehen, dem Kind eine reelle Herkunftsgeschichte zu erzählen, die es bejahen kann, wie der Bindungsforscher R. Schleiffer (mit Blick auf Adoptivkinder)[40] betont. Dabei kann das von feministischen Philosophinnen (zum Beispiel Ch. Schües) starkgemachte Argument hilfreich sein, dass Mütter durch das bloße Austragen der Schwangerschaft und die damit dem (noch ungeborenen) Kind verliehene Fähigkeit, in einer Welt zu existieren – pränatal der Binnenwelt des Mutterleibes –, den entscheidenden Beitrag leisten, der Kinder ab Geburt zu moralischen Subjekten macht.[41] Dass Kinder ethisch als selbständige Wesen zu würdigen sind, auch wenn ihnen noch viel Selbständigkeit fehlt, ist nach dieser höchst bedenkenswerten These unter allen Umständen das Verdienst der Mütter. Sie haben das Kind mit dem Austragen der Schwangerschaft in einem umfassenden Sinne angenommen, den man mit einem Ausdruck aus der englischsprachigen Theologie als „Geist der Annahme" („spirit of adoption" in Wiedergabe der Bibelstelle Römer 8,15) bezeichnen kann. Das gilt selbst bei Müttern, die ihr vorgeburtlich in diesem Sinne adoptiertes Kind nach der Geburt zur Adoption freigeben. Diese ethische Relevanz der Schwangerschaft ist das stärkste Argument und die particula veri hinter der Programmatik der Ein-Elter-Familie, so problematisch diese auch als politische Agenda bleibt.

---

39 Beispiele für diesen verzerrenden Vorwurf nennt Kühnlein in: BzgA 2011, 9.
40 Vgl. Schleiffer 2015, 198.
41 Vgl. hierzu näherhin Theißen 2019, 161–170.

6. Fazit

Die Ethik der Alleinerziehung ist kein originär theologisches Thema, sie ist aber einer theologischen Grundlegung zugänglich mithilfe der Unterscheidung zwischen der Familie als Erfahrungsgemeinschaft und dem religiösen Sinn von Gemeinschaft, der keine gemeinsame Erfahrung postuliert. Diese theologische Grundlegung liefert das nötige Framing, um individuelle Familiennarrative bei Eintreten von Alleinerziehung an die einschneidenden Erfahrungen, die damit oft für die Betroffenen einhergehen, anpassen zu können. Der theologische Charakter dieser so angewandten Ethik setzt also bei den einzelnen Familienangehörigen keine konfessionelle Bindung oder religiöse Observanz voraus. Gleichzeitig löst sich der hier vorgeschlagene Begründungsansatz zugunsten durchgängiger Kindeswohlorientierung von der monokausalen Ableitung der Familie aus der Institution der Ehe, die in der theologischen Ethik traditionell tonangebend gewesen ist. Vielmehr wird die Partnerschaftssituation der Alleinerziehenden zum Schlüssel für die ethische Einschätzung der verschiedenen möglichen Konstellationen von Alleinerziehung. Je nach Konstellation steht zum Beispiel die Veränderungsbereitschaft der Alleinerziehenden (5.1), ihre Konfliktfähigkeit (5.2) oder verschiedene kommunikative Fähigkeiten in Bezug auf den*die eigene*n Partner*in (5.3) oder das Kind (5.4) im Fokus der ethischen Einschätzung, was jeweils den befähigungsethischen Zugang zu den Alleinerziehenden konkretisiert.

Mit der Unterscheidung dieser Konstellationen geht die sorgfältige Differenzierung der ethischen von rechtlichen, politischen und gesellschaftlichen Problemfaktoren der Alleinerziehung einher. Jeder dieser drei Faktoren besitzt ein Eigenrecht insbesondere beim dringend nötigen Abbau sozioökonomischer Benachteiligungen Alleinerziehender und der Überwindung der häufig genderspezifischen Rollenklischees, die in die bestehenden Familienleitbilder hineinspielen. Eine Verquickung dieser Faktoren mit der ethischen Problemstellung könnte jedoch leicht dazu führen, die Forcierung gewandelter Familienleitbilder zum Generalnenner der Ethik der Alleinerziehung zu machen. Den Religionsgemeinschaften bliebe dann in der familienpolitischen Debatte nur die unerfreuliche Alternative, als Verfechter traditioneller Familienbilder zum Buhmann dieser Debatte zu werden oder sich selbst vor den Karren einer Programmatik der Ein-Elter-Familie zu spannen. Demgegenüber unterstreicht der theologische Zugang zum Thema die Eigenständigkeit der ethischen Aspekte der Alleinerziehung.

Literatur

Bundeszentrale für gesundheitliche Aufklärung (BzgA), *Alleinerziehend im Lebensverlauf.* Mit Beiträgen von Verena Hammer, Melitta Kühnlein, Claus Reis, Elisabeth Sander, Peggy Liebisch, Sabina Schutter, Petra Winkelmann, Ulrich Kuther, Dorothea Krüger, Lydia Potts (Forum Sexualaufklärung und Familienplanung), Frankfurt am Main 2011.
Koch, Claus, *Lenas Eltern trennen sich*, Berlin 2018.
Molnar-Hidvegi, Nora, Artikel *Witwe und Waise* (AT) (April 2010), in: WiBiLex Das wissenschaftliche Bibellexikon im Internet, online: http://www.bibelwissenschaft.de/stichwort/34925/ (28.05.2020).
Rinken, Barbara, *Spielräume der Konstruktion von Geschlecht und Familie? Alleinerziehende Mütter und Väter mit ost- und westdeutscher Herkunft.* Mit einem Geleitwort von Karin Gottschall (VS Research), Wiesbaden 2010.
Schleiffer, Roland, *Fremdplatzierung und Bindungstheorie*, Weinheim 2015.
Theißen, Henning, *Ethik der Adoption (*Angewandte Ethik 20), Freiburg i. Br. 2019.

Barbara Städtler-Mach

Zuwendung, wenn etwas zerbrochen ist
Seelsorgliche Begleitung in Krisenzeiten

Eine Krise zu erleben, bedeutet, im alltäglichen Leben gestört zu werden und das Gefühl der Sicherheit zu verlieren. Seelsorgliche Begleitung der Kirchen und der Diakonie stellt eine Hilfsmöglichkeit dar, die in der Annahme jedes Menschen durch Gott gegründet ist. Sie kann helfen, sich verstanden zu fühlen und sich der Lebensgewissheit zu vergewissern.

Going through a difficult crisis means being disturbed in the daily life and losing the feeling of safety. Pastoral care of churches and Diaconia provides a possibility of help on the ground of acceptance of God for everyone. It can help to feel understood and to make sure of certainty of life.

1. Krisenzeiten

1.1 Definition von Krise

Umgangssprachlich sagen Menschen „Ich krieg die Krise." Sie meinen damit, dass unangenehme Emotionen entstehen, dass sie zum Aushalten einer Situation oder zum Handeln gegen ihren Willen gezwungen sind. Diese Gefühle beschreiben sehr deutlich, wodurch eine Krise für den Menschen gekennzeichnet ist.

Ein Blick in die Literatur hilft, die verschiedenen Formen und Entstehungszusammenhänge einer Krise zu verstehen: So wird grundsätzlich unterschieden zwischen einer normativen Lebenskrise und einer Krise, die sich durch einen besonderen Anlass entwickelt.

Normative, also dem natürlichen Lebenslauf entsprechende Krisen, lassen sich grundsätzlich vorhersehen: Jeder Mensch durchläuft verschiedene Phasen und erlebt in der Regel auch damit verbundene Erfahrungen, die vorher noch nicht da waren. So haben vermutlich jede Mutter und jeder Vater von den Herausforderungen der Pubertät gehört; wenn das eigene Kind in diese Phase kommt und damit seine Schwierigkeiten hat, wird „das Thema" plötzlich sehr hautnah erlebbar. Die Veränderungen, die Tochter oder Sohn erleben, bringen Herausforderungen mit sich, die die bisherige Beziehungsgestaltung zwischen Eltern und Kind durcheinanderbringen und – wenn sich mehrere ähnliche Erlebnisse zur Erfahrung verdichten – tatsächlich eine Krise auslösen können.

Daneben entstehen für Menschen Krisen durch Anlässe, die in keiner Weise vorhersehbar sind und oft als große Erschütterung erlebt werden. Dazu zählen beispielsweise eine plötzlich auftretende Krankheit, die die bisherige Alltagsgestaltung unmöglich macht, eine unerwartete Trennung oder Scheidung und auch das Sterben und der Tod von lieben Menschen. Krisen entstehen – so lässt sich allgemein zusammenfassen –, wenn die bisherige Lebensform unmöglich wird. Das Erleben einer vertrauten Lebensführung wird unterbrochen oder sogar beendet. Dabei kann sich diese Unterbrechung auf das persönliche wie auf das gesamtgesellschaftliche Leben, wie beispielsweise bei der Corona-Krise, beziehen. Charakteristisch für die Entstehung einer Krise ist dabei, dass die Unterbrechung oder Störung des vertrauten Lebens sich über einen längeren Zeitraum erstreckt.

1.2 Erfahrung von Krisen

Krisen können allgemein zu den menschlichen Erfahrungen gerechnet werden, ohne die die Biografie eines Menschen nicht auskommt.

In besonderer Weise stellen die Erfahrungen von Trennung oder Scheidung eine Krise dar. Für ihr Zustandekommen gibt es viele Möglichkeiten. Der Bruch in einer Beziehung kann mit einem bestimmten Ereignis verbunden sein, an dem zumindest einem der beiden Menschen in der Partnerschaft deutlich wird, dass es „nicht mehr stimmt". Möglicherweise lässt sich ein kleiner Bruch eher als Störung beschreiben und auch „überleben", das heißt, als ein Hindernis im gemeinsamen Leben erkennen, das jedoch der Beziehung insgesamt keinen dauerhaften Schaden zufügt. Mehrere kleine Brüche oder eben ein ganz großes Ereignis können allerdings zum irreparablen Schaden einer Beziehung führen, so dass nach einer längeren Krisenzeit tatsächlich eine Trennung, im Fall einer Ehe auch die Scheidung ansteht. Die Krise kann dadurch als eine lange Zeit, vielleicht sogar über Jahre erlebt werden, bevor das, was gleichsam ihr „Ziel" ist, vollzogen wird.

Krisenerfahrung bedeutet dann, über Monate, vielleicht sogar Jahre, in der eigenen Lebensführung und dem persönlichen Lebensgefühl von Schwierigkeiten dominiert zu werden, die auf die Dauer nicht zum Leben dazu gehören (sollen). Das Leben wird als anstrengend, möglicherweise sogar als erschöpfend empfunden. Auch wenn für das eigene Empfinden vielleicht kein Wort zur Verfügung steht, empfindet der Mensch in seiner Krise: „Wie das jetzt ist, geht es nicht gut für mich."

2. Seelsorgliche Begleitung

Krisenzeiten sind – so viel ist aus dem Bisherigen wohl hervorgegangen – Abschnitte im Leben, die nicht ohne weitere Hilfestellung durchstanden und bewältigt werden können. Im direkten persönlichen Krisenerleben suchen sich die betreffenden Menschen häufig Unterstützung bei denen, die ihnen nahestehen und die in der Regel auch leicht erreichbar sind: bei Freundinnen und Freunden, bei einer guten innerfamiliären Beziehung auch bei Eltern oder Geschwistern.

So hilfreich der „niedrigschwellige" Zugang zu Freundinnen, Freunden und nahestehenden Bezugspersonen ist, so sehr sind diese Kontakte gerade durch die Nähe, die sie ermöglichen, auch mit in die Situation involviert. So ist die Freundin eben durch die Freundschaft mit einem der beiden Partner mehr als mit dem anderen vertraut und übernimmt leicht auch deren oder dessen Sichtweise auf das Geschehen. Bei tragischen Trennungen durch Unfalltod oder Krankheit sind die nächsten Verwandten häufig so in die Ereignisse involviert und damit selbst derart von Schmerz und Traurigkeit betroffen, dass sie die erforderliche Distanz zu einer Unterstützung nicht aufbringen.

Deshalb fordern Krisen oft dazu heraus, „Hilfe von außen" zu holen. In Kirchengemeinden wie auch den Einrichtungen der Diakonie wird dabei von Seelsorge oder seelsorglicher Begleitung gesprochen.

2.1 Was ist Seelsorge?

Dass Seelsorge etwas mit Glauben und Kirche zu tun hat, ist für viele Menschen „irgendwie" klar. Gleichzeitig verbinden Menschen unserer Zeit mit „Seelsorge" nicht unbedingt etwas, das mit ihnen zu tun hat. Wer das Wort Seelsorge hört, assoziiert vielleicht einen streng wirkenden Pfarrer aus längst vergangenen Zeiten. Sein Blick auf das Leben hat mit dem eigenen aktuellen Leben, vielleicht gerade auch dem, was als Krise empfunden wird, wenig gemeinsam.

Mit anderen Worten: Auch bei großer psychischer und auch physischer Not wird mit Seelsorge oder seelsorglicher Begleitung nicht unbedingt die Unterstützung assoziiert, die gerade im Leben so dringend erforderlich ist. Um solche Bilder oder gar Missverständnisse zu korrigieren, soll deshalb eine zeitgemäße Form von Seelsorge beschrieben werden, um dann aufzuzeigen, inwiefern sie in Krisensituationen hilfreich sein kann.

Unter Seelsorge verstehen wir die Zuwendung zu einem Menschen auf der Grundlage einer Glaubenshaltung und Glaubenserfahrung. Diese Zuwendung kann von einer professionellen Seelsorgerin genauso gut wie von einem ehrenamtlichen Mitarbeiter in Kirche und Diakonie erfolgen. Diese Zuwendung zum anderen Menschen hat ein Ziel: Seelsorge ist die Vergewisserung der Lebensgewissheit auf der Grundlage christlicher Zusage zum Leben.

Was bedeutet diese „Vergewisserung der Lebensgewissheit"? Eine der Grundaussagen der biblischen Botschaft ist die, dass Gott das Leben der Menschen will und die Zusage gegeben hat, dieses Leben zu schützen. Hierfür lassen sich zahlreiche biblische Worte als Beleg anführen. Zwei Beispiele aus dem Alten und Neuen Testament zeigen diese Zusage exemplarisch:

So verspricht Gott Josua, einem Mann, den er mit großen Aufgaben betraut hat, am Beginn einer langen Geschichte mit ihm: „Ich will mit dir sein, ich will dich nicht verlassen noch von dir weichen. Sei getrost und unverzagt." (Josua 1,5–6) Ein zweites Beispiel ist die Zusage Jesu im Matthäus-Evangelium an seine Jünger: „Siehe, ich bin bei euch alle Tage bis an das Ende der Welt." (Matthäus 28,20)

In besonderer Weise wird die Zusage Gottes zu einem Menschen durch die Taufe deutlich, in der Gott seinen „Bund", also eine unverbrüchliche Beziehung zum getauften Menschen, festlegt. Sehr häufig wird zur Veranschaulichung dieses Bundes von Gottes Seite aus ein Wort der Verheißung aus dem Buch des Propheten Jesaja gesprochen: „Fürchte dich nicht, ich habe dich bei deinem Namen gerufen, du bist mein." (Jesaja 43,1)

Diese Grundzusage Gottes an den Menschen muss im einzelnen Leben natürlich übersetzt werden. Dazu hören Kinder oder Erwachsene biblische Geschichten, die von der Treue und Liebe Gottes erzählen. Religionsunterricht, Konfirmand*innenarbeit und natürlich die Verkündigung im Gottesdienst tragen dazu bei, dass diese Zusage – die Verheißung Gottes – immer wieder aufgefrischt, verdichtet und vertieft wird. Die religiöse Grundlage dieser Zusage wird dabei mit dem eigenen Leben in Beziehung gesetzt und immer wieder neu betrachtet und – im günstigen Fall – verinnerlicht. Aus der Verheißung, die zugesprochen wird, werden Erfahrungen, die das Leben bereichern, die die eigene Bindung an Gott bestärken und das fördern, was hier als „Lebensgewissheit" bezeichnet wird.

In einfachen Worten kann diese Lebensgewissheit so ausgedrückt werden: Ich spüre, dass ich mit meinem Leben nicht nur „da" bin, sondern dass ich gewollt bin. Ich erlebe immer wieder, dass Gott mich führt und dass ich einen festen Grund in meinem Leben spüre.

Durch die Erfahrung einer großen Krise kann diese Lebensgewissheit tief erschüttert werden. Sowohl die eigene Erfahrung, im Leben fest zu stehen, gerät ins Wanken als auch das Vertrauen darauf, dass Gott für mich da ist.

2.2 Wie geschieht seelsorgliche Begleitung?

Die „Vergewisserung der Lebensgewissheit" durch eine seelsorgliche Begleitung zielt zum einen auf die ganz persönliche Selbsteinschätzung: Durch die

Seelsorge wird bekräftigt und verstärkt, wovon der oder die Einzelne lebt. Dazu gehören beispielsweise Sätze wie „Das kann ich", „Ich schaffe das", „Ich habe doch Erfahrung mit mir" oder „Ich habe schon oft eine Krise bewältigt". Die Erfahrungen, die diesen Sätzen zugrunde liegen, werden in der Seelsorge zum Vorschein gebracht und in ihrer großen Bedeutung verstärkt. Zum anderen wird auch die Gewissheit, von Gott gesehen und getragen zu sein, aufgenommen.

Die seelsorgliche Zuwendung bedient sich dabei ganz verschiedener Formen. Am häufigsten ist sie ein Gespräch, bei dem das Zuhören der Seelsorgerin und des Seelsorgers im Vordergrund steht. Das Gespräch kann verabredet sein, zum Beispiel im Anschluss an einen Gottesdienst. Es kann sich auch ganz spontan ergeben, etwa im Anschluss an einen Elternabend im Kindergarten der Kirchengemeinde. Dabei ist das Gespräch neben dem aufmerksamen und vorurteilsfreien Zuhören durch die Vermittlung von Verständnis und Akzeptanz geprägt. Nicht in jedem Fall wird Gott oder der christliche Glaube ins Gespräch gebracht. Doch die Seelsorgerin oder der Seelsorger ist auf der Grundlage des eigenen Glaubens bereit, diese Dimension zu hören und auch anzusprechen.

Durchaus kann bei einem seelsorgerlichen Gespräch ein biblischer Text, etwa ein Psalmwort oder eine der Verheißungen Gottes, zur Sprache gebracht werden. Im geschützten Raum sind auch das gemeinsame Gebet, der Zuspruch des Segens wie auch die Beichte und Vergebung möglich.

3. Spezifische Themen seelsorglicher Begleitung Alleinerziehender

Alleinerziehende Menschen, die sich in einer Krise befinden, haben hinsichtlich der seelsorglichen Begleitung in der Regel ganz bestimmte Bedürfnisse. Dadurch ergeben sich die Herausforderungen der seelsorglichen Begleitung.

3.1 Verlusterfahrungen

Wer unfreiwillig allein lebt, trägt immer auch einen Verlust mit sich. Wie auch immer die gemeinsame Zeit zu Ende gegangen ist, in jedem Fall standen an einem Anfang der gemeinsamen Beziehung ein anderes Bild, ein anderer Plan und eine andere Hoffnung. Das Leben sollte gemeinsam gestaltet werden und gemeinsam gelingen – beides ist nach Trennung und Scheidung nicht mehr möglich.

Das Betrachten zerbrochener Pläne und Hoffnungen ist ein schmerzhaftes Geschehen. Oft erfordert die Heilung dieser Schmerzen eine lange Zeit und in jedem Fall viel Kraft. Seelsorgliche Begleitung unterstützt diesen Prozess durch aufmerksames Zuhören und empathisches Verstehen. Sie kann helfen, alle diese Fakten und die damit verbundenen Empfindungen in Ruhe und ohne Bewertung zu betrachten. Sie anzuschauen und für wahr zu halten, verhilft zu einer schrittweisen Anerkennung der Realität. Dabei kann die seelsorgliche Person allein durch ein aktives Zuhören dazu beitragen, die „Dinge", also die Geschehnisse, ihre Einordnung und vor allem die dabei entstehenden Empfindungen zu ordnen.

3.2 Zerbrechen des eigenen Lebensentwurfes

Gerade wenn die Vorstellungen von einem gemeinsamen Leben sich auf das ganze Leben bis ins hohe Alter bezogen haben, bedeutet die Trennung auch die Zerstörung ganzer Lebensentwürfe. Gemeinsam Geschaffenes und Aufgebautes – Familie, Haus, Geschäft – ist nicht mehr das, was es war. Wofür diese Lebensgemeinsamkeiten stehen, existiert nicht mehr. Möglicherweise sind auch zukünftige gemeinsame Vorhaben durch die Trennung unmöglich geworden.

Die Einschätzung, versagt zu haben, kommt auf. Leben wird nicht als gelungen, sondern als zerstört empfunden. Worte wie „Scherben" oder „Trümmer" werden zur Beschreibung der eigenen Situation verwendet. Je nach der eigenen Bewertung dieses Versagens verbindet sich das Empfinden mit Kleinheitsgefühlen, Peinlichkeit und Scham. Seelsorgliche Begleitung vermittelt das Empfinden, auch im Scheitern angenommen zu sein und hilft dabei, auch diese Seiten des eigenen Handelns und Ergehens annehmen zu können.

3.3 Veränderung des Familienlebens

Die Trennung eines Paares mit Kindern bringt viele neue Erfordernisse in der Organisation des Familienlebens, der finanziellen Planung und erzieherischer Zuständigkeiten mit sich. Für die Mutter oder den Vater, jetzt vorrangig alleinerziehend, ändern sich auch die Rolle und Aufgabe des Elternseins. „Ein Elternteil" zu sein weist schon sprachlich darauf hin, dass ursprünglich zwei „Elternteile" existieren. Vater und Mutter gleichzeitig zu sein – was sich viele Alleinerziehende vornehmen – ist grundsätzlich sehr schwer möglich. Mit der neuen Rollenaufteilung entstehen vielfach das Gefühl und auch die reale Situation der Überforderung. „Alles" in gleicher Weise zu gestalten ist nicht möglich und führt zur Selbstausbeutung des alleinerziehenden Elternteils.

Seelsorgliche Begleitung hilft hier im Prozess der Orientierung in der neuen Situation und bei der erforderlichen Strukturierung der anstehenden Aufgaben.

3.4 Vergewisserung der Lebensgewissheit

Das Ziel seelsorglicher Begegnung ist es, Menschen in der Krise von Trennung und Alleinsein beizustehen. Die entscheidende Grundlage dafür ist bei der Seelsorgerin und dem Seelsorger das Wissen um die Annahme des Menschen durch Gott, wie sie im Evangelium – der frohen Botschaft – zum Ausdruck kommt. Diese Annahme wird durch die persönliche Begegnung erlebbar gemacht.

Dabei wird die Zuversicht in eine Zukunft – die Vergewisserung der Lebensgewissheit – bestärkt. Hilfreich sind bei dieser Vergewisserung ganz konkrete Schritte oder Vorhaben. Die Seelsorgerin benennt die vorhandenen Ressourcen für ein gutes Weiterleben und unterstützt damit den Prozess des Stärkerwerdens.

Literatur

Kast, Verena, *Lebenskrisen werden Lebenschancen: Wendepunkte des Lebens aktiv gestalten*, Freiburg i. Br. 2003.

Roessler, Ingeborg, *Krise, Trauma und Konflikt als Ausgangspunkte der Seelsorge*, in: Engemann, Wilfried (Hg.), Handbuch der Seelsorge, Grundlagen und Profile, Leipzig ³2016, 451–475.

Städtler-Mach, Barbara, *Seelsorge, Beratungs- und Therapieangebote für Kinder*, in: Spann, Matthias u.a. (Hg.): Handbuch Arbeit mit Kindern – Evangelische Perspektiven, Gütersloh 2007, 277–285.

Kapitel 5

Alleinerziehend – Herausforderungen und Wege

Elisabeth Mackscheidt

Vom Wunsch loyal zu sein

Die Mitglieder einer Familie möchten, bewusst oder unbewusst, loyal zueinander sein. Familientherapeutische Erfahrungen zeigen, dass nicht nur Eltern für ihre Kinder, sondern auch Kinder für ihre Eltern sorgen. Es werden die Fragen erörtert, wie bei einer Trennung des Paares alle Familienmitglieder das Bewusstsein bewahren oder wiedergewinnen können, sich loyal zu verhalten, und wie die Kirchen dabei hilfreich sein können.

Family members wish to be loyal to each other, be it consciously or unconsciously. Family therapeutic experience shows that not only parents care for their children, but children for their parents as well. The questions about how to preserve, or to regain, the awareness of loyal behaviour between all family members in the situation of separation, and in what way the churches can be helpful in the matter, are being discussed.

Wo Menschen heranwachsen, entstehen Bindungen. Loyalität meint dann die existenzielle Verbundenheit der Familienmitglieder miteinander, die bewusste und vor allem auch unbewusste Übernahme der Verpflichtung, Sorge zu tragen für das Wohlergehen der anderen. Dabei geht die Richtung der Loyalität sowohl von den Eltern zu den Kindern als auch von den Kindern zu den Eltern. Dass auch Kinder sich herausgefordert fühlen, Sorge zu übernehmen für ihre Eltern, ist eine der grundlegenden Erfahrungen der Familientherapie. In Krisenzeiten haben Kinder Angst um das Wohlergehen ihrer Eltern, insbesondere im Blick auf den Elternteil, den sie für den schutzbedürftigeren halten. In der unbewussten Dynamik wirken offenbar besonders stark die Loyalitätsbindungen zwischen den Generationen, doch auch zur Entwicklung neuer Loyalitäten – nicht zuletzt in Partnerschaften – sind wir fähig und bereit.

Theologisch gesehen ist dies alles nicht überraschend. Der Mensch ist als Geschöpf und Ebenbild Gottes und, wie wir Christen glauben, als jemand, der immer schon vom Heilswillen Gottes umfangen ist, im Kern gerade nicht ein mörderisch-egoistisches Wesen, sondern zutiefst auf Liebe und Solidarität hin angelegt. Familientherapeuten würden sagen: Wir haben ein nahezu unzerstörbares Bedürfnis, uns loyal zu verhalten. Oft allerdings machen wir dabei merkwürdige und in der Tat auch destruktive Dinge, zum Schaden der eigenen Person und anderer Menschen. Vielleicht liegt eher darin die Begrenztheit, die Gefährdung unserer irdischen Existenz.

Was aber macht es Paaren in Trennungsprozessen so schwer, sich als loyal zu erleben? Was hindert sie daran, sich ein gutes Selbstwertgefühl zu erhalten oder dahin zurückzufinden?

Loyalität zwischen Eltern und Kindern

Zunächst ist da bei nahezu allen Eltern, die sich trennen, der tiefe Zweifel, ob sie sich ihren Kindern gegenüber loyal verhalten – oder schlichter gesagt: ob sie trotz der Trennung gute Eltern sind. Gewiss, die Verarbeitung des Paarkonflikts und die Identitätskrise, die die Trennung bei einem oder auch bei beiden Partnern auslösen kann, binden viel Kraft, so dass die Kinder auch aus dem Blick geraten können. Oft sind es gerade die Schuldgefühle den Kindern gegenüber, die Eltern daran hindern, wirklich hinzuschauen, die Reaktionen ihrer Kinder realistisch einzuschätzen und nach adäquaten Antworten zu suchen. Kinder brauchen Eltern, die Vertrauen in ihre eigene elterliche Kompetenz haben.

Nun können Eltern aber sich selbst diese Kompetenz eher zutrauen, vielleicht sogar nur dann zutrauen, wenn auch das Umfeld sie ihnen zutraut. Deshalb müssen wir uns kirchlicherseits fragen, ob wir uns nicht manchmal kontraproduktiv verhalten, wenn wir auf die Aufrechterhaltung bestimmter gesellschaftlicher Vorstellungen von einer „heilen" Familie konzentriert sind. Für die Entwicklung der Kinder ist von vorrangiger Bedeutung, ob Vater und Mutter es wagen können, sich als Subjekt ihrer Lebensgeschichte, auch ihrer Trennungsgeschichte, zu verstehen, so dass ihre Kräfte nicht in Selbst- oder Fremdanklage gebunden bleiben; ob sie es wagen können, die volle Verantwortung für die Trennung und für die Reorganisation der Familie nach der Trennung zu übernehmen, so dass die Kinder von dem Druck entlastet werden, selber Lösungen finden zu müssen. Es müsste doch uns Christen auszeichnen, dass für uns Schuld immer schon im Horizont von Versöhnung steht – dass wir einander ermöglichen, Schuld in unser Bild von uns selbst zu integrieren. Die Erfahrung lehrt zudem, dass bei Partnerschaften, die als dauerhaft entworfen wurden, Trennungen viel mit unbewussten Verstrickungen, mit Grenzsituationen zu tun haben, bei denen es nicht so sehr um die Frage moralischer Schuld geht, sondern um notwendig gewordene Abgrenzungen und doch gleichzeitig um die Schwierigkeit, sich selber in diesem Vorgang als loyal zu erleben.

Einem Kind, dessen Eltern sich trennen, kann und muss nicht so geholfen werden, dass es möglichst keine Reaktionen zeigt, sondern nur so, dass es seine Reaktionen haben darf. Auch „Symptome" sind Bewältigungsstrategien eines Kindes; sie sind zunächst ein Hinweis auf dessen kreative, produktive Kräfte, auf eine schwierige familiäre Situation zu antworten. Und das Bemühen des Kindes, für seine Eltern die Situation zu retten – womit ein Kind sich immer auch überfordert – ist kein pathologischer Vorgang, sondern ein Zeichen für die Fähigkeit des Kindes, Bindungen einzugehen, loyal zu sein, sich kreativ etwas einfallen zu lassen für seine Familie. Es geht nur darum, dass das Kind schrittweise von diesem Druck befreit wird, indem es zunehmend erfährt, dass die Eltern selber die Bewältigung ihrer Situation in die Hand nehmen.

Heutzutage holen viele Eltern sich in einer solchen Familienkrise professionellen Rat. Vielleicht sollte die vierjährige Tochter von der Fantasie entlastet werden, sie selbst sei schuld an der Trennung der Eltern. Vielleicht braucht der achtjährige Sohn ein beruhigendes Gespräch – möglichst gemeinsam mit beiden Eltern – darüber, dass die Familie auch in Zukunft finanziell versorgt sein wird. Vielleicht wäre es hilfreich, wenn die Eltern verstünden, dass der Stress, den der Zehnjährige macht, auch ein Versuch sein kann, die Mutter, die sich verlassen fühlt, von der Trauer abzulenken und womöglich den Vater zu Hilfe zu holen. Solche und ähnliche Themen können mit einer kompetenten Begleitung eher in den Blick genommen werden. Und sicherlich würde das einen Jugendlichen entlasten, der sich möglicherweise als Gesprächspartner zur Verfügung stellt, was manchmal als „Partnerersatz" bezeichnet wird und doch meistens eher eine Art Elternfunktion gegenüber der eigenen Mutter oder dem eigenen Vater bedeutet.

Für menschliche Entwicklung überhaupt gilt, dass meist nicht die schmerzlichen Erlebnisse selbst es sind, die langfristig entwicklungshemmend wirken, sondern Situationen, die dazu führen, dass wir die Gefühle, die schmerzliche Erlebnisse bei uns auslösen, dauerhaft meinen verdrängen zu müssen. So ist schon viel gewonnen, wenn Kinder in dieser Zeit Menschen begegnen, die verstehen und aushalten, dass ein Kind sich traurig zurückzieht, aggressiv wird oder vorübergehend ein Verhalten zeigt, das eigentlich einer früheren Stufe seiner Entwicklung entsprechen würde. Denn wirklich schwierig wird es für das Kind erst dann, wenn seine Reaktionen selbst wieder Abwendung statt Zuwendung hervorrufen. Natürlich kann auch bei Kindern ein Gefühl der Erleichterung aufkommen, dass die familiäre Situation sich klärt, vielleicht sogar, dass Gewalt ein Ende nimmt. Dennoch: Die starke und manchmal auch plötzliche Veränderung des Zusammenlebens – auch die Absenkung des Lebensstandards bis hin zu ausgesprochener Armut – bringt Trauer, Verunsicherung, Verlustangst und Wut mit sich. Das stellt zunächst Anforderungen an die Eltern selbst. Doch jede stabile Beziehung, die wir als Verwandte, Freunde, Nachbarn, im Kindergarten, in der Schule und auch im Leben der Pfarrgemeinde oder in einer Familienbildungsstätte zu den Kindern in dieser Zeit aufrechterhalten, ist hilfreich für sie – insbesondere dann, wenn wir nicht nur Verständnis für die aktuelle Situation zeigen, sondern auch Zutrauen zu ihrem weiteren Lebensweg haben. Insgesamt sollten wir im kirchlichen Leben nicht ein Familienbild voraussetzen, das angesichts des heutigen Wandels der Familienstrukturen nur noch einem Teil der Kinder das Gefühl geben kann, in einer „normalen" Familie zu leben. Kinder brauchen ein Mindestmaß an Normalitätsgefühl im Blick auf ihre Familie, um eine gesunde Identität innerhalb der Gesellschaft aufbauen zu können.

Der Wunsch der Kinder, sich beiden Eltern gegenüber loyal zu verhalten, kann aber auch zu ihrem eigentlichen Problem werden, wenn sie nämlich meinen, sie könnten sich in der neuen Dynamik der familiären Beziehungen nicht gleichzeitig Vater *und* Mutter gegenüber loyal verhalten. Für das Wohl der Kinder ist da von entscheidender Bedeutung, inwieweit es beiden Eltern gelingt, trotz der Partnerkonflikte den jeweils anderen Elternteil in seiner väterlichen bzw. mütterlichen Funktion zu respektieren. Kinder fühlen sich zerrissen, wenn sie den Eindruck gewinnen, dass es sich nicht verträgt, Vater *und* Mutter zu lieben; wenn sie in sich selbst eine Spaltung vollziehen müssen zwischen der Welt des Vaters und allem, was diese für ihre eigene Identität bedeutet, und der Welt der Mutter. Nicht, dass diese beiden Welten verschieden sind und in gewissem Ausmaß auch unterschiedliche Regeln in ihnen gelten ist das Problem der Kinder, sondern die Erfahrung einer gegenseitigen Entwertung dieser Welten. Wenn Kinder sich manchmal deutlich auf eine Seite schlagen, so geht das nicht ohne Schuldgefühle; es ist immer nur eine Notlösung für das Kind, eine Sichtweise, die ihm im Moment als die hilfreichste erscheinen mag.

Die Beziehung zwischen dem eigenen Kind und dem jeweils anderen Elternteil zu fördern, ist in den Jahren akuter Trennungsverarbeitung oft schwer. Gewiss, das zunehmende Engagement der Väter insgesamt in der Erziehung und der juristische Rahmen des jetzigen Kindschaftsrechts haben es erfreulicherweise selbstverständlicher werden lassen, dass auch nach einer Trennung die Väter präsent bleiben. Doch ich finde, dass viel zu wenig die Rede davon ist, wie viel elterliche Liebe täglich in den Versuch investiert wird, von der eigenen Kränkung abzusehen und dem Kind einen guten Kontakt zum ehemaligen Partner oder zur ehemaligen Partnerin zu ermöglichen, und dies, obwohl man vielleicht befürchtet, dass das, was einem am anderen so störend erscheint, sich auch negativ auf das Kind auswirken könnte. Es ist hilfreich, sich bewusst zu machen, dass ausschlaggebend – wenn ich es einmal überspitzt ausdrücke – nicht die Frage ist, ob und vor allem *wie* die Eltern ihr Kind geliebt haben, sondern ob das Kind in jeder Stufe seiner Entwicklung die Möglichkeit hatte, seine Eltern zu lieben. Natürlich lässt sich das nicht einfach voneinander trennen; ich möchte damit vielmehr zum Ausdruck bringen, dass elterliche Liebe vor allem darin besteht, sich zur Verfügung zu stellen für die Liebe des Kindes, für die ganze Palette seiner Gefühle, seine Identifikations- und Abgrenzungswünsche und auch für die Loyalitätsbeweise, die ein Kind beiden Eltern geben möchte.

Loyalitätsbindungen zur Herkunftsfamilie

Eine größere Rolle, als gemeinhin thematisiert wird, spielt meines Erachtens im Zusammenhang von Trennung und Scheidung die Frage der Loyalität gegenüber der älteren Generation. Eltern sind ja wiederum Kinder von Eltern. Sie möchten die Aufträge, die ihre Eltern ihnen mitgegeben haben, erfüllen; und welche Eltern wünschen ihren Kindern nicht eine glückliche, dauerhafte

Ehe. Jedenfalls sind Ehepaare, die sich trennen, oft in der Situation, ihre eigenen Eltern – die vielleicht noch leben oder die in ihnen weiterleben – schwer enttäuscht zu haben. Ein nicht unerheblicher Teil der depressiven Reaktionen auf Trennung und Scheidung hängt mit diesem Gefühl zusammen, sich den eigenen Eltern gegenüber nicht loyal verhalten zu haben. Die Selbstvorwürfe und Wiedergutmachungsbemühungen werden dann erst recht als einengend erlebt, wenn die äußere Lebenssituation nach einer Trennung eine stärkere Einbindung in die Herkunftsfamilie nahelegt.

Angesichts der Individualisierung und Privatisierung von Partnerschaft und Ehe könnte man meinen, dass im Familienverbund die Frage der Gestaltung der Partnerschaft ein Bereich ist, der nur der jeweiligen Generation selbst überantwortet ist. In der Tat erwartet unsere Gesellschaft schon von jungen Erwachsenen ein hohes Maß an Autonomie. Diese Erwartung steht in einem Spannungsverhältnis zu dem Gewicht, das die berufliche und private „Karriere" der erwachsenen Kinder für viele Paare hat. Kinder sind häufig gewissermaßen das „Dritte", das Thema, über das die Paarbeziehung der Eltern gelebt wird. Zu allen Zeiten haben Kinder versucht, ihre Eltern zu unterstützen. Lange Zeit taten sie es durch ihre Arbeitskraft; oft waren sie die einzige Altersversicherung. Heute versuchen die erwachsenen Kinder nicht selten, zum emotionalen Gleichgewicht ihrer Eltern beizutragen. Dass Eltern sich oft stark auf ihre Kinder konzentrieren und umgekehrt die Kinder sich aus Loyalität zu ihren Eltern als Thema zur Verfügung stellen, führt insgesamt zu einer engen psychischen Verflochtenheit der Generationen einer Familie miteinander. Die gesellschaftlich erwartete Ablösung der jungen Erwachsenen aus ihrer Herkunftsfamilie ist daher ein Vorgang, der keineswegs so selbstverständlich glückt, wie die – vielleicht beklagten, vielleicht bewunderten – „eigenen Wege", die schon Jugendliche gehen, vermuten lassen. Nicht umsonst beschäftigt sich die Familientherapie in Forschung und Praxis viel mit dieser Phase des Familienzyklus.

Im Prozess der Ablösung aus der Herkunftsfamilie bedeutet das Eingehen einer Partnerschaft einen wichtigen Schritt. Dabei wird unter Umständen gerade ein Partner, eine Partnerin gewählt, der bzw. die die Aufträge der Herkunftsfamilie nicht übernimmt, sondern korrigiert, so dass bei der Ablösung Hilfe geleistet wird. Die Paarbegegnungen selbst sind ja so individualisiert, dass eine Übereinstimmung in den Familienstilen nicht mehr vorausgesetzt wird. Das bedeutet aber keineswegs, dass die Erwartungen der Eltern an den eigenen Lebensentwurf keine große Rolle mehr spielen; oft ist es im Gegenteil so, dass das, was zu Beginn der Beziehung das Faszinierende, Bereichernde ausmachte, im Lauf der Ehe als Trennendes erlebt wird – insbesondere dann, wenn man den eigenen Kindern etwas weitergeben möchte. Denn in der unbewussten Dynamik scheinen die Loyalitäten in der direkten Abfolge der Generationen die wirksameren zu sein im Vergleich zu den neuen Loyalitäten, die wir in Partnerschaften und Freundschaften eingehen. Das hat zur Folge, dass die unterschiedlichen Vorstellungen davon, was gut oder nicht gut ist, über die Paare sich heute verständigen müssen, nicht immer zu einer wachstumsfördernden gegenseitigen Ergänzung führen, sondern unter Umständen zu Gegensätzen, die als unüberbrückbar erlebt werden, so dass es zur Trennung kommt. Natürlich ist damit nur einer der Gründe für heutige Trennungsprozesse beschrieben; doch es entbehrt nicht einer gewissen Tragik, dass auch diejenigen Paare, die sich nicht zuletzt aus Verbundenheit mit den Wertvorstellungen der eigenen Herkunftsfamilie scheiden lassen, die Scheidung subjektiv eher als Verrat an den eigenen Eltern erleben. Besonders belastend kann dies für Menschen sein, die in einem eher traditionell kirchlichen Milieu aufgewachsen sind, weil die Normabweichung dort so eklatant ist.

Viele Geschiedene wählen in solchen Situationen den konstruktiven Weg, die Trennung vom Partner als Herausforderung zu nehmen, das Verhältnis zur Herkunftsfamilie neu zu überdenken, vielleicht alte Trennungsschritte nachzuholen – oft mit professioneller Hilfe. Sie machen die Erfahrung, dass es möglich ist, eigene Wege zu gehen und dennoch seine Eltern zu lieben. Das entlastet im Übrigen nicht nur sie selbst, denn ihr versöhnlicher Blick auf die Beziehung zu den eigenen Eltern ist auch eine gute Basis, wiederum die Kinder zu verstehen.

Wenn die Großelterngeneration, also die Generation der „jungen Alten", noch eine engere Beziehung zum kirchlichen Leben hat, braucht sie von theologischer Seite Hilfestellung, um selber differenziert mit der Erfahrung umgehen zu können, dass die Ehen ihrer erwachsenen Töchter und Söhne nicht mehr die Stabilität aufweisen, die die eigene Ehe vielleicht hat. Dazu würde zum einen gehören, nach Anknüpfungspunkten zu suchen, die wir in unserer christlichen Tradition haben, versöhnlich damit umzugehen, dass unsere ursprünglichen Lebensentwürfe nicht immer glücken, dass wir unter Umständen auch wichtige Entscheidungen in unserem Leben einer Revision unterziehen. Wir haben ja eine große Tradition im Thematisieren von Scheitern und Neuanfang, von der Akzeptanz einer Begrenztheit und dem Mut zu Umwegen; wissen wir doch, dass wir die Vision Jesu vom Reich Gottes nie ganz einlösen. Gerade wir Christen dürfen uns zu den Brüchen, zum Fragmentarischen in unserem Leben bekennen.

Auch sollten wir in unseren Kirchen vermeiden, das als rein individuelles Versagen anzusehen, was in Wirklichkeit auch ein strukturelles Problem ist. Es ist unsere *gemeinsame* gesellschaftliche Situation und Verantwortung, dass Ehe dauerhaft zu leben heute schwieriger geworden ist, und wir dürfen dies nicht einfach denen anlasten, die unmittelbar betroffen sind. Junge Erwachsene, die das Wagnis eingehen, sich unter den heutigen gesellschaftlichen Bedingungen zur Ehe zu entschließen, sollten darauf vertrauen können, dass sie die Solidarität der älteren Generation auch dann erfahren werden, wenn ihre eheliche Beziehung trotz aller Hoffnung auf eine dauerhafte Partnerschaft zu Ende gehen sollte. Um die große psychische Leistung einer Elternschaft nach

Trennung erbringen zu können, ist es außerordentlich hilfreich, wenn die eigenen Eltern signalisieren, dass sie nach wie vor Zutrauen zur Liebesfähigkeit und zum Verantwortungsbewusstsein ihrer geschiedenen Tochter oder ihres geschiedenen Sohnes haben, und wenn ihre Freude an der Entwicklung der Enkelkinder nicht plötzlich düsteren Befürchtungen weicht.

In familientherapeutischen Gesprächen hat sich immer wieder gezeigt, dass nicht nur die blanken Fakten verantwortlich dafür sind, ob Menschen ihr familiäres Leben als entwicklungsförderlich erfahren, sondern vor allem auch die Bedeutungen, die ein Familienverband den Erlebnissen gibt. Als sinnstiftende Institutionen haben die Kirchen eine große Verantwortung, den Menschen einen Interpretationsrahmen für ihre familiären Erfahrungen anzubieten, der auch angesichts des heutigen Wandels von Familienstrukturen einen loyalen Umgang der Generationen miteinander und eine gute Elternschaft lebbar macht. Sie werden dabei der Tatsache Rechnung tragen müssen, dass in unserer Kultur die Paare sich herausgefordert sehen, für eine glückbringende Gestaltung von Sexualität, Partnerschaft und Ehe Eigenverantwortung zu übernehmen, und dass dies sie vor neue ethische Anforderungen stellt.

Loyalitätsproblematik im Verhältnis zum*zur ehemaligen Partner*in

Das Ende einer Beziehung zwischen Ehepartnern verläuft oft höchst konflikthaft, mit vielen gegenseitigen Kränkungen und Entwertungen. Gerade Menschen, die sich sehr geliebt haben, machen häufig diese schmerzliche Erfahrung. Auch dies ist einer der Gründe dafür, warum es so schwer ist, sich trotz einer Trennung als loyal zu erleben. Viele Partner nehmen mit Bestürzung wahr, dass vor und bei der Trennung der andere und auch sie selbst sich in einer Weise verhalten, die der Geschichte ihrer Beziehung nicht zu entsprechen scheint. Da wäre es wichtig, dass beide Partner verstehen lernen – zumindest auf Dauer, denn in der akuten Phase geht das wohl schwer –, dass diese Aggression auch ein Versuch ist, sich selbst und dem anderen die Trennung überhaupt zu ermöglichen, wenn denn nun schon die Hoffnung auf eine positive Entwicklung der Beziehung endgültig verloren gegangen ist. Gerade derjenige, der den aktiveren Part bei der Beendigung der Beziehung übernommen hat, wird es oft gar nicht aushalten, den anderen gewissermaßen als schmerzvoll Liebenden zurückzulassen; er wird sich vielmehr im Zweifelsfall so schlimm benehmen, dass der andere sich mit Aggression abgrenzt. Beide können – eher unbewusst – die Fantasie haben, der andere werde Wut leichter überleben als blanke Trauer. Nur ist es sehr schwer, die negativen Zuschreibungen, die man in dieser Phase bekommen hat, nicht in sein Selbstbild aufzunehmen; und andererseits lassen die negativen Zuschreibungen, die man dem anderen gegeben hat, einen an der eigenen Fähigkeit zur Loyalität zweifeln.

Die Situation verschärft sich dann gegebenenfalls noch dadurch, dass in der juristischen Auseinandersetzung die gegenseitigen Aggressionen, die in der Paardynamik des Sich-Trennens ihre Funktion haben, buchstäblich festgeschrieben werden – in Schriftsätzen nämlich – und dadurch die destruktiven Momente möglicherweise die bestimmenden werden. Zum Glück gibt es heute viele Rechtsanwältinnen und Rechtsanwälte, die um die Prozesshaftigkeit und Ambivalenz einer Scheidung wissen und das langfristige Interesse der Familie im Blick haben; auch nehmen nicht wenige Paare eine Mediation in Anspruch. Gerade, weil die Paardynamik bei Trennung so ambivalent ist, gerade weil Aggressionen und Schuldgefühle so nahe beieinanderliegen, ist alles, was mithilft, eine Lösung für die notwendig gewordenen Regelungen zu finden, die als gerecht empfunden werden kann, von großer Bedeutung. Familienmitglieder haben im Allgemeinen feine Antennen dafür, was „gerecht" sein könnte; und oft wird noch in der zweiten oder dritten Generation versucht, Ungerechtigkeiten auszugleichen, was dann häufig zu neuen Ungerechtigkeiten und Verletzungen führt. Ziel müsste sein, dass beide Partner das Bewusstsein behalten oder wieder gewinnen, sich dem ehemaligen Partner gegenüber letztlich loyal verhalten zu haben. Gesiegt zu haben ist keine Kategorie, die in Familiensachen weiterhilft – auch nicht dem Sieger.

Um die Chance einer persönlichen Weiterentwicklung, die eine Trennung oft mit sich bringt, auch wirklich ergreifen zu können, ist es hilfreich, wenn nicht sogar unerlässlich, wenigstens für sich selbst zu einem guten Abschied auf der Paarebene zu kommen. Auch wird ein Paar, dem es gelingt, der juristischen Trennung die emotionale folgen zu lassen, eher zu konstruktiven Formen der elterlichen Zusammenarbeit kommen können. Die Kirchen sollten ihre Möglichkeiten nutzen, Menschen bei diesem Abschiednehmen zur Seite zu stehen. Verabschieden kann sich am ehesten derjenige, der im Blick zurück auf die Beziehung die gelebte Liebe schätzen kann; der sich nach wie vor als liebenswert erleben kann; der betrauern – vielleicht auch bereuen – kann, was er schuldig geblieben ist und dem diese Trauer selbst als Spur seiner Liebesfähigkeit deutlich wird, der Enttäuschung, Wut und vielleicht auch Hassgefühle nicht verdrängen muss und doch nicht die Fantasie entwickeln muss, eine eheliche Beziehung, die zu Ende gegangen ist, könne nie eine gute Ehe gewesen sein. Selbst erwachsene Kinder leiden im Übrigen noch darunter, wenn ihre Eltern, falls sie sich in späteren Jahren trennen, meinen, sie müssten die frühen Jahre ihrer Ehe nachträglich entwerten. Wenn es auch im Erwachsenenalter noch schmerzlich ist, zu erfahren, dass die Eltern sich nicht mehr lieben, so bedeutet doch auch schon das Bewusstsein viel, aus der Liebe hervorgegangen zu sein.

Für viele Paare ist es hilfreich, wenn sie Rituale nutzen können, die es ihnen erleichtern, sich so zu verabschieden, dass die zurückliegende gemeinsame Zeit in den Entwurf der eigenen Lebensgeschichte integriert werden kann. Dazu gehört auch, dem anderen noch einmal danken zu können.

Kirchen haben große Erfahrung darin, Lebensprozesse mit Riten zu begleiten und den Menschen dadurch zu helfen, die existenziellen Ereignisse in ihrem Leben unter den Heilszuspruch Gottes zu stellen. Diese Kompetenz haben sie im Zusammenhang von Trennung und Scheidung noch zu wenig genutzt. Der Heilszuspruch, den die Kirchen in besonderer Weise den Liebenden sichtbar machen, endet nicht da, wo eine Krise nicht durch Wachstum der Beziehung bewältigt wird, sondern zur Trennung führt. Wir dürfen die Hoffnung weitergeben, dass Gott den Menschen gerade in solch schwerer Zeit nahe ist.

Astrid Giebel

„Was nicht sein kann, das nicht sein darf!"
Krisen, Scheitern, Brüche – und dabei alleine erziehen

„Ein Sonnenstrahl reicht hin, viel Dunkel zu erhellen."[1]

(Franz von Assisi)

Dieser Beitrag setzt sich damit auseinander, dass Partnerschaften, Ehen und Familiengefüge durch beziehungszerstörende Kräfte der gesellschaftlichen Lebens- und Arbeitsbedingungen bedroht sein können; dass Familien in Trennung und Scheidung und als alleinerziehende Familien nicht im Fokus von Kirche(ngemeinden) stehen und dort auf gläserne Wände, Ignoranz, Ausgrenzung und Sprachlosigkeit treffen können; wohingegen alleinerziehende Familien in den Handlungsfeldern der Diakonie zahlreiche Angebote der Unterstützung finden, die allerdings zu wenig vernetzt sind. Scheitern von Beziehungen mit den damit einhergehenden Krisen und Brüchen können bei den Betroffenen positive, gleichbleibende oder negative Folgen nach sich ziehen. In ihrer Bewältigung sind aber Wachstum, Reifungs- und Heilungsprozesse möglich.

This article deals with the fact that partnerships, marriages and family structures can be threatened by destructive circumstances of societal living and working conditions. Families living in separation and divorce who, as single parent families, are not in the focus point of Church (parishes), where they come up against invisible walls, ignorance, exclusion, and speechlessness, whereas single parent families can find numerous offers of support in the various working fields of Diaconia, which are, however, not sufficiently connected with each other. Failure of relationships, including those involved in crises and breakups, can either result in a positive, a steady, or a negative impact for the persons concerned. However, they can be overcome in a way to develop growth, maturation as well as healing processes.

„Die unmögliche Tatsache"

… so lautet das folgende Gedicht von Christian Morgenstern: „Palmström, etwas schon an Jahren, / wird an einer Straßenbeuge / und von einem Kraftfahrzeuge / überfahren. / ‚Wie war' (spricht er, sich erhebend / und entschlossen weiterlebend) / ‚möglich, wie dies Unglück, ja – / daß es überhaupt geschah? / Ist die Staatskunst anzuklagen / in Bezug auf Kraftfahrwagen? / Gab die Polizeivorschrift / hier dem Fahrer freie Trift? / ‚Oder war vielmehr verboten, / hier Lebendige zu Toten / umzuwandeln, / – kurz und schlicht: / Durfte hier der Kutscher nicht –?' / Eingehüllt in feuchte Tücher, / prüft er die Gesetzesbücher / und ist alsobald im Klaren: / Wagen durften dort nicht fahren! / Und er kommt zu dem Ergebnis: / Nur ein Traum war das

---

1 Taube, Roselies, *Ein Sonnenstrahl reicht hin, viel Dunkel zu erhellen*, Bendorf 1992.

Erlebnis. / Weil, so schließt er messerscharf, / nicht sein kann, was nicht sein darf."[2]

Fassungslos ist Herr Palmström über das, was ihm da widerfuhr: Wie konnte das denn bloß geschehen? Wie einen Traum, einen Alptraum empfindet er sein Unglück, jählings überfahren worden zu sein. – Dass ihnen dieses einmal passieren könnte, ihr Kind oder ihre Kinder alleine zu erziehen, damit haben auch die wenigsten alleinerziehenden Frauen oder Männer gerechnet. Vielleicht ist sie schwanger und entscheidet sich für ein Leben mit dem Kind, obwohl der Erzeuger verschwunden ist, auf einem Schwangerschaftsabbruch besteht oder die Vaterschaft bestreitet. Manchmal ist das rauschende Hochzeitsfest noch gar nicht lange her, die Kinder sind noch recht klein, ein Jahr oder zwei Jahre alt. Und dann teilt der Mann seiner Frau mit, dass er eine andere hat und sie verlassen wird. Oder der Ehepartner verstirbt an einem Hirntumor und sie ist gefordert, ihre beiden Jungs alleine durch die Pubertät, den Schulabschluss, die Ausbildung, das Studium hindurchzubringen. Es kommt aber auch vor, dass sie ihm oder er ihr nach etlichen gemeinsamen Jahren sagt, dass sie seine oder er ihre Eskapaden satt hat; dass sie oder er das spannungsgeladene Zusammenleben nicht mehr ertragen kann; dass sie oder er die kalte Schulter, das eisige Schweigen oder das laute Gebrüll – auch vor den Ohren der Kinder – nicht mehr aushält und er oder sie bitte ausziehen möge. Manchmal flüchtet sie auch mit den Kindern vor der häuslichen Gewalt und nimmt Zuflucht in einem Frauenhaus. Ursachen und Gründe gibt es viele, dass Mütter oder Väter ihre Kinder künftig alleine erziehen, gravierendere oder geringfügigere. Aber häufig fühlt es sich so an, als hätte einen ein Kraftfahrzeug frontal erfasst und überfahren. Eine unmögliche Tatsache ist es, dass Ehen, Partnerschaften, Lebensgemeinschaften mit Kindern auseinanderbrechen. Was nicht sein kann, das nicht sein darf! Und doch passiert es!

Lost in society[3]

„Liebe zwischen Menschen ereignet sich heute im Kontext ihrer gesellschaftlichen Unmöglichkeit."[4] Partnerschaften und Ehen können bedroht werden

---

2 Morgenstern, Christian, *Die unmögliche Tatsache* (1909/1931), in: ders., Alle Galgenlieder, Zürich 1981, 163f.
3 „I once was lost, but now I am found, was blind, but now I see." Liedzeile aus dem Lied „Amazing Grace", das seine Entstehung einem Schlüsselerlebnis seines Autors John Newton verdankt, der Kapitän eines Sklavenschiffs war. Nachdem er am 10. Mai 1748 in schwere Seenot geraten und nach Anrufung des Erbarmens Gottes gerettet worden war, behandelte er zunächst die Sklaven menschlicher. Nach einigen Jahren gab er seinen Beruf sogar ganz auf, wurde stattdessen Geistlicher und trat gemeinsam mit William Wilberforce für die Bekämpfung der Sklaverei ein. Erstmals veröffentlicht wurde „Amazing Grace" 1779 in den *Olney-Hymnen*.
4 Josuttis, Manfred, *Ist die Kirche mit der Ehe verheiratet?*, in: ders., Gottesliebe und Lebenslust. Beziehungsstörungen zwischen Religion und Sexualität, Gütersloh 1994, 62.

– durch beziehungszerstörende Kräfte der gesellschaftlichen Lebens- und Arbeitsbedingungen. Entfremdende Arbeitsbeziehungen bewirken es, dass Menschen ihre Arbeit nicht mehr sinnstiftend und erfüllend erfahren. Sie erleben unter Umständen, dass sie mit ihrer Arbeitskraft auf dem Arbeitsmarkt zur Ware werden, leben auch ihre Liebesbeziehungen konsumorientiert, indem sie vor allem nach dem persönlichen Gewinn fragen, den ihnen eine Partnerschaft einbringt. In hohen Scheidungsraten (im Jahr 2018 betrug die Scheidungsquote in Deutschland rund 32,94 %[5]) werden nicht nur die Grenzen individuellen Bemühens, sondern auch strukturelle Rahmenbedingungen heutiger Partnerschaften sichtbar: größere ökonomische Unabhängigkeit der Partner*innen, erhöhte Ansprüche an die Qualität einer Beziehung, Pluralisierung von Wertvorstellungen, Abbau sozialer Kontrolle, steigende Mobilität und erweiterte Möglichkeiten, neue Partner*innen kennenzulernen (zum Beispiel Partnerschaftsbörsen im Internet). Auch Stress kann sich auf Beziehungen toxisch auswirken, wenn Überstunden, Abendveranstaltungen, Schichtdienste die knappe Familienzeit auffressen oder Dienstreisen mit häufigen Übernachtungen die Familienlast einseitig verteilen. Unter Umständen reichen ALG-II-Bezug, prekäre Beschäftigungsverhältnisse im Niedriglohnsektor, (mehrere) kräftezehrende Teilzeit-Jobs oder auch zwei Vollzeit-Jobs kaum aus, das Familienleben zu finanzieren. Die tägliche Familienarbeit (Einkaufen, Kochen, Waschen, Putzen, Kinderarztbesuche, Elternabende ...) fällt dann in die knapp bemessene Freizeit und für schöne harmoniestiftende Highlights (Kino, Restaurantbesuch, Konzerte, Zoo, Eiscafé, Freibad, Freizeitpark ...) bleibt wenig oder kein Geld übrig. Studien- oder Berufsabschlüsse werden zwischen Windelwechseln und Breichenkochen gewuppt und die Nerven liegen im Prüfungsstress blank – auch durch chronischen Schlafentzug. In all dem können unrealistische Erwartungen nach Nähe und Sinnerfüllung Ehen und Partnerschaften belasten: „Ehe und Familie können keine Zuflucht mehr bieten, sondern werden zum Ort, an dem die gesellschaftlichen Konflikte von deren Opfern ausagiert werden; das gilt für Frauen, die von ihrer Doppel- und Dreifachrolle überfordert sind, für Schichtarbeiter und Arbeitslose, für Aufsteiger, deren Karrieremuster die Vernachlässigung der Familiensphäre selbstverständlich einschließt. Ehe- und Beziehungskonflikte sind bei den Individuen immer auch als Stellvertretungskonflikte für soziale Spannungen zu interpretieren."[6] Gesellschaftliche Veränderungen müssen also Wirklichkeit werden, um dem Fortbestehen von Ehen und Partnerschaften größere Chancen einzuräumen, um Familien zu stärken und um alleinerziehende Eltern mit ihren Kindern zu entlasten und unterstützen.

---

5 Quelle: https://de.statista.com/statistik/daten/studie/76211/umfrage/scheidungsquote-von-1960-bis-2018/n (04.05.2020).
6 Josuttis 1994, 62.

Lost in church

Alleinerziehende Familien – mit dem Misslingen oder dem Abbruch von Beziehungen, mit der damit verbundenen Trauer, in ihren akuten, andauernden, abklingenden Krisen, mit Phasen von persönlicher Überlastung, organisatorischem Jonglieren, gegebenenfalls juristischen Klärungen, wirtschaftlichen Engpässen, Neuorientierung und Neuaufbruch – stehen nicht im Fokus von Kirchengemeinden.[7] Eher das Gegenteil ist der Fall: Credo von Alleinerziehenden mit ihren Kindern – insbesondere in evangelikalen, pietistischen, freikirchlichen, hochreligiösen Kontexten – ist die Erfahrung von gläsernen Wänden, Ignoranz und Ausgrenzung, Sprachlosigkeit, des (nicht-)artikulierten Vorwurfs: „Wie konnte Dir das bloß passieren?!" – oder aber auch von tröstenden Plattitüden, die ihnen im Raum von Kirche zugemutet werden, gerade in den Zeiten, in denen sie Kirche vielleicht besonders bräuchten. Nicht selten fühlen sich alleinerziehende Familien in ihrer spezifischen Situation nicht wahrgenommen, was zu Verunsicherung und schließlich zu Rückzug, mitunter auch zum Austritt führt: „Menschen [fühlen] sich mit ihren Erfahrungen des Scheiterns und der Begrenztheit von Beziehungen im kirchlichen Kontext nicht aufgehoben und angenommen."[8]

Christoph Morgenthaler weist darauf hin, dass die Position der Kirchen von einer langen Geschichte geprägt ist, in der Beziehungen, die in einer Ehe institutionalisiert sind, theologisch (im Sinn einer Theologie der Schöpfungsordnungen in der protestantischen Ethik oder als sakramentale Größe in der katholischen Moraltheologie) geadelt wurden und in der die Kirchen ihre Kräfte und Angebote auf die Aufrechterhaltung solcher Beziehungen konzentrierten. Trennung und Scheidung galten als Bruch dieser Ordnungen und wurden entsprechend negativ beurteilt, was sich auch auf die seelsorgliche Begleitung von scheidungswilligen und geschiedenen Partnern und ihren Familien auswirkte. Veränderungen in der ethischen Grundlagenreflexion und die wachsende Zahl von Menschen, die Trennung und Scheidung vollziehen, machen eine Veränderung der Sichtweise notwendig.[9] Kindertagesstätten in kirchlicher Trägerschaft stellen noch am ehesten eine Schnittstelle für die Anliegen von Alleinerziehenden mit kleineren Kindern dar. Häufig aber – sofern Kirchengemeinden mit diakonischen Einrichtungen wie Beratungsstellen, Kindertagesstätten, Ambulanten Pflegediensten, Tagespflege nicht idealerweise ein bauliches und organisatorisch vernetztes Ensemble bilden – gibt es mit der Kirchengemeinde vor Ort keine Verzahnung hinsichtlich unterstützender Angebote. Kirchliche Veränderungen müssen also Wirklichkeit werden, um

---

7 Dies spiegeln auch die Absagen von zwei kirchenleitenden Personen (Präses/Bischöf*in) wider, die Schirmherr*innenschaft über diesen Band zu übernehmen.
8 Burgk-Lempart 2010, 89.
9 Morgenthaler 2009, 136.

Familien zu stärken, alleinerziehende Eltern mit ihren Kindern zu entlasten und unterstützen und um dem Fortbestehen von Partnerschaften und Ehen größere Chancen einzuräumen.

Found in Diakonia?

Alleinerziehende Familien finden in den Handlungsfeldern der Diakonie zahlreiche Angebote der Unterstützung, seien es die Evangelischen Beratungsstellen, die Bahnhofsmission mit ihrem Angebot *Kids on tour*, Familienerholungsstätten, Eltern-Kind-Kuren, Frauenhäuser u.v.a.m. – verschiedene Beiträge in diesem Band spiegeln dies wider. Bislang aber, so meine Beobachtung, liegen diese Angebote nur versäult vor. Alleinerziehenden Familien, die – manchmal unverhofft – sich mit ihrer vorfindlichen Situation auseinandersetzen müssen, stehen solche Angebote nicht im Überblick, als Netzwerk oder mit Wegweisern versehen zur Verfügung. Manche Unterstützungsangebote geraten so gar nicht erst in den Blick oder müssen mühsam bei erhöhtem Leidensdruck gesucht werden.[10] Angesichts der hohen prozentualen Anzahl von alleinerziehenden Familien (ca. 20–25 %) in Deutschland und angesichts der Tatsache, dass sich diese Zahlen auch in der Mitarbeitendenschaft von kirchlichen und diakonischen Trägern abbildet, müsste ihre spezifische Lebenssituation in der familienorientierten Weiterentwicklung der Personalpolitik von Kirche und Diakonie stärker als bisher besondere Berücksichtigung finden.[11] Mancherorts ermöglichen es größere Diakonische Träger als Arbeitgeber*innen längst (alleinerziehenden) Mitarbeitenden, ihre Dienstzeit mit der Betreuungszeit ihrer Kinder in betriebseigenen Kindertagesstätten mit je passgenauen Öffnungszeiten in Einklang zu bringen.[12] Nicht immer aber finden alleinerziehende Eltern nach Trennung und Scheidung die stimmigen Rahmenbedingungen vor, um ihren kirchlich-diakonischen Arbeitsplatz in

---

10 Die Broschüre der Diakonie Deutschland mit der Arbeitsgemeinschaft alleinerziehender Mütter und Väter (AGAE) *Allein erziehen* aus dem Jahr 2011 bietet einen ersten Ansatz; sie ist aber leider zurzeit vergriffen.
11 Vgl. auch: https://www.diakonie.de/familienorientierung (04.04.2020). Gemeinsam mit der Evangelischen Kirche in Deutschland (EKD) hat die Diakonie Deutschland in einer gemeinsamen Initiative das „Evangelische Gütesiegel Familienorientierung" entwickelt. Dieses Gütesiegel ermutigt und unterstützt Träger, Einrichtungen und Dienste, ihre Personalpolitik familienorientiert weiterzuentwickeln und nach innen wie außen sichtbar zu machen. Damit setzen sich Kirche und Diakonie auch als Arbeitgeberinnen für Menschen mit familiären Aufgaben ein.
12 Die Broschüre der Diakonie Deutschland und der Arbeitsgemeinschaft Alleinerziehender Mütter und Väter in der Diakonie Deutschland (AGAE) zum Thema „Trennung und Scheidung", Berlin 2015, https://www.diakonie.de/fileadmin/user_upload/Diakonie/PDFs/Broschuere_PDF/2015-07-14_Trennung-Scheidung.pdf (04.05.2020) könnte beispielsweise um Broschüren ergänzt werden, die Unterstützungsangebote aus den Handlungsfeldern der Diakonie gebündelt zur Verfügung stellen.

gewohntem Umfang wie bisher auszufüllen und müssen sich beruflich neu orientieren.

Her eyes like windows, trickle in rain[13]

Die Bewältigung einer Trennung und Scheidung, des Zerbruchs einer Familie zieht sich in der Regel über mehrere Jahre hinweg. Kinder spiegeln häufig das Befinden der Elternteile wider; geht es den Elternteilen emotional allmählich besser, zeigt sich dies auch im Ergehen (Verhalten) der Kinder. Das Auseinanderbrechen einer Familie stellt die Betroffenen vor emotionale Herausforderungen und zwar unabhängig davon, ob sie die Trennung aktiv betrieben haben oder sich gezwungenermaßen auf sie einstellen mussten. „Generell lässt sich sagen, dass die Scheidung sowohl für Frauen als auch für Männer mit Erschütterungen des Selbstkonzepts, mit Identitätskrisen und mit Identitätsveränderungen verbunden sind, die viele ... nicht vorhergesehen haben, selbst dann nicht, wenn die Scheidung von ihnen gewünscht wurde."[14] Zu den häufigsten körperlichen Reaktionen im Umfeld einer Trennung gehören Studien zufolge Schlafstörungen oder auch erhöhter Konsum von Alkohol, Nikotin, Tabletten und ebenso von nichtstofflichen Suchtmitteln. Trennungsfolgen können sich in seelischer Erschöpfung, depressiver Verstimmung, Unterernährung oder Übergewicht äußern; auch die Häufigkeit von Arztbesuchen kann in der ersten Trennungsphase deutlich zunehmen.[15] Insgesamt kann das Scheitern von Beziehungen mit ihren einhergehenden Krisen und Brüchen positive, gleichbleibende oder negative Folgen nach sich ziehen:
- Sie können *positiv als Chance zur Veränderung* wahrgenommen werden, zum Wachsen an den Herausforderungen des Alleinerziehens und zur Entfaltung von neuen Fähigkeiten angesichts des (ggf. ungewollten) Neuaufbruchs. Ob Wachstum, Reifungs- und auch Heilungsprozesse in Biografien möglich sind, wird unterschiedlich beurteilt: Der verstorbene Theologe Henning Luther (*1947, † 1991)[16] richtete kritische Anfragen an einen Ent-

---

13 „Ihre Augen wie Fenster, rieseln im Regen", Liedzeile aus: Cat Stevens, Sad Lisa ©, Quelle: LyricFind, Songwriter: Cat Stevens / Yusuf Islam, BMG Rights Management, 1970.
14 Vgl. Napp-Peters, Anneke, *Scheidungsfamilien. Interaktionsmuster und kindliche Entwicklung. Aus Tagebüchern und Interviews mit Vätern und Müttern nach Scheidung*, Frankfurt am Main 1988, 27. Vgl. auch dies., *Familien nach der Scheidung*, München 1995, sowie: Wälti, Ramona, Bewältigungsprozess von Kindern bei einer konflikthaften Trennung und Scheidung ihrer Eltern. Handlungsansätze für Professionelle der Sozialen Arbeit, Olten 2016, https://irf.fhnw.ch/bitstream/handle/11654/23536/W%C3%A4lti_Ramona_2016_BA_FHNW.pdf?sequence=1 (12.05.2020).
15 Vgl. ebd.
16 Luther, Henning, *Leben als Fragment. Der Mythos von der Ganzheit*, in: Wege zum Menschen, 43 (1991) 5, 262–273: „Wir sind immer ... auch ... Ruinen unserer Vergangenheit. Fragmente zerbrochener Hoffnungen, verronnener Lebenschancen ... Andererseits ist jede erreichte Stufe

wicklungsgedanken im Identitätsverständnis und setzte den Begriffen „Reife, Ganzheit, Einheitlichkeit ..." den Begriff des „Fragments" entgegen in dem Sinne, dass Menschen immer auch „Ruinen ihrer Vergangenheit" sind und in Zukunft bleiben werden, wenngleich ihr Leben künftig auch von einem Überschuss an Hoffnung geprägt sein kann.[17] Hingegen teile ich [die Verf.] eher die Überzeugung der psychischen Reifungsperspektive der relationalen Psychoanalyse in ihrer intersubjektiven Bestimmtheit: Menschen können – auch und vielleicht gerade durch Krisen, Scheitern und Brüche – die Fähigkeit zum „Concern" entwickeln, das heißt die Fähigkeit, sich in authentischer Zuwendung um andere zu kümmern und für sie zu sorgen, aus der Erfahrung einer guten emotionalen Versorgung durch eine „ausreichend gute Mutter" und ihrer Verinnerlichung (Donald Winnicott 1965), der intersubjektiven Zuwendung zum Anderen (Melanie Klein 1972), und der psychischen Reifung durch die Entwicklung aus einer einseitigen Abhängigkeit des kleinen Kindes hin zur Fähigkeit zur Interdependenz, nämlich einer von der Anerkennung wechselseitigen Angewiesenheit geprägten Beziehung (Ronald W.D. Fairbanks 1952).[18] Als Christin/Theologin bin ich zudem überzeugt von dem Erfordernis und der in Christus eröffneten Chance, „von Neuem geboren zu werden" (vgl. das Nachtgespräch des Nikodemus mit Jesus, Johannes 3,1–21).

- Trennung und Scheidung kann aber auch *gleichbleibend* mit der Vermeidung der Reflexion der eigenen Beziehungswünsche und des bisherigen Beziehungsverhaltens einhergehen und *nicht als Anstoß für persönliches Wachstum* und sich Einlassen auf Reifungsprozesse genutzt werden. Unter Umständen bilden sich in einer neuen Partnerschaft ähnliche Beziehungsmuster aus wie in der vorherigen. Manche leben einige Jahre später in einer neuen Version des Lebens, das sie bereits vor ihrer Scheidung geführt haben: Die Rollen sind neu besetzt, doch die emotionale Dynamik ist die gleiche geblieben.

---

unserer Entwicklung ... ein Fragment aus Zukunft ... Es verweist uns positiv nach vorn ... Unser Leben erwächst immer aus diesem Überschuss an Hoffnung."

17 Vgl. auch Schneider-Flume, Gunda, *Leben ist kostbar. Wider die Tyrannei gelingenden Lebens,* ³2008, 58.
18 Vgl. hierzu Duchrow, Ulrich / Bianchi, Reinhold / Krüger, René / Petracca, Vincenzo, *Solidarisch Mensch werden. Psychische und soziale Destruktion im Neoliberalismus – Wege zu ihrer Überwindung,* Hamburg 2006, 58f.: „Eine benigne basale Selbstbindungsstruktur ermöglicht in stummer Wirksamkeit eine konstruktive Entwicklung und Stabilisierung kohärenter Persönlichkeits- und Identitätsstrukturen. Sie vermittelt Kontinuitäts- und Sicherheitsgefühl und bildet die Voraussetzung für Einfluss und Kontrolle des Individuums über wichtige Bereiche seiner Existenz und ihrer Planung. Sie trägt wesentlich zu einer Unterstützung guter innerer Beziehungsformen und -strukturen und deren Übergewicht über die schlechten inneren Beziehungsstrukturen bei, während umgekehrt eine bedrohliche, maligne Sozialbindungsmatrix zur Reaktivierung schlechter innerer Beziehungsstrukturen drängt und damit ein psychologisch krankmachendes Potenzial enthält."

- Es gibt aber auch die Gruppe derjenigen, die emotional und psychisch in den ersten Jahren nach der Trennung *stecken geblieben* sind und keinen Weg aus ihren Depressionen und ihrer Alkohol- und/oder anderen Sucht gefunden haben. Sie haben keine positive Perspektive für sich gefunden, sondern sind möglicherweise durch den Verlust des Berufs, ihrer Kinder und des Zerbrechens weiterer Partnerschaften verbittert und in ihrer Selbstachtung nachhaltig erschüttert.[19] Gegebenenfalls kann dies auch bedeuten, dass Kinder nicht in der Alleinerziehendenfamilie verbleiben können, sondern in Pflegefamilien aufgenommen werden.

Yes, 'n' how many times must the cannonballs fly – before they're forever banned?[20]

Für Kinder getrennter Eltern kann ein bi-nukleares Familiensystem, in dem sich das Kind an zwei Orten zuhause fühlt, zur persönlichen Stärkung beitragen, indem gemeinsame Elternschaft und Verantwortung für das Kind bestehen bleiben. Günstig für seine weitere Entwicklung ist es, wenn beide Elternteile dem Kind als Eltern erhalten bleiben, die es weiterhin lieben und bei denen es sich trotz veränderter Familiensituation sicher und geborgen fühlen kann. Insgesamt hilft es dem Kind mit einer Trennung/Scheidung fertig zu werden, wenn Konflikte nicht unter Einbeziehung des Kindes ausgetragen werden und im Interesse des Kindes miteinander kooperiert wird. Als hilfreich erweist es sich außerdem, wenn Trennungsfamilien über ein erweitertes Netz aus Freunden, Nachbarn, Verwandten verfügen, die die alleinerziehenden Eltern bei der Betreuung ihrer Kinder unterstützen und entlasten können. Insbesondere wenn alleinerziehende Eltern sehr stark beruflich eingespannt sind, zeitweise mit sich selber und ihren Herausforderungen beschäftigt sind und phasenweise wenig Kraft haben, die sie ihren Kindern zur Verfügung stellen können, gelingt die kindliche Verarbeitung der Trennungserfahrung besser, wenn es andere vertrauenswürdige Erwachsene – zum Beispiel versierte Kinderpsycholog*innen, soziale Großeltern[21] – gibt, die in der Lage sind, den Kindern emotional Rückhalt zu geben und sie in ihrem Schmerz und ihrer Trauer zu begleiten.

---

19 Vgl. Hetherington, E. Mavis / Kelly, John, *Scheidung. Die Perspektive des Kindes*, Weinheim 2003, 96.
20 „Ja, und wie oft müssen die Kanonenkugeln fliegen, bevor sie für immer verboten sind?" – Liedzeile aus: Dylan, Bob, Blowin' In The Wind, in: ders., Album: The Freewheelin', 1963.
21 Referenz an Lidia und Ion († 2019): „Zur Verwöhnung viel Glück …"

Und du meinst, dass nichts mehr geht ...[22] – Seelsorge als Krisenhilfe

Die Begleitung von Familien in Trennung und Scheidung und von alleinerziehenden Familien gehören zum Aufgabenbereich spezialisierter Familienberatungsstellen, die von Kirche und Diakonie getragen sind. Aber auch in der Gemeindeseelsorge begegnen haupt- und ehrenamtlich Mitarbeitende Familien, die von Trennung und Scheidung betroffen sind. Grundsätzlich bezieht Seelsorge die soziale, kontextuelle und geschichtliche Dimension menschlicher Existenz mit ein[23] und sollte in der Begleitung von alleinerziehenden Familien von einem systemischen Ansatz getragen sein.[24] Menschen in Krisen, bei Scheitern und Brüchen erleben den „Verlust des seelischen Gleichgewichts, den ein Mensch verspürt, wenn er mit Ereignissen und Lebensumständen konfrontiert wird, die er im Augenblick nicht bewältigen kann, weil sie von der Art und dem Ausmaß her seine durch frühere Erfahrungen erworbenen Fähigkeiten und erprobten Hilfsmittel zur Erreichung wichtiger Lebensziele oder zur Bewältigung seiner Lebenssituation überfordern."[25] Eine Krise weist darauf hin, dass das bisherige Sinngefüge ganz oder teilweise zerbrochen ist. Eine akute Krise ist zeitlich begrenzt. Sie hat einen fixierbaren Anfang und, wenn alles gut geht, auch ein befristetes Ende. Krisen sind Teil menschlicher Lebenserfahrung und können auf sehr unterschiedliche Weise das bisherige Lebensgefüge erschüttern. Sie werden jedoch keinem Menschen ganz erspart bleiben. Sie gehören dazu, weil das Leben endlich ist, weil zu ihm Verluste, Abschiede und der Tod gehören und weil die menschlichen Verarbeitungsmöglichkeiten stets begrenzt sind. In jeder tiefen Krise steht das Leben und der Glauben eines Menschen auf dem Spiel.

Blicke in die Bibel lassen ein ganzes Panorama von Krisenerfahrungen hervortreten. Große Erzählzusammenhänge, insbesondere die Passions- und

---

22 „Und du meinst, dass nichts mehr geht, aha ...", Liedzeile aus: Trio, Du liebst mich nicht, Quelle: LyricFind, Songwriter: Gert Krawinkel / Stephen Remmler, Songtext von Da Da Da © Music & Media International, Inc. 1987.
23 Vgl. Nauert 2007, 202: „... dann führt kein Weg an der Einsicht vorbei, dass eine Seelsorge, die sich ausschließlich als pastoralpsychologisch geschulte spirituell-religiöse Begleitung einzelner Menschen begreift, sowohl dem theologischen als auch dem anthropologischen Fundament von Seelsorge nicht gerecht wird." Vgl. auch Ziemer, Jürgen, *Seelsorgelehre* ⁴2015, 120: „Es wird künftig mehr Aufmerksamkeit für *die gesellschaftlichen, politischen und ökonomischen Kontexte* notwendig sein. Nicht nur die Persönlichkeitsfaktoren, sondern auch die soziale Situation eines Menschen muss als Teil seines Bedingungsgefüges begriffen werden, das individuelles Leiden und persönliche Problemlagen verursacht. Seelsorge wird künftig stärker, als das bisher geschehen ist, nur in einem Zusammenhang mit *aktivem diakonischem Engagement* praktiziert werden können. Eine seelsorgliche Kirche muss auch eine Streiterin für soziale Gerechtigkeit sein." (Hervorhebungen im Original)
24 Vgl. Morgenthaler, Christoph, *Systemische Seelsorge. Impulse der Familien- und Systemtherapie für die Kirchliche Praxis*, Stuttgart/Berlin/Köln 1999, et al.
25 Sonneck, Gernot (Hg.), *Krisenintervention und Suizidverhütung. Ein Leitfaden für Menschen im Umgang mit Krisen*, Wien ⁴1997, 31.

Ostergeschichten des Neuen Testaments, können als Krisenerfahrungs- und Krisenbewältigungsgeschichten gelesen werden. Wer eine Krise erlebt, ist wie ein*e Ertrinkende*r, das schildert eindrücklich beispielsweise Psalm 42. Woran kann man sich klammern? An Gott? V. 10: „Ich sage zu Gott, meinem Fels: Warum hast du mich vergessen?" Gott ist auch in der Krise gegenwärtig, darauf kann der oder die Glaubende vertrauen. Aber das Vertrauen kann aufs Äußerste erschüttert werden. Die Krise kann den Glauben suspendieren. Deshalb ist es so wichtig, dass in der Krise Menschen da sind, mit ihrer Hilfsbereitschaft und mit der Hoffnung ihres Glaubens. Begleitung in der Krise ist um des Lebens und um des Glaubens willen notwendig. Am Ende hält doch – so der Psalmbeter – die Beziehung zu Gott und wird zur entscheidenden Hilfe aus der Krise heraus. V. 12: „Harre auf Gott, denn ich werde ihm noch danken, dass er meines Angesichts Hilfe und mein Gott ist." In der Mitte der Nacht – so lässt es sich zumeist erst im Rückblick feststellen – liegt tatsächlich der Anfang eines neuen Tages.[26] Seelsorge als Krisenintervention behält als Ziel die „Hilfe zur Selbsthilfe" im Auge. Dabei geht es darum, die Menschen, die sich in akuten Belastungssituationen befinden, zu befähigen, die Krise aktiv zu bewältigen und wieder selbständig entscheidungs- und handlungsfähig zu werden.[27] Die Bewältigung von Krisen und Brüchen bei Trennungen und Scheidungen ist für alle Beteiligten sehr anspruchsvoll. Im Blick auf die aufgelöste Beziehung gilt es, „den gekränkten oder durch Schuld gequälten Selbstwert der Beteiligten zu stärken, erlittene Demütigungen oder verzerrte Bilder der Partner voneinander nicht zu verstärken und insgesamt die jeweilige Eigenständigkeit zu unterstützen in der Hoffnung, dass auf längere Sicht neue Lebensperspektiven entstehen und vielleicht sogar Versöhnung möglich wird, die das Wertvolle der Partnerschaft trotz des Bruchs würdigen kann".[28]

Literatur

Burgk-Lempart, Andrea, *Wenn Wege sich trennen. Ehescheidung als theologische und kirchliche Herausforderung*, Stuttgart 2010.
Morgenthaler, Christoph, *Systemische Seelsorge. Impulse der Familien- und Systemtherapie für die Kirchliche Praxis,* Stuttgart/Berlin/Köln 1999.
– *Seelsorge*, Gütersloh 2009.
Nauer, Doris, *Seelsorge, Sorge um die Seele*, Stuttgart 2007.
Ziemer, Jürgen, *Seelsorgelehre*, Göttingen ⁴2015.

---

26 Siehe auch Zink, Jörg, *Die Mitte der Nacht ist der Anfang des Tages: Bilder und Gedanken zu den Grenzen unseres Lebens*, Freiburg i.Br. 2000.
27 Vgl. zur Seelsorge in Krisensituationen: Ziemer ⁴2015, 376–383.
28 Wagner-Rau, Ulrike, *Seelsorge im Kontext von Ehe und Partnerschaft*, in: Engemann, Wilfried, Handbuch der Seelsorge. Grundlagen und Profile, Leipzig 2007, 428–445.

Petra-Angela Ahrens

Wie steht es um die Taufe bei Alleinerziehenden?

In einer 2006 erschienenen Taufstudie des Sozialwissenschaftlichen Instituts der EKD (SI-EKD) kristallisierten sich Alleinerziehende als Familienform heraus, für die sich eine geradezu dramatische Anfrage an kirchliches Handeln ergab: Sie zeichneten sich durch eine auffallend niedrige Taufquote ihrer Kinder aus und erwiesen sich im qualitativen Teil der Studie zugleich als diejenigen, die der Taufe – auch in religiöser Hinsicht – eine besonders hohe Bedeutung zumessen. Ausgehend von den wichtigsten Ergebnissen der Studie befasst sich der Beitrag mit der Frage, welche Einblicke sich seitdem zur Taufpraxis auch seitens der Kirche bzw. in ihrer Zuwendung zu Alleinerziehenden gewinnen lassen und welche Veränderungen bei den Taufen von Kindern Alleinerziehender zu beobachten sind.

In a study on baptism published in 2006 by the Social Sciences Institute of the EKD (SI-EKD), single parents emerged as a family form for which an almost dramatic request for church intervention arose: They were characterized by a remarkably low rate of baptism of their children and at the same time, in the qualitative part of the study, proved to be those who attach particularly high importance to baptism – also in religious terms. Based on the most important results of the study, this article deals with the question of what insights can be gained from these findings into baptismal practice also on the part of the church – in its attention to single parents and what changes can be observed in the baptisms of children of single parents.

1. Ausgangspunkt: Die wichtigsten Ergebnisse der Studie des SI-EKD

In den statistischen Auswertungen der Studie des SI-EKD zeigte sich für die Kinder evangelischer Ehepaare ein nach wie vor durchgehender Taufvollzug, dies allerdings bei zunehmender Zahl von Spättaufen, die erst in größerem zeitlichem Abstand zum Geburtsjahr vollzogen werden. Zugleich war bei ihnen aber ein eklatanter Geburtenrückgang zu beobachten. Bei Kindern von Eltern aus konfessions- bzw. glaubensverschiedenen Ehen überwog deutlich die Entscheidung für eine evangelische Taufe; hier bildete sich sogar eine zunehmende Attraktivität ab. Im Unterschied dazu lag die Taufquote bei Kindern nicht verheirateter evangelischer Mütter bei lediglich einem Viertel. Darüber hinaus zeichnete sich für sie – jedenfalls im westlichen Bundesgebiet – ein deutlicher Negativtrend ab.[1]

Zwar lässt sich auf Basis solcher statistischen Daten nicht feststellen, ob diese Mütter in einer Partnerschaft leben oder mit zeitlichem Abstand zur

---

1 Ahrens 2005, 17 f.

Taufe heiraten. Immerhin aber zeigt der Datenreport von 2004, dass sich die Zahl der Alleinerziehenden zwischen 1996 und 2003 deutlich erhöht hatte und um ein Mehrfaches über der Zahl nicht-ehelicher Lebensgemeinschaften mit Kind(ern) lag. Zu bedenken ist außerdem, dass schon damals nur eine Minderheit der 18- bis 45-Jährigen ein Kind als Heiratsgrund ansah.[2]

In Fokusgruppen, das sind moderierte Gruppeninterviews, die mit jeweils 8 bis 10 Personen durchgeführt wurden, schälten sich ebenfalls Besonderheiten der evangelischen Alleinerziehenden, hier durchgehend Mütter[3], heraus: Bei ihnen fand sich im Vergleich zu anderen Gruppen[4] der höchste Bedeutungsgehalt der Taufe, in ihrer Funktion als Schutzritual, das Sicherheit gibt und eine (kirchliche) Wegbegleitung eröffnet, sowie in der mit ihr verbundenen Aufnahme in die christliche Gemeinschaft, in die Gemeinde vor Ort. Auffällig war außerdem, dass die Hälfte dieser Mütter von sich aus angab, fast täglich mit ihrem Kind zu beten, was bei den anderen Eltern gar nicht vorkam. Zugleich erwies sich die Taufe für sie aber auch als Konfrontation mit der eigenen Situation, selbst nicht zu den „richtigen", den „heilen" Familien zu gehören.

In diesen Kontext lassen sich auch einige der Gründe einordnen, die gegen eine Taufe des Kindes eingebracht wurden, wie die Schwierigkeit, alleine, ohne Partner vor der Gemeinde stehen zu müssen, oder auch die Erklärungsnotwendigkeit der eigenen Familiensituation, die ja bereits im Taufgespräch zum Thema wird. Darüber hinaus spielte unter anderem das Bedenken gegen eine Entscheidung für das Kind eine Rolle, die fehlende Nähe zur Gemeinde (besonders nach einem Umzug) oder auch das Fehlen von (evangelischen) Pat*innen. Schließlich wurde der Wunsch geäußert, dass sich die Kirche bzw. der Pastor oder die Pastorin auch mit „unbequemen Lebenssituationen" beschäftigt und als Ansprechpartner*in für Alleinerziehende da ist, besonders, „wenn es einem schlecht geht".

In der Zusammenschau wird eine faktische Ausgrenzung der Alleinerziehenden diagnostiziert, die auf „der Perpetuierung eines überholten normativen Familienbildes in der Kirche" beruht.[5]

2. Weitere Einblicke: Alleinerziehende in der Kirche und Taufpraxis

In den Statistiken zur Bevölkerung sind Alleinerziehende schon lange als eigenständige Familienform berücksichtigt. 2018 halten sie – nach jahrzehnte-

---

2 Vgl. Statistisches Bundesamt 2004, 42 ff., 242.
3 Auch im Jahr 2017 waren noch 88 % der Alleinerziehenden Mütter. Vgl. Statistisches Bundesamt/ Wissenschaftszentrum Berlin für Sozialforschung 2018, 55.
4 Verheiratete Eltern, anlässlich der Konfirmation Getaufte, Pat*innen.
5 Ahrens/Wegner 2006, 12.

langem Zuwachs – einen Anteil von mehr als einem Fünftel (23 % ohne Altersbegrenzung der Kinder) bzw. fast einem Fünftel (18,5 % mit Kindern unter 18 Jahren) unter den Familienformen.[6] Für evangelische Alleinerziehende liegen entsprechende Statistiken nicht vor. Immerhin kann aus Befragungsdaten von 2014 ermittelt werden, dass unter den Evangelischen mit eigenen Kindern unter 18 Jahren im Haushalt 22 % nicht verheiratet oder eine Lebenspartnerschaft eingegangen sind – also ein ähnlich hoher Anteil.[7] Aller Wahrscheinlichkeit nach lässt sich damit für die evangelischen Alleinerziehenden von einer vergleichbaren Entwicklung ausgehen: Diese vom „überholten normativen Bild" abweichende Familienform ist demnach für die evangelische Kirche auch quantitativ von hoher Bedeutung.

Mit der Taufe wird der Grundstein für die weitere religiös-kirchliche Begleitung des Kindes gelegt. Zugleich stellt sie einen wichtigen Anknüpfungspunkt für den Kontakt der Eltern zur Kirche und umgekehrt der Kirche zu diesen Familien dar. Wenn die Taufe unterbleibt, wird die Schwelle für einen Zugang von beiden Seiten aus hoch – und das gilt nicht nur für Alleinerziehende. Bei Kindertaufen – das sind nach wie vor 90 % aller Taufen – ist das „Taufbegehren" der Eltern Voraussetzung, und dieses erweist sich als besondere Herausforderung für kirchliches Handeln im Hinblick auf Alleinerziehende, da es bei ihnen insbesondere darauf ankommt, dass sie sich in ihrer Familienkonstellation – auch hinsichtlich der damit einhergehenden Probleme und (gesellschaftlich-sozialen) Benachteiligungen – wahrgenommen und akzeptiert fühlen, und das auch im Zusammenhang mit einer solchen Entscheidung (s. o.).

So zählt Regina Sommer auf Grundlage ihrer qualitativen Analysen den Perspektivwechsel auf die Taufdeutung der Eltern aus ihrer konkreten Lebenssituation heraus sowie die Beachtung der unterschiedlichen „familiären Lebensformen" mit ihren je eigenen „Herausforderungen" denn auch zur „Kunst der Taufe". Sie fordert, dabei ein besonderes Augenmerk auf die wachsende Gruppe der Alleinerziehenden zu legen.[8]

Christoph Müller illustriert am Beispiel der Initiativen einer alleinerziehenden Pfarrerin, dass es gelingen kann, in Kirchengemeinden die Akzeptanz unterschiedlicher familiärer Lebensformen zu fördern und Strukturen zu entwickeln, in denen sich gerade Alleinerziehende weniger exponiert fühlen – zum Beispiel wird das Gemeindehaus für unterschiedliche Festlichkeiten, darunter auch anlässlich von Taufen, zur Verfügung gestellt.[9]

---

6 Vgl. www.sozialpolitik-aktuell.de/tl_files/sozialpolitik-aktuell/_Politikfelder/Familienpolitik/Datensammlung/PDF-Dateien/abbVII94.pdf, bzw. (…)/abbVII96.pdf (April 2020).
7 Datensatz zum Freiwilligensurvey 2014 (vgl. BMFSFJ, 2016), der wegen seiner sehr großen Datenbasis (insgesamt 28.690 Fälle) für solche Berechnungen geeignet ist. Unter allen Befragten mit eigenen Kindern unter 18 Jahren im Haushalt liegt der Anteil nur um einen Prozentpunkt höher; eigene Berechnungen mit dem auch nach Schulbildung gewichteten Datensatz.
8 Sommer 2009, 347, 351.
9 Müller 2010, 106 f.

Insgesamt gesehen dominiert in vorliegenden Studien und Ausarbeitungen zur Taufe, in denen eigens auf die Alleinerziehenden eingegangen wird, der – wichtige! – Blick auf die Taufpraxis selbst und damit auf die bereits erfolgte Kontaktaufnahme mit der Gemeinde. Dies gilt auch für die Schrift des Rates der EKD zur Taufe, die auf die Möglichkeit einer Einbindung der Taufe in Gottesdienste verweist, die eine „geschütztere öffentliche Form" bieten.[10]

Darüber hinaus sollte es der Kirche ein Anliegen sein, auch unabhängig davon Kontaktflächen zu den Alleinerziehenden zu finden. In der Orientierungshilfe des Rates der EKD zur Familie[11] werden Alleinerziehende ausdrücklich – in verschiedenen Kontexten – als eigene Familienform gewürdigt, die in der kirchlichen Arbeit einer stärkeren Zuwendung bedarf. Hier wird unter anderem auf die Chancen verwiesen, die in einer Kooperation von Gemeinden mit der Diakonie liegen, die mit ihren Einrichtungen und Diensten über eigene „lebensweltliche" Zugänge verfügt.[12]

Dazu ermittelt eine EKD-weite Befragung von Gemeindeleitungen des SI-EKD 2013, dass Gemeinden viele Kontakte zu diakonischen Einrichtungen vor Ort pflegen. Dabei schneiden jedoch gerade die Kindertageseinrichtungen, die als besonders wichtiger Anknüpfungspunkt betrachtet werden können, weit unterdurchschnittlich ab.[13] Hinzu kommt, dass Alleinerziehende nur selten – bei weniger als 10% der Gemeinden – überhaupt als eigene Zielgruppe kirchlicher Angebote im Blick sind.[14]

2.1 Tauffeste: Eine handlungspraktische Annäherung?

2007 wurde im Kloster Loccum das wohl erste Tauffest gefeiert,[15] das als innovatives Format spätestens seit dem EKD-weiten Jahr der Taufe 2011 eine größere Verbreitung gefunden hat. Tauffeste zeichnen sich dadurch aus, dass eine höhere Zahl von Taufen an einem besonderen Ort vollzogen und anschließend ein gemeinsames Fest mit Speisen und Getränken begangen wird. Über die vorauslaufenden Einladungen an Eltern mit bisher nicht getauften Kindern ist hier nicht mehr deren jeweiliges Taufbegehren Ausgangspunkt für die Kontaktaufnahme; dieser liegt vielmehr bei den beteiligten Gemeinden, ohne dass sich damit nur die einzelne Familie angesprochen, also gewissermaßen ermahnt fühlen müsste.[16] Die Zielperspektive liegt in einer Absenkung der Zugangsschwellen gerade für Familien, die nicht der klassischen Norm ent-

---

10 Kirchenamt der EKD 2008, 53.
11 Kirchenamt der EKD 2013.
12 Ebd., 134, 136.
13 Rebenstorf et al. 2015, 64 f.
14 Ebd., 94.
15 Vgl. dazu Goldhahn-Müller 2009.
16 Vgl. u.a. zu den Kennzeichen von Tauffesten Zentrum Verkündigung der EKHN 2013.

sprechen, Probleme – auch finanzieller Art – mit der Gestaltung eigener Familienfeiern haben oder sich scheuen, bei der Taufe im Blickpunkt des Gemeindegottesdienstes zu stehen. So hat zum Beispiel die Evangelische Kirche von Westfalen das „Erreichen von Patchworkfamilien und Alleinerziehenden" als Projektziel der Tauffeste im Jahr der Taufe formuliert.[17]

Leider fehlt es bislang an einer veröffentlichten Auswertung zum Jahr der Taufe[18], die genaueren Aufschluss über die Beteiligung von Alleinerziehenden geben könnte. Die empirische Begleitstudie zu einem Tauffest in Kassel 2012 kommt unter anderem zu dem Schluss, dass Tauffeste die Kirche „als aufgeschlossen und einladend" erlebbar machen können und über das „Gefühl gelebter Gemeinschaft" eine Überwindung sonst wirkender sozialer Grenzen zu ermöglichen scheinen.[19] Allerdings wurden dort vorwiegend Eltern erreicht, die ohnehin die Taufe ihrer Kinder planten. Auch Franziska Beetschen resümiert zu ihrer qualitativen Studie, dass solche alternativen Taufformen (Tauffeste und Tauftage) zwar einen „Anlass, einen Impuls zur Taufe" bilden, das konkrete „Taufersuchen fördern", dabei aber „keine neuen Zielgruppen erschließen".[20]

Aus dem Kirchenkreis Stolzenau-Loccum wurde der Autorin eine Auszählung zur Verfügung gestellt, die vom ersten Tauffest 2007 bis zum sechsten 2017 reicht und dabei die Kindertaufen Alleinerziehender gesondert ausweist. Zwar ist nicht erkennbar, ob diese ohnehin geplant waren. Das Ergebnis lässt aber trotzdem aufmerken: Die Taufen von Kindern Alleinerziehender halten hier einen Anteil von 32 % (unter insgesamt 205 Taufen) – ein Wert, der mehr als doppelt so hoch liegt wie in der EKD-Statistik (s. u.). Dies ist zumindest ein deutlicher Hinweis darauf, dass es mit Tauffesten durchaus gelingen kann, diese Familien stärker anzusprechen.

2.2 Entwicklung der Taufen in der Statistik

Eine Neuauflage der differenzierten Analysen zur Taufstatistik in der Studie des SI-EKD ist nicht möglich, da religionsbezogene Angaben zu den Eltern der in Deutschland Geborenen seit 2013 nicht mehr verfügbar sind.[21] Immerhin lassen sich aber Entwicklungslinien zu den Taufen nicht-ehelich geborener Kinder mit einem evangelischen Elternteil aufzeigen, die sich zum größeren Teil auf die Kinder Alleinerziehender beziehen lassen und im folgenden Text – um der besseren Lesbarkeit willen – auch so benannt werden.[22]

---

17 Vgl. Evangelische Kirche von Westfalen 2011, 318.
18 Vgl. dazu die kritische Betrachtung von Beetschen 2019, 115 ff.
19 Albert et al. 2013, 353.
20 Beetschen 2019, 66 f.
21 Sie wurden wegen der rückläufigen Angaben zur Religionszugehörigkeit eingestellt.
22 Vgl. dazu Punkt 1.

	Evangelische Kindertaufen				Taufquoten für nicht-ehelich Lebendgeborene des Jahres mit mindestens 1 evangelischen Elternteil[1] in % von	
Jahr	Insgesamt	Taufquote in % von allen Lebendgeborenen des Jahres	mit mind. 1 ev. Elternteil	nicht-ehelich - geborener Kinder mit mind. 1 ev. Elternteil[1]	allen nicht-ehelich Lebendgeborenen des Jahres	allen Kindertaufen des Jahres mit mind. 1 ev. Elternteil
2003	204.839	28,98	194.846	13.402	7,0	6,5
2005	199.665	29,11	189.151	13.426	6,7	7,1
2007	184.105	26,88	173.461	12.737	6,0	7,3
2009	178.801	26,88	168.760	15.155	7,0	9,0
2011	174.196	26,29	164.238	15.893	7,1	9,7
2013[2]	165.058	24,20	155.558	21.825	9,2	14,0
2015	161.484	21,89	152.434	22.702	8,8	14,9
2017	158.758	20,23	149.973	21.735	8,0	14,5
2018	151.552	19,24	143.216	21.479	8,0	15,0
Veränderung 2018/2003						
	-26,0 %			-26,5 %		

[1] bis 2008: nicht-ehelich geborener Kinder evangelischer Mütter, 2018: statt Elternteil Sorgeberechtigten;
[2] Änderungen im Erfassungsprogramm mehrerer Gliedkirchen. Zusammenstellung aus: Statistisches Bundesamt, *Bevölkerung und Erwerbstätigkeit. Zusammenfassende Übersichten. Eheschließungen, Geborene und Gestorbene, 1946 - 2018*, 2020; Kirchenamt der EKD (Hrsg.), *Äußerungen des kirchlichen Lebens*, diverse Jahrgänge.

Während die Kindertaufen insgesamt sowohl in absoluten Zahlen als auch in Relation zu den Lebendgeborenen des Jahres deutlich zurückgegangen sind, lässt sich bei den Taufen von Kindern evangelischer Alleinerziehender bis 2015 ein Zuwachs beobachten. Zum Teil ist dieser auf die veränderte Erfassung dieser Taufen seit 2009 zurückzuführen, die auch evangelische Väter dieser Kinder einbezieht. Der regelrecht sprunghafte Anstieg 2013 ist durch Veränderungen im Erfassungsprogramm mehrerer Gliedkirchen bedingt, was eine genauere Einschätzung der Entwicklung, auch in Relation zu anderen Kindertaufen, schwierig macht.

Unbeschadet der erfassungstechnisch bedingten Auffälligkeiten zeichnet sich im Gesamtbild eine eher positive Entwicklung bei den Alleinerziehenden ab – und das im Gegensatz zu anderen Kindertaufen. Wie die entsprechenden Taufquoten belegen, liegt dies keineswegs nur an der Zunahme nicht-ehelich Geborener. Allerdings zeigen nicht zuletzt die nach 2015 sichtbaren Rückgänge, dass es (wieder) verstärkter Anstrengungen bedarf, um Alleinerziehende zu erreichen, zumal die Taufquoten ihrer Kinder auch heute noch weit unterdurchschnittlich sind. Darauf verweist der Vergleich zwischen der Taufquote von Kindern gemessen an allen Lebendgeborenen und der von Alleinerziehenden gemessen an den nicht-ehelich Lebendgeborenen.

3. Fazit

Ausgehend von der Taufstudie des SI-EKD dokumentiert sich in den Einblicken zu verschiedenen späteren Studien und Schriften zur Taufpraxis in erster Linie noch immer die Forderung oder gesehene Notwendigkeit, den Alleinerziehenden und ihrer Lebenssituation stärkere – akzeptierende und zugewandte – Aufmerksamkeit zu widmen. Die insgesamt durchaus positiven Tendenzen in der Statistik könnten darauf hindeuten, dass dies besser gelingt als früher. Doch auch heute bleibt eine niedrige Taufquote der Alleinerziehenden zu konstatieren. Inwieweit Tauffeste Chancen bieten, dies deutlich zu ändern, ist nicht sicher. Hier könnten breiter angelegte Evaluationen weiteren Aufschluss ermöglichen.

Schließlich gilt es, den Blick auf andere Zugangsmöglichkeiten der Kirche zu Alleinerziehenden zu weiten, mit denen nicht von vornherein eine Erhöhung der Taufquote ihrer Kinder angestrebt, sondern diese eigene Familienform, in ihrer „unbequemen Lebenssituation", wahr- und angenommen wird, Alleinerziehende bei Bedarf auch diakonisch-seelsorgerliche Unterstützung erfahren. In dieser Hinsicht scheint noch einiges bewegt werden zu können.

Literatur

Albert, Annika / Friedrichs, Lutz / Sommer, Regina, *„Das Tauffest haben wir als etwas ganz Besonderes erlebt". Einsichten aus einer empirischen Studie zum Kasseler Tauffest* (2012), PTh, 102, Jg. 2013, 338–354.

Ahrens, Petra-Angela, *Taufbereitschaft – Taufvollzug – Taufunterlassung? Antworten der Statistik*, Texte aus dem SI, Hannover 2005.

Ahrens, Petra-Angela / Wegner, Gerhard, *Ungebrochene Akzeptanz der Taufe bei verheirateten Eltern – Erhebliche Taufunterlassungen bei Alleinerziehenden – Verbesserungsmöglichkeiten beim Taufvollzug. Analysen zum Taufverhalten der evangelischen Bevölkerung in Deutschland*, Hannover 2006.

Beetschen, Franziska, *Alternative Taufe. Möglichkeiten und Grenzen aktueller Taufpraxis*, Heidelberg 2019.

Bundesministerium für Familie, Senioren, Frauen und Jugend (BMFSFJ; Hg.), *Freiwilliges Engagement in Deutschland. Der Deutsche Freiwilligensurvey 2014*, Berlin 2016.

Evangelische Kirche in Westfalen, *Verhandlungen der 4. (ordentlichen) Tagung der 16. Westfälischen Landessynode vom 14. bis 18. November 2011*, Bielefeld.

Goldhahn-Müller, Ingrid, *„Lasset die Kinder zu mir kommen …". Großtauffeste im Kloster Loccum. Ein Erfahrungsbericht*, PGP – Praxis Gemeindepädagogik 2/2011.

Kirchenamt der EKD (Hg.), *Die Taufe. Eine Orientierungshilfe zu Verständnis und Praxis der Taufe in der evangelischen Kirche*, Gütersloh 2008.

Kirchenamt der EKD (Hg.), *Zwischen Autonomie und Angewiesenheit. Familie als verlässliche Gemeinschaft stärken. Eine Orientierungshilfe des Rates der Evangelischen Kirche in Deutschland (EKD)*, Gütersloh 2013.

Müller, Christoph, *Taufe als Lebensperspektive. Empirisch-theologische Erkundungen eines Schlüsselrituals*, Stuttgart 2010.

Sommer, Regina, *Kindertaufe – Elternverständnis und theologische Deutung*, Stuttgart 2009.
Statistisches Bundesamt (Hg.), *Datenreport 2004. Zahlen und Fakten über die Bundesrepublik Deutschland,* Bonn 2004.
Statistisches Bundesamt/Wissenschaftszentrum Berlin für Sozialforschung (Hg.), *Datenreport 2018. Ein Sozialbericht für die Bundesrepublik Deutschland*, Bonn 2018.
Zentrum Verkündigung Evangelische Kirche in Hessen und Nassau (EKHN, Hg.), *Taufeste feiern. Entscheidungs- und Gestaltungshilfen*, Frankfurt 2013.

Timon Heuser

„Den werden Sie nicht mehr los"
Die bleibende Verbindung zur Ex-Beziehung im Alltagserleben von Alleinerziehenden

Im Alltagserleben von Alleinerziehenden können Berührungspunkte zum Ex-Partner[1] auch nach der Trennung bestehen bleiben. Das gemeinsame Kind ist dabei meist der Hauptgrund. Aus Erzählungen von Alleinerziehenden kann herausgestellt werden, dass diese Verbindungen zu verstärkter emotionaler Belastung führen. Neben dem gemeinsamen Kind können emotionale Verbindungen zum Ex-Partner bestehen bleiben, ein gewisses Maß an Kommunikation notwendig sein und in einigen Situationen auch Abhängigkeiten zum Ex-Partner entstehen. Hier soll ein knapper Einblick in diese Thematik gegeben werden, um zu zeigen, dass die bleibende Verbindung zur Ex-Beziehung ein relevanter Aspekt in der Beschreibung von Alltagserleben von Alleinerziehenden ist.

In the everyday experience of single parents, points of contact with the ex-partner can remain even after separation. The common child is usually the main reason for this interaction. From interviews with single parents it can be seen that these connections lead to increased emotional stress. In addition to the child as a connection to the ex-partner, other emotional connections may remain as well. Connections can also remain due to a certain amount of necessary communication. In some situations, the possibility of arising dependencies on the ex-partner may occur. A brief insight into this topic will show that the lasting connection to the ex-relationship is a relevant aspect in the description of everyday experiences of single parents.

Die folgenden Erkenntnisse sind erste Ergebnisse aus der fortlaufenden Studie „Endlich fragt mich jemand! Partizipative Datenerhebung bei und mit Alleinerziehenden in Bielefeld Stieghorst"[2]. Alleinerziehende werden als Co-Forscherinnen einbezogen und berichten in Interviews und kreativen Gruppenwerkstätten über ihr Alltagserleben. Für eine nähere Beschreibung des Forschungsprojekts soll an dieser Stelle auf den Artikel „Endlich fragt mich jemand! – Alleinerziehende erforschen ihren Lebensalltag" von Marion Arens (2020) in diesem Band verwiesen werden[3].

---

1 Siehe Fußnote 4.
2 Das Forschungsprojekt ist eine Kooperationsstudie zwischen der Diakonie für Bielefeld (Fachbereich Menschen in Vielfalt) und der Fachhochschule Bielefeld (Fachbereich Sozialwesen). Es wird vom Ministerium für Arbeit, Gesundheit und Soziales NRW im Rahmen des Aktionsprogramms „Zusammen im Quartier – Kinder stärken – Zukunft sichern" gefördert. Durchführungszeitraum: Januar 2019 – Dezember 2020.
3 Um eine möglichst hohe Anonymisierung zu gewährleisten, wurden in den beiden Artikeln die Namen der Co-Forscherinnen geändert. Damit keine Querverbindungen möglich sind, unter-

Eine Erkenntnis kristallisiert sich bereits während der Erhebungen heraus. Obwohl der Fokus der Erhebung auf dem Alltagserleben der Alleinerziehenden liegt, gehen die Alleinerziehenden zum Teil sehr detailliert auf ihre Trennungsgeschichte ein. Die Beschreibung der Beziehung zum Ex-Partner[4] wird nicht gemieden, sondern stellt einen zentralen Erzählstrang dar, den fast alle Alleinerziehenden ausformulieren. Die Studie kann somit relativ gut beschreiben, wie für Alleinerziehende eine Trennung vom Ex-Partner keinen endgültigen Abschluss einer alten Beziehung darstellt, sondern über das gemeinsame Kind eine bleibende Verbindung bestehen bleibt. Um den Alltag von Alleinerziehenden zu beschreiben, ist es somit in den meisten Fällen erforderlich, auch Bezug zur Ex-Beziehung zu nehmen[5]. Dabei ist eine bleibende Verbindung erstmal neutral zu verstehen. Geht eine Beziehung „im Guten" auseinander, kann eine solche Verbindung explizit gewollt und gefördert werden. So gibt es unterschiedliche Betreuungsmodelle, wie Vater- und Mutterschaft in getrennten Familien gelebt wird. Und selbst wenn das Kind hauptsächlich bei einem Elternteil wohnt, kann eine Verbindung durch kurzfristige Betreuungsübernahme des anderen Elternteils im Alltag oder in den Ferien eine willkommene Unterstützung für Alleinerziehende sein. Die bleibende Verbindung zur Ex-Partnerschaft kann jedoch ebenso eine emotionale Belastung darstellen. In den Interviews und kreativen Gruppenwerkstätten zeigte sich, dass die Trennungsbiografie den gegenwärtigen Alltag der Alleinerziehenden in vielen Belangen unausweichlich durchdringt. Eine Beschreibung des Alltags Alleinerziehender kommt somit nicht umhin, auch die bleibende Verbindung zur Ex-Partnerschaft in den Fokus zu nehmen. Da das vorliegende Datenmaterial hauptsächlich eine zusätzliche emotionale Belastung im Zusammenhang mit dieser Art von Verbindung aufzeigt, soll darauf im Folgenden das Hauptaugenmerk liegen.

Dass Alleinerziehende keine homogene Gruppe darstellen, ist ein weiterer Aspekt, den diese Studie herausstellen möchte. Es handelt sich um viele sehr unterschiedliche Lebensgeschichten. Die Wege, die in eine Alleinerziehenden-Situation führen, sind ebenso unterschiedlich wie die Phase, in der sich die Alleinerziehende, und die Phase, in der sich ihr Kind befindet. Eine der Alleinerziehenden beschreibt diese Individualität und zählt folgende Fakto-

---

scheiden sich diese in den beiden Artikeln, auch wenn zum Teil dieselben Personen zitiert werden. Vgl. den Beitrag von Marion Arens in diesem Band auf S. 94–108.
4 Da sich die Erhebungsgruppe nur aus alleinerziehenden Frauen mit männlichen Ex-Partnern zusammensetzt, können wir auch nur zu dieser Gruppe Aussagen treffen. Daher wird im Folgenden bei Alleinerziehenden die allgemeine oder weibliche Form, bei Ex-Partnern die männliche Form verwendet. Der Einfachhalt halber wird beim Kind das Singular und Neutrum verwendet, was sowohl mehrere Kinder als auch beide Geschlechter beinhalten soll. Bei allen in dieser Studie beteiligten Frauen hat eine Trennung und nicht der Tod eines Partners zur Alleinerziehung geführt. Das Kind lebt in diesen Familien jeweils bei der Mutter und hat keinen, unregelmäßigen oder regelmäßigen Kontakt zum Vater, wohnt jedoch nicht bei diesem.
5 Vgl. VAMV 2019, 16.

ren auf, die jeweils Auswirkungen auf die jeweilige Lebenssituation haben können:

> „Der andere Part, wo das Kind nicht so häufig ist, vielleicht, wie der sich dann einbringt, was er für ein Interesse hat, das ist auch so individuell. Oder wenn du jetzt von Anfang an alleinerziehend bist, das ist auch schon wieder ganz anders mit einem kleinen Säugling als jetzt mit unserem Neun- oder Zehnjährigen. Der ist ja schon viel weiter in der Entwicklung." *(Claudia, 47 Jahre)*

Zusätzlich werden auch die Individualität in Bezug auf die Arbeitssituation, das vorhandene soziale Unterstützungssystem, die Betreuungsabdeckung, die Art der Trennungsgeschichte, die eigene Biografie sowie die Resilienz und Persönlichkeitsmerkmale von Kindern und Eltern genannt.

Die im Folgenden genannten Aussagen sollen daher keine generalisierte Lebenslage alleinerziehender Menschen abbilden, sondern sind ein Einblick in die individuellen Lebenslagen einzelner Alleinerziehender.

Das Datenmaterial, welches sich auf die Aussagen der Alleinerziehenden zur negativen Wahrnehmung der andauernden Verbindung zum Ex-Partner bezieht, konnte durch Sichtung, Ordnung und Kategorienbildung in vier Themengebiete aufgeteilt werden. Diese Themengebiete sind nicht klar voneinander zu trennen und weisen Schnittmengen auf. Zum einen wird das gemeinsame Kind als verbindendes Element dargestellt, welches die Ex-Partner auch ohne direkten Kontakt indirekt miteinander verbindet. Zum anderen beschreiben die Alleinerziehenden eine anhaltende emotionale Verbindung zum Ex-Partner. Darüber hinaus gibt es auch direkte Kommunikation, die eine bleibende Verbindung zwischen den Ex-Partnern erfordert. Und letztlich beschreiben einige Alleinerziehende eine, meist finanzielle, Abhängigkeit vom Ex-Partner, die einen vollständigen emotionalen Ablösungsprozess erschwert. Diese vier Themengebiete werden nun im Detail erläutert.

1. Gemeinsames Kind als Verbindung zum Ex-Partner

Der Hauptgrund für die bleibende Verbindung zum Ex-Partner ist natürlich das gemeinsame Kind. Auch wenn der Wille besteht, den Kontakt zum Ex-Partner möglichst gering zu halten, so wird das Kind immer ein Produkt der ehemaligen Partnerschaft sein:

> „Also das ist für mich persönlich schon psychisch belastend, dass man diesen Menschen, dass man mit ihm dann trotzdem quasi so verbunden ist durch das Kind, dass man dann diesen Menschen, den man eigentlich nicht mehr sehen möchte, trotzdem noch ertragen muss." *(Johanna, 41 Jahre)*

In unterschiedlichen Lebenssituationen werden die Alleinerziehenden mit dieser Realität konfrontiert. Besteht ein gemeinsames Sorgerecht der Ex-Partner für das Kind, wird dies noch verstärkt. Eine Alleinerziehende wurde nach der Trennung bei einem der ersten Gespräche mit einer Mitarbeiterin im Jugendamt darauf vorbereitet:

> „Den werden Sie nicht mehr los, das tut mir leid für Sie." *(Anita, 41 Jahre)*

Diese Realität kann die eigene Trennungsverarbeitung erschweren. Hinzu kommt die Begleitung der Trennungsverarbeitung des Kindes:

> „Das ist das, wenn der Vater sich halt nicht kümmert und man muss es als Mutter ausbaden. Weil, ich bin schließlich diejenige, die da ist und wo das Kind Vertrauen hin hat und die Fragen halt einfach stellt, die auf dem Herzen sind. Und ja, man muss dann etwas erklären, was man selber nicht so ganz verstehen kann. Das ist halt wirklich doof." *(Rike, 32 Jahre)*

Auch in der Auseinandersetzung mit dem Kind wird man mit der eigenen Trennungsgeschichte immer wieder konfrontiert. Darin enthalten kann auch der Wunsch des Kindes sein, zum anderen Elternteil ziehen zu wollen. Der folgende Auszug aus einem Interview stellt diesen Aspekt besonders gut dar:

> SANDRA: „Früher wollte mein Sohn eigentlich immer zu seinem Vater. Als der jünger war, dann sagte er immer, wenn ich zwölf bin, dann ziehe ich zu Papa."
> INTERVIEWERIN: „Oh. Und wie war das?"
> SANDRA: „Ganz schrecklich. Die erste Zeit, … da ging er auch gerade zur Schule, und das schlaucht die Kinder auch unheimlich. So, und da war die Trennung, die Schule, und ich habe gedacht, … ich drehe durch. Immer diese Auseinandersetzung. Man muss ja erst mal selber mit seinem Leben sich umstellen und man muss alles alleine machen. … nicht nur das Kind, dass es da ist, sondern es ist auch noch zickig. Und Sie haben da noch die Diskussion. Und dann hat er mir früher immer gesagt, von wegen er wollte zu seinem Vater ziehen." *(49 Jahre)*

Die Kontaktregelungen zwischen Kind und Ex-Partner sind ebenfalls eine ständige Verbindung zur Ex-Partnerschaft. Besonders, wenn das Kind noch jünger ist, bedarf es der Absprachen zwischen den Ex-Partnern für die Organisation von Treffen, Ausflügen und Übernachtungen. Für das Kind kann das Wiedereinleben nach einem Wechsel zwischen den Elternteilen zudem eine Herausforderung darstellen, die unmittelbar auch zu einer zusätzlichen Herausforderung für die Alleinerziehende wird:

> „Da war es dann immer nur schwierig, dass wenn [mein Sohn] dann zurückkam, das war immer ganz, ganz schwierig, weil er war sehr verändert und … brauchte erst immer wieder so zwei, drei Tage, um sich wieder an mich zu gewöhnen, um dann eben auch einfach wieder zu wissen: Au Mann, jetzt sieht er seinen Vater erst mal nicht. Weil, das war ja auch wieder eine lange Zeit. Das war extrem schwierig." *(Tanja, 53 Jahre)*

Somit werden die Erinnerung und mitunter die schlechten Gefühle in Bezug auf die Ex-Partnerschaft ständig aufrechterhalten. Hinzu kommen Aktivitäten, die von den Eltern gemeinsam gestaltet werden. Hier sind zum Beispiel Kindergeburtstage zu nennen. Eine Alleinerziehende berichtet davon, dass sie regelmäßig gemeinsam mit ihrem Ex-Partner und ihrem Kind Heiligabend verbringt. Dies sind nicht zwingend schlechte Erfahrungen, jedoch sind es Berührungspunkte zwischen den Ex-Partnern, die ohne das gemeinsame Kind wahrscheinlich nicht zustande kommen würden. Im Folgenden sollen weitere Themenfelder eröffnet werden, die zeigen sollen, inwiefern die Ex-Beziehung im Besonderen bei Alleinerziehenden einen weitreichenden Einfluss auf ihren Alltag haben kann. Letztendlich kann jede dieser Verbindungsmomente zur Ex-Beziehung eine emotionale Belastung auslösen.

2. Emotionale Verbindung

Durch eine Beziehung und ein gemeinsames Kind entsteht eine emotionale Verbindung zwischen Lebenspartnern.[6] Diese emotionale Bindung bleibt auch über die Trennung hinaus bestehen und muss im Alltag der Alleinerziehenden verarbeitet werden. Zwei der Alleinerziehenden berichten, dass sie in ihrem Alltag die Frage beschäftige, wie es zu einer Trennung kommen konnte:

> „Und trotzdem hat man das Ego *(lacht kurz leicht)*, das ja auch noch da ist, so, verletzte Gefühle noch am Anfang und sich mit dieser Situation arrangieren." *(Claudia, 47 Jahre)*

Zwar ist die Übergangsphase nach Beenden einer Beziehung kein Alleinerziehenden-spezifisches Thema, es kommt jedoch zusätzlich zu einer als ohnehin schwierig empfundenen Lebensphase hinzu. Der Alltag als Alleinerziehende lässt es nicht zu, sich im Detail mit den eigenen Gefühlen auseinanderzusetzen. Alle Alleinerziehenden berichten von Schwierigkeiten, Zeit für sich selbst zu finden. Stress, Anstrengung, Erschöpfung und klare Strukturiertheit sind Merkmale, mit denen die Alleinerziehenden ihren Alltag beschreiben. Darin finden Selbstfürsorge und psychische Hygiene oftmals keinen Platz. Für eine ausgiebige Beschäftigung mit der emotionalen Trennungsverarbeitung fehlen die Zeit und Kapazität von Alleinerziehenden:

> „Man ist irgendwie, wissen Sie, in so einem Tunnel. Ich habe das irgendwie so gar nicht gesehen. Ich habe einfach nur funktioniert." *(Johanna, 41 Jahre)*

Eine bestehende emotionale Verbindung zur Ex-Partnerschaft kann sich außerdem in Schuldgefühlen oder schlechtem Gewissen dem eigenen Kind gegenüber ausdrücken:

---

6 Vgl. Schmahl/Walper 2012, 332.

„Wenn ich aber jetzt mit meinem Kind gehe, was ist dann mit dem Vater? Ich will ja meinem Kind den Vater nicht nehmen." *(Tanja, 53 Jahre)*

Eine andere Alleinerziehende meint dazu:

„Ich habe ein schlechtes Gewissen [meiner Tochter] gegenüber, dass sie so aufwachsen muss, so ohne, dass der Papa ständig präsent ist." *(Johanna, 41 Jahre)*

Sie beschreibt weiter, dass sie ein damit verbundenes Gefühl habe, ihrem Kind ein *normales Leben* vorzuenthalten. Dies sind Selbstwahrnehmungen der Alleinerziehenden, mit denen sie sich auseinandersetzen müssen, ganz davon abgesehen, welchen Einfluss die Abwesenheit eines Elternteils tatsächlich auf die Entwicklung eines Kindes hat. Zum Teil werden die Alleinerziehenden auch direkt mit Vorwürfen dieser Art durch ihre Ex-Partner konfrontiert:

„Und er war halt einfach natürlich auch zutiefst gekränkt, dass ich weggegangen bin, und er hat mir ja auch jahrelang also quasi erzählt, er ist heute noch sein Sohn, dass ich ihn ja verlassen habe mit seinem Kind, also mit seinem Sohn und dass [die Trennung] ja auf meinen Mist gewachsen wäre." *(Tanja, 53 Jahre)*

Die Konfrontation mit dem Verhalten des Ex-Partners wirkt sich ebenfalls auf das emotionale Befinden der Alleinerziehenden aus. Exemplarisch soll hier ein Beispiel aus der Betreuungsaufteilung zwischen den Eltern dienen. Sind beide Elternteile gleichermaßen involviert und engagiert, kann das Wechsel- oder Nestmodell[7] eine gute Lösung sein, um dem Kind zu beiden Elternteilen eine gute Beziehung zu ermöglichen. Ist dieses Engagement jedoch eher einseitig gelagert, führt auch dies zu einer zusätzlichen emotionalen Belastung:

„Ich habe [meiner Tochter] dann morgens gesagt: Ja, Papa kommt gleich, holt dich ab. Und dann kam er nicht. Erst mittags, keine Ahnung, oder einfach nur, weil mir das so wehgetan hat, dass sie dann nach Papa fragt und wartet, habe ich sie dann teilweise schon weggebracht, zu ihm." *(Johanna, 47 Jahre)*

Ähnlich kann auch gemeinsames Auftreten in der Öffentlichkeit zu Scham und Unverständnis dem Ex-Partner gegenüber führen:

„Das Ganze ist dann damit geendet, dass er die [beim Jugendamt aufgesetzte freiwillige Vereinbarung zum begleiteten Umgang] genommen hat, zerknüllt hat, in eine Ecke geworfen hat im Flur und … ja. Das ist halt manchmal alles irgendwie unverständlich." *(Rike, 32 Jahre)*

---

7 „Für die Betreuung der Kinder geht das Gesetz in § 1687 Abs. 1 BGB vom Residenzmodell aus; dies bedeutet, dass ein Elternteil die Pflege und Erziehung des Kindes übernommen und der andere nur ein Besuchsrecht hat. Beim Doppelresidenzmodell, auch Wechselmodell genannt, verfügt das Kind hingegen über zwei Wohnsitze, nämlich einen bei jedem Elternteil, und wechselt in regelmäßigen Abständen zwischen beiden. Demgegenüber hält sich das Kind beim Nestmodell ständig in einer Wohnung auf, während sich die Eltern bei der Betreuung abwechseln" (Bergmann 2013, 489).

Die hier aufgeführten Zitate von Alleinerziehenden deuten darauf hin, dass es trotz der räumlichen Trennung eines Ex-Paares noch eine emotionale Verbindung gibt, die in vielen Fällen auch nach einer langen Zeit der Trennung noch bestehen bleibt. In der eigenen Wahrnehmung kann die emotionale Trennung vom Ex-Partner bereits vollzogen sein:

> „Für mich spielt er fast wirklich keine Rolle mehr. Alles woran ... oder wo Verbindung ist, habe ich mich eigentlich emotional getrennt dazu." *(Rike, 32 Jahre)*

Trotzdem gibt es andere Verbindungen, die weiterhin bestehen bleiben und trotzdem eine emotionale Belastung bedeuten können. Dies ist eine Herausforderung, die für Alleinerziehende belastend zu ihrer generellen komplexen Lebenslage hinzukommt:

> „Dieser Zusammenhang einfach mit dem Ex-Partner. Da sind Verbindungen noch, die müssen geklärt und gelöst werden. Das Sorgerecht muss für mich geklärt werden, die Scheidung muss durch sein. Das sind schon so Sachen, die hinter mich zu bringen sind. Gerade auch mit der Scheidung. Also, jetzt dieser zweite Jugendamt-Termin, wo er dann immer sagte: Du bist immer noch meine Frau. Bis [die Sachbearbeiterin aus dem Jugendamt] dann irgendwann zu ihm sagte: Ex-Partnerin. Das will man für sich loswerden, weil diesen Spruch, den brauch ich nicht hören. Und er weiß halt einfach: Da treffe ich sie." *(Rike, 32 Jahre)*

3. Notwendige Kommunikation zwischen Ex-Partnern

Die gemeinsame Verantwortung für ein Kind bedeutet auch ein gewisses Maß an notwendiger Kommunikation. Dies bedeutet zum Teil eine große Überwindung:

> „Ich rede mit meinem Ex-Mann nicht. Da sind so viele Sachen vorgefallen." *(Sandra, 49 Jahre)*

Die Alleinerziehende beschreibt weiter, dass wirklich notwendige Kommunikation zwischen den Ex-Partnern sich sehr schwierig gestaltet. Sie skizziert Situationen, in denen das gemeinsame Kind als Übermittler von Nachrichten zwischen den Ex-Partnern fungiert und zeigt auf, welche Maßnahmen zwischen den Ex-Partnern ergriffen werden können, um Kommunikation zu unterbinden:

> „Und dann hat mein Ex-Mann mich auf WhatsApp blockiert und das alles ... Und, wie gesagt, ich hatte das einmal versucht per E-Mail. Er ist da stur, er redet nicht mit mir und sonst was, und ich muss es mir auch nicht mehr antun, mich da ..., dass ich da blöd stehe, nach dem Motto, bettle, dass er mir eine Antwort gibt. Und von daher, nein. Natürlich gibt es immer ... manche sind von wegen, die dann auch über die Väter da am Lästern sind bis zum Gehtnichtmehr. Das finde ich dann auch nicht so schön. Und, ja gut, es gibt natürlich auch das andere, wo die Eltern sich noch gut ver-

stehen und wo sie dann trotzdem noch, auch wenn sie getrennt sind, natürlich das
Kind gemeinsam erziehen. Ist natürlich super. Ich habe es nicht geschafft." *(Sandra,
49 Jahre)*

Hier wird ebenfalls deutlich, wie reflektiert sich die Alleinerziehende über ihre Kommunikation mit und über den Ex-Partner Gedanken macht und machen muss. Eine andere Alleinerziehende berichtet, dass ihre Kommunikation zu ihrem Ex-Partner ebenfalls „nicht so die beste war" (Johanna, 41 Jahre). Daher haben sie sich darauf geeinigt, die Mediation einer Beratungsstelle in Anspruch zu nehmen. Eine mangelhafte oder feindliche Kommunikation zwischen den Eltern kann jedoch auch noch direktere Auswirkungen auf konkrete Lebenssituationen haben. Eine Alleinerziehende berichtet, dass wichtige Briefe, die Schulanmeldung des Kindes betreffend, vom Ex-Partner nicht an sie weitergeleitet wurden. Dies hatte einen Mehraufwand und unangenehme Erklärungen bei der Schulleitung zur Folge. Besonders wenn beiden Elternteilen das Sorgerecht obliegt, ist eine Kooperation der Ex-Partner zum Wohle des Kindes zum Teil unbedingt notwendig. Dadurch entsteht in bestimmten Fällen gar eine ungewollte Abhängigkeit vom Ex-Partner. Ein Zustand, der von manchen Alleinerziehenden explizit als negativ im Hinblick auf die beendete Beziehung bezeichnet wird und somit auch durch die Trennung nicht immer vollständig gelöst werden kann.

4. Abhängigkeit vom Ex-Partner

Eine Abhängigkeit vom Ex-Partner kann sich wiederum in unterschiedlichen Formen ausdrücken. Besonders, wenn ein gemeinsames Sorgerecht vorliegt, besteht eine Abhängigkeit vom Ex-Partner durch den Bedarf an Kooperation:

„Und wir wollten jetzt in Urlaub fliegen und ich kriege nicht mal einen Reisepass für mein Kind, weil ich ja nicht das ganze Sorgerecht habe. Die haben Angst, dass ich mein Kind dann vielleicht, weiß nicht, nach Tunesien entführe oder so. Und er müsste dann da auftauchen und dann halt dem stattgeben, dass sie einen Reisepass bekommt. *(Trotz imitierend)* Macht er natürlich nicht."[8] *(Nadine, 29 Jahre)*

---

8 Dies zeigt die Komplexität der Themen, mit denen Alleinerziehende sich vertraut machen müssen. Nach einem Beschluss des Bundesgerichtshofs vom 27. März 2019 haben beide sorgeberechtigten Elternteile in der Regel den Anspruch auf die Herausgabe eines Reisepasses für das Kind (BGH, Beschluss vom 27.03.2019 – XII ZB 345/18). Es ist somit mitunter nicht zu vermeiden, dass Informationsmangel weitreichende Folgen für das Alltagsleben einer Alleinerziehenden haben kann (Anmerkung des Autors).

Kooperation ist auch dann gefragt, wenn eine Alleinerziehende auf die Betreuungsunterstützung des Ex-Partners angewiesen ist:

> „Also, ich gehe einmal in der Woche zum Pilates, da bin ich froh, mein Ex-Mann hat dann unseren Sohn, dass ich da hingehen kann." *(Anita, 41 Jahre)*

Hat eine Alleinerziehende keine andere Betreuungsmöglichkeit für das Kind, kann dies auch zu Abhängigkeitssituationen führen.

Im Besonderen besteht jedoch eine finanzielle Abhängigkeit vom Ex-Partner. Viele Alleinerziehende können ohne die Unterhaltszahlungen des Ex-Partners finanziell nicht auskommen. Zum Teil sind sie auf zusätzliche Zuschüsse angewiesen:

> „[Unser Sohn] fährt jetzt nach [Spanien], das ist jetzt die Abschlussfahrt, die kann ich nicht bezahlen und er könnte halt nicht mitfahren, und das weiß [der Vater] auch, und er bezahlt die, ohne großartig zu reden. Oder auch die Hobbys, die er damals gehabt hat, da kriegte ich dann immer noch 100 Euro zusätzlich überwiesen, dass ich halt auch diese Hobbys bezahlen kann. Also das war selbstredend. Oder er hat dann eben einfach auch mal Geld dagelassen irgendwie, das war alles ... Das war nie irgendwie das Problem." *(Tanja, 53 Jahre)*

Auch wenn die finanzielle Unterstützung hier als positiv wahrgenommen wird, besteht eine Abhängigkeit von den finanziellen Zuschüssen. Es braucht nicht viel Fantasie, um sich vorzustellen, dass dies in manchen Fällen auch zu einem Druckmittel werden kann. Ausfälle oder Rechtsstreitigkeiten über den Unterhalt oder gemeinsames Eigentum sind keine Seltenheit und bieten weiteres Konfliktpotenzial in Verbindung zum Ex-Partner:

> CLAUDIA: „... Ich habe eine Eigentumswohnung ..."
> MODERATORIN 2: „Ja, dein Noch-Mann lebt da immer noch?"
> CLAUDIA: „Der lebt da immer noch. Ja. Zahlt nichts, macht nichts, sitzt das Ganze aus *(lacht)*."
> MODERATORIN 1: „Und holst du dir da irgendwie Unterstützung? Ich meine, bei dieser Sache, das ist ja dann auch, sagen wir mal, jetzt ein ganz klar abgrenzbarer finanzieller Aspekt ..."
> CLAUDIA: „Ich kann ihn rausklagen, das kostet mich viel Geld, oder ich habe halt alles gekündigt, was auf meinen Namen war, wie Telefon, Strom usw. Den Kredit bezahlen wir beide nicht, und dementsprechend warte ich eigentlich auf die Zwangsversteigerung." *(47 Jahre)*

Zwischen den Ex-Partnern kann die finanzielle Situation auch über die räumliche Trennung hinaus eng miteinander verknüpft sein. Eine Alleinerziehende berichtet, dass die beiden Ex-Partner zwar nicht mehr zusammen wohnen, jedoch noch auf ein gemeinsames Konto einzahlen und darauf Zugriff haben. Sie berichtet weiter, dass der Ex-Partner auch noch einen Wohnungsschlüssel besitzt und unangekündigt vorbeikommt, um die Kinder zu besuchen. Dies zeigt, dass aus der finanziellen Abhängigkeit zum Ex-Partner eine Beziehungskonstellation erwachsen kann, die dem Ex-Partner mehr Freiheiten einräumt als eigentlich gewollt. Es entsteht ein Machtgefälle und die Gefahr, dass dieses gegen den Willen der Alleinerziehenden ausgenutzt wird:

> „Er hat zwar jetzt eine eigene Wohnung, aber er nimmt sich immer noch das Recht raus, nach Hause zu kommen zu uns, den Schlüssel hat er immer noch, er macht immer noch so, als ob er zu Hause wäre, obwohl ich ihm versuche zu verklickern: Du wohnst hier nicht. Und jetzt fängt er halt an mit dieser psychischen Belastung, also mit diesem Terror: Ja, guck mal, was du hier machst, ist jetzt deine Wohnung, dann kümmer' dich doch darum, aber das ist trotzdem meine, ich kann hier jederzeit rein, weil ich noch bezahle und den Schlüssel [habe] und Eigentümer bin und, und, und …"
> *(Larissa, 33 Jahre)*

5. Abschließende Gedanken

Das Datenmaterial aus den Erhebungen mit Alleinerziehenden zeigt, dass nach einer Trennung Verbindungen zur Ex-Beziehung bestehen bleiben. Diese Verbindungen müssen nicht, aber können zu einer Verstärkung der emotionalen Belastung führen. In all den von uns geführten Interviews und kreativen Gruppenwerkstätten wurde von einem solchen Zusammenhang berichtet. Ebenfalls kann aus allen Erzählungen hergeleitet werden, dass der Kontakt allein um der Kinder willen oder auf Grund des gemeinsamen Sorgerechts weiterhin aufrechterhalten wird. Ein vollständiger Abbruch der alten Beziehung scheint nicht möglich beziehungsweise nicht gewollt. Zwar wird von einigen Alleinerziehenden im Zuge der Trennung die Rückgewinnung von Freiheit und Selbstbestimmtheit genannt, eine Trennung kann aus den genannten Gründen jedoch nicht zu einer vollständigen Selbstbestimmtheit führen. Dies ist eine Realität, mit der die Alleinerziehenden in ihrem Alltag immer wieder konfrontiert werden.

Die Beschreibung der Abhängigkeit vom Ex-Partner könnte den Eindruck hinterlassen, als seien Alleinerziehende hilflose Wesen, die ihrem Ex-Partner schutzlos ausgeliefert wären. Die Erhebungen zeigen jedoch ebenso, dass Alleinerziehende, obwohl sie in ihrem Alltag noch Verbindungen zur Ex-Beziehung haben, ein hohes Maß an Selbstwirksamkeit besitzen und sich zahlreiche Bewältigungsstrategien angeeignet haben, um diesem Umstand zu begegnen. In der Komplexität der Alltagsherausforderungen ist die Verbindung zur Ex-Beziehung nur ein Faktor unter vielen. Es entsteht die – durch weitere Forschung zu testende – Vermutung, dass sich Alleinerziehende dieser Belastung zum Wohle des Kindes aussetzen. Dass sie es auch dann tun, wenn es über die rechtlichen Bestimmungen des Sorge- oder Umgangsrechts hinausgeht.

Obwohl gezeigt werden konnte, dass die bleibende Verbindung zur Ex-Partnerschaft das Alltagserleben von Alleinerziehenden immer wieder berührt, ist es in der Fachliteratur bisher eher wenig thematisiert worden. Dieser Artikel soll einen ersten Einblick in die Thematik bieten und ein Anstoß für weitere Forschung in diesem Bereich sein.

Literatur

Bergmann, Margarethe, *Das Wechselmodell in familiengerichtlichen Verfahren*, in: Zeitschrift für Kindschaftsrecht und Jugendhilfe, Jg. 8, Nr. 12 (2013), 489–491.

Schmahl, Franziska / Walper, Sabine, *Nur die Verbundenheit zählt? Die Bedeutung partnerschaftlicher Bedürfniserfüllung für die Qualität und fortschreitende Institutionalisierung von Paarbeziehungen*, in: Comparative Population Studies – Zeitschrift für Bevölkerungswissenschaft, Jg. 37, 3–4 (2012), 327–360.

Verband alleinerziehender Mütter und Väter e.V., *Alleinerziehend – Tipps und Informationen*, Berlin 2019.

Annette Habert

Mein Papa kommt! Meine Mama kommt!
Rückenwind für multilokale Nachtrennungsfamilien

Eltern wollen für ihr Kind da sein. Ohne Wenn und Aber. Auch nach einer Trennung. Für Trennungsfamilien ist es besonders schwierig, wenn die Eltern nicht mehr am gleichen Ort wohnen. Häufig reisen Vater oder Mutter regelmäßig stundenlang an, um ihr Kind zu sehen. *Mein Papa kommt / Meine Mama kommt* bietet diesen Eltern Unterstützung. Wir verhindern Bindungsabbrüche zwischen Kindern mit Trennungserfahrungen und anreisenden Eltern. Die multilokalen Familien erfahren das flankierende Engagement ehrenamtlicher Gastgeber am Wohnort des Kindes und pädagogische Begleitung für anreisende Eltern. Das Angebot hat im deutschsprachigen Raum Alleinstellungsmerkmal.

Parents want to be there for their children without any ifs or buts, even after a breakup. It is particularly difficult for separated families when parents are no longer living in the same place. Fathers or mothers oftentimes have to travel for hours to see their child. "Mein Papa kommt / Meine Mama kommt" (Daddy's coming / Mom's coming) offers a helping hand to these parents. We prevent families from being disconnected by helping children of separated parents to keep in touch with the travelling parent. Multi-local families receive the supporting commitment of voluntary hosts, living close to the child's residence and of educational support for travelling parents. This offer is a unique feature in the German-speaking area.

1. Elternliebe kennt keine Entfernungen

„Mein Papa besucht mich nur im Sommer. Da kann er ja im Auto schlafen. Kannst du da was machen?" Das Vertrauen des kleinen Sven, sich mit seinem Trennungsschmerz und mit der temporären Heimatlosigkeit seines Vaters zu zeigen, war der Anstoß zur Gründung von *Mein Papa kommt / Meine Mama kommt*, dem bundesweiten Besuchsprogramm für Kinder mit zwei Elternhäusern. Die Vorstellung, dass ein Kind nach dem Papa-Tag mit dem Wissen einschläft, dass sein Vater draußen auf dem Parkplatz übernachtet, hatte mich tief betroffen gemacht. Wie würde es denn noch dazu erst nach dem Sommer weitergehen? Hotel, Pension, Airbnb? Auf Dauer geht das richtig ins Geld. Noch dazu kann es sich einfach seltsam anfühlen, in einem Hotel anonymer Gast zu sein, wenn man sein Kind besucht. Gäbe es tatsächlich keine bessere Lösung als eine Umgangsunterbrechung, wenn die Hotelkosten nicht tragbar, eine Übernachtung in der früheren Familienwohnung nicht möglich sind und man am Wohnort des Kindes niemanden kennt, bei dem man übernachten könnte?

Für Svens Vater war schnell eine Lösung gefunden. Freunde und Bekannte von mir haben ihn unkompliziert eingeladen, an den Papa-Tagen in ihrem Gästezimmer zu übernachten. Zugleich erreichten mich in kürzester Zeit weitere Anfragen betroffener Eltern und hilfsbereiter Gastgeber.

Ich hätte als Initiatorin gerne zunächst im Kleinen erprobt, was dann zu skalieren war. Entsprechend unserer Zielgruppe musste von Anfang an gewagt werden, gleich bundesweit zu arbeiten. Es gab wunderbare Ermutiger, aber keine finanziellen Ressourcen und keinen Raum in der herkömmlichen Familienbildung für solch ein Angebot. Innovative Lösungen sind in Fünfjahresplänen und Stellenplanungen nicht vorgesehen. Das Kindeswohl kennt aber keine Wartezimmer. Wir haben also einen Anfang gemacht, ergänzen nun eine Lücke im Helfersystem und sorgen seit über 10 Jahren dafür, dass der Rechtsanspruch des Kindes auf Umgang auch unter multilokalen Bedingungen umgesetzt werden kann.

2. Kinder mit zwei Elternhäusern begleiten. Einfach. Pragmatisch. Wertungsfrei.

Wie gelingt es, Bindungsabbrüche in multilokalen Familien zu verhindern? Wie werden aus zwei Elternhäusern zwei Zuhause? Und wie geht das, wenn zwischen ihnen eine Distanz von 500 Kilometern liegt? Was brauchen Eltern, damit aus einem „Umgangswochenende" wirklich ein Papa-Wochenende oder eine erfüllte Mama-Zeit wird? Finden Eltern Trittsteine, damit kooperative Elternschaft auch unter multilokalen Bedingungen eine Chance hat?

Nicht jede Paarbeziehung hält für die Ewigkeit. Kinder müssen es ertragen, wenn Eltern zusammenbleiben und sich aus dysfunktionalen Beziehungen nicht lösen können. Und Kinder leiden ebenso, wenn Eltern sich trennen. Nichts bleibt, wie es war. Und manchmal folgt auf die Trennung des Paares dann der Wechsel des Arbeitsplatzes oder der Beginn einer Folgepartnerschaft, der Umzug in die Nähe der Großeltern oder einfach der große Wunsch nach räumlicher Distanz zum*zur früheren Partner*in. Es gibt viele Gründe, warum Eltern und Kinder hunderte Kilometer entfernt voneinander leben. Viele Eltern sehen ihr Kind dann über Wochen und Monate nicht mehr und verzweifeln an der Angst, dass sie für ihr Kind beim nächsten Wiedersehen zu einem Fremden geworden sind. Andere hoffen, dass ihr Kind nicht erfährt, unter welchen Umständen der Papa-Tag stattfindet und übernachten im Auto oder im Treppenhaus eines Hochhauses. Umgangstage werden zu Tagen der Heimatlosigkeit am Wohnort des eigenen Kindes. Oft folgt auf die Trennung vom Partner im Anschluss schließlich die Trennung vom Kind. Noch während sie das Ende der Beziehung auf Paarebene verarbeiten, erleiden Eltern und Kind in multilokalen Nachtrennungsfamilien damit einen erneuten Beziehungsabbruch.

Unser Angebot bietet Trittsteine auf dem Weg zum Kind:
- Wir vermitteln bundesweit kostenfreie Übernachtungen bei ehrenamtlichen privaten Gastgebern. Bei den meisten Gastgebern ist der Elternteil sogar zusammen mit dem Kind eingeladen.
- Wir organisieren Spiel- und Umgangsräume für den Tag, in denen sich der besuchende Elternteil und das Kind ein bisschen wie „zuhause" fühlen können.
- Wir bieten ein individuelles ortsunabhängiges pädagogisches Coaching mit wertvollem Fachwissen und Praxis-Impulsen für eine qualitätsvolle Umgangsgestaltung.

Jeder der anreisenden Eltern hat seine eigene Geschichte. Mal führt die Scheidung in finanzielle Notlagen oder ein Kind lernt seinen Vater erst zur Einschulung kennen, die Elternschaft beginnt mit einer Affäre oder das bisher bewährte Wechselmodell wird wegen beruflicher Veränderungen abgelöst. Alle Eltern brauchen Erfahrungen von Rückhalt und Wertschätzung, wenn sie über solch große Entfernungen hinweg Verantwortung übernehmen, damit ihre Kinder sicher sein können: „Mein Papa kommt! / Meine Mama kommt!"

Unser Angebot entlastet zusätzlich den im Alltag beim Kind lebenden Elternteil und stabilisiert Folgepartnerschaften. Aktuell sind bei der *gemeinnützigen Flechtwerk 2+1 gGmbH* rund 1.500 anreisende Väter oder Mütter registriert, die ein Anreiseweg von durchschnittlich 400 km von ihrem Kind trennt. Zwei Drittel der Kinder sind im Alter zwischen 0 und 7 Jahren. Bundesweit ist *Mein Papa kommt / Meine Mama kommt* durch anhaltende Medienpräsenz und Einladungen auf Fachtagungen bekannt geworden und Familienrichter*innen wie Jugendämter sind Multiplikatoren unserer Pionierarbeit.

2.1 Mutterliebe braucht Mut

Auch Mütter wollen immer das Beste für ihre Kinder. Und geben dafür viel. Manchmal sogar den Verzicht auf das tägliche Zusammensein mit ihrem Kind. Mutterliebe braucht Mut, wenn Mütter dem Kind zuliebe entscheiden, dass das Kind im Alltag beim Vater lebt. Ihre Liebe zum Kind wird selten wertgeschätzt, sondern plötzlich infrage gestellt: „Warum ist denn dein Kind nicht bei dir? Wie hältst du das nur aus? Da stimmt doch etwas nicht? Du willst als Erzieherin bei uns arbeiten und dein Kind lebt beim Vater hunderte Kilometer entfernt?" – Viele Fragezeichen im Gesicht, wenn Außenstehende auf ein selten gelebtes Familienmodell blicken, das nicht die „Jeden-Tag-Mama" vorsieht.

Dabei ist es für Väter ebenso wie für Mütter eine riesige Herausforderung, wenn sie im Alltag nicht beim Kind leben. Für anreisende Mütter aber kommt die Stigmatisierung hinzu. Die Rechtslage eröffnet zwar die Option eines Lebensmittelpunktes des Kindes bei Vater oder Mutter. Die Wirkungskette unserer Sprachformen aber ist lang. Meinen wir denn mit „Alleinerziehende" tatsächlich nur den Plural oder haben wir zugleich nicht doch selbstredend die weibliche Form vor Augen? Wie entlastend wäre es, geschlechterneutral von „dem beim Kind lebenden Elternteil" zu reden!

Wir und unsere Gastgeber haben großen Respekt vor den individuellen Wegen, die diese Mütter gehen. Die Erfahrung von wertungsfreier Annahme bei ihrem Gastgeber ist ein monatliches Muttertagsgeschenk und stärkt ein ganzes Kinderleben.

3. Die Welt retten? Manche machen das einfach im Schlaf!

Bundesweit engagieren sich knapp 1.600 ehrenamtliche private Gastgeber mit der Einladung zur kostenfreien Übernachtung oder zum Tagesaufenthalt im eigenen Zuhause des Gastgebers. Sie kommen aus allen Gesellschaftsschichten, sind in der Regel nicht von einer Trennung betroffen und kennen die Sehnsucht der Kinder, mit beiden Eltern verbunden zu sein. Alleinlebende, deren Kinder bereits anderswo leben, gehören ebenso dazu wie Paare, die ihren eigenen Kindern niederschwellig bürgerschaftliches Engagement vermitteln wollen. Sie engagieren sich, indem sie kostenfrei ein Gästebett und einen Morgenkaffee bereitstellen. Über Jahre erleben unsere Eltern so am Lebensort ihres Kindes eine Solidargemeinschaft von Menschen, die ihr Herz und ihr Haus öffnen. Wenn sich alle gut verstehen, reservieren wir den Platz und suchen im Ort für die nächsten anreisenden Eltern erneut Gastgeber.

Die Möglichkeit zu verlässlichen Unterhaltszahlungen liegt bei unseren Eltern dadurch weit über dem bundesdeutschen Durchschnitt. Das ist gut so. Der viel größere Gewinn aber ist der emotionale Rückhalt in turbulenten Zeiten und die Erfahrung von Wertschätzung engagierter Elternschaft. Das Vorschussvertrauen der Gastgeber einem Fremden gegenüber gibt dem anreisenden Elternteil einen kraftvollen, nachhaltigen Rückhalt, der den Wert der kostenfreien Übernachtung bei Weitem übertrifft. Während auf der früheren Paarebene die Verwundungen aus Enttäuschung und Vertrauensverlust erst mühsam verheilen, hören anreisende Eltern vom Gastgeber: „Wir kennen uns nicht. Aber das Wichtigste weiß ich von dir. Du machst dich immer wieder auf die lange Reise und kommst zurück an den Ort von Trennung und Schmerz. Weil du Elternschaft ernstnimmst. Und genau darum bist du vertrauenswürdig für mich. Natürlich kannst du deine Zahnbürste bei uns ins Bad stellen. Das Gästezimmer steht bereit für Euch." So ist die Umgangszeit für anreisende Eltern nicht mehr die Rückkehr an den Ort von Verlust und ungewissem Abschied, sondern an den Ort neuer familienunabhängiger Bindungserfahrungen und von wertungsfreiem Rückhalt.

4. Kinder wollen Mama oder Papa auch mal ganz für sich alleine haben

Als die ersten Eltern uns erzählten, dass sie ihr Neugeborenes im Restaurant einer Fastfood-Kette treffen, bei Regen die Papa-Zeit mit dem Kind in der Audioabteilung eines Elektrokonzerns verbringen oder am Sonntag früh regelmäßig den kostenfreien und warmen Raum eines Waschsalons für die Umgangsgestaltung nutzen, war klar, dass eine weitere Lücke im Helfersystem geschlossen werden musste. Denn Beziehungen brauchen schließlich Rückzugsorte, möglichst kindgerecht und konsumfrei. Mit unseren Spiel- und Umgangsräumen bei privaten Gastgebern, kooperierenden Kindergärten und Familienzentren für den Tag ist das kein Problem. Unsere Partnereinrichtungen öffnen am Wochenende ihre ungenutzten Räume und bieten „Kinderzimmer auf Zeit"! Für die Kinder sind die Erfahrungen mit Papa oder Mama nun mit einem vertrauten Ort verbunden. Kinder wünschen sich mehr als tolle Zoobesuche und aufregende Schwimmbad-Tage zwischen Zuckerwatte und Riesenrutsche. Weil Kinder Wiederholungen und Orte der Erinnerung brauchen, um Bindungserfahrungen zu verankern. Für das vertraute Zusammensein in der Kuschel-Ecke, um das längst bekannte Buch von Bär und Tiger wieder und wieder aufs Neue vorzulesen. Und auch ein Wickelplatz und eine saubere Toilette finden sich. Das brauchen Kinder ja auch mal.

Bundesweit bitten wir Kindergärten, Familienzentren und Elterninitiativen, am Wochenende einen freien Raum für einen Vater oder eine Mutter mit Kind zu öffnen. Dann ist es kinderleicht, einmal kurz die Welt zu retten. Zumindest die Welt von Kindern. Weil Eltern Planungssicherheit haben und Kinder sich keine Gedanken über den Wetterbericht machen müssen.

Die Kinder der Einrichtung machen erste Erfahrungen mit bürgerschaftlichem Engagement und gemeinsam mit ihren Erziehern erfahren sie, dass sie ihre Spielräume am Wochenende teilen und damit Großartiges bewirken. Sie bereiten den Raum oft liebevoll vor und hinterlassen ein gemaltes Grußwort. Nicht zuletzt ergibt sich für die Kindergartenkinder mit den Erziehern nebenbei ein Gespräch zu eigenen Trennungserfahrungen.

Mein großer Traum bleibt, dass sich bundesweit auch die Türen der Kirchengemeinden öffnen. Bedingungslos. Wertungsfrei. Vertrauensvoll. Ist denn ein Kindergottesdienstraum tatsächlich so ausgelastet, dass das nicht möglich wäre? Unvergesslich die Antwort einer Pfarrerin auf meine telefonische Anfrage: „Können Sie mir denn versichern, dass der anreisende Vater ein Christ ist? Dann kann man ja schon mehr Vertrauen haben, einen Fremden ins Gemeindehaus zu lassen."

Bin ich ein hoffnungsloser Fall von weltfremdem Idealismus? Ja. Hoffentlich. Immerhin hat mir Jesus, der Jude, wegweisende Beispiele für himmlische Zustände vorgelebt. Wie wäre es, wenn die Reinigungskraft der Kirchengemeinde eine Stunde mehr finanziert bekommt? Einfach, weil sie bereit ist, am Samstag einem einzelnen anreisenden Vater und seinen besuchten Kindern den Gemeinderaum aufzuschließen? Oder wenn sich ein Konfirmand darum kümmert, dass die Ressource des freistehenden Raumes genutzt wird? Eine Kleinigkeit, wenn der Vater im Anschluss ein Handyfoto der ordentlich hinterlassenen Räumlichkeit macht und sich verabschiedet. So einfach. So wirkungsvoll. Was für ein guter Geist würde in Familien mit zwei Elternhäusern einziehen können! Was für eine Kraft für innovative Lösungen könnte sich im Ort ausbreiten!

5. Fernbeziehungen sind kein Kinderspiel

Es gibt Anrufe von anreisenden Vätern, die mich erschüttern: „Das Familiengericht hat den Umgang geregelt. Ihr habt Gastgeber organisiert. Die Mutter findet es richtig, dass es Papa-Tage gibt. Ich freue mich riesig auf das Wochenende. Aber ehrlich gesagt, dann sitzt der Kleine endlich vor mir und ich frage mich: Was mache ich denn jetzt mit meinem Kind?!"

Eltern können Welterklärer, Meisterköche, Geschichtenerzähler und Superhelden sein. Wir möchten unseren Teil dazu beitragen, Kindern Anreize zu einem konstruktiven Umgang mit Familienveränderungen zu bieten und Eltern einladen, auch über große räumliche Distanzen hinweg zärtliche Elternliebe zu wagen. Damit Kinder in den Turbulenzen ihrer Familienbiografie eine Balance finden, brauchen sie Dinge, die mit Händen zu greifen sind. Frech und schlicht, leicht verständlich und unkompliziert. Wie skypt man mit seinem Zweijährigen? Wie erklärt man einem Vierjährigen, dass er noch 28 Mal schlafen muss, bis Mama wiederkommt, wo er doch nicht mal den Zehnerübergang rechnen kann? Was kann über Jahr und Tag zwischen den Umgangstagen für eine Brücke des Verbundenseins im Social Distancing zwischen zwei Elternhäusern sorgen? Das Telefonieren ist für viele Kinder mühsam. Sie freuen sich und vermissen zugleich die unmittelbare Nähe. Oder es ist belastend, wenn beim Telefonieren noch andere zuhören. Unsere Eltern bieten dem Kind dann ein „Telefonbuch" an! Wunderbar, wenn sie das Lieblingsbuch ihres Kindes einfach ein zweites Mal kaufen und es vorlesen, während ihr Kind die Bilder zuhause im anderen Elternhaus in seinem eigenen Exemplar anschauen kann. Unsere Eltern schicken per Post kleine selbstgeschriebene Reime oder Rätselfragen auf Tierpostkarten, die dann zur Girlande im Kinderzimmer werden. Natürlich mit einer Telefonnummer aus der erweiterten Verwandtschaft, wo es einen heißen Tipp zur Lösungssuche gibt. Anreisende Eltern verschicken zwischen den Umgangswochenenden schon mal per Post ein süßes Päckchen zum „Puppengeburtstag". Ältere Kinder würfeln am Telefon eine Zahl, zu der dann Eltern oder Großeltern in einer Telefonkonferenz ein stärkendes oder herausforderndes Ereignis von sich selbst im entsprechenden Alter erzählen. Lebenserfahrungen sind zum Teilen da. Auch dafür gehen Familien mit zwei Elternhäusern ungewohnte Wege.

Unsere pädagogischen Impulse richten sich konsequent an beide Elternteile. Als Familienhandwerker achten wir auf einen ressourcenorientierten Fokus und berücksichtigen die Phasen der Trennungsverarbeitung. Wir versenden im regelmäßigen Rhythmus Impulse und Tipps, wie anreisende Eltern mit Lebensfreude und Kreativität für eine qualitätsvolle Beziehungsgestaltung sorgen können. Zusätzlich gibt es das Angebot zur individuellen pädagogischen Elternberatung und einen digitalen Elternabend für anreisende Eltern als Balint-Gruppe.

Nicht zuletzt gehört der Lotsendienst zu örtlichen oder digitalen unterstützenden Angeboten zu unserer Elternarbeit. Das Schlusswort an unsere Eltern ist Proviant für die Tage, in denen ein Zusammensein mit dem Kind vor Ort nicht möglich ist: „Sorge gut für dich. Denn dein Kind braucht einen gestärkten Papa. Und eine gestärkte Mama."

6. Einladung zum konstruktiven Umgang mit der Endlichkeit von Beziehungen

Innovative Ideen beginnen in Garagen, am Küchentisch oder auf dem Spielplatz. Von Anfang an wurde *Mein Papa kommt / Meine Mama kommt* als innovatives Angebot für gesellschaftlich relevante Lösungen ausgezeichnet. So sehr es uns freut, wenn Väter am Papa-Tag nicht mehr auf dem Parkplatz übernachten, genügt es uns als wirkungsorientierte Non-Profit-Organisation nicht, Gutes zu tun. Das große Ziel ist weniger die konkrete Einzelfallhilfe, sondern vielmehr das unternehmerische Engagement für strukturelle Veränderungen für multilokale Familien. Um einen Systemwandel mitzugestalten, musste auch unsere kleine Initiative aus den Kinderschuhen herauswachsen. Von der Initiative einer „Ersten Hilfe" für Sven und seinen Vater zu einem gemeinnützigen Unternehmen.

Erfolgreiche Initiatoren gehen voraus, aber sie sind keine Einzelgänger. Seit 2014 freuen wir uns über die Zugehörigkeit zur globalen *Ashoka Fellowship*[1]. Ein großartiger Rückhalt und Ansporn in den Schritten mühsamer Pionierarbeit: „Ashoka ist das globale Netzwerk für Gestalter*innen unserer Gesellschaft, die mit unternehmerischer Haltung und innovativen Ansätzen antreten, soziale Probleme zu lösen – in partnerschaftlicher Zusammenarbeit mit Institutionen und Engagierten weltweit."[2] Und auch in der Vernetzung in diversen bundesweiten Dachverbänden erfahren wir Ermutigung und Wertschätzung. Seit 2018 steht unsere Arbeit unter der Schirmherrschaft von Frau Dr. Franziska Giffey, Bundesministerin für Familie, Senioren, Frauen und Jugend.

---

1 Website der Ashoka Deutschland gGmbH: https://www.ashoka.org/de-de (05.04.2020).
2 Zitat ebd.

Unsere wichtigste Ressource vor Ort ist das Vertrauen der Fachkräfte aus Jugendämtern und Beratungsstellen sowie der Eltern und Gastgeber in unsere gemeinnützige Arbeit. Aber natürlich müssen auch die Kosten unseres Sozialunternehmens finanziert werden. Väter und Mütter, die unser Angebot nutzen, beteiligen sich nach Möglichkeit mit einem Elternbeitrag, der zu einem sehr geringen Teil unsere Kosten deckt. Unsere Arbeit ist auf Fördergelder und Spenden angewiesen.

7. Familienbildung ist Visionssucharbeit

Eltern, die sich immer wieder eine Tagesreise weit entfernt auf den Weg zu ihrem Kind machen, sind hochmotiviert und engagiert, die Bindung zum Kind zu halten. Die Bedingungen eines multilokalen Familien-Settings erschweren es ihnen jedoch, auf das bewährte Helfernetz von Beratungsstellen und pädagogischen Fachkräften zurückzugreifen. Wir haben umgekehrt Zugang zu einer Zielgruppe, die im gegenwärtigen Helfernetzwerk kaum erreichbar ist.

Eine adäquate Familienbildung wird ohne Systemwandel nicht möglich sein. Wie wäre es zum Beispiel, bereits vor einem Paarkonflikt grundsätzlich beide Eltern eines Kindes unabhängig voneinander anzusprechen? Oder ähnlich einem Ehevertrag anlässlich der Geburt des Kindes eine einvernehmliche Elternvereinbarung für den Fall einer Trennung anzubieten?

Welche Perspektiven würden geschaffen, wenn die Elternzeit bis zur Volljährigkeit des Kindes als verfügbare Ressource hinterlegt werden kann und diese bei Familienveränderungen aufzustocken wäre? Wir brauchen ebenfalls neue Öffnungszeiten der Familienberatungsstellen am Abend oder am Samstag. Warum soll das nicht möglich sein? Unsere Shoppingcenter schließen ja auch nicht am Freitag um 12 Uhr. Könnten öffentlich geförderte kindgerechte Räume an Wochenenden und Feiertagen für anreisende Eltern grundsätzlich zugänglich sein?

Gott erhalte mir die Gabe des Träumens. Familienbildung ist schließlich Visionssucharbeit. Nicht mehr, nicht weniger. Denn die Gewissheit der Zugehörigkeit hat durch eine Trennung Risse bekommen und erschüttert ein ganzes Leben. Ausgerechnet das existenziellste aller Grundbedürfnisse erlebt wahre Hungerjahre. Das Familienrecht und die Familienbildung allein werden also nicht genügen, damit die zurückbleibenden Narben nach Beziehungsverletzungen von Heilung erzählen können.

Es sind vielmehr die überraschenden Erfahrungen von vorbehaltlosen Solidargemeinschaften zusätzlich zum etablierten Helfernetzwerk und unabhängig von der Familiendynamik, die zum konstruktiven Umgang mit der Endlichkeit von Beziehungen ermutigen. Man mag von der Homöopathie halten, was man will. Aber das Prinzip „Ähnliches heilt Ähnliches" hat sich in unserer Arbeit bewährt: Dank unserer Gastgeber können wir der Erschütterung der Familienbiografie überraschende Erfahrungen von bedingungslosem Rückhalt und wertschätzende Bindungserfahrungen gegenübersetzen.

8. Ende gut. Anfang gut.

Der Appell unserer Schirmherrin Dr. Franziska Giffey, Bundesministerin für Familie, Senioren, Frauen und Jugend, bleibt Ermutigung und Auftrag zugleich: „Ich will, dass es jedes Kind packt. Auch die Kinder, die Trennung oder Scheidung erleben; auch Kinder, die in zwei Elternhäusern aufwachsen. Dauerhafter, regelmäßiger, guter Kontakt zu beiden Elternteilen gibt Kindern Stabilität und Geborgenheit. Ich wünsche *Mein Papa kommt / Meine Mama kommt* viel Erfolg: viele Übernachtungsmöglichkeiten, viele Kinderzimmer und viele Menschen, die mitmachen. Lassen Sie uns gemeinsam dafür sorgen, dass es jedes Kind packt."[3]

Wenn die Leser dieser Lektüre das gesprochene Wort lieben, dann gibt es die Erfahrungen mit unserem Lösungsansatz auch zum Hören. Das Bundesministerium für Familie, Senioren, Frauen und Jugend hat uns professionelle Podcast-Episoden ermöglicht. Gastgeber und Eltern kommen zu Wort und wir stellen unser Engagement für Kinder mit zwei Elternhäusern vor. Zum Reinhören und zum Weitersagen. Auf dem Weg in die Arbeit oder auf der Reise zum Kind.[4]

Links zum Imagefilm und zu den Internetseiten von *Mein Papa kommt / Meine Mama kommt*

https://mein-papa-kommt.de/ (29.04.2020).
http://www.meine-mama-kommt.de (29.04.2020).
https://www.youtube.com/watch?v=CtnnmHHPLHY (29.04.2020).
https://soundcloud.com/user-560460998/sets/mein-papa-kommt-meine-mama (29.04.2020).

---

[3] Zitat aus dem Grußwort der Bundesministerin für Familie, Senioren, Frauen und Jugend, Frau Dr. Franziska Giffey, für die Initiative „Mein Papa kommt / Meine Mama kommt" zum zehnjährigen Jubiläum, München 18. September 2018.

[4] Siehe https://soundcloud.com/user-560460998/sets/mein-papa-kommt-meine-mama (05.05.2020).

Miriam Boger

Pädagogische Haltung in der Arbeit mit alleinerziehenden Eltern

Im folgenden Beitrag wird die Diversität von Familie(n) skizziert und die familiäre Praxis anhand des Konzepts des *Doing Family* und der damit einhergehenden Herausforderungen für (alleinerziehende) Familien dargestellt. Im weiteren Verlauf werden die Möglichkeiten der Einrichtungen in Kirche, Gesellschaft und Diakonie erörtert, (alleinerziehende) Eltern mit einer professionellen pädagogischen Haltung zu begleiten und deren Ressourcen stärker wahrzunehmen. Im Anschluss werden zur Vertiefung des Themenfeldes der pädagogischen Haltungen in Bezug auf die Arbeit mit Alleinerziehenden Reflexionsfragen für die persönliche Auseinandersetzung erarbeitet und bereitgestellt.

The following article depicts the diversity of families and the familial practice, using the concept "Doing Family" and the involved challenges for (single parent) families. Successively, the options of institutions in Church, Society and Diaconia to accompany parents with a professional pedagogic position, and to realise their resources, are being discussed. Reflective questions about the pedagogic positions are being developed and provided in order to deepen the topic of pedagogic position concerning the work with single parents.

1. Familie ist vielfältig: Familien und ihre Formen

Die Lebenswirklichkeiten und Rahmenbedingungen von und für Familien haben sich seit den 1970er Jahren erheblich verändert. Die Gesellschaft stellt andere Anforderungen und hat neue Möglichkeiten eröffnet, die durch die globalisierte und flexibilisierte Dienstleistungs- und Wissens-Gesellschaft neue Chancen und Herausforderungen mit sich bringt. Durch die strukturellen, kulturellen und ökonomischen Faktoren des gesellschaftlichen Lebens wurden und werden Handlungsmöglichkeiten für Familie begrenzt, eröffnet und ausgestaltet. Dies hat einen Einfluss auf die Formen von Familie und auf Familienentwicklungsabläufe.[1] Familie ist nach Steinbach da, „wo (mindestens) eine Generationenbeziehung besteht, die ein besonderes Verbundenheitsgefühl umfasst, und wo zwischen den Angehörigen verschiedener Generationen Leistungen füreinander erbracht werden".[2] Das besondere Verbundenheitsgefühl zeigt dabei die emotionale Seite der Familienlogik auf, bei der es sich um Liebe, Hoffnung und Vertrauen handelt. Die Leistungen zwischen den Generationen werden als Sorgeleistungen (Care) bezeichnet und um-

---

1 Schneider 2015, 24.
2 Steinbach 2017, 4f.

fassen psychische und physische Aspekte, wie etwa Schutz, Angenommensein, Raum für Entwicklungsmöglichkeiten sowie Pflege und Ernährung. Dabei kann Familie als intimster Nahbereich in vielfältigen Formen ausgestaltet sein. So ist zwar die Ehe die meistgelebte Familienform, aber andere Formen wie getrennt Erziehende, unverheiratete Paare mit Kindern, Stief- und Patchwork-Familien, multilokale Familien, Regenbogenfamilien sowie alleinerziehende Familien gewinnen an Bedeutung. Insgesamt leben in Deutschland 8 Millionen Familien mit Kindern unter 18 Jahren. In jeder dieser vielfältigen Formen hat Familie Eigensinn und Eigenlogik. Familie ist vielfältig. Familie ist heterogen – nicht nur die Form betreffend, sondern insbesondere in der alltäglichen familiären Praxis.

2. Es gibt nicht *die* alleinerziehende Familie – jede ist anders

Jede fünfte Familie in Deutschland lebt in der Form der alleinerziehenden Familie. Das bedeutet, dass ein Elternteil allein mit einem Kind oder mehreren in einem Haushalt lebt. Insgesamt umfasst die Zahl der alleinerziehenden Familien im Jahr 2018 1,5 Millionen, wobei 9 von 10 Alleinerziehenden Frauen sind. In Anbetracht dessen, dass in Deutschland eine Polarisierung der Lebenslagen stattfindet und es eine Zunahme der Kinder- und Familienarmut gibt, zeigt diese Zahl, dass Frauen in besonderem Maß von prekären Lebenslagen betroffen sind. Durch die Familienpolitik in Deutschland wird die Vielfalt der Familienformen nicht bedacht und es finden Diskriminierungen statt. So wird die Ehe nach wie vor besonders gefördert. 18 % der Minderjährigen wachsen in allerziehenden Familien auf.[3] Die Gruppe der Alleinerziehenden ist in Bezug auf die ökonomische Ausstattung und die familiäre Praxis heterogen geprägt. Unter den alleinerziehenden Eltern sind auch diese berücksichtigt, welche die Kinder getrennt in zwei Haushalten erziehen (multilokal) und welche in einer neuen nichtehelichen Partnerschaft in getrennten Haushalten leben. Ebenso gibt es alleinerziehende Familien, die im größeren Maße auf sich allein gestellt sind und nur wenig Anbindung an Verwandtschaft oder unterstützende Netzwerke haben.[4] Für die familiäre Praxis sind die unterschiedlichen Konstellationen mit Herausforderungen verbunden, die es auszuhandeln und zu gestalten gilt.

Die Kategorisierung als *alleinerziehende Familie* ist problematisch, da sie in der Form nicht der heterogenen Ausprägungsform gerecht wird. Für die pädagogische Praxis ist jedoch die Form von Familie weniger bedeutsam als das Verständnis dessen, wie sich familiäre Praxis gestaltet und wo die Herausforderungen liegen, sodass Begleitung und Unterstützung gelingen kann. Der Blick

---
3 BMFSFJ 2020.
4 Peuckert 2019, 315.

auf das Beziehungsgeschehen zwischen verschiedenen Familienmitgliedern kann für die Arbeit mit (alleinerziehenden) Familien hilfreich sein. Daher wird im Folgenden das Konzept des *Doing Family* in Hinblick auf professionelles Handeln in der Arbeit mit Familien eingeführt.

3. Doing Family – Familie als Herstellungsleistung

Das Konzept *Doing Family* zeigt, dass Familie – unter der Beachtung der vielfältigen Lebensformen – einer permanenten Herstellungsleistung bedarf. Dies erforscht empirisch insbesondere Karin Jurczyk. Diese Forschungen beziehen sich sowohl auf den Prozess, Familie als gemeinschaftliches Ganzes immer wieder neu zu gestalten als auch auf die gelebte Praxis, die den Familienalltag ausmacht. „Familie verändert sich aufgrund gesellschaftlichen Wandels von einer selbstverständlichen, quasi naturgegebenen Ressource zu einer zunehmend anspruchsvollen Aktivität von Frauen, Männern, Kindern, Jugendlichen und älteren Menschen, die in Familien leben beziehungsweise leben wollen. Familie als Herstellungsleistung fokussiert … auf die Prozesse, in denen im alltäglichen und biografischen Handeln Familie als gemeinschaftliches Ganzes permanent neu hergestellt wird (Doing Family)."[5] Dabei gibt es drei Grundformen der Herstellungsleistungen:

- *Balance- und Verteilungsmanagement*

Die Fragen nach Wer? Wie? Wann? Wo? Warum? Mit wem? werden unter den einzelnen beteiligten Individuen bewusst oder unbewusst ausgehandelt. Das bedeutet, dass Familie Balance- und Vereinbarkeitsmanagement betreiben muss, um sich abzustimmen, zu koordinieren und synchronisieren und um Verteilungsmanagement zu gestalten: Wer macht was? Wer hat welche Rechte und welche Pflichten? Vielfach spielen im Verteilungsmanagement Genderfragen eine Rolle. So wird häufig in der politischen und fachlichen Diskussion und der beruflichen Praxis die Frage nach der Vereinbarkeit von Familie und Beruf aufgeworfen – bezogen auf die (alleinerziehende) Mutter.

- *Gemeinschaft in der Familie herstellen*

Beim expliziten Teil des *Doing Family* geht es um die Frage, wie Sozialbindung innerhalb der Familie hergestellt werden kann. Wer gehört dazu? Wer gehört nicht dazu? Wie kann sowohl soziale als auch emotionale Bindung herstellt werden? Diese Herstellungsleistung ist vor allem für Alleinerziehende mit besonderem Aufwand verbunden. Denn auch wenn Partnerschaft endlich ist, gilt dies für Elternschaft nicht. Hier ist es hilfreich, wenn Angebote wie Mediation zur Verfügung stehen, um Prozesse von Trennung und Scheidung, das

---

5 Schier/Jurczyk 2007, 10.

Aushandeln von gemeinsamer Elternschaft etc. zu begleiten. Zum *Doing Family* gehört außerdem hinzu, über das verzweigte Beziehungsgeflecht hinweg ein Wir-Gefühl herzustellen: So ist unsere Familie! So sind wir! Das gehört zu uns!

- *Displaying Family*

Neben dem innerfamiliären Selbstvergewisserungsprozess („Sind wir eigentlich eine Familie?") geht es bei der *Displaying Family* um die Inszenierung von Familie nach außen. Selbstvergewisserung und die Frage nach der Außendarstellung spielen besonders in den Familien eine Rolle, die von normativen Familienvorstellungen der Außenwelt abweichen oder von Normen, die in der Familie selbst entstanden sind.

Anhand der beschrieben Punkte lässt sich erkennen, dass es einer Menge austarierter Interaktionsprozesse zwischen den Familienakteuren bedarf, die oft unter nicht passfähigen Rahmenbedingungen erbracht werden müssen, damit Familie als System mit Eigenlogik und Eigensinn gut gelingen kann.[6]

Der Grund dafür, dass Familie nicht mehr als natürliche Ressource, sondern als permanente Herstellungsleistung betrachtet wird, lässt sich auf die gesellschaftlichen Veränderungen und die daraus folgenden Herausforderungen für Familien ableiten, die im Folgenden skizziert werden.

4. Gesellschaftliche Veränderungen – Herausforderungen für Familien

Seit den 1970er Jahren (siehe Punkt 1.) haben sich die Rahmenbedingungen gesellschaftlichen Lebens verändert. Mit der Veränderung von Lebensentwürfen überholen sich zunehmend tradierte Werte. Lebenswege mit klassischen Rollenaufteilungen noch aus der Eltern- oder Großelterngeneration werden häufig nicht mehr eingeschlagen; eine selbstverständliche Teilnahme an (religiösen) Fest-Traditionen ist beispielsweise ebenfalls nicht mehr wie in früheren Zeiten gegeben. Der je individuell gewählte Lebensweg geht mit Entgrenzung einher: Etablierte Strukturen verflüssigen sich – auch im Hinblick auf Geschlechterverhältnisse.[7] Familien erleben diese Entgrenzung gleich doppelt, da sie sowohl Veränderungen der Arbeitswelt als auch Veränderungen in den Familienkonstellationen erfahren. So wird in Bezug auf Care-Arbeit mehr Partnerschaftlichkeit abverlangt. In der Arbeitswelt nimmt seit den 1970er Jahren der Beschäftigungsdruck zu, auch Müttererwerbstätigkeit, Flexibilisierung von Arbeitsverhältnissen, mobiles Arbeiten etc. Die Ehe als gewählte Lebensform verliert an Bedeutung, die Anzahl von Partnerschaften ohne

---

6 Jurczyk 2014, 127.
7 Jurczyk 2009.

Trauschein nimmt zu, ebenso die Zahl der Kinder ohne ehelichen Kontext; multilokale Familienformen entstehen durch Trennung oder beruflichen Werdegang. Diese doppelte Entgrenzung – Veränderungen der Arbeitswelt und Veränderungen der Familienkonstellationen – stellt ein Spannungsfeld dar, da die Infrastruktur und die Zeitstruktur der beiden Welten nicht aneinander angepasst sind. Hinzukommt eine Veränderung der Geschlechterverhältnisse, die mit Rollenfragen und Rollenkonflikten verbunden ist. Das Individuum muss eigenständig die Grenzen herstellen (Zeit, Struktur, Raum), die sich strukturell auflösen. Damit muss Familie als Ganzes diese Veränderung durch einigendes Handeln kompensieren *(doing boundary)*.[8] Diese betrifft im besonderen Maße auch die Geschlechterfragen. Durch die doppelte Entgrenzung entstehen Chancen zur individuellen Lebensgestaltung, gleichzeitig aber auch hohe Belastungen für Eltern, da sie sich permanent in einem Spannungsfeld bewegen. Daraus folgen Überforderung im Alltag, Zeitdruck, Erschöpfung und häufig – auch angesichts von Bildungs- und Förderungsanstrengungen im Hinblick auf die Entwicklung ihrer Kinder – eine prekäre Selbstfürsorge der Eltern gegenüber sich selbst. Es handelt sich um eine aufwendige Leistung, „Eigensinn zu tun" und vom nicht-reflexiven Tun zu gezielten Handlungen zu kommen.

5. Konsequenzen für die pädagogische Praxis

Dieses Aushandeln und Herstellen von Familie betrifft die alleinerziehende Familie ebenso wie das Ehepaar mit Kind oder die Patchwork-Familie. Hier zeigt sich, welche Leistung unabhängig von der Familienform von Familien erbracht wird. Einrichtungen der Gesellschaft, Kirche und Diakonie können konkret Familien unterstützen, indem sie Orte und Räume schaffen, in denen sich Eltern begegnen können, Austausch stattfindet und das Netzwerk der Familie erweitert wird. Eltern – unabhängig von Familienformen – fühlen sich zunehmend überlastet und in ihrer Elternrolle verunsichert. Durch Familienbildungsangebote im Gruppenformat besteht die Möglichkeit, dass Eltern voneinander lernen und sie sich nicht mehr „allein auf weiter Flur" fühlen. Das Wissen darum, dass es Eltern in anderen Konstellationen und mit anderen Lebensentwürfen an der ein oder anderen Stelle ähnlich ergeht und es sich bei Überlastungsanzeichen nicht um persönliche Schwäche handelt, wirkt gleichermaßen befreiend wie Ressourcen mobilisierend. So kann ein alleinerziehendes Elternteil genauso von dem Austausch mit einem nicht alleinerziehenden Elternteil profitieren wie umgekehrt.

Im kirchlichen Raum kann auf diesem Wege ein guter Ort entstehen, der Eltern beim Aufblühen und Zu-Kraft-Kommen unterstützt. Aber auch außer-

---

8 Ebd.

halb von non-formalen, expliziten Bildungsangeboten können Alleinerziehende durch eine wertschätzende Haltung Stärkung erfahren. In den informellen Prozessen kann sich unverhofft, ungeplant und überraschend die Möglichkeit ergeben, ermutigende und stärkende Perspektiven auf den eigenen Familienalltag zu gewinnen, sodass Entlastung stattfindet.

6. Die dialogische Haltung in der (Bildungs-)Arbeit

Was bedeutet dieses nun für die pädagogische Arbeit mit alleinerziehenden Familien in all ihrer Vielfalt – die sich immer wieder selbst herstellen müssen? Wie kann eine pädagogische Haltung hierbei aussehen? Wie kann alleinerziehenden Familien mit Wertschätzung begegnet werden? Wie können Eltern, trotz vieler Unsicherheit und Überforderung, Sicherheit für ihr Tun als Eltern gewinnen?

Die Frage der Haltung wird in der pädagogischen Arbeit zunehmend gestellt und in Konzeptionen häufig vorausgesetzt. Dabei wird der Haltung eine „starke Handlungs- und Wirkungslogik unterstellt".[9] Zu beachten ist hierbei, dass es in den Arbeitsfeldern von Kirche, Gesellschaft und Diakonie verschiedene Professionen sind, deren Arbeit sich auf Familien und somit auch auf alleinerziehende Familien bezieht. Der jeweilige professionelle Blick ist durch die unterschiedlichen Ausbildungen, Studienabschlüsse und Weiterbildungen im Laufe der eigenen Berufsbiografie geübt, erlernt und geprägt.

Das jeweilige Handlungsfeld in der Arbeit mit Familien und Eltern spielt in Bezug auf die konkreten Methoden, Interventionsformen, dem damit einhergehenden professionellen Selbstverständnis, der Haltung und auch den Rechten- und Pflichten eine entscheidende Rolle. So hat jedes Handlungsfeld seinen eigenen Auftrag. Daraus folgend sieht die Arbeit mit (alleinerziehenden) Familien im Bereich der Hilfen zur Erziehung anders aus als die Gestaltung einer Erziehungs- und Bildungspartnerschaft in einer Kindertagesstätte. Lehrer und Lehrerinnen stehen in einem anderen Kontakt zu Familien als die Pfarrerin in einem Seelsorgegespräch oder der Pfarrer im Familiengottesdienst. Dabei kommt es mitunter zwischen den Professionen und innerhalb der eigenen Profession durchaus zu Spannungen und Rollenkonflikten. In der Sozialen Arbeit wird das Spannungsverhältnis zwischen förderlicher und fachlicher Hilfe-Maßnahme bei gleichzeitiger Kontrolle (Recht- und Ordnung) als das doppelte Mandat[10] bzw. als Tripelmandat bezeichnet. Das Tripelmandat ergänzt die ethische und professionelle Dimension im fachlichen Handeln. Die Frage nach institutioneller Macht und pädagogischer Expertise gilt es im Rahmen der eigenen Professionalität immer wieder neu zu stellen und zu beant-

---

9 Tschöpe-Scheffler 2014, 29.
10 Böhnisch/Lösch 1973.

worten. Die Arbeit „mit Eltern auf Augenhöhe" oder unter dem Stichwort „Erziehungs- und Bildungspartnerschaft" können unter Nichtbeachtung der Machtverhältnisse zu einem blinden Fleck führen.

Dieser Auftrag des doppelten Mandats oder Tripelmandats ist eng mit dem Grund oder auch dem Anlass der Begegnung zwischen Fachexpertise und Familie verbunden. Der Anlass kann sich in Form eines Anliegens äußern, welches mit aktuellen und künftigen Sorgen, Wünschen, Problemen und Vorstellungen einhergeht. Dem gegenüber steht die Notlage, die erfordert, etwas zu tun oder einzugreifen. Doch die meisten Begegnungen im Raum von Kirche und Diakonie geschehen in dieser Hinsicht zweckfrei, ohne konkreten fachbezogenen Anlass.

Eine *dialogische Haltung* kann in den (Berufs-)Feldern von Kirche, Gesellschaft und Diakonie gute Impulse setzen, um (alleinerziehende) Eltern adäquat zu begleiten. Zunehmend bestimmt die dialogische Haltung – sowohl in der Konzeption, Durchführung und Etablierung von spezifischen (Bildungs-)Angeboten (non-formales-Lernen) als auch im „dazwischen", im informellen Lernen – das professionelle Handeln. Dadurch werden (Bildungs-)Orte geschaffen, die an die Lebenswelt der (alleinerziehenden) Eltern anknüpfen, wo Begegnungen möglich sind und individuelle, persönliche Erfahrungen angeregt werden. (Alleinerziehende) Eltern haben so die Möglichkeit radikaler Teilhabe, in der „ohne Sicherheitsabsichten und ohne curriculare Konzepte auf die Signale des Lebens geantwortet werden kann",[11] ohne dass dabei pädagogische Sonderwelten geschaffen werden. In der Arbeit der Familienbildung ist diese „Haltung" in vielen Konzepten – vor allen von Gruppenangeboten – inzwischen fest verankert und wird von den Verantwortlichen gelebt.

Auch im Rahmen des Bundesprogramms *Elternchance ist Kinderchance* des BMFSFJ[12] wurden die Elternbegleiterinnen und Elternbegleiter im Rahmen der Qualifizierung dazu befähigt, an der eigenen *dialogischen Haltung* zu arbeiten. Im Rahmen der Kinder- und Jugendhilfe gestalten inzwischen viele Fachkräfte ihre Arbeit bewusst dialogisch.

7. Aspekte einer pädagogischen Haltung noch einmal gebündelt

Doing Family zeigt, wie komplex Familienleben und damit verbunden die familiäre Praxis ist. Familie ist darin prozesshaft, dynamisch und hat Eigensinn. Und genau dafür übernehmen Familien auf ihre eigene Art tagtäglich die Verantwortung und gestalten ihren Alltag aktiv.[13] Eltern, Mütter, Väter,

---

11 Tschöpe-Scheffler 2014, 25.
12 BMFSFJ 2014³.
13 Tschöpe-Scheffler 2014.

Kinder allesamt sind Expert*innen für ihr Leben und ihre (alleinerziehende) Familie.

Dieses nicht nur zu erkennen, sondern anzuerkennen und zu bestätigen, sollte Ziel der Arbeit mit (alleinerziehenden) Familien sein. So werden Eltern gestärkt, wird ihr Blick für die eigenen Entwicklungspotenziale geschärft, können sie selbst ihr Familienleben gelingend gestalten.

Pädagogische Haltung „stellt [dabei] die einzigartige Existenz eines jeden Menschen in den Mittelpunkt. Sie betont den Respekt vor der Unterschiedlichkeit, vor unterschiedlichen, auch von der Norm abweichenden Lebenswegen, vor dem Tempo individueller Entfaltung und vor der Unvollkommenheit menschlicher Existenz."[14]

Damit dieses gelingen kann, bedarf es einer pädagogischen Praxis, die zum Dialog anregt und nicht in Oberlehrer*innen-Manier alles besser weiß. Die nicht belehrt, sondern ein gemeinsames Lernen ermöglicht. Die nicht „helfen" will, sondern unterstützend begleitet, so dass die Betroffenen eigenverantwortlich ihre Lösungen finden. In einer pädagogischen dialogischen Haltung geht es somit nicht darum, was konkret dem Gegenüber vermittelt oder beigebracht werden soll, sondern wie mit ihm oder ihr in Kontakt getreten wird.[15]

Folgende Aspekte sind für die Entwicklung einer pädagogischen Haltung relevant:

- *Ressourcenorientierung*
Die Ressourcenorientierung lenkt den Blick auf all die Stärken und Fähigkeiten, die vorhanden sind. Die eigenen Stärken zu sehen und zu entdecken, was in einem steckt, befördert die Selbstwirksamkeit.

- *Lernend sein*
Lernend zu sein bedeutet, sich auf die Begegnung mit Eltern einzulassen und nicht schon alles zu wissen; bedeutet, zuzuhören, sich auf Neues einzulassen und unterschiedliche Sichtweisen als Reichtum wahrzunehmen; bedeutet, erkunden statt verkünden; bedeutet Fragen stellen und nicht immer eine Antwort parat haben. So können eigene Lösungen gefunden und mit Entdecker*innenfreude begleitet werden.

- *Radikaler Respekt*
Radikaler Respekt bedeutet, Interesse zu haben und mein Gegenüber zu akzeptieren und zu bestätigen, auch wenn er oder sie ganz anders ist und andere Ansichten und Meinungen vertritt als ich selbst.

---
14 Schopp 2010, 19.
15 Ebd., 20.

- *Vorurteilsbewusstsein*
In Bezug auf alleinerziehende Familien besteht unter Fachkräften der unterschiedlichen Professionen die Gefahr der Summierung der Problemlagen und der Bedarfe – und damit einer pauschalisierenden Betrachtungsweise – durch das Wissen über die strukturelle Benachteiligung von Alleinerziehenden, wirtschaftliche Problemlagen, gesundheitliche Risiken, Stress etc.[16] Auch spielen persönliche Erfahrungen eine Rolle bei der Arbeit mit alleinerziehenden Eltern. Manches wird durch die Fachkräfte nicht verstanden oder erscheint aus persönlicher Sicht vielleicht fremd. Vorurteile zu haben ist ein natürliches Verhalten. Sich dieser bewusst zu werden, ist für eine pädagogische Praxis unerlässlich. Selbstbeschreibungen, die von einer vorurteilsfreien Haltung sprechen, sind kritisch zu hinterfragen.

- *Selbstreflexion*
Die eigene Persönlichkeit, die eigenen Biografie sowie die gesammelten Erfahrungen haben Einfluss auf das professionelle Verhalten. Daher ist es relevant, sich immer wieder mit den eigenen Vorstellungen und Erwartungen auseinanderzusetzen. Folgende Fragen können bei der Selbstreflexion helfen.
- Wie sieht meine Familie aus? Wer gehört dazu?
- Welche Familien-Ereignisse, -Begebenheiten, -Rituale haben mich geprägt?
- Welche eigenen Familientraditionen pflege ich?
- Was bedeutet mir Familie?
- Wie begegne ich mir fremden Familien?
- Wie sehe ich auf alleinerziehende Familien?
- Was bedeutet mir persönlich die Zusammenarbeit mit Eltern?
- Welchen Einfluss haben meine Familien-Erfahrungen auf die Zusammenarbeit mit Familien, mit denen ich gut zurechtkomme?
- Welchen Einfluss haben meine persönlichen Familien-Erfahrungen auf die Zusammenarbeit mit Familien, mit denen ich weniger gut zurechtkomme?
- Welche Bedeutung hat meine Familie bei meiner Berufswahl gehabt?
- Was denke ich: Welche Erwartung tragen Eltern an mich heran in meiner Funktion als …?

Resümee

Ziel der Arbeit mit alleinerziehenden Eltern in Gesellschaft, Kirche und Diakonie sollte sein, Eltern in ihrer Vielfalt und jeweiligen Individualität zu begleiten. Dazu ist es unabdingbar, dass sich alleinerziehende Familien angenommen und in ihrer Lebensrealität wahrgenommen fühlen. Die Haltung, aus der heraus mit alleinerziehenden Eltern zusammengearbeitet wird, sollte

---

16 BMFSFJ 2001.

weder stigmatisieren noch pathologisieren, sondern Entwicklungsmöglichkeiten eröffnen. Erforderlich sind hierfür Begegnungs- und Lernräume, in denen (alleinerziehende) Familien partizipieren können, gesehen und gehört werden. Dazu bedarf es weniger ausgeklügelter Konzepte oder methodischer Ansätze, sondern vor allem einer Hinwendung zu den Eltern. Familienbildung als Spezialistin auf dem Feld der Arbeit mit Müttern und Vätern kann im kirchlichen Raum eine starke Partnerin bei der Arbeit mit Familien sein.

Literatur

Bundesministerium für Familie, Senioren, Frauen und Jugend (Hg.), Bundesprogramm „Elternchance ist Kinderchance". *Als Elternbegleiterin oder Elternbegleiter aktiv und kompetent in Bildungsfragen beraten,* https://www.bmfsfj.de/blob/93610/b65184fe044b0cf-5910cf355d28165c6/elternchance-ist-kinderchance-data.pdf, Berlin 20143, (12.08.2020).

Bundesministerium für Familie, Senioren, Frauen und Jugend (Hg.), Dokumentation der Fachtagung am 23. Juni 2000 in der Humboldt-Universität in Berlin: *Alleinerziehen in Deutschland. Ressourcen und Risiken einer Lebensform,* https://www.bmfsfj.de/blob/95176/97c370fa69ec8c2e3131ef09a4f54f43/prm-6719-broschure-alleinerziehen-in-de-data.pdf, Berlin 2001, (12.08.2020).

Bundesministerium für Familie, Senioren, Frauen und Jugend (Hg.), *Allein- und getrennt Erziehende fördern und unterstützen,* https://www.bmfsfj.de/bmfsfj/themen/familie/chancen-und-teilhabe-fuer-familien/alleinerziehende, Berlin 2020, (21.05.2020).

Böhnisch, Lothar / Lösch, Hans, *Das Handlungsverständnis des Sozialarbeiters und seine institutionelle Determination,* in: Otto, Hans-Uwe / Schneider, Siegfried (Hg.), Gesellschaftliche Perspektiven der Sozialarbeit, 21 ff., Neuwied 1973.

Jurczyk, Karin, *Familienzeit – knappe Zeit? Rhetorik und Realitäten,* in: Heitkötter, Martina / Jurczyk, Karin / Lange, Andreas / Meier-Gräwe, Uta (Hg.), Zeit für Beziehungen. Zeit und Zeitpolitik für Familien, 37–66, Opladen/Farmington Hills, 2009.

Jurczyk, Karin, *Doing Family – der Practical Turn der Familienwissenschaften,* in: Steinbach, Anja / Hennig, Marina / Arránz Becker, Oliver (Hg.), Familie im Fokus der Wissenschaft, 117–138, Wiesbaden 2014.

Peuckert, Rüdiger, *Familienformen im sozialen Wandel,* Wiesbaden 2019.

Schier, Michaela / Jurczyk, Karin, *Familie als Herstellungsleistung in Zeiten der Entgrenzung,* in: Aus Politik und Zeitgeschichte, 34. Jg., 10–17, Bonn 2007.

Schopp, Johannes, *Eltern stärken. Die Dialogische Haltung in Seminar und Beratung. Ein Leitfaden für die Praxis,* Opladen/Farmington Hills 2010.

Schneider, Norbert F., *Familien in Westeuropa – Von Institutionen zur Lebensform,* in: Hill, Paul Bernhard / Kopp, Johannes (Hg.), Handbuch Familiensoziologie, Wiesbaden 2015.

Steinbach, Anja, *Mutter, Vater, Kind: Was heißt Familie heute?,* in: Familienpolitik, APuZ 30–31/2017. Bundeszentrale für politische Bildung (Hg.), 4–8, Bonn 2017.

Tschöpe-Scheffler, Sigrid, *Gute Zusammenarbeit mit Eltern in Kitas, Familienzentren und Jugendhilfe. Qualitätsfragen, pädagogische Haltung und Umsetzung,* Opladen/Berlin/Toronto 2014.

Susanne Gröne

Vom (Wieder-)Erlernen des aufrechten Gangs

Eine Trennung/Scheidung kann, neben allen schwierigen Aspekten, auch als bedeutsamer Lernanlass verstanden und eingeordnet werden, der insbesondere im Bereich der Persönlichkeit und der Identitätsentwicklung viele Lernchancen bereithält. Für die Familienbildung erschließen sich mit dem Blick auf dieses biografische Ereignis Möglichkeiten, Menschen in Krisensituationen zu erreichen und adäquat zu unterstützen und damit dazu beizutragen, dass Betroffene (wieder-)lernen, aufrechter zu gehen.

Separation/divorce, apart from all difficult aspects, can also be understood and classified as a meaningful learning process, offering numerous learning opportunities, especially in the field of personality and development of identity. For the family building, the view on this biographic incident unlocks possibilities, to reach people in crisis situations and to support them adequately in order to enable persons concerned to (re)learn walking upright.

Der aufrechte Gang spielt in der Entwicklung zum Menschen eine entscheidende Rolle. Evolutionsbiologen vermuten, dass der aufrechte Gang und die daraus sich ergebende Möglichkeit, die Hände frei bewegen zu können, entscheidend zur Entwicklung des Gehirns beigetragen habe. In den Geisteswissenschaften, der Philosophie insbesondere, steht das Bild des aufrechten Ganges archetypisch für Würde, Autonomie und Sinnhaftigkeit. Ernst Bloch schreibt die Fähigkeit des aufrechten Gangs Menschen zu, die in erster Linie im Sinne der menschlichen Würde handeln und ihre Verantwortung gegenüber Mensch und Natur wahrnehmen: „Der Zielinhalt, das Zielbild im Naturrecht ist nicht das menschliche Glück, sondern aufrechter Gang, menschliche Würde ..., also kein gekrümmter Rücken vor Königsthronen ...".[1] Der aufrechte Gang bildet damit eine Metapher für einen Menschen, der sich selbst und seinen Sinn gefunden hat sowie seiner Würde entsprechend lebt, den Blick frei erhoben.

Im Bereich von Trennung und Scheidung war das Erreichen von Selbstbestimmung und Würde lange Zeit keine Zieloption, sondern Menschen, die sich trennten, wurden sehr häufig mit Schuldzuweisungen und mit Versagensetiketten belegt. Die Ehe war „gescheitert", „zerbrochen" und mit ihr die Menschen. Ein wohlwollender, freundlicher und unvoreingenommener Blick auf Getrennte, Geschiedene und Alleinerziehende wurde selten eingenommen und wenn, dann kritisch hinterfragt und skeptisch beäugt.

Doch trotz aller Widrigkeiten, Unwägbarkeiten und besonderen Herausforderungen gibt und gab es schon immer auch positive Aspekte des Allein-

---

1 Bloch 1977, 83.

erziehens. Auf diese wies Anita Heiliger erstmals dezidiert 1991 hin in ihrer Untersuchung: „Alleinerziehen als Befreiung. Mutter-Kind-Familien als positive Sozialisationsform und als gesellschaftliche Chance."[2] Die These der Befreiung provozierte und wurde immer wieder infrage gestellt. Denn es wurde zwar die Notwendigkeit von Unterstützung für Alleinerziehende gesellschaftlich durchaus anerkannt, aber der Lebensform auch positive Aspekte abzugewinnen, wurde lange Zeit mit großer Skepsis betrachtet. Und zwar nicht nur in Kirche und Diakonie, sondern auch in der Wissenschaft. So hat die „broken home"-These die wissenschaftliche Forschung stark beeinflusst und Kindern von Alleinerziehenden wurden verschiedenste Defizite und Mängel bis hin zur unausweichlichen und dauerhaften Traumatisierung durch die Scheidung der Eltern unterstellt. Durch die einseitige negative Bewertung von Scheidungen wurde aber eine adäquate wissenschaftliche und gesellschaftliche Auseinandersetzung lange Zeit erschwert, wenn nicht gar verhindert, da positiv-bewertbare Entwicklungen zu wenig erforscht und thematisiert wurden.

Inzwischen hat sich der Blick der Wissenschaft viel stärker differenziert, so dass auch positive Entwicklungen in den Blick genommen und erforscht werden, zum Beispiel in Zusammenhang mit der neueren Forschung über Resilienz. Aber auch wenn sich der Blick der Wissenschaft – und der Gesellschaft in weiten Teilen – von der Defizitperspektive entfernt hat, haben Alleinerziehende dennoch mit der Abwertung und den daraus entstandenen Klischees heute weiterhin zu kämpfen.[3] So waren es – und sind es noch immer, wenn auch in abgeschwächter Form – äußere und innere Aspekte, die den aufrechten Gang von Betroffenen erschweren. Alleinerziehende waren immer noch konfrontiert mit Aussagen, wie „keine gute Mutter zu sein", „dem Kind den Vater weggenommen zu haben", „sich egoistisch nur selbst verwirklichen zu wollen" oder auch als Vater „kein richtiger Mann zu sein". Diese Zuschreibungen von außen werden in der Regel zumindest teilweise internalisiert und in ein schwaches Selbstbild umgesetzt, sodass Alleinerziehende überdurchschnittlich stark mit einer hohen Selbstabwertung zu kämpfen haben, auch wenn die eigene Reflexionsfähigkeit diese Abwertung durchschauen und relativieren kann.

Der Blick auf positive Aspekte des Lebensereignisses Scheidung soll die negativen Auswirkungen und Schwierigkeiten nicht verharmlosen oder in Abrede stellen. Eine Trennung/Scheidung ist für die meisten Menschen nach wie vor eine Krisensituation und mit immensen Nachteilen für alle Betroffenen verbunden. Gefühle wie Verzweiflung, Trauer, Wut, Hilflosigkeit, Orientierungslosigkeit und/oder auch Schuldgefühle spielen häufig eine große Rolle. Neben den psychischen Belastungen sind die wirtschaftlichen und finanziellen Folgen in der Regel bedrückend. So gelten Alleinerziehende und insbe-

---

2 Heiliger 1991.
3 Vgl. Liebisch 2012.

sondere alleinerziehende Mütter als sozioökonomisch deprivierte Bevölkerungsgruppe, da sie überdurchschnittlich häufig gefährdet sind, in Armut zu geraten und von erheblicher materieller Entbehrung betroffen sind.[4] Aus der Trennung ergibt sich in der Regel die Notwendigkeit, sich in entscheidenden Lebensbereichen (z.B. Freundes- und Familienkreis, Wohnung, Wohnort) neu zu orientieren und die eigene Identität (z.B. Selbstverständnis als Paar/Single, Rolle als Mutter/Vater) neu zu definieren. Dies erfordert eine enorme Anpassungsleistung und Veränderungskompetenz des Individuums. Die Trennung der Eltern ist auch für die Kinder ein schwerwiegendes Ereignis, das je nach Konfliktpotenzial und Intensität der Auseinandersetzungen zu vielen Beeinträchtigungen führen kann.

Auf der anderen Seite kann eine Scheidung trotz allem vorteilhaft sein, neue Freiheiten eröffnen, unglückliche Beziehungsmuster beenden, häusliche Gewalt und Missbrauch verhindern, Lebensperspektiven öffnen. Und sie kann auch als Lernanlass und bedeutsames Lernereignis verstanden werden. In einer qualitativen Untersuchung[5] wurden geschiedene Frauen befragt, ob das Lebensereignis Scheidung sie zum Lernen angeregt habe, wie das Lernen abgelaufen sei, welchen Lernprozess sie erlebt haben und in welchen Feldern Lernereignisse vollzogen wurden. Es zeigte sich, dass die Scheidung von allen Befragten subjektiv nicht nur als wichtiges Lebensereignis, sondern auch als überaus bedeutsames Lernereignis aufgefasst wurde.

In Bezug auf die Trennungsgründe wurden in der Untersuchung vielfältige, komplexe und individuelle Gründe genannt. Dazu gehören die häufig genannten wie Sich-Auseinander-Leben, Fremdgehen usw. Aber als Hauptursache für die Trennungen wurden in dieser Studie Kompetenzdefizite betont. Zum Beispiel wurde genannt: eigene Fehler zu machen, nicht genug über sich und das Leben zu wissen, zu früh eine feste Bindung eingegangen zu sein, Illusionen gehabt zu haben („Prinz und Prinzessin") und mangelndes Selbstbewusstsein. Neben den persönlichen Kompetenzdefiziten wurden insbesondere Defizite bei den Kommunikations- und Konfliktlösefähigkeiten aufgezeigt. Daraus können aussagekräftige Rückschlüsse für die Bildungsarbeit, sei es bei Kindern und Jugendlichen, aber auch speziell für die Familien- und Erwachsenenbildung gezogen werden: Die Entwicklung und Stärkung der eigenen Persönlichkeit und Identität sowie Kommunikations- und Konfliktlösefähigkeiten sind zentral notwendig für das Gelingen von Beziehungen. Die Bedeutung von Bildungsangeboten in diesem Bereich kann somit gar nicht überschätzt werden oder durch Beratungsangebote ersetzt werden, denn das Erklären, Verstehen und Einüben von persönlichkeitsstärkenden Elementen sowie die Stärkung von Kommunikations- und Konfliktlösefähigkeiten in einer Gruppe können Beratungsangebote nicht in dieser Weise

---

4 Peukert 2019, 309.
5 Gröne 2005.

leisten. Folglich können sich Bildung und Beratung sehr gut ergänzen. Praktische Ansätze, in denen es zum Beispiel in einer Familienbildungsstätte neben Kommunikationskursen und Selbststärkungsangeboten offene Beratungssprechstunden gibt, greifen dies auf.

Der Prozess der Trennung und Scheidung wurde von den Betroffenen als sehr schmerzhaft bezeichnet, aber als folgerichtig aufgrund der genannten Defizite eingeordnet. In dem Trennungsprozess gab es insbesondere vier Lernfelder, in denen die Befragten spezielle Lernerfahrungen gemacht haben. Diese sind: *Persönlichkeit und Identität, Beziehung, Kinder* und *Wissen*.

Im Bereich *Persönlichkeit und Identität* ging es vor allem um das Erleben, zu sich selbst zu finden und eine eigene, von einem Partner unabhängige Identität aufzubauen und zu entwickeln. Dazu gehört die Stärkung des Selbstbewusstseins, zufrieden mit sich selbst zu sein, autonom zu werden, einen stärkeren Realitätssinn zu entwickeln und Grenzen setzen zu lernen. Diese Ergebnisse folgen aus den Kompetenzdefiziten in der Persönlichkeitsentwicklung, die als Hauptursache für die Scheidung genannt wurden.

In Bezug auf den Lernbereich *Beziehung* berichteten die Befragten, dass sie gelernt hätten, insgesamt gelassener zu sein, in einer neuen Beziehung sich über eine mögliche weitere Trennung bewusst zu sein und sich nicht wieder abhängig machen zu wollen, größere Vorsicht und Umsicht bezüglich der Partnerwahl walten zu lassen und im Umgang mit Konflikten kompetenter geworden zu sein. Darüber hinaus wäre es einfacher, in einer Beziehung Nähe und Distanz zu regulieren und auch das eventuelle Alleinleben zu akzeptieren bzw. sich bewusst dafür zu entscheiden. Dennoch wurde immer wieder betont, dass sich Beziehungsproblematiken auch weiter durch das Leben ziehen und die Lernerfahrungen nicht alle Probleme beseitigt hätten.

In Bezug auf die *Kinder* gaben die Befragten an, dass sie ein verändertes Erziehungsverhalten erlernt hätten. Dies zeigt sich insbesondere durch die Vorbereitung der Kinder auf eigene Konflikte durch das Miterleben und Durchleben von Konflikten, dadurch dass die Erziehungsziele, selbstbewusste und unabhängige Kinder zu haben, sich verstärkt haben und dass es einen demokratischeren Umgang mit den Kindern gibt als vor der Trennung.

Im Bereich *Wissen* berichteten die Befragten von Lernerfolgen über spezielle Verantwortlichkeiten des Alleinerziehens, zum Beispiel rechtliche Regelungen, finanzielle Unterstützungsleistungen, Aufbau eines Netzwerkes. Aber auch die Erlangung von technischen Fähigkeiten und Fertigkeiten von der Benutzung der Bohrmaschine bis zur Computerarbeit gehören in dieses Lernfeld.

Damit ergab sich aus dieser qualitativen Untersuchung, dass eine Scheidung als ein Lernanlass und eine Lernchance gesehen werden kann, obwohl oder gerade weil für die meisten Menschen eine Scheidung eine krisenhafte Situation ist. Die Krise zu durchleben, erschien einigen Befragten sogar als zwingend notwendig, um diese Entwicklungsschritte in der Persönlichkeit gehen zu können. Sie wurde gesehen als der Preis für persönliches Wachstum, emanzipatorisches Lernen und Subjektwerdung. Ohne das Durchleben dieser Krisensituationen wären diese Lernerfahrungen aus Sicht der Betroffenen schwer oder gar nicht möglich gewesen. Eine Scheidung kann folglich existenzielle Lernprozesse anstoßen, wenn die Betroffenen sich in entsprechender Weise mit ihren Erfahrungen reflexiv auseinandersetzen. Diese existenziellen Lernprozesse werden von Mezirow als transformatives Lernen bezeichnet. Als unbedingte Voraussetzung für Lernen (Bedingung sine qua non) in wesentlichen Lebensbereichen sieht Mezirow ein „Dilemma" an. Nur dann ist es möglich, die eigenen Perspektiven zu verändern. Das transformative Lernen mit Perspektiventransformation ist nach Mezirow die bedeutendste Form des emanzipativen Lernens.[6]

Folgerungen für Angebote der Familienbildung

Das Thema Trennung und Scheidung als bedeutsamer Lernanlass und als Möglichkeit zum transformativen und emanzipatorischen Lernen kann einen hohen Stellenwert in den Angeboten der Familienbildung haben, denn Menschen in Krisensituationen brauchen zum einen Sinnfindungsangebote, sie sind zusätzlich in diesen Situationen besonders offen für entsprechende Angebote – und die Familienbildung verfügt gerade hier über ein breites inhaltliches und methodisches Repertoire.

Die Angebote für Menschen in der Lebenskrise Scheidung könnten durch die Krisenpädagogik nach Adl-Amini[7] theoretisch fundiert werden. Nach Adl-Amini sind Menschen in einer Krise nicht krank und sie benötigen auch nicht zwangsläufig eine Psychotherapie, sondern sie brauchen eine kurze, lösungsorientierte Beratung sowie Sinnangebote. Sein Konzept ist in zwei Grundaussagen zusammenfassbar. Zum einen erleben Menschen in einer Krise ein Gefühl der Sinnlosigkeit. Viktor Frankl nennt es das Gefühl des „existenziellen Vakuums". Zum Zweiten haben Menschen in der Krise oft eine fixierte Selbst- und Weltwahrnehmung. Diese Sicht spiegelt ihr derzeitiges Bewusstsein wider, das die Welt als sinnlos und das eigene Selbst als wertlos wahrnimmt.

Folglich zielt die Krisenpädagogik auf Sinnfindung und Bewusstseinsentwicklung. Sie setzt bei den Ressourcen an und versteht sich als lösungsorientierter und ganzheitlicher Ansatz. Dieses Konzept bietet für die Familienbildung entscheidende Ansatzpunkte, sieht sie ihre Hauptaufgabe doch darin, alltägliche Lebensgeschichten und die darin liegenden Grundfragen der Menschen sensibel wahrzunehmen und Lern- und Bildungsprozesse im kirchlichen Umfeld zu gestalten.

---

6 Vgl. Mezirow 1997.
7 Adl-Amini 2002.

Zur Umsetzung von Bildungsangeboten in der Familienbildung erscheinen folgende praktische Überlegungen sinnvoll. Es geht zuerst darum, eine Atmosphäre der Akzeptanz zu schaffen und zu einer vorurteilsfreien Haltung bei Mitarbeitenden zu gelangen. Dazu ist es notwendig, die Vielfältigkeit und Komplexität des Trennungs-/Scheidungsgeschehens wahrzunehmen und verstehen zu lernen. Denn die Lebenssituation von Menschen in Trennungssituation ist häufig sehr komplex, einfache Erklärungen sind in der Regel nicht hilfreich. Es gilt, dieses Geschehen wahrzunehmen und zu verstehen. Dabei ist es wichtig, vorhandene Kinder mit einzubeziehen und dennoch auch Angebote für Erwachsene ohne Kinder vorzuhalten.

Didaktische Überlegungen, die sich an den Besonderheiten der Zielgruppe orientieren, sind dabei unumgänglich und selbstverständlich. Innerhalb des Themenspektrums Trennung und Scheidung gibt es etliche Unterthemen, die für die verschiedenen Zielgruppen relevant sind. Im Folgenden wird beispielhaft in einer Tabelle dargestellt, welche Ziele mit den einzelnen Themenbereichen verfolgt werden können und Vorschläge für Titel von Veranstaltungen aufgenommen.[8]

Themenkreise	Ziele der inhaltlichen Arbeit	Mögliche Titel
Vorbereitung einer möglichen Trennung	Hilfe zur Entscheidungsfindung. Abfedern der Auswirkungen eines Trennungsprozesses für Erwachsene und Kinder	„Sie wollen sich trennen – wirklich?" „Zusammenbleiben oder trennen?" „Welche Folgen hat eine Scheidung – Grundlegende Informationen"
Vermittlung von Sachinformationen	Im Übergang stellen sich vielen Betroffenen juristische und finanzielle Fragen und generell die Frage nach bestehenden Unterstützungsangeboten. Ein vielfältiges Informationsangebot erleichtert diesen Übergang.	„… und den Alltag schaff' ich auch!" „… darf's ein bisschen mehr sein? Geld: Information, Rat und Hilfe" „Juristische Informationen" „Was ist Mediation?" „Das Kindschaftsrecht. Unterhaltsansprüche und Umgangsregelungen"
Bewältigung der Trennung	Unterstützung bei der emotionalen Verarbeitung der Trennung des Partners.	„Trennung, Trauer, Abschied" „Schreien oder Schlucken – vom Umgang mit der Wut" „Rituale zur Trennungsverarbeitung"

---

8 Vgl. Gröne 2004, 169–170.

Themenkreise	Ziele der inhaltlichen Arbeit	Mögliche Titel
Erzieherische Themen	Die Angebote greifen die besonderen Herausforderungen im Erziehungsalltag auf. Grundsätzlich geht es darum, das Erziehungsverhalten von alleinerziehenden Eltern zu stärken.	„Was kann ich für meine Kinder im Trennungsprozess tun?" „Wie verkraften Kinder die Trennung/Scheidung ihrer Eltern?"
Gestaltung des Neuanfangs	Alleinerziehende, die derzeit keine Partnerschaft haben, werden dabei unterstützt, Möglichkeiten zu entwickeln, wie das Bedürfnis nach Nähe und Verbundenheit erfüllt werden kann. Alleinerziehende, die eine neue Partnerschaft haben, werden dabei unterstützt, die damit verbundenen Herausforderungen zu meistern.	„Mutter sein – will ich noch mehr?" „Das Glück im Scherbenhaufen!?" „Neue Partnerschaft – wie geht das?" „… eine Frau ohne Mann ist wie ein Fisch ohne Fahrrad, oder?" „Stiefbeziehungen"

Der aufrechte Gang könnte dabei grundsätzlich zu einem Leitbild für die Zielorientierung werden, in dem die Würde und Freiheit des Menschen betont werden und emanzipatorisches und transformatives Lernen gefördert wird.

Literatur

Bloch, Ernst, *Im Gespräch mit José Marchand 1974*, in: Münster, Arno (Hg.), Tagträume vom aufrechten Gang. Sechs Interviews mit Ernst Bloch, Frankfurt am Main 1977.
Gröne, Susanne, *Gruppenangebote für Alleinerziehende*, in: Limmer, Ruth, Beratung von Alleinerziehenden. Grundlagen, Interventionen und Beratungspraxis, München 2004, 136–165.
- *Trennung und Scheidung in der Familienbildung. Vom (Wieder-)Erlernen des aufrechten Gangs*, Tönning 2005.
Heiliger, Anita, *Alleinerziehen als Befreiung. Mutter-Kind-Familien als positive Sozialisationsform und als gesellschaftliche Chance*, Pfaffenweiler 1991.
Liebisch, Peggy, *Das eigene Leben leben: Alleinerziehende und die tägliche Klischeeüberwindung*, in: Lutz, Ronald (Hg.), Erschöpfte Familien, Wiesbaden 2012, 143–153.
Mezirow, Jack, *Transformative Erwachsenenbildung*, Baltmannsweiler 1997.
Peukert, Rüdiger, *Familienformen im Sozialen Wandel*, Wiesbaden ⁹2019.

Ulrike Stephan

Angebote der Familienbildung für Alleinerziehende

Die Angebote der Evangelischen Familienbildung stehen *allen* Familien offen. Ob in den Familientreffs, den Eltern-Kind-Gruppen, der Gymnastikgruppe oder dem Kochkurs – überall begegnen sich Männer, Frauen, Mütter und Väter, die in den unterschiedlichsten Familienformen leben. Sie suchen und wählen sich die Angebote in erster Linie nach Bedarf, Interesse und eigenen Ressourcen (Zeit und Geld) aus. Alleinerziehende mit einem guten Netzwerk – wie beispielsweise befreundete Alleinerziehende, die sich bei der Kinderbetreuung abwechseln, um an einem kostengünstigen Kurs teilzunehmen – besuchen die Familienbildungsstätte, ohne dass sie als „Alleinerziehende" zu erkennen sind. Alleinerziehende nehmen wie alle anderen Mütter und Väter mit ihren Kindern in einer Eltern-Kind-Gruppe teil und besuchen offene Familientreffpunkte. Spezifische Angebote, die explizit für Alleinerziehende ausgeschrieben sind, gibt es im Vergleich zu den 90er/2000er Jahren immer weniger. Das liegt unter anderem daran, dass die Vielfalt der Familienformen in unserer Gesellschaft zugenommen hat. Damit werden auch „Alleinerziehende" als „normale Familie" wahrgenommen und sie selbst erleben sich im besten Fall auch so. Trotzdem haben Alleinerziehende größere Herausforderungen zu bewältigen und besonders in der Phase der Trennung/Scheidung einen erhöhten Unterstützungsbedarf. Hier bekommen sie vor allem von den Beratungsstellen, den Familienbildungsangeboten vom Verband alleinerziehender Mütter und Väter e.V. (VAMV), der *SelbstHilfeInitiative Alleinerziehender* (SHIA) e.V., Familienzentren und natürlich auch von den Evangelischen Familienbildungsstätten gezielte Unterstützung, wie diese zwei Beispiele zeigen:

Väter-Kinder-Treff der Evangelischen Familien-Bildungsstätte Oldenburg

Der Fachbereich Väter & Männer der Evangelischen Familien-Bildungsstätte Oldenburg bietet seit über 15 Jahren männerspezifische Angebote für (fast) alle Lebenslagen.

Auch wenn der Väter-Kinder-Treff nicht speziell für Alleinerziehende ausgewiesen ist, wird er überwiegend von getrennt lebenden Vätern genutzt, die ihre Kinder nur selten oder nur dort sehen.

Weitere Informationen hierzu: https://www.efb-oldenburg.de/projekte-angebote/vaeter-und-kinder/ (22.06.2020).

Das Café Eva Sophie in Berlin Mitte

Alleinerziehende können andere Alleinerziehende kennen lernen und sich mit Expert*innen aus dem Café-Team über Probleme und Wünsche austauschen. Für große und kleine Kinder gibt es während der Kundenbetreuung Spiel- und Bastelangebote. In der Regel an jedem zweiten Samstag im Monat finden bei Kaffee und Kuchen Begegnung, Austausch, Vernetzung statt. Das Angebot ist kostenfrei (auf Spendenbasis).

    Weitere Informationen hierzu: http://familienbildung-stadtmitte.de/kursprogramm/generationsuebergreifend/ (22.06.2020).

Kapitel 6

Alleinerziehende Familien begleiten und unterstützen in ihren Lebenslagen

Karin Mack / Werner-Malte Hahn

Alleinerziehendenfamilien in Kirchengemeinden
Potenziale entdecken

Auf dem Weg zu einer familienfreundlichen Kirchengemeinde mit besonderem Blick auf die alleinerziehenden Mütter und Väter mit ihren Kindern braucht es eine aufmerksame Wahrnehmung der Realitäten sowie eine offene und einladende Haltung der Verantwortlichen. Wir beschreiben Faktoren, die vorhandene oder gedachte Schwellen für Alleinerziehende senken können und laden ein, die Potenziale von alleinerziehenden Müttern und Vätern zu sehen.

An attentive view on the reality of single mothers and fathers, as well as an open minded and inviting attitude on the part of the persons in charge is needed on the way to a family friendly church parish. We describe factors which can decrease existing or imagined barriers for single parents and invite to realise the potentials of single mothers and fathers.

Auf dem Weg zu einer alleinerziehenden- und familienfreundlichen Kirchengemeinde

Welche Bilder kommen uns, wenn wir an alleinerziehende Mütter und Väter in Kirchengemeinden denken? Welche Erfahrungen können Alleinerziehende und ihre Kinder in Kirche machen?

Ein alleinerziehender Vater meint hierzu:

> „Ich denke, eine Kirchengemeinde vor Ort ist mit diesem Thema meist überfordert. Es sei denn, dass jemand da ist, der durch eigenes Erleben hier ein Herz für Menschen hat." *(Uwe, 42 Jahre, alleinerziehender Vater, 2 Söhne 18 und 16 Jahre)*

Eine alleinerziehende Mutter hingegen berichtet:

> „In der Kirche habe ich die bedingungslose Annahme erfahren. Mein Sohn ist getauft und ich möchte ihm auch weiterhin die Möglichkeit einer guten Kirchengemeinschaft anbieten können. Ich möchte nicht gleich als böse oder aussätzig abgestempelt sein, weil man sein Eheversprechen nicht gehalten hat. Mein Sohn ist in Liebe gezeugt und ein Kind Gottes. Er hat keinen verfügbaren ‚irdischen Vater', aber einen ‚himmlischen Vater'. Bei Euch erlebe ich ganz viel Liebe und Anteilnahme." *(Manuela, alleinerziehende Mutter, 43 Jahre, mit behindertem Sohn, 16 Jahre)*[1]

---

1 Diese und die folgenden Zitate stammen aus qualitativen Interviews mit alleinerziehenden Müttern und Vätern bzw. getrennt von ihren Kindern lebenden Vätern aus dem Großraum München, durchgeführt vom Autor im März 2020.

Alleinerziehende Mütter und Väter, Patchwork-Familien oder von ihren Kindern getrennt lebende Mütter und Väter sind nicht unbedingt die erste Zielgruppe, die haupt- und ehrenamtlichen Verantwortlichen einfällt, wenn es um Angebote oder Mitgliederbindung von Familien in einer Kirchengemeinde oder einem Dekanat geht. Doch wenn über 20 % aller Familien in diesen bunten Familienformen leben, dann lohnt es sich nicht zuletzt deswegen, genauer darüber nachzudenken. Alleinerziehendenfamilien sind eine sehr heterogene Gruppe, kommen aus allen Milieus mit all den unterschiedlichen Bildungszugängen und Einkommensverhältnissen, mit den unterschiedlichsten Erfahrungen mit Glauben. Oft sind Alleinerziehendenfamilien, wie auch andere, der Kirche eher fern. Die klassischen Begegnungsmöglichkeiten mit Kirche bzw. Kirchengemeinde können der Religionsunterricht sein, die Familienfeste im Lebenslauf wie Taufe und Konfirmation, die Zusammenkunft in Familiengottesdiensten, der Besuch von Kinder- und Jugendgruppen, die Teilnahme an Musikprojekten oder das Wahrnehmen von Seelsorgegesprächen. Und doch funktionieren diese Wege nur noch zu einem kleinen Teil.

Hohe Hürden beim Zugang zu den Angeboten von Kirchengemeinden oder Dekanaten

Verschiedenste Faktoren spielen auf der individuellen und der strukturellen Ebene eine hinderliche Rolle beim Zugang zu den Angeboten in Kirchengemeinden oder Dekanaten. Eine der größten Herausforderungen für alle Familien heute ist das Thema „Zeit". Bereits der achte Familienbericht der Bundesregierung beschreibt dies sehr ausführlich und treffend: „Familien wollen in der Regel Familie und Beruf gut miteinander vereinbaren und stehen deshalb im Alltag und im Lebensverlauf vielfältigen Herausforderungen gegenüber, die zu Zeitknappheit und Zeitkonflikten führen können – mit nachhaltigen Wirkungen auf Wohlbefinden und Lebensqualität von Familien sowie mit gesellschaftlichen und volkswirtschaftlichen Konsequenzen."[2] Dies trifft in verstärktem Maße auf Ein-Eltern-Familien zu, da der Spagat zwischen der geforderten Erwerbstätigkeit, der Betreuung der Kinder, dem Haushalt und den persönlichen Bedürfnissen von den Müttern und Vätern allein geschultert werden muss.

Längere Zeiten der Betreuung der Kinder in Kita und Schule machen das Wochenende für alle Familien wichtiger. Wenn zum Beispiel aufgrund der Umgangsregelung nur jedes zweite Wochenende für die Alleinerziehendenfamilie bleibt, dann gilt dies noch viel mehr. Eine Fülle von Angeboten und

---

2 https://www.bmfsfj.de/bmfsfj/service/publikationen/zeit-fuer-familie---achter-familienbericht/74968 (25.05.2020), Deutscher Bundestag 17. Wahlperiode, Achter Familienbericht. Zeit für Familie – Familienzeitpolitik als Chance einer nachhaltigen Familienpolitik, 2012.

Möglichkeiten, einschließlich der, einfach mal zuhause sein zu wollen, ringen um Aufmerksamkeit und die Zeit der (Alleinerziehenden-)Familien. Mütter und Väter entscheiden dann oft spontan aus der familiären Situation heraus, was für die Kinder und Erwachsenen gut ist.

Kirchliche Angebote für Kinder, Jugendliche und Familien müssen sich den gestiegenen Anforderungen an Familien beziehungsweise der Konkurrenz durch veränderte Lebensgewohnheiten stellen. So wird der Sonntagvormittag längst nicht mehr als Gottesdienstzeit wahrgenommen. Weitere Faktoren, die ebenfalls für alle Familien gelten, sind Stichworte wie Individualisierung, Pluralisierung und eine deutlich geringere Orientierung an Institutionen.

Für Alleinerziehendenfamilien können zusätzliche Faktoren den Zugang zur Gemeinde erschweren: Eine Trennung ist oft ein krisenhafter Prozess nach innen, der große Unsicherheit auslöst. Abschied und Trauer, Krisenbewältigung, neuer Lebensabschnitt – das sind unter anderem die Stichworte, die eine Zeit lang das Leben und Denken absorbieren. Zuweilen verhindern projizierte oder echte Erwartungen die Wege in die unterschiedlichen kirchlichen Angebote. So haben Alleinerziehende in den Kirchengemeinden oft das Gefühl, nicht mehr dem Bild der „heilen Familie" zu entsprechen oder das scheinbar geforderte Engagement nicht mehr erfüllen zu können. Andere Hürden können die Kosten oder die fehlende Kinderbetreuung sein.

Viele Kirchengemeinden machen sich aufgrund dieser Beobachtungen auf den Weg hin zu einer familienfreundlichen Kirchengemeinde. Eine Leitfrage dazu ist: Wozu brauchen Familien Kirche? Oder umgekehrt: Was kann eine Kirchengemeinde den Alleinerziehendenfamilien anbieten, damit sie als relevant für das familiäre (Über-)Leben erlebt wird? Wie gelingt es heute, die Alleinerziehendenfamilien zu erreichen und sie in Kontakt mit der Gemeinde zu bringen?[3]

Kirchliche Arbeit mit Familien wird dann Erfolg haben, wenn sie den christlichen Glauben als hilfreiche Praxis für die Gestaltung des Alltags erfahrbar werden lässt. So die Lebenserfahrung eines alleinerziehenden Vaters:

> „Was es braucht, ist die Botschaft, dass ein solch verkorkstes Leben lebenswert und wertvoll ist. Hoffnung wieder im Leben zu erleben und neuen Mut zu fassen – das tut wohl not. Kirche ist für mich der Ort, wo dies vermittelt und erlebt werden kann und soll. Gerade für Männer … geht es um Reflexion, um Deutung und um die Frage nach dem Sinn und Ziel … Die meisten Männer leben immer noch nach dem Motto: Zähne zusammenbeißen und durch. Ertragen und Leiden. Bloß nicht darüber reden. Bloß keine Schwäche zeigen. Und gehen innerlich daran zugrunde." *(Uwe, 42 Jahre, alleinziehender Vater, 2 Söhne 18 und 16 Jahre)*

---

3 Mehr dazu: Domsgen, Michael, *Welche Kirche braucht die Familie? Ansprüche und Bedürfnisse von Familien gegenüber Kirche* 2007, https://www.theologie.uni-halle.de/pt_rp/domsgen/#anchor 2276340 (25.05.2020).

Hinschauen und wahrnehmen

Für Haupt- und Ehrenamtliche in einer Kirchengemeinde ist die Wahrnehmung der unterschiedlichen Familienformen in der Gemeinde oder in der Region ein wichtiger Schritt. Es ist eine spannende Reise, die eigene Gemeinde oder Region noch genauer, vielleicht mit dem Blick des Fremden von außen, neu kennenzulernen: Wer lebt bei uns und wie, in welcher sozialen Situation? Was brauchen oder wünschen sich die Menschen in diesen unterschiedlichen Familienformen mit Kindern von uns?

Erste Antworten gibt es in den Statistiken der Einwohnermeldeämter oder dem kirchlichen Meldewesen. Tiefergehende Erkenntnisse für alle Beteiligten bieten Methoden der Sozialraumerkundung.[4]

In den durchgeführten Interviews wurde immer wieder als grundlegende Erfahrung erzählt: „Ich bin angenommen", „ich durfte so sein, wie ich bin", „hier bin ich nicht ständig hinterfragt worden". Die Annahme wurde als zentrales Ereignis der „Heilung" erfahren, als Erfahrung, die neue Selbstheilungskräfte freigesetzt hat. Dieses „Nicht-bewertet-Werden" wurde möglich durch eine offene Haltung der Verantwortlichen in der Kirchengemeinde.

> „In einigen Bereichen der heutigen Gesellschaft werde ich als Alleinerziehende öfters bewertet und teilweise auch verantwortlich dafür gemacht, in welcher Situation ich lebe. Dass ich nicht die alleinige Verantwortung dafür trage, ist vielen egal; dass ich allerdings die täglichen Herausforderungen alleine schaffen muss, das ist dann wieder ganz normal. Aussagen wie: ‚Stell Dich nicht so an, andere sind auch alleinerziehend', sind da nicht gerade hilfreich. In der Kirchengemeinde erlebe ich das nicht. Dort werde ich mit all meinen Bedürfnissen, Ängsten und Fähigkeiten gesehen. *(Selina, alleinerziehende Mutter, 45 Jahre, 2 Kinder: Tochter 10 Jahre, Sohn 12 Jahre)*

Die Offenheit für unterschiedliche Lebenskonzepte und für Menschen, die anders leben, nicht den eigenen schicht- und milieuspezifischen Verhaltensweisen entsprechen, braucht zunächst ein Bewusstsein dafür und eine hohe Sensibilität. Es braucht Einfühlungsvermögen in die Situation der Alleinerziehenden, in die Belastungen, aber auch die Freude, stolz auf sich und das Geschaffte sein zu dürfen.

Theologisch ist es mit dem Handeln und Leben von Jesus vergleichbar, der die Menschen in der persönlichen zugewandten Begegnung, beim gemeinsamen Essen und Trinken spüren lässt, dass sie angenommen sind. Das Scheitern oder die verschlungenen Lebenslinien der unterschiedlichsten Menschen spielen dabei keine Rolle. Sie sind keine Objekte, denen geholfen werden muss, von denen einer weiß, was für den anderen gut ist, sondern ein Gegenüber auf Augenhöhe. Jesus fragt beispielsweise im Lukas-Evangelium den

---

4 Siehe hierzu die „Fragetasche" des Amts für Gemeindedienst in Nürnberg https://afg-elkb.de/fragetasche/worum-es-geht/ (25.05.2020).

Blinden: „Was willst, dass ich dir tun soll?" (Lukas 18, 41) Das Evangelium, die gute Nachricht der Nähe Gottes, ist so eingebettet in den Alltag.[5] Oder wie Martin Buber es ausdrückt: Die Begegnung, der wirkliche Kontakt zwischen zwei Menschen – von „Ich und Du"[6] – entspricht dem, was ein Gottesdienst vermitteln will, nämlich eine wirkliche Beziehung zwischen Gott und dem einzelnen Menschen herzustellen.

Die Wahrnehmung von alleinerziehenden Müttern und Vätern sowie den getrennt von den Kindern lebenden Eltern kann sich in der persönlichen Begegnung zeigen, aber auch in der sorgfältigen Wortwahl in Einladungsbriefen, Gemeindeblättern oder auf der Homepage. Statt „Liebe Familien!" oder „Liebe Eltern!" signalisieren offenere Formulierungen, dass die Vielfalt der Familienformen willkommen ist; die Anrede „Mütter und Väter" kann eine Alternative zu „Eltern" und „Familie" sein. Ähnliches trifft besonders auf die Auswahl von Fotos zu. Hier hilft es, auf eine milieusensible Bildsprache zu achten, das heißt nicht nur die klassische „Werbefamilie" der Mittelschicht abzubilden, sondern bei Familienformen oder Kleidung auch auf Diversität zu achten.

Einladend und offen

Einen weiteren Schritt können Kirchengemeinden gehen, indem sie nach Antworten auf die Fragen suchen: Zu welchen Bedürfnissen der Familien hier am Ort/in der Region können wir einen Beitrag leisten? Wo liegen unsere Stärken als evangelische Kirche hier im Raum?[7] Nicht jede Gemeinde muss alles machen oder anbieten: Bei welchen Fragen sind andere gut? Was können wir deshalb weglassen oder wo uns gut vernetzen?

Kirchengemeinden sind oft personell knapp besetzt. Wie ist es möglich oder notwendig, eigene spezifische Angebote für Alleinerziehende zu machen? Erwarten Alleinerziehendenfamilien von der Kirchengemeinde Angebote nur für sie, oder wollen sie als ganz normale Gemeindemitglieder am normalen Gemeindeleben beteiligt sein? Diese Fragen haben sich vielleicht bei genauem Hinsehen und Hinhören geklärt und sind jeweils vor Ort zu entscheiden.

---

5   Domsgen, Michael, *Welche Kirche brauchen Familien? Vier Antwortfacetten in praktisch-theologischer Perspektive*, 2015, https://www.eaf-bayern.de/positionen/ (25.05.2020).
6   Damit meint Buber das Interesse an einem Menschen aus reiner Achtung, Wertschätzung und Zuneigung. Die Begegnung hat seinen Wert in sich. Zwischen zwei Personen existiert das, was zum Wertvollsten im menschlichen Leben zählt. Vgl. Meier, Georg, *Interventionsprinzipien, Skripte aus dem Symbolon-Institut,* Nürnberg 2000, 8. Siehe auch: Martin Buber: Ich und Du, 13. Auflage, Gerlingen 1997. Die erste Auflage erschien 1923.
7   Diese und andere Fragen stammen aus dem Prozess „Profil und Konzentration" der ELKB, https://puk.bayern-evangelisch.de/index.php (25.05.2020).

„Eine Schwierigkeit ist sicherlich, ganz alleine zu sein, niemanden zu haben, mit dem ich mich austauschen kann. Ich erlebe ‚Kirche' an unterschiedlichen Orten – dies bringt unterschiedliche Erwartungen mit sich. Damals so wie heute, ist mir wichtig in meiner Kirchengemeinde, dass ich mich dort verstanden und akzeptiert fühle mit meiner Art von Familienleben. Die Evangelische Fachstelle für Alleinerziehende ist für mich eine spezielle Anlaufstelle für meine Probleme im Alltag, Hilfestellung zu fachlichen Fragen zum Thema Trennung, Unterhalt usw. und Treffpunkt mit anderen Alleinerziehenden, Aufbau von Kontakten, Seminare mit Kinderbetreuung, die Möglichkeit zu Familienreisen trotz eines schmalen Geldbeutels, Seelsorge. Sehr genieße ich die besonderen Gottesdienste mit Segnung zum Thema ‚Trennung', um auch in diesem Rahmen Versöhnung mit meiner eigenen Geschichte zu finden."
(Manuela, alleinerziehende Mutter, 43 Jahre, mit behindertem Sohn, 16 Jahre)

Die Lebensgeschichte von Manuela J. zeigt, dass Kirche an ganz verschiedenen Orten erlebt wird. Eine zentrale Bedeutung hat deshalb das offene Zusammenwirken der Kirchengemeinden mit anderen kirchlichen Einrichtungen, die ein gemeinsam gelebtes Bild von Kirche entfalten, sich wechselseitig ergänzen und unterstützen.

Die Zusammenarbeit von Kirchengemeinden untereinander in der Region bietet neue Chancen, das eigene Angebotsspektrum zu erweitern, ohne dass sich daraus eine Überlastungssituation ergeben muss. So kann sich eine Kirchengemeinde vielleicht die Zielgruppe der Väter erschließen, indem sie erlebnisorientierte, sportliche Aktivitäten oder Vater-Kind-Wochenenden/Zeltlager ausprobiert in Kooperation mit anderen Kirchengemeinden. Väter-Angebote ermöglichen den alleinerziehenden Vätern und den viel zahlreicheren Vätern, die getrennt von ihren Kindern leben, einen leichten Zugang zu Gemeinschaftserfahrungen und einer guten Zeit mit den Kindern.

Es geht vielfach um den einfachen Zugang zum Gemeindeleben, zu Gemeinschaft und Vernetzung. Wo sind Alleinerziehendenfamilien im Gemeindeleben ausgeschlossen? Welche Hemmnisse gibt es, an den normalen Veranstaltungen teilzunehmen? Welche kleinen Schritte ermöglichen es, damit alleinerziehenden Müttern und Vätern mit ihren Kindern die Teilhabe erleichtert wird? Wie können Gemeindeveranstaltungen „alleinerziehendengerecht" umgestaltet werden?

Offene Formen mit guten Zeiten, die zu den Lebensgewohnheiten von Müttern, Vätern und Kindern passen, senken die Zugangsschwellen. Aus einem sonntäglichen Familiengottesdienst wird dann möglicherweise ein Mitmachnachmittag für alle Generationen am Samstag, nämlich eine *Wuselkirche: Kirche kreativ und kunterbunt, für Kinder und Eltern und Freunde, Jungs und Mädchen, Frauen und Männer, Großeltern*[8]. Groß und Klein verbringen gemeinsam eine anregende Zeit, die alle Sinne anspricht und keine Anforderungen stellt.

---

8 Dieses – stellvertretend für andere Formate genannte – Beispiel ist zu finden unter: https://www.christuskirche-stadeln.de/gruppen-und-kreise/wuselkirche (25.05.2020).

Viele Familien sind eher phasenweise sensibel für spirituelle Themen und brauchen dann eine einladende Begleitung bei ihren Fragen: Wie feiern wir Taufe oder Konfirmation in einer Alleinerziehenden- oder Patchworkfamilie? Es fehlen gerade bei Kasualien zuweilen Vorbilder oder neue Ideen als Gegengewicht zu den klassischen Bildern im Kopf und in den Medien von den „großen Familienfesten".

Zum erschwerten Zugang von Alleinerziehenden zur Taufe hat Petra-Angela Ahrens in einer Studie des Sozialwissenschaftlichen Instituts der EKD wichtige Hinweise gegeben.[9]

Für Alleinerziehende könnte das beispielsweise bedeuten, dass eine Taufe außerhalb des sonntäglichen Gemeindegottesdienstes in anderen individuellen Formen passender ist, beispielsweise innerhalb des Kindergottesdienstes mit Beteiligten ihrer Krabbelgruppe oder im Kindergarten. Sehr gut aufgehoben fühlen sich gerade Alleinerziehendenfamilien innerhalb eines großen Tauffestes einer Stadt oder einer Region. Diese Tauffeste erfordern wenig eigene Organisation und die Kosten für die einzelnen Familien sind begrenzt. Gleichzeitig bekommen sie die Chance auf ein unvergessliches Fest, das in Erinnerung bleibt.[10]

Die Konfirmation ist in vielen Familien das erste Familienfest, das nach einer Trennung der Eltern gefeiert wird. In der Vorbereitung ist es deshalb notwendig, die familiäre Situation zu berücksichtigen. Es braucht möglicherweise andere Wege, um ein (gemeinsames) Fest zu gestalten. Ist es in der einen Familie kein Problem, ein Fest mit beiden getrennten Elternteilen zu feiern, löst dies bei anderen Familien Befürchtungen aus. Verantwortliche für die Konfirmand*innen-Arbeit tun gut daran, bereits bei der Einladung zum Konfi-Kurs, bei den Zeiten und den Kosten die verschiedenen Familienkonstellationen mitzudenken. Auch alternative Ideen, zum Beispiel zu gemeinsamen Feiermöglichkeiten in der Gemeinde, sprechen vielleicht einzelne Familien bzw. Jugendliche an, die sich sonst nicht anmelden würden.

Wir leben in einer pluralen und multikulturellen Gesellschaft. Menschen suchen sich ihren Weg, oft auch zwischen den verschiedenen Welten. Auch hier zeigt sich in der Offenheit der Begegnung die Relevanz von Kirche.

„Ich bin zwischen verschiedenen Welten unterwegs. Groß geworden bin ich in der katholischen Landjugend. Der Glaube war mir zu flach, so schloss ich mich als christlich geprägte Frau dem Islam an. Als ich anfing ein Kopftuch zu tragen, geriet ich durch die Reaktionen der Außenwelt in eine Identitätskrise. Ich wurde von meinen

---

9 Vgl. Ahrens, Petra-Angela, *Taufbereitschaft – Taufvollzug – Taufunterlassung? Antworten der Statistik*, Texte aus dem Sozialwissenschaftlichen Institut, Hannover 2005, sowie ihr Beitrag in diesem Band auf S. 222–229.

10 Tauffeste gibt es inzwischen in ganz Deutschland in unterschiedlicher Größe und an interessanten Orten, siehe: https://www.elbtauffest.de/; https://www.dekanat-kempten.de/engagiert/taufprojekt; http://www.kirchewiehl.de/de/aktuelles/tauffest-am-30-06.html; https://www.meine-kirchenzeitung.de/meiningen/c-kirche-vor-ort/ein-fest-im-gruenen_a1392 (25.05.2020).

Freunden und Bekannten angefeindet. ‚Willst Du nicht deine Kinder taufen lassen? – Das kannst du deinen Kindern doch nicht antun!' Ich ging in die Moschee, da mir die religiöse Erfahrung, eine lebendige Beziehung zu Gott zu finden, wichtig ist.
Mein Mann war auch Muslim. Wir bekamen zwei Kinder, aber er war kaum greifbar. Und dann ging es irgendwann nicht mehr. Ich habe mich immer wieder getrennt. Blauäugig wandte ich mich ans Jugendamt. Aufgrund der Gewalt meines Mannes ging ich dann zum Frauennotruf, Frauenberatung, Frauenhaus, Sozialpsychiatrischer Dienst. Die katholische Kirche hat praktisch unterstützt. Ich rannte von Pontius nach Pilatus. Ich war hochgradig aufgelöst. Ich wurde immer wieder infrage gestellt. Auch in der muslimischen Gemeinde waren Trennungen unerwünscht. Bei der evangelischen Fachstelle für Alleinerziehende habe ich dann gefunden, was ich mein ganzes Leben gesucht habe – die wohlige Erfahrung einer Familie, in der man angenommen und respektiert wird. Dass man sich nicht immer wieder infrage stellen lassen muss. Ich habe wieder zu meiner inneren Sicherheit zurückgefunden und Boden unter die Füße bekommen. Die menschliche Begegnung, die greifbare Beziehung war für mich eine rettende Erfahrung und ein großer Segen. Das hat mir nachhaltig geholfen und gibt mir Kraft für die nächsten Situationen."
(Bettina, 39 Jahre, 2 Mädchen, 13 Jahre und 11 Jahre)

Relevant und unterstützend

(Alleinerziehenden) Familien passende Angebote zu machen oder sie zu unterstützen, ist zuweilen nicht einfach. Die Wahrscheinlichkeit, dass Impulse von außen in die innerfamiliäre Welt aufgenommen werden, steigt, wenn diese als unterstützend oder entlastend wahrgenommen werden.[11]

In einem nächsten Schritt hin zu einer familienfreundlichen Kirchengemeinde ist der Blick über den berühmten Tellerrand hilfreich: Welche Kontakte kann ich schaffen, um alleinerziehenden Familien Selbsthilfe zu ermöglichen? Kann ich mit Nachbargemeinden zusammenarbeiten oder regionale Angebote unterstützen beziehungsweise bewerben? Kenne ich die Angebote der Diakonie, die der Kommune oder anderer Verbände? Wo ist die Not, wo bin ich als Seelsorger*in gefragt, wo bin ich als Vernetzer*in gefragt, um Kontakt oder spezialisierte Hilfe zu vermitteln?

„Als ich alleinerziehend geworden bin, war das für mich der absolute Horror. Ich stand auf einmal alleine mit drei kleinen Kindern da. Mit einem Mädchen, 7 Jahre alt, und zwei Söhnen, 5 und 3 Jahre alt. Ich nahm alle Hilfen an, die es irgendwie gab und es war auch nötig. Zum Glück war meine Mutter da. Sie unterstützte mich sehr. Auch die Caritas hat mit der Kleiderkammer sehr geholfen. Das Jugendamt hat mich sauber hängen lassen.

---

11 Domsgen, Michael, Welche Kirche brauchen Familien? *Vier Antwortfacetten in praktisch-theologischer Perspektive*, Halle 2015; https://www.eaf-bayern.de/positionen/ (25.05.2020).

Die wichtigste Person war für mich aber die Pfarrerin der Evangelischen Kirchengemeinde. Sie war so menschlich, sie hatte immer ein offenes Ohr, hat sich für mich Zeit genommen, wenn ich sie gebraucht habe, hat sich um mich gekümmert. Eine echte Seelsorgerin. Sie hat mir in meiner Situation das Gefühl von Allein-Sein genommen. Dass so viel Hilfe kommt, habe ich nicht erwartet. Die Erfahrung ‚Mann ist zwar alleinerziehend – aber nicht alleine', hat mir geholfen."
(Markus, alleinerziehender Vater, 43 Jahre, Tochter 18 Jahre, zwei Söhne 16 und 14 Jahre)

Armut trifft nicht nur Alleinerziehendenfamilien, sondern viele Familien und ältere Menschen. Die Selbsteinschätzung bei der Bezahlung von Veranstaltungen hat sich daher bei vielen Gelegenheiten bewährt. Sie gibt denen, die im Moment weniger haben, die unkomplizierte Möglichkeit, ohne sich erklären zu müssen, weniger zu zahlen und dennoch teilnehmen zu können. Andere, die mehr zur Verfügung haben, geben gerne mehr, wenn der solidarische Grundgedanke dahinter erklärt wird. Die Selbsteinschätzung funktioniert bei einer Abendveranstaltung wie bei einem Vortrag oder einem Frauenmahl genauso wie an einem Seminartag oder einer Wochenendveranstaltung. Die Erfahrung zeigt, wenn ein Korridor rund um den geplanten Preis eröffnet wird (beispielsweise 3–8 Euro oder 20–35 Euro), pendelt es sich in der Gesamtsumme meist sogar etwas höher ein.

Ein monatlicher Treffpunkt für Alleinerziehende mit paralleler Kinderbetreuung ist eine der bekanntesten Möglichkeiten, Alleinerziehendenfamilien zu vernetzen, unterstützende Informationen weiterzugeben und Gemeinschaft zu erleben.[12]

Erzieherische Themen mitten aus dem Leben (zum Beispiel Pubertät, Medienkonsum, Grenzen setzen, Umgang mit Gefühlen ...) können in Kooperation mit Familienbildungsstätten, Erziehungsberatungsstellen oder Erwachsenenbildungswerken leichter realisiert werden und kommen allen Familien zugute. Die Zusammenarbeit mit der örtlichen Diakonie erweist sich als Entlastung und Bereicherung für die Kirchengemeinde.[13]

„Sehr ansprechend waren für mich die Gottesdienste für Alleinerziehende. Die Elemente darin, persönlich vorzukommen und äußerlich ausdrücken zu können, was innerlich geschieht beziehungsweise geschehen möge, persönliche Segnung zu erleben ... Neben praktischen Hilfen wie Seminaren, Freizeit-Aktivitäten und Urlauben geht es immer auch darum, Angebote zu haben, die Lebensgeschichte zu verstehen und gedanklich weiter zu entwickeln, Fähigkeiten wie Resilienz zu entwickeln."
(Stefan, getrennt erziehender Vater, 42 Jahre, 2 Söhne 18 und 16 Jahre)

---

12 Siehe dazu den Beitrag von Barbara Christian und Liane Krause in diesem Band auf S. 292–300.
13 Siehe dazu den Beitrag von Johanna Behrens, *Beratung und Unterstützung für Alleinerziehende durch die Kirchliche Allgemeine Sozialarbeit (KSA) / Diakonisches Werk Landshut*, in diesem Band auf S. 282–287.

Als relevant wird hier wahrgenommen, dass Kirche einen Raum bietet, um Brüche und Abschiede ganz persönlich zu verarbeiten. Eine Möglichkeit sind (ökumenische) Gottesdienste für getrennt Lebende und Geschiedene, die folgendermaßen heißen können: „Wenn Wege sich trennen", „Wenn Bande reißen" oder „Scherbenandacht". In diesen Gottesdiensten oder Andachten wird explizit die Umbruchsphase des Lebensweges thematisiert mit der Möglichkeit, die Konflikte und Veränderungen zu betrauern und Zuspruch für den Blick nach vorne zu bekommen. Für manche ehemaligen Paare ist es ein entlastender Abschluss der Trennungsphase, wenn in einem kirchlichen Trennungsritual[14] das versprochene „in guten wie in schlechten Tagen" zurückgenommen werden kann und der neue getrennte Lebensabschnitt gesegnet wird.

Potenziale entdecken

Alleinerziehende wollen nicht immer nur „nehmen", sie wollen auch etwas „geben", vor allem wenn sie in einer schwierigen Phase viel bekommen haben. Hier erweitern folgende Fragen den Blickwinkel: „Was können wir in der Kirchengemeinde von alleinerziehenden Müttern und Vätern lernen? Wie können wir alle mit Brüchen im Lebenslauf leben lernen, wieder einen (neuen) Platz im Leben finden?" Die Haltung dahinter im Sinne von Partizipation ist, nicht nur für Alleinerziehende etwas „machen" zu wollen, sondern mit ihnen das Gemeindeleben zu entwickeln und von ihnen zu lernen.

Bereits im ersten Zitat aus dem Interview mit der alleinerziehenden Mutter Manuela J. heißt es:

„Dort werde ich mit all meinen Bedürfnissen, Ängsten und Fähigkeiten gesehen."

Alleinerziehende Mütter und Väter sind geübt im Projektmanagement und dem täglichen Jonglieren verschiedenster Aufgaben; sie sind (notgedrungen) stresserfahren und findig im Umgang mit knappen Ressourcen. Alleinerzogene Kinder lernen oft früher, für sich und andere Verantwortung zu übernehmen und sich selbst zu organisieren. Kirchengemeinden bekommen also eine Menge zurück, wenn Alleinerziehendenfamilien ihren Platz dort finden. Bei aktiver Teilnahme an Veranstaltungen und Gruppen sowie im ehrenamtlichen Engagement können alleinerziehende Mütter und Väter ihre Fähigkeiten einbringen und für sich Selbstwirksamkeit erfahren. Es braucht, wie bei allen

---

14 In der Handreichung *Mit Brüchen leben. Andachten – Gottesdienste – Texte für die Arbeit mit alleinerziehenden Müttern und Vätern* findet sich auch ein Vorschlag für ein Trennungsritual als seelsorgerliches Angebot. Zu bestellen beim Gottesdienst-Institut der Evang.-Luth. Kirche in Bayern; https://shop.gottesdienstinstitut.org/ (25.05.2020).

Ehrenamtlichen, eine gewisse Fehlerfreundlichkeit – wenn Alleinerziehende mal etwas nicht schaffen oder einen Termin absagen müssen.

Leichter wird der Zugang zum ehrenamtlichen Engagement oder zur aktiven Teilnahme, beispielsweise in einem Chor, wenn die Kinderbetreuung immer mitgedacht oder mitorganisiert wird. Manchmal hilft die Vermittlung von Jugendlichen oder wohnortnahen Wunschgroßeltern. Auch das ist eine Idee, aus der ein tolles Familienprojekt werden kann.

Kirchenvorstände arbeiten oft mit Ausschüssen und Beauftragten. Diese sind nicht immer leicht zu besetzen. Vielleicht gibt es in Gemeinden, in denen die Frage der alleinerziehenden Familien relevant ist, alleinerziehende Mütter oder Väter, die Freude an solch einer Beauftragung haben, um das Thema für die Gemeinde aufzugreifen und fruchtbar zu machen.

Im genauen, neuen Hinsehen und Wahrnehmen der Situation, der Bedarfe und der Fähigkeiten von Alleinerziehendenfamilien, im Entwickeln von relevanten und einladenden Angeboten werden ganz neue Potenziale in der Familienarbeit der Kirchengemeinden sichtbar. In der Vernetzung im Stadtteil und der Region, mit der Diakonie, der Kommune und anderen Trägern und Angeboten liegt die Chance, Alleinerziehendenfamilien vielfältig zu unterstützen. So werden auch mit knappen eigenen Ressourcen Energien freigesetzt, die allen Familien zugutekommen. Denn:

„Wege entstehen dadurch, dass man sie geht." *(Franz Kafka)*

Johanna Behrens

Beratung und Unterstützung für Alleinerziehende durch die Kirchliche Allgemeine Sozialarbeit (KASA) / Diakonisches Werk Landshut

„Bin ich hier bei Ihnen richtig, können Sie mir weiterhelfen?" – Mit diesen Worten beginnt häufig der Erstkontakt mit ratsuchenden Müttern[1] nach Trennung und Scheidung bei uns in der Diakonie. Wir, das sind die mitarbeitenden Sozialpädagoginnen des Fachdienstes „Kirchliche Allgemeine Sozialarbeit" beim Diakonischen Werk Landshut. Das Beratungsangebot wird im Rahmen der Bezirksstellenarbeit nahezu ausschließlich aus kirchlichen Mitteln finanziert und ermöglicht eine weitgehende Unabhängigkeit von kommunalen Zuschüssen. Unsere Beratung ist für jeden zugänglich, überkonfessionell und kostenfrei.

"Am I in the right place here, can you help me?" These are the words that often mark the beginning of the first contact with mothers seeking advice after separation and divorce with us in our diaconic institution. We, that are the social education workers of the special service "Church-bound Common Social Work" (Kirchliche Allgemeine Sozialarbeit) in the Diaconic Institution of Landshut. The counselling service is financed almost exclusively by church funds within the framework of the district office work and allows for extensive independence from municipal grants. Our counselling is accessible to everyone, interdenominational and free of charge.

Die Türen der KASA in Landshut stehen offen

Die Sozialpädagoginnen des Fachdienstes „Kirchliche Allgemeine Sozialarbeit" beim Diakonischen Werk Landshut, werden häufig und in kontinuierlich ansteigender Zahl von Menschen in schwierigen Lebenslagen und Krisensituationen aufgesucht, die von uns Beratung und Perspektiven, Orientierung und konkrete Hilfen für den Alltag erhoffen. Das können finanzielle und oder berufliche Probleme, aber auch persönliche Lebenskrisen zum Beispiel nach Trennung und Scheidung sein. Dieser Personenkreis hat aufgrund der komplexen Änderungen in seinem Lebensumfeld und der damit verbundenen hohen psychischen Belastung große Probleme, sich auf ein spezielles Thema zu fokussieren.

Unabhängig von der Ehedauer, den miteinander erlebten positiven und negativen Erfahrungen, Belastungen und Emotionen, ist die Entscheidung zur Trennung bzw. zum Scheidungsbegehren für den Einzelnen ein enormer

---

[1] Es handelt sich auch vereinzelt um Väter; da diese aber deutlich in der Unterzahl sind, wird hier im Beitrag die weibliche Form „Mütter" verwandt.

Schritt, der nicht selten als ein Schock erlebt wird. Trotz der in der Regel als alltäglich belastend erlebten Beziehung wird hier ein Endpunkt gesetzt, den viele Betroffene sich nicht vorstellen wollten. Je konkreter dieser Schritt wird, desto kritischer, beängstigender und teilweise auch aussichtsloser wird nicht selten die eigene Stimmungslage und der auf ihnen lastende Druck beschrieben.

In der persönlichen Beratung können wir den Frauen Raum geben für ihre Gefühle (Trauer, Wut, Angst etc.). Diese Emotionen werden aus Angst, eventuell Kinder und Familie zu stark zu belasten, häufig verdrängt und ignoriert. Bekommt die Angst aber ein Ventil im Beisein von neutralen Personen in einem als vertraut erlebten Umfeld, empfinden es die Frauen in der Regel als sehr befreiend und entlastend, ihre emotionale Befindlichkeit an- und auszusprechen. Damit steigt nicht selten die Bereitschaft deutlich an, sich mit einer alternativen Lebensplanung auseinanderzusetzen und die nächsten erforderlichen Schritte in die Wege zu leiten.

In dieser Phase sind die betroffenen Frauen und Mütter zunehmend bereit und gefestigt, sich mit weiterführenden Institutionen und Beratungsangeboten auseinanderzusetzen und für sich selber in Betracht zu ziehen. Hierzu gehören unter anderem Trennungsberatung der Ehe- und Lebensberatung, Kontaktaufnahme zur Erziehungsberatung, zum Jugendamt zur Unterhaltsklärung (evtl. Einsetzung Beistandschaft) etc. Wir begleiten bei Bedarf auch den Übergang, wenn es für die psychische Stabilität der Beteiligten erforderlich ist.

Auch wenn im Laufe der Zeit das eine oder andere Beratungsangebot zunehmend an Bedeutung gewinnt, bleibt die Tür der KASA für unsere Klientinnen immer geöffnet!

Eine Klientin hatte den Wunsch nach einem Folgetermin ohne konkreten Anlass derart begründet, dass sie diesen Ort (KASA-Büro) bisweilen als eine Tankstelle für sich erlebt. Genau das kann und möchte die Fachberatung „Kirchliche Allgemeine Sozialarbeit" auch sein: ein sicherer Ort, an den sich jede und jeder mit seinen Themen, Fragen und Sorgen vertrauensvoll wenden kann!

Treffpunkt für Alleinerziehende mit Kinderbetreuung

Unabhängig von einer individuellen und persönlichen Beratung bietet die KASA hier in Landshut auch einen unverbindlichen „Treffpunkt für Alleinerziehende" unter ehrenamtlicher Leitung und mit parallel dazu stattfindender Kinderbetreuung an. Hier haben die Alleinerziehenden einen geschützten Rahmen, um sich entsprechend ihren aktuellen Befindlichkeiten, ihren Bedürfnissen, Sorgen und Nöten auszutauschen. Im Bedarfsfall kann auch zur Unterstützung die verantwortliche Sozialpädagogin hinzugezogen werden.

Neben dem allgemeinen Erfahrungsaustausch können Informationsveranstaltungen zu einzelnen Fragen angeboten werden, so zum Beispiel Vorträge bezüglich Mietrecht, beruflicher Wiedereingliederung, Erziehungsberatung. Auch besondere Anliegen finden hier Berücksichtigung. Eine Teilnehmerin hatte als persönliches Problem den anstehenden Scheidungstermin genannt. Besonders unangenehm erschien ihr die Anwesenheit ihres Noch-Ehemannes bei der Verhandlung, möglicherwiese mit seiner neuen Partnerin. Sie hatte Angst davor, würde sich klein und hässlich vorkommen. Im Austausch mit den anderen Teilnehmer*innen entstand der Wunsch nach einer Farbberatung mit der Frage: „Was kann ‚Frau' tun, um sich in ihrer Haut, ihrem Körper und mit ihrem Gesicht wieder wohl zu fühlen?" In Folge konnte eine Farb- und Stilberaterin gewonnen werden, die kostenfrei eine entsprechende Beratung im Treffpunkt anbot und den Frauen vermittelte, wie mit wenig Aufwand und etwas Geschick viel am persönlichen Erscheinungsbild und auch am steigenden Selbstbewusstsein erreicht werden kann. Dieser Abend blieb allen Beteiligten in guter Erinnerung – der Spaß, die Unbeschwertheit und der unbekümmerte Umgang miteinander und natürlich das positive optische Ergebnis.

„Buntstift" – Schulbedarfsläden im Dekanat Landshut

Viele Alleinerziehende sind nicht nur in der Trennungs- und Scheidungsphase finanziell sehr schlecht aufgestellt. Die Lebenshaltungskosten übersteigen bei vielen deutlich das zur Verfügung stehende Budget. Die eigene finanzielle Existenzsicherung, die Unsicherheit bezüglich des Kindsunterhalts (Wechselmodell) etc. ist für die betroffenen Familien nicht selten eine große Belastung. Ein zusätzlicher Faktor sind häufig die Kosten für die schulischen Belange. Das Teilhabe- und Bildungspaket der Bundesregierung unterstützt zwar einige Familien, erreicht aber nicht alle und berücksichtigt auch nicht das gesamte schulische Spektrum. Gerade für Grundschüler*innen sind besondere Ausgaben obligatorisch, zum Beispiel zusätzliche Hausschuhe, Sportschuhe für drinnen, Sportschuhe für draußen (Neuanschaffung entsprechend Wachstum), und die vielen schulbedingten Extras: Kopier- und Materialgeld, eintägige Ausflüge mit Einkehr etc. Für finanziell eher schlechter gestellte Familien ist dies immer wieder Auslöser für zusätzliche Ängste, Unruhe und finanzielle Sorgen.

Um betroffene Familien zu unterstützen und öffentlich auf diese Problematik hinzuweisen, wurden im Dekanat Landshut mittlerweile drei Buntstiftläden (Rottenburg, Vilsbiburg, Landshut) installiert, zwei davon bei den Sozialkaufhäusern der Diakonie Landshut „Hab & Gut". Hier können Familien im Leistungsbezug von Arbeitslosengeld (ALG) II bzw. mit Sozialpass oder einer von uns ausgestellten Berechtigung neues und hochwertiges Schulmaterial zu einem stark ermäßigten und moderaten Preis beziehen. Engagierte Ehrenamtliche, unter anderen eine pensionierte Lehrerin, organisieren den Bestand und die Ausgabe. Interessierte Gruppen und Organisationen (zum Beispiel Frauenbund, Pfarrgemeinde, politische Vertreter, Schulklassen) besuchen die Räumlichkeiten und erkundigen sich nach den Hintergründen dieses Angebotes. Aufgrund der regionalen Zuordnung ist aus der Bevölkerung kontinuierlich eine sehr positive Spendenbereitschaft zu verzeichnen. Dies ermöglicht auch im Einzelfall, besondere Bedarfe, zum Beispiel Zeichenbretter, zu berücksichtigen.

Kochlöffeltreff Vilsbiburg – Küche kann mehr als Kochen!

Zumindest gilt dieser Leitspruch für die evangelische Kirchengemeinde der Christuskirche in Vilsbiburg. Im Rahmen der *F.I.T.-Initiative* der Landeskirche 2011 wurde in Kooperation mit dem Diakonischen Werk Landshut e.V. und der evangelischen Christuskirche Vilsbiburg, vertreten durch Pfarrer Michael Lenk, ein besonderes Projekt mit Schwerpunkt „Kinder von Alleinerziehenden" ins Leben gerufen. Es handelt sich dabei um ein außerschulisches Angebot, das den erweiterten Lebens-/Sozialraum Küche mit allen verschiedenen Facetten erlebbar gestaltet (gemeinsames Kochen, Spiel, Spaß, Entspannung und Kommunikation).

So einfach wie gut erfüllt es ein Grundbedürfnis von uns allen: Gemeinsamkeit erfahren, einen vertrauten sicheren Raum, der ausreichend Platz gibt für vertrauensvolle und wertschätzende Gespräche, für Humor und Lachen, miteinander eine schöne und entspannte Zeit erleben. Das alles kann die Gemeinschaftsküche bieten! Und damit auch Kindern in angespannten finanziellen, sozialen und familiären Situationen Orientierung und Unterstützung geben.

Nach Genehmigung durch die Landeskirche ging das Projekt zeitnah mit zwei Mitarbeiterinnen (Erzieherin und Hauswirtschafterin) an den Start. Die Nachfrage war in den folgenden drei Jahren konstant. Nach Ablauf der Bewilligungsphase wurde das Projekt (mit kurzfristiger Zwischenfinanzierung durch die Diakonie Bayern-Jugendprävention) über eine Projektförderung von „Aktion Mensch" mit Erweiterung auf den Inklusionsansatz für weitere drei Jahre gefördert.

Mittlerweile wird der *Kochlöffeltreff* mit ehrenamtlicher Leitung, mit Unterstützung und Begleitung der Kirchengemeinde Vilsbiburg und der Fachberatung „Kirchliche Allgemeine Sozialarbeit" (KASA) des Diakonischen Werkes fortgesetzt.

Nach wie vor sind die Kinder des Kochtreffs fester Bestandteil des Gemeindelebens. Neben diversen Ausflügen, wie zum Beispiel in das Freilichtmuseum, und den Aktivitäten der eigenen Treffs (Kochen, Backen, Basteln und

Spielen) nehmen sie zum Teil auch mit ihren Eltern an den Aktivitäten der Gemeinde teil: Backen für Erntedankfest, Gemeindefest und Seniorenbibeltage, Basteln für Ostern oder Weihnachten ...

Die Erwartungen an unser Projekt wurden insgesamt deutlich übertroffen. Der Kochtreff ist mittlerweile, so Pfarrer Lenk, „eine Institution in Vilsbiburg im Sinne einer Marke". Das zeigt sich nicht zuletzt daran, dass es immer wieder Spenden aus der Gesellschaft für dieses erfolgreiche soziale Projekt gibt.

„Landshuter Armutskonferenz – Forum für soziale Rechte" / „Runder Tisch – Rottenburg Sozial"

Die armutspräventive Orientierung stellt neben der individuellen Beratung und Lobby- bzw. Gremienarbeit für von Armut betroffene Menschen ein wesentliches Querschnittsthema in der regionalen Ausrichtung der „Kirchlichen Allgemeinen Sozialarbeit" dar.

Wichtige Instrumente hierfür sind die „Landshuter Armutskonferenz – Forum für soziale Rechte" und der „Runde Tisch – Rottenburg Sozial". Die „Landshuter Armutskonferenz – Forum für soziale Rechte" wurde erstmalig 2002, der „Runde Tisch – Rottenburg Sozial" 2013 von Mitarbeiterinnen der Fachberatung „Kirchliche Allgemeine Sozialarbeit" initiiert. Die Treffen finden mittlerweile drei- bis viermal jährlich (Armutskonferenz/Landshut) beziehungsweise zweimal jährlich (Rottenburg/Laaber) statt. Die Organisation und Durchführung übernimmt eine sozialpädagogische Fachkraft der „Kirchlichen Allgemeinen Sozialarbeit".

In beiden Gremien nehmen Vertreter*innen diverser Institutionen teil: unter anderem die Allgemeine Sozialberatung Diakonie und Caritas, Leitung Jobcenter La/LK, Bürgermeister*innen, Pfarrer*innen, Vertreter*innen kirchlicher Verbände, Mitarbeiterinnen der Frauenhäuser, Erziehungsberatung, Schwangerenberatung, Offene Behindertenarbeit, Fachberatung für psychisch kranke Erwachsene, Flüchtlings- und Migrationsberatung, Katholische Jugendfürsorge, Koordinierende Kinderschutzstelle, Ehrenamtliche von Tafel und Buntstift-Läden, Gebrauchtwarenhäusern, Migrationsberatung, Suchtberatung etc.

Für den einzelnen Beratungsdienst ist es nur begrenzt möglich, alle involvierten Institutionen im Blick zu behalten. Die regelmäßigen Treffen, der gegenseitige Erfahrungsaustausch, die Informationsweitergabe und das daraus entstehende vertrauensvolle Miteinander schaffen kontinuierlich eine effektive Arbeitsgrundlage. Je stabiler unsere Zusammenarbeit im Rahmen unseres regionalen Netzwerks (siehe oben) ist, je enger die interdisziplinäre Zusammenarbeit mit unseren zuständigen kommunalen Strukturen und Aufgabenträgern (Jobcenter, Jugendamt etc.), desto besser und nachhaltiger ist die gemeinsame Zielsetzung für die Betroffenen (und damit eine mögliche Verbesserung und Stabilisierung der Lebensqualität der Betroffenen und ihrer Kinder) erreich- und umsetzbar!

Trotz einer derzeit guten Arbeitsmarktsituation ist ein hoher Anteil von Alleinerziehenden in Stadt und Landkreis Landshut im (zum Teil auch ergänzenden) ALG-II-Bezug. Einige Erziehende versuchen, Wohngeld in Anspruch zu nehmen. Hohe Mieten und die schwierige Situation am Wohnungsmarkt ist als Querschnittsthema für die Gesamtbevölkerung nachvollziehbar und gesellschaftlich als Notsituation akzeptiert. Dennoch wird die Berichterstattung in den Medien über ALG-II-Beziehende in prekären Lebenssituationen, vor allem aber auch von Alleinerziehenden, häufig als sehr stigmatisierend für ihre Familienkonstellation und ihre Lebenssituation empfunden.

Trennung, Scheidung, Patchworkfamilien etc. sind mittlerweile ein Querschnittsthema in unserer Gesellschaft und gehören zu unserem Familienbild und unserem Familienverständnis. Auch wenn die einzelnen Familienphasen unterschiedlich lange andauern, das Miteinander und die Intensität der Familienleben zeitlich variieren, viel Bewegung und Dynamik in den jeweiligen Strukturen zu beobachten ist, stellt die Familie einen fundamentalen Grundstock unserer Gesellschaft dar.

Die Investition in diese Arbeit und die damit verbundene Wertschätzung der (Alleinerziehenden-)Familien ist dringend notwendig und gesamtgesellschaftlich lohnend!

Kornelia Brückmann

Zwischen Start und Ziel passiert ganz viel

Gerade wenn die Situation alleinerziehend zu sein noch neu ist, fällt es schwer, sich zu orientieren. Hier bieten Beratungsgespräche Hilfestellung, die häufig unüberschaubaren Möglichkeiten und Unterstützungsangebote zu sondieren. Neben Beratung zur Existenzsicherung dienen die Gespräche auch der persönlichen Entlastung und Weiterentwicklung sowie der Vernetzung Alleinerziehender untereinander.

Especially when the situation of being a single parent is still new, it is difficult to find one's bearings. This is where counselling interviews offer help in exploring the often-confusing possibilities and support services. Apart from advice on concerning the subsistence of life, the discussions also serve to provide personal relief and further development as well as networking among single parents.

Mit Humor und Pfiff – Hilfeangebote im Spiel zusammengefasst

Gemeinsam haben das Diakonische Werk Wetterau und das Evangelische Dekanat Büdinger Land ein Spiel auf den Weg gebracht, das die Bandbreite der Hilfeangebote in der Region und der staatlichen Hilfen spielerisch vermittelt. Eine Mitarbeiterin der Schwangerenberatungsstelle und eine Sozialarbeiterin, die im Dekanat Alleinerziehende berät, haben sich das Spiel mit Pfiff und einer Portion Humor ausgedacht. Das Leben ist aber kein Spiel und auch nicht immer lustig und so hat dieses Projekt einen durchaus ernsten Hintergrund. Eingeflossen sind die Erfahrungen, die die Macherinnen in vielen Jahren Beratungsarbeit gesammelt haben. Zwischen Start und Ziel des Spielplanes liegen viele Felder mit Stationen eines Lebensweges, die durch würfeln und ziehen mit einer Spielfigur erreicht werden. Bei Alleinerziehenden könnten sie beispielsweise so aussehen:
- Du bist ungewollt schwanger, dein Freund fühlt sich der Verantwortung nicht gewachsen und ihr sucht eine Schwangerenberatungsstelle auf.
- Du entscheidest dich für das Kind und dein Freund trennt sich von dir.
- Das Elterngeld kann bei Alleinerziehenden auch für die Partnermonate beantragt werden, die Beraterin hilft dir den Antrag zu stellen.
- Nun bestreitet dein Ex-Freund auch die Vaterschaft und du wirst auf die Möglichkeit einer Beistandschaft durch das Jugendamt hingewiesen.
- Die Vaterschaft ist geklärt, aber da der Vater noch in Ausbildung ist, kann er keinen Unterhalt zahlen, dafür gibt es die Möglichkeit, einen Antrag auf Unterhaltsvorschuss zu stellen.

- Inzwischen besucht das Kind die Kita, deine Ausbildungsvergütung reicht aber nicht für die Kitagebühren – die wirtschaftliche Jugendhilfe im Jugendamt kann dich auf Antrag unterstützen.
- Die Konfirmation rückt näher, das Kind wünscht sich eine Feier mit beiden Elternteilen, im Gespräch werden verschiedene Möglichkeiten besprochen, wie das gehen könnte.

Man kann sich viele weitere Stationen vorstellen. Die beiden Beraterinnen haben im Zuge ihrer Tätigkeit schon bei den unterschiedlichsten Anträgen Hilfestellung geleistet. Von Arbeitslosengeld über Bildungs- und Teilhabepaket oder Kinderzuschlag bis Witwenrente und Wohngeld reichen die Antragsformulare, die über die Schreibtische gewandert sind. Manche staatlichen Hilfen sind auf die Lebenssituation Alleinerziehender ausgelegt, sie in Anspruch zu nehmen erleichtert den Alltag.

Fachkundige Beratung mit offenen Ohren, weitem Herzen und einer Portion Hartnäckigkeit

Hinweise zu geben, Richtung oder Ziele aufzuzeigen, Hilfestellung beim Ausfüllen von Formularen, Tipps für Lösungsmöglichkeiten, aber auch Begleitung bei Behördengängen gehören zum Tagesgeschäft in der „Begleitung von Müttern in Konfliktsituationen und alleinerziehenden Familien". Die Beratungsstelle ist eine Einrichtung des Dekanats Büdinger Land der Evangelischen Landeskirche in Hessen und Nassau (EKHN). Seit Mitte der 80er Jahre finden Alleinerziehende hier, in guter Kooperation mit den Beratungsangeboten des Diakonischen Werkes, kompetente Gesprächspartnerinnen für die Themen, mit denen sie sich im Zusammenhang ihrer Lebenssituation als alleinerziehende Eltern auseinander setzen müssen. Offene Ohren und ein weites Herz, Humor und Hartnäckigkeit sind – nach langjähriger Erfahrung als Sozialarbeiterin – die Voraussetzungen für diese Tätigkeit.

Wichtig für die Ratsuchenden ist, dass jemand sich unaufgeregt und fachkundig ihrer Anliegen annimmt, dass sie sich wahrgenommen und auf Augenhöhe erleben, dass ihre je eigene Lebensgeschichte anerkannt und gesehen wird. So gewinnen sie Sicherheit und Stabilität für die nächsten Schritte.

Treffpunkte, Freizeit- und Ferienprojekte dienen dem Erfahrungsaustausch

Natürlich erleben die Menschen, die zur Beratung kommen, ihre Geschichte als einmaligen Ausnahmezustand – und sind oft entlastet, wenn sie hören, wie viele andere Menschen Ähnliches erlebt und gemeistert haben. Besonders bei den regelmäßig stattfindenden Treffen für Alleinerziehende, die ergänzend zur Beratung angeboten werden, gibt es diesen Aha-Effekt immer mal wieder. Auch bei gemeinsamen Freizeit- und Ferienprojekten werden Erfahrungen ausgetauscht, Informationen weitergegeben und Kontakte geknüpft. Diese Angebote haben sich aus der Beratungstätigkeit heraus entwickelt, die das Kernstück der Arbeit ist, gut etabliert und vielfältig vernetzt mit den Einrichtungen der Region. So werden die beiden „Treffpunkte für Alleinerziehende" in Kooperation mit einer Kirchengemeinde und einem Familienzentrum angeboten. Sie finden monatlich bzw. alle zwei Monate an Samstagen statt und werden durch Kinderbetreuung flankiert. Dadurch können berufstätige Elternteile ebenso teilnehmen wie auch Elternteile, die nicht erwerbstätig sind, ohne sich über die Unterbringung der Kinder Gedanken zu machen. Während diese gut versorgt sind, drehen sich die Gespräche der Erwachsenen um Fragen des Unterhalts, Besuchsregelungen oder auch berufliche Perspektiven. Die Teilnehmenden vernetzen sich dank moderner Medien und haben auch außerhalb der Treffen untereinander Kontakte.

Auch die Angebote für Ferienprojekte unter dem Titel *Urlaub ohne Koffer* oder mehrtägige Ferienaufenthalte in Tagungshäusern haben diese Zielsetzung und werden gerne angenommen. Dabei ist die Möglichkeit des gemeinsamen Erlebens und Gestaltens, die diese Maßnahmen bieten, eine wertvolle Erfahrung für die alleinerziehenden Familien. Der *Urlaub ohne Koffer* bietet die Gelegenheit, tagsüber an einem Ferienprojekt in der Region teilzunehmen, dort gemeinsam zu kochen, zu essen und den Tag zu gestalten, dabei aber die Nacht zu Hause zu verbringen. Das ist eine Option, das oft knappe Budget in alleinerziehenden Familien nicht zu sehr zu strapazieren. Aber auch die auswärtigen Ferienaufenthalte werden durch Einwerben von Spenden und Fördermitteln zu sehr moderaten Preisen angeboten. Unter dem Motto „Komm, wir finden einen Schatz" gab es beispielsweise 2018 in einem Tagungshaus täglich verschiedene Aktivitäten und Kreativangebote für Kinder und Erwachsene. So wurde eine Schatzsuche mit Wichtelbriefen durchgeführt, Überlegungen darüber angestellt, was ich an anderen schätze oder wie es wäre „Wenn ich einmal reich wär", und auch die eigenen Schätze wurden entdeckt. Am Ende der Woche konnten alle mit vielen neuen Eindrücken, einer eigenen Schatzkiste und vielleicht auch neu entdeckten Talenten nach Hause zurückkehren.

Alles hat seine Zeit

Neben der Existenzsicherung geht es in der Beratung von Alleinerziehenden immer auch um psychologische und pädagogische Aspekte, um die Chancen, die eine Krise mit sich bringt, um Zuversicht, neue Perspektiven und Selbstvergewisserung. Das Angebot zur Begleitung auf einem unwegsamen Wegabschnitt ihres Lebens nehmen im evangelischen Dekanat Büdinger Land jährlich durchschnittlich 50 Alleinerziehende wahr. Manche machen sich schon nach zwei Gesprächen wieder alleine auf den Weg, andere nutzen auch mal 10 bis 12 Beratungstermine. Ausschlaggebend sind die individuellen Wünsche und Bedürfnisse, die im Verlauf der Gespräche geäußert werden. Rückblickend kommt oft die Erkenntnis – und das macht die Metapher der *Stationen eines Lebenswegs*, der dem eingangs beschriebenen Spiel zugrunde liegt, sehr eindrücklich klar –, dass Alleinerziehend-Sein ein Abschnitt im Lebensverlauf ist, der auch viele andere Abschnitte hat. Denn: „Zwischen Start und Ziel passiert ganz viel"! Oder mit den Worten des Buches Kohelet: „Alles hat seine Zeit …" (Kohelet 3,1 ff.)

Materialien

Das beschriebene Spiel wird aktuell professionell überarbeitet. Interessent*innen können sich für weitere Informationen an die Autorin wenden: kornelia.brueckmann@ekhn.de.

Barbara Christian / Liane Krause

Treffpunkte für alleinerziehende Mütter und Väter und ihre Kinder

Auch heute noch ein wichtiger Bestandteil der Arbeit mit Alleinerziehendenfamilien

Die Arbeit mit Alleinerziehendenfamilien ist seit mehr als 40 Jahren eine Aufgabe, der sich die Evangelisch-Lutherische Kirche in Bayern und die Diakonie Bayern mit großem Engagement widmen. Sie konzentriert sich in der Evangelischen Arbeitsgemeinschaft für alleinerziehende Mütter und Väter (AGAE) und nimmt die Arbeit ehrenamtlich geleiteter Treffpunkte für Alleinerziehendenfamilien in den Blick.

For more than 40 years, work with single parent families has been a task which the Protestant-Lutheran Church in Bavaria (Evangelisch-Lutherische Kirche in Bayern und Diakonie Bayern) fulfilled with great commitment. The working field is concentrated within the Protestant Association for Single Mothers and Fathers (Evangelische Arbeitsgemeinschaft für alleinerziehende Mütter und Väter) with a special view on volunteer-led meeting places for single parent families.

Alleinerziehende helfen sich selbst – Alleinerziehende helfen sich gegenseitig

Liane Krause, seit 22 Jahren Treffpunktleiterin im Treffpunkt des Diakonischen Werkes Altdorf-Hersbruck-Neumarkt e.V., und Barbara Christian, Geschäftsführerin des Fachverbands *Evangelische Arbeitsgemeinschaft für alleinerziehende Mütter und Väter* im Diakonischen Werk Bayern, nehmen in diesem Artikel die Arbeit ehrenamtlich geleiteter Treffpunkte für Alleinerziehendenfamilien in den Blick. Sie zeigen am Beispiel des Treffpunktes des Diakonisches Werks Altdorf-Hersbruck-Neumarkt e.V. auf,
- wie sich die Treffpunktarbeit im Laufe der Jahre verändert hat,
- welche Bedeutung die Kinderbetreuung in der Treffpunktarbeit hat und
- was eine Treffpunktleitung motiviert, sich über lange Jahre ehrenamtlich zu engagieren.

Die Entwicklung, die Liane Krause hier skizziert, steht nicht stellvertretend für alle aktuell 14 ehrenamtlich geleiteten Treffpunkte in Kirche und Diakonie in Bayern. Viele Aspekte finden sich zwar in der Entwicklung anderer Treffpunkte wieder, insbesondere was die Angebote, Inhalte und auch die Kinderbetreuung betrifft. Aber vieles hat sich auch individuell entwickelt, ausgerichtet an den spezifischen Bedarfen der Alleinerziehendenfamilien in der Region und an den Möglichkeiten des Trägers und der ehrenamtlich Tätigen.

„Alleinerziehende helfen sich selbst – Alleinerziehende helfen sich gegenseitig", so lautet das Motto der Gründungsmütter und -väter der *Evangelischen Arbeitsgemeinschaft für alleinerziehende Mütter und Väter*. Der Fokus der Arbeitsgemeinschaft lag bei ihrer Gründung insbesondere auf der Hilfe zur Selbsthilfe. Angebote zur Stärkung und Vernetzung von Alleinerziehendenfamilien – Seminartage, Wochenenden, Urlaubsgemeinschaften und insbesondere die Angebote der Treffpunkte für Alleinerziehendenfamilien – boten zahlreiche und gute Möglichkeiten, soziale Kontakte zu schließen. Dies hatte zu dieser Zeit für viele alleinerziehende Mütter und Väter eine ganz besonders große Bedeutung – die Trennung vom Partner führte häufig auch zum Verlust der Kontakte im gemeinsamen Freundeskreis und leider immer wieder auch in der Familie.

Alleinerziehende Frauen und Männer galten früher als Versager und Gescheiterte. Ein uneheliches Kind wurde vielerorts als Schande angesehen, und auch Geschiedene wurden oftmals stigmatisiert und ausgegrenzt. Diese gesellschaftlichen Vorurteile trafen nicht nur die Mütter und Väter, sondern auch die Kinder in Alleinerziehendenfamilien. „Für alleinerzogene Kinder sind Ihre ja ganz nett", diese Aussage einer Lehrerin zitiert eine Treffpunktleitung in der Jubiläumsschrift 1997 der Arbeitsgemeinschaft.

Vor diesem Hintergrund hatten die vorab genannten Angebote noch eine besondere Bedeutung: Neben der Bewältigung der Trauer über gescheiterte Beziehungen oder den Verlust eines Partners und der Entwicklung einer neuen Lebensperspektive gaben sie Alleinerziehendenfamilien die Möglichkeit, neue soziale Kontakte zu knüpfen und neue Freundschaften zu schließen.

Treffpunktarbeit im Diakonischen Werk Altdorf-Hersbruck-Neumarkt e.V.

Liane Krause schreibt im Rückblick auf ihre langjährige Arbeit: Begonnen habe ich mein Engagement als Treffpunktleitung aus eigener Betroffenheit und eigenen Erfahrungen mit Behörden und dem gesamten Hilfesystem (Sozialhilfe, Wohngeld, Bayerisches Landeserziehungsgeld). Informationen waren damals nur sehr schwer und nicht umfassend zu bekommen. Teilweise musste lange und mühsam recherchiert werden. Informationsbroschüren oder Nachschlagewerke waren nicht vorhanden oder nicht aktuell, das Internet war noch nicht für alle zugängig.

Es erschien mir daher sinnvoll, eine Gruppe von „Gleichgesinnten" zu initiieren, um Informationen zu sammeln und weiterzugeben. Im Diakonischen Werk Altdorf-Hersbruck-Neumarkt e.V. fand sich ein Träger, der neben den Finanzen auch Räume in der evangelischen Kirche in Altdorf zur Verfügung stellen konnte.

Den Bedarf nach solch einer Gruppe gab es offenbar, denn nach kurzer Zeit trafen sich regelmäßig 35 Alleinerziehende mit ihren Kindern in Räumen der Evangelischen Gemeinde in Altdorf. Darunter waren geschiedene und unverheiratete Mütter und Väter, Witwen und Witwer und alleinstehende schwangere Frauen. Nicht nur der Hunger nach Informationen war immens, sondern auch der nach Austausch, Gesellschaft, Gemeinschaft und auch nicht zuletzt auch nach einer Auszeit von der Betreuung der Kinder. Ein großer Wunsch vieler Teilnehmer*innen war es, einfach nur einmal ein oder zwei Stunden in Ruhe Kaffee zu trinken und sich zu unterhalten.

Erfahrungen mitteilen, Fähigkeiten nutzen und Erlebnisse verarbeiten

Die Inhalte der Gespräche waren vielfältig. Ich erinnere mich ganz besonders daran, dass
- viele erzählten, dass nach der Trennung oder der Geburt des Kindes der ursprüngliche Freundeskreis zusammengebrochen war und man sich einsam fühlte,
- sich alleinerziehende Eltern bei „Kernfamilien" oftmals als „fünftes Rad am Wagen" fühlten. Alleinerziehend zu sein war damals noch ein Stigma, mit „diesen Müttern" hatte man einfach keinen Umgang.
- Viele alleinerziehende Mütter sich aus Scham nicht als alleinerziehend geoutet haben. Das Gefühl, es nicht geschafft zu haben, die Ehe zusammenzuhalten, war allgegenwärtig und wurde damals öffentlich immer wieder thematisiert. Aussagen wie „Du hast es dir aber leicht gemacht. Ich muss immer meinem Mann und den Kindern gerecht werden. Du musst dich ja nur um die Kinder kümmern" hörte man damals oft.
- Das Leben bestand für viele Mitglieder der Gruppe nur noch aus der Sorge um die Kinder, den Haushalt, Einkaufen und eventuellen Ämtergängen. Die alleinerziehenden Mütter hatten das Gefühl, dass das Leben an ihnen vorübergehe. Soziale Interaktionen waren selten geworden.
- Der Redebedarf nach einer Trennung war enorm, und das ist bis heute so geblieben. Freund*innen sind nur begrenzt belastbar. Hier kommt die Stärke einer Selbsthilfegruppe voll zum Tragen: Alle haben ähnliche Erfahrungen gemacht und wissen, wovon sie reden. Teilnehmer*innen, die schon länger allein leben, teilen ihre Erfahrungen und machen so deutlich, dass das Leben weiter geht.

Neben den regelmäßigen Treffen fanden sehr schnell gemeinsame Unternehmungen statt.

Die Gruppe bot auch eine Austauschmöglichkeit für die Kinder – diese sahen, dass sie nicht die einzigen alleinerzogenen Kinder waren. Oftmals ergaben sich Freundschaften unter den Kindern und sie konnten gemeinsam ihre Geburtstage feiern.

Wenn mich heute jemand fragt, wie ich das Ziel unserer damaligen Treffen beschreiben würde, fällt mir sofort der Flyer ein, mit dem wir damals auf uns aufmerksam gemacht haben. Dort stand
„Wir treffen uns, weil
uns hier jemand auffängt, wenn es uns schlecht geht.
wir hier immer wieder neue Kraft und neuen Mut schöpfen.
uns hier jemand zuhört.
wir von den Erfahrungen der anderen profitieren.
wir einander auch ohne viele Worte verstehen.
wir hier lachen und Spaß haben können.
wir jedes Mal ein bisschen stärker werden und es uns so gut tut."

(Überlebenswichtige) Themen, Tipps und Aktivitäten

Die Themen, mit denen wir uns auseinandergesetzt haben, waren vielfältig und unterschieden sich nicht wesentlich von den Themen, die heute alleinerziehende Mütter und Väter interessieren.

Schon damals waren Vorträge von Rechtsanwält*innen zum Thema Scheidung sowie Vorträge zu Erziehungsthemen vom Jugendamt oder den Erziehungsberatungsstellen sowie Finanzberatung gefragt.

Gut besucht war früher unsere Baby-Börse. Durch den Verkauf von Kinderkleidung und vor allem durch den Tausch von Spielzeug konnten finanzielle Probleme der Teilnehmer*innen ein wenig gemildert werden.

Auch Themen, die selbst erarbeitet und moderiert wurden, waren sehr beliebt. Diese wurden sowohl von den Treffpunktleiter*innen als auch von Teilnehmer*innen eingebracht. So konnte jede*r ihre*seine eigenen Erfahrungen mitteilen, Fähigkeiten nutzen und Erlebnisse verarbeiten. Die beliebtesten Themen waren Trauer, Wut, Angst und Kindererziehung/-betreuung.

Da „Familienfeste" wie Weihnachten, Ostern, Kommunion oder Konfirmation damals sehr problematisch waren – und oft heute noch sind –, gerade am Beginn des „Alleinerziehend-Seins", haben wir diese Feste in der Gruppe gefeiert und dabei Strategien für die Feiern in der Familie entwickelt. So waren die Weihnachtsfeier und das Osterfrühstück am Ostermontag feststehende Rituale der Gruppe. Selbstverständlich waren die Kinder immer betreut oder in die Feier eingebunden.

Früher waren die meisten alleinerziehenden Mütter nicht berufstätig. Dies lag häufig an fehlenden Kinderbetreuungsmöglichkeiten, aber ebenso häufig an der mangelnden Ausbildung. Vielfach wurde der berufliche Werdegang durch die Schwangerschaft und die Geburt des Kindes unterbrochen oder erst gar nicht begonnen. Die „Hausfrauen-Ehe" war noch üblicher als heute. Den Frauen fehlten oft die Fähigkeiten und das Verständnis für amtliche Unterlagen und das Ausfüllen von Formularen. Meistens war die Begründung, dass der Ehemann sich um den „Papierkram" gekümmert und man selbst keine Ahnung davon habe. Erschwerend kam noch hinzu, dass die nötigen Informationen in Form von Unterlagen fehlten, da ja der Ehemann alles verwaltet hatte.

So waren Tipps zur Beschaffung und aktive Hilfe beim Ausfüllen der Formulare im wahrsten Sinne des Wortes überlebenswichtig. Ebenso wurde auch bei der Begleitung der nachfolgenden Ämtergänge der Wert der Selbsthilfe sichtbar. So halfen sich die Teilnehmer*innen untereinander ebenso wie die Treffpunktleiter*innen.

Treffpunktarbeit im Wandel

Im Laufe der letzten Jahrzehnte haben sich die gesellschaftlichen, wirtschaftlichen, sozialpolitischen und familienpolitischen Rahmenbedingungen stark verändert. Trennung und Scheidung sind keine Ausnahmen mehr. Für viele Kinder besteht die Wahrscheinlichkeit, im Laufe ihres Lebens die Trennung ihrer Eltern und die damit verbundenen erheblichen Veränderungen des familiären Gefüges zu erleben.

Diese Veränderungen sind in der Arbeit mit Alleinerziehendenfamilien deutlich zu spüren. Es ist keine Schande mehr, ein uneheliches Kind zu haben oder getrennt oder geschieden zu werden, auch wenn es vor allem im ländlichen Raum noch in besonderer Weise wahrgenommen wird, wenn eine Frau oder ein Mann mit ihren*seinen Kindern alleine lebt. Eine Stigmatisierung erleben allerdings nur noch wenige.

„Familie lebt in viele Formen", dieses aktuelle Motto der Arbeitsgemeinschaft spiegelt die Realität von Familien heute. Die veränderten sozial- und familienpolitischen Rahmenbedingungen führen dazu, dass alleinerziehende Mütter und Väter heute überwiegend berufstätig sind und die Sorgearbeit mit der Erwerbsarbeit vereinbaren wollen und/oder müssen. Dies hat Auswirkungen auf die Angebote für Alleinerziehendenfamilien.

Die Mitglieder der Evangelischen Arbeitsgemeinschaft für alleinerziehende Mütter und Väter sind nach wie vor gefordert, Alleinerziehende bei der Bewältigung ihres Alltags und bei der Entwicklung von neuen Perspektiven zu unterstützen. Immer mehr Alleinerziehende suchen neben den Kontakten in den Treffpunkten professionelle Hilfe zur Lösung ihrer Probleme. Dieser Aufgabe nehmen sich die Mitglieder der Arbeitsgemeinschaft in besonderer Weise an. Sie haben vielfältige Erfahrung in der Begleitung und Beratung alleinerziehender Mütter und Väter. Diese Einrichtungen sind in der Regel eng vernetzt mit weiteren professionellen Beratungsangeboten vor Ort, an die sie bei Bedarf weiterverweisen.

Die Stärkung des Selbsthilfepotenzials durch Treffpunkte ist bei vielen Mitgliedern der Arbeitsgemeinschaft – trotz der Veränderungen in der Arbeitswelt

– noch heute ein wichtiger Bestandteil ihrer Tätigkeit. Allerdings ist in den letzten Jahrzehnten ein deutlicher Rückgang der ehrenamtlich geleiteten Treffpunktarbeit zu verzeichnen.

Alleinerziehende Mütter und Väter sind immer noch „Expert*innen aus Erfahrung" für ihre Lebensform und viele der damit verbundenen Fragestellungen. In den derzeit ca. 14 ehrenamtlich geleiteten Treffpunkten für Alleinerziehendenfamilien und auch in den vier hauptamtlich geleiteten Treffpunkten sowie den anderen Angeboten der hauptamtlich Tätigen, wie zum Beispiel Wochenend- oder Urlaubsbegegnungen, spiegelt sich dieser Ansatz wider.

Das Angebot der Treffpunktarbeit hat sich in den letzten Jahren verändert. Die Treffpunkte reagieren damit immer wieder neu auf die Bedarfe der alleinerziehenden Mütter und Väter und deren Kinder. Verbindliche Gesprächskreise stoßen nicht mehr in dem Maße auf das Interesse der Teilnehmer*innen wie früher. Unverbindlichere Formate, die Austausch ermöglichen, wie zum Beispiel ein Kaffee- und Kuchen-Treff oder auch Informationsveranstaltungen, werden gern von alleinerziehenden Müttern und Vätern angenommen.

Treffpunktarbeit heute im Diakonischen Werk Altdorf-Hersbruck-Neumarkt e.V.

Im Hinblick auf heutige Erfahrungen berichtet Liane Krause: „In den letzten Jahren habe ich immer wieder das Angebot verändert und neue Formate ausprobiert, um Alleinerziehendenfamilien eine Möglichkeit zum Austausch zu bieten. Es kommen neue Teilnehmer*innen in den Treff und nehmen einzelne Angebote wahr, die ihr Interesse wecken. Teilnehmer*innen, die über einen längeren Zeitraum regelmäßig kommen, die insbesondere die Kommunikation mit den anderen suchen und schätzen und neue Freundschaften knüpfen wollen, gibt es immer weniger. Das Konzept der Selbsthilfegruppe, das ich zu Beginn meiner Arbeit als Treffpunktleitung umsetzen konnte, ist überholt. Die Gründe dafür sind meines Erachtens vielfältig:
Das damalige Kernproblem, Informationen nur unvollständig und schwer zu bekommen, ist heute keines mehr. Das Internet als Informationsquelle ist allgegenwärtig, Foren und Chaträume sind rund um die Uhr erreichbar. Es muss nicht mehr auf den nächsten Treff gewartet werden.

Der weitaus überwiegende Teil der Alleinerziehenden, die ich kenne, ist berufstätig. Dadurch sind die Zeiten mit den Kindern stark limitiert und unterliegen oftmals einem strengen Zeitplan, der von den Öffnungszeiten der Kinderbetreuungseinrichtung, der Schulen und Horte und den Arbeitszeiten der Mütter bzw. der Väter reglementiert wird. Durch diese Situation fühlen sich einige von einem zusätzlichen Termin überfordert. Sie brauchen die rare Zeit für sich und die Kinder und wollen keine zusätzliche Trennung, auch nicht stundenweise. Freie, gemeinsame Zeit ist wertvoll geworden.

Alleinerziehende sind keine Rarität mehr. Für diese Lebensform muss man sich nicht mehr schämen. Kinder erfahren schon in Kindergarten und Schule, dass sie nicht die einzigen alleinerzogenen Kinder sind.

Getrennte Familien leben heute in unterschiedlichen Formen. Residenzmodell, Nestmodell und Wechselmodell sind in aller Munde. Die Erfahrungen alleinerziehender Mütter und Väter sind sehr unterschiedlich geworden. Viele bezweifeln, dass sich in den kleinen Gruppen gleiche Problemlagen finden lassen.

Es hat sich in den letzten Jahren gezeigt, dass es viele Alleinerziehende bevorzugen, ihre individuellen Probleme anonym zu diskutieren. In den Treffen wird zwar auf den Datenschutz und die Vertraulichkeit hingewiesen, wirkliche Anonymität ist aber nicht gegeben. Dem tragen Internetforen vermeintlich Rechnung.

Da es trotz dieser Entwicklungen Alleinerziehendenfamilien in unserer Region gibt, die einen analogen Austausch schätzen, haben wir unser Treffpunktkonzept in den vergangenen Jahren immer wieder neu betrachtet und versucht, es an den Bedarfen der Alleinerziehendenfamilien zu orientieren. Das betrifft nicht nur die Inhalte der Treffen, sondern auch den Zeitpunkt, zu dem Alleinerziehendenfamilien eingeladen werden. Dieser ist so zu wählen, dass er außerhalb ‚normaler' Arbeitszeiten und außerhalb der Zeiten liegt, in denen alleinerziehende Mütter und Väter notwendige Alltagsverrichtungen wie zum Beispiel Einkäufe erledigen. Wir haben hier den Sonntagnachmittag als guten Zeitraum für Treffaktivitäten entdeckt. Aber ich weiß, dass in anderen Regionen und mit anderen Zielgruppen von Alleinerziehendenfamilien, wie beispielsweise Müttern mit sehr kleinen Kindern, andere Zeiträume sinnvoller sein können.

Aktuell halten in unserem Treffpunkt in regelmäßigen Abständen Fachleute Vorträge zu Themen, die alleinerziehende Mütter und Väter interessieren. Sie werden beispielsweise von Mitarbeiter*innen aus Beratungseinrichtungen wie der Erziehungsberatung, der Kirchlichen allgemeinen Sozialarbeit, Schuldnerberatung oder auch des Jugendamtes sowie von Rechtsanwält*innen gehalten. Im Anschluss an die Vorträge gibt es die Möglichkeit zum Austausch und zur Diskussion. Kalte und warme Getränke stehen bereit, für qualifizierte Kinderbetreuung ist gesorgt und der Vortragsraum wird ansprechend gestaltet.

Diese Begegnungen zu organisieren ist eine Herausforderung und macht die Aufgabe als Treffpunktleitung spannend. Zugegeben, das ist manchmal auch anstrengend. Aber solange es Alleinerziehendenfamilien gibt, denen unser Angebot in irgendeiner Weise weiterhilft, möchte ich sie dabei unterstützen."

Kinderbetreuung – ein wesentlicher Bestandteil der Treffpunktarbeit

Eine ganz wesentliche Voraussetzung für eine gelingende Treffpunktarbeit ist, dass die Kinder der Besucher*innen während des Treffens betreut werden. Das heißt, dass neben dem ehrenamtlichen Engagement der Treffpunktleitungen auch das Engagement von weiteren Personen in der Kinderbetreuung unverzichtbar ist. Die Auswahl und Begleitung der ehrenamtlichen Kinderbetreuer*innen obliegt den Treffpunktleitungen und den Hauptamtlichen des Trägers.

„Was wäre ein Treffen ohne Kinderbetreuung? Nicht das, was es sein sollte!", sagt Liane Krause: „Natürlich kann man Unternehmungen und Projekte oder auch einen Austausch bei Kaffee und Kuchen mit Vater oder Mutter und den Kindern machen. Das geschieht ja im privaten Rahmen auch. Aber dann kommen der intensive Austausch und die Diskussion der Erwachsenen zu kurz. Viele Themen sind nichts für sensible Kinderohren. Die Teilnehmenden sollen sich frei und ungezwungen unterhalten und austauschen können. Bei manchen kommen auch Trauer oder Wut hoch. Das sind Emotionen, die die Kinder verstören könnten.

Es ist mir ein großes Anliegen, dass vor den Kindern nicht schlecht über den anderen Elternteil gesprochen wird. Aber natürlich müssen diese Dinge zur Sprache kommen. Daher ist es wichtig, einen geschützten Rahmen zu bieten, für die Mütter bzw. Väter ebenso wie für die Kinder. Ohne Kinderbetreuung kann weder ein sinnvoller Gesprächskreis noch ein Vortrag mit Aussprache und Diskussion stattfinden. Kinder und Erwachsene brauchen im Treffpunkt jeweils ihren eigenen Raum zur Entfaltung.

In den letzten Jahren sind wir immer mehr dazu übergegangen, die Kinderbetreuung in die Hände von (angehenden) Erzieher*innen oder Kinderpfleger*innen zu legen, die die Zeit im Treffpunkt kindgerecht gestalten. Auch die Kinder sollen sich auf den Treffpunkt freuen."

Was die Ehrenamtlichen motiviert

Die Veränderungen in der Arbeit mit Alleinerziehendenfamilien machen auch vor denjenigen nicht halt, die ehrenamtlich aktiv sind. Weit überwiegend sind diejenigen, die sich in Treffpunkten engagieren, berufstätig und haben darüber hinaus die Sorgeverantwortung für Kinder und Jugendliche.

Trotzdem engagieren sich gerade alleinerziehende Mütter und Väter in den Treffpunkten der Mitglieder der Arbeitsgemeinschaft. Ihre Motivation ist vielfältig: Sie engagieren sich, weil sie beispielsweise die Situation des Alleinerziehens aus eigener Erfahrung kennen, vieles bereits bewältigt haben und über die Treffpunktarbeit eine Möglichkeit des Austausches für sich und andere schaffen wollen. Dieser individuelle Beitrag zum allgemeinen Wohl und dieses aktive Mitgestalten von Zivilgesellschaft beinhaltet durchaus auch das Anliegen, selbst dazu zu lernen und auf diese Weise zu profitieren.

Mein Herzensanliegen: Seht uns und macht eure Politik auch für uns!

Auf die Frage nach ihrer Motivation, seit 22 Jahren einen Treffpunkt für Alleinerziehendenfamilien zu leiten, gibt es für Liane Krause nur eine Antwort: „Mein Herzensanliegen ist es, die Lebenssituation von Alleinerziehenden zu verbessern – damals wie heute, sowohl im kleinen, direkten Kontakt und in der persönlichen Interaktion mit den Teilnehmer*innen der Gruppe als auch in der regionalen politischen Szene. Ich möchte immer wieder den Finger in die Wunde legen und sagen: ‚Uns gibt es auch noch! Seht uns und macht eure Politik auch für uns!' Früher wollte uns niemand sehen, heute ist ‚alleinerziehend sein' schon so normal geworden, dass die besonderen Probleme dieser Lebensform oft kaum noch wahrgenommen werden."

Ein konstruktives Miteinander von professioneller Beratung und Bildung und ehrenamtlichem Engagement ist ein wichtiger Grundsatz für eine gelingende Arbeit für und mit Alleinerziehendenfamilien. Dieser Grundsatz prägt die Arbeit in der bayerischen Landeskirche und ihrer Diakonie seit vielen Jahrzehnten und ist auch heute noch aktuell.

Es ist nicht immer einfach, ein attraktives Angebot zu gestalten, aber für die Alleinerziehendenfamilien, die Unterstützung und Austausch suchen, ist es ein großer Gewinn!

Christian Bakemeier

„Alex's on the road again ..."[1]
Kids on Tour – ein Angebot der Bahnhofsmission

Organisation ist das halbe Leben von Alleinerziehenden. Aber manchmal erweist es sich in der Umsetzung von Sorge- und Umgangsregelungen für Kinder von getrennt und weit auseinanderlebenden Eltern als schwierig, geografische Distanzen zu überbrücken. Die Geschichte von Kirsten und Alex gibt typische Einblicke in den Alltag von Trennungsfamilien, auch in herausfordernden Zeiten (aktuell von Corona). Und sie erzählt, wie hierbei die Bahnhofsmission in Kooperation mit der Deutschen Bahn die Kinder – ehrenamtlich – auf den Fahrten zwischen den Wohnsitzen ihrer Elternteile begleitet und unterstützt. Bundesfamilienministerin Franziska Giffey ist Schirmherrin von *Kids on Tour*.

Organisation makes half of the life of single parents. However, it is sometimes difficult to realise the care and contact regulations for children with separated, and far away living parents. The story of Kirsten and Alex gives typical insights into the everyday life of separated families, also in times of challenge (like currently the Corona pandemic). And it shows how the railway mission (Bahnhofsmission) in cooperation with Deutsche Bahn voluntarily supports and accompanies children on their way between the homes of their parents. The Federal Minister of Family Affairs, Franziska Giffey, is the patron of "Kids on Tour".

Unterwegs mit Alex

531 km Entfernung, das entspricht einer Fahrtzeit mit dem Auto von etwas über fünfeinhalb Stunden, wenn keine Staus dazwischenkommen, was selten der Fall ist auf der Strecke von Berlin nach Essen. Seit Alex' Eltern sich getrennt haben und er mit seiner Mama zurück in deren Heimatstadt Berlin gezogen ist, trennt ihn diese Entfernung von seinem Papa, der weiter im Ruhrgebiet wohnt.

Dabei könnten die Voraussetzungen schlechter sein: Alex' Mama Kirsten erzählt im Interview, dass beide Eltern sich bei der Trennung einig waren, dass für Alex der Kontakt zu Vater und Mutter gleichermaßen wichtig ist und sie das Umgangsrecht in diesem Sinne geregelt haben. Schwierig wurde es erst, als Kirsten in ihre Heimatstadt Berlin zurückkehren wollte, um mit Alex dort zu leben. Damit war Alex' Vater nicht einverstanden und es kam zum Streit, der zwischen den Eltern nicht zu lösen war. Letztlich hat das Familiengericht Kirsten das Aufenthaltsbestimmungsrecht für ihren Sohn zugesprochen und beide leben seither in der Hauptstadt.

---
1 Vgl. den Song: *Davy's on the Road Again*, Manfred Mann's Earth Band, Album: Watch, v: 1978.

In Kirstens Schilderung begegnen uns typische Momente einer konflikthaften Trennungsdynamik in Bezug auf das Sorge- und Umgangsrecht, wie sie in jedem Jahr zigtausendfach vorkommt in Deutschland.

Seit er seinen Lebensmittelpunkt in Berlin hat, besucht Alex seinen Papa regelmäßig alle 14 Tage an den Wochenenden und in den Ferien. Nach anderthalb Jahren hat sich in der getrennt lebenden Familie mittlerweile ein routinierter Alltag eingestellt. Alex freut sich, seinen Papa zu besuchen, und freut sich genauso, zu seiner Mama zurückzukommen.

Und auch für die lange Fahrt hat sich eine Lösung gefunden: Alex fährt mit dem Zug nach Essen. Auf dem Hinweg bringt ihn Kirsten zum Berliner Hauptbahnhof, dort steigt er in den ICE und sein Vater holt ihn am Essener Hauptbahnhof ab. Das spart über zwei Stunden Fahrzeit gegenüber dem Auto und macht auch noch Spaß. Weil Alex zwar schon ganz schön selbständig, aber trotzdem erst neun Jahre alt ist, fährt er nicht allein, sondern wird unterwegs begleitet von ehrenamtlichen Begleiter*innen der Bahnhofsmission. *Kids on Tour*[2] heißt das Angebot und ist eine prima Sache, wie Alex findet, und Kirsten findet das auch.

Leben gestalten während der Pandemie

Aber jetzt ist Corona-Pandemie und vieles, was bisher selbstverständlich war, funktioniert nicht mehr. Bis zur Krise hat Kirsten alle 14 Tage freitags und sonntags jeweils ein bisschen mehr als eine Stunde aufgewendet, um Alex zum Bahnhof zu bringen beziehungsweise ihn von dort wieder abzuholen. Jetzt trifft sie sich zur Übergabe von Alex mit ihrem Ex-Partner in Hannover, der ihr aus Essen entgegen fährt. Jedes Mal, wenn Alex seinen Papa besucht, sind jetzt also drei Personen unterwegs, für jeweils deutlich mehr als fünf Stunden. Sie fahren am Wochenende, aber an Erholung ist an diesen Tagen kaum zu denken und dazu entstehen Kosten in beachtlichem Umfang. Auch das kommt in Trennungsfamilien häufiger vor, nicht nur unter Corona-Bedingungen.

Zum Glück ist gerade Home-Schooling und Alex kann am virtuellen Fern-Unterricht seiner Berliner Schule auch in Essen teilnehmen. Darum ist er seit Schließung der Berliner Schulen einfach länger bei seinem Vater geblieben. Das entlastet Kirsten, die Lehrerin ist und im Home-Office per Video-Konferenz Unterricht für ihre Schüler*innen abhält. Sie erzählt, dass das mit ihren Schüler*innen ganz gut klappt. Anders ist es mit dem Heimunterricht für Alex, der sich in der Mutter-Sohn-Beziehung gelegentlich schwierig gestaltet. Einerseits wünscht sie sich deshalb, dass die Schulen bald wieder öffnen, andererseits weiß Kirsten nicht, wie sie dann die Mehrbelastung durch die Lehr-

---

2 Vgl. https://www.bahn.de/p/view/service/familie/kids-on-tour.shtml (15.05.2020).

tätigkeit in der Schule und die Betreuung für Alex bewältigen kann. Halbierte Klassen bedeuten doppelten Unterricht für die Lehrkräfte und weiter Unterrichtsausfall und Home-Schooling für die Kinder, die dann zuhause oder anderswo betreut werden müssen. Aber das wird sich schon irgendwie regeln, Organisation ist das halbe Leben von Alleinerziehenden.

Um das Wochenende nutzen zu können und sich von den Belastungen der Woche zu erholen, würde Kirsten sich deshalb sehr darüber freuen, wenn es bald wieder los ginge mit Kids on Tour. Dass sich dies schwierig gestaltet, hat sie sich schon gedacht, schließlich sind viele der ehrenamtlichen Begleiter*innen in einem Alter, in dem das Risiko schwerer Krankheitsverläufe von Covid-19 stark ansteigt. Kinder zeigen, auch wenn sie infiziert sind, oft keine Symptome und tragen ein hohes Ansteckungsrisiko.

Kirstens Annahme stimmt: Tatsächlich hat die Bahnhofsmission[3] sich entschieden, den Dienst vorübergehend einzustellen, um die besonders vulnerablen Begleiter*innen vor Infektionen zu schützen. 70 % von ihnen sind älter als 60 Jahre.

Dass damit ein wichtiger Baustein im sozialen Alltag von Trennungsfamilien verloren geht und neue Belastungen auf die ohnehin Corona-strapazierten Schultern von Eltern und Kindern verlagert werden, reiht sich ein in die lange Phalanx von Herausforderungen, die die Pandemie für Familien mit sich bringt. Die Bahnhofsmission arbeitet an einer Lösung.

Kids on Tour hilft Kontakt zu halten

Die Geschichte von Kirsten und Alex gibt typische Einblicke in den Alltag von Trennungsfamilien, wenn auch in herausfordernden Zeiten. Eltern versuchen, ihrer gemeinsamen Verantwortung für die Kinder weiter gerecht zu werden und sind gleichzeitig gefordert, ihr eigenes, erwachsenes Leben zu gestalten. Sie entwickeln dabei ein bemerkenswertes Organisations- und Improvisationstalent – oft genug gezwungenermaßen, weil unterstützende Strukturen in vielen Lebensbereichen fehlen. Davon erzählt dieser Band in unterschiedlichen Facetten.

Alex ist eines von mehr als 8.000 Kindern im Alter zwischen 6 und 14 Jahren, die jährlich mit Kids on Tour auf acht Strecken des Fernverkehrs durch die Republik fahren.[4] 70 % der Kinder[5] haben Eltern, die geschieden sind oder dauerhaft getrennt leben; jedes vierte Kind lebt in einem Haushalt mit einem

---

3 Vgl. https://www.bahnhofsmission.de/index.php?id=3 (15.05.2020).
4 Streckengrafik.
5 Menschen unterwegs – Nutzerbefragung zu den mobilen Angeboten der Bahnhofsmission, Berlin 2014.

alleinerziehenden Elternteil. Kids on Tour ist also auf den Bedarf von Kindern getrennt lebender Eltern passgenau zugeschnitten.

Als der Dienst 2003 den Betrieb aufnahm, wurden fast 214.000 Ehen[6] geschieden, so viele wie nie zuvor im Nachkriegsdeutschland. Auch die Zahl der davon betroffenen minderjährigen Kinder erreichte mit über 170.000 einen Höchststand. Diese Entwicklung war Anlass für die Bahnhofsmission, an ihre lange Tradition der Begleitung von alleinreisenden Kindern anzuknüpfen und diesem Angebot ein modernes Gesicht zu geben. Der Begleitdienst Kids on Tour wurde erstmals in unmittelbarer Kooperation mit der DB durchgeführt und ermöglichte nach und nach eine bundesweite Ausdehnung des Angebotes. Gefahren wird überwiegend in modernen Zügen der ICE-Flotte. Die Eltern bezahlen die Begleitgebühr von derzeit 35 Euro in einem Buchungsprozess zusammen mit der Kinderfahrkarte über die Kundenhotline der DB. Eine Umstellung auf ein kundenfreundliches Online-Buchungsverfahren ist in Vorbereitung. Kids on Tour wird darüber für die Familien hoffentlich noch attraktiver.

Verantwortung übernehmen für Familien

Dabei ist die Attraktivität eines Reiseangebotes und die darüber entstehende Bindung einer zukünftigen Kundengruppe – aus den Kids-on-Tour-Kindern von heute werden die Bahnreisenden von morgen – primär aus Sicht der DB das entscheidende Argument, sich für Kids on Tour zu engagieren. Die Bahnhofsmission bringt sich ein, weil sie Menschen in einer sozialen Notlage ein Hilfeangebot machen will, für das es jenseits des hohen persönlichen Einsatzes der Eltern oder anderer Angehöriger keine Alternative gibt. Das Beispiel von Kirsten und Alex belegt dies eindrucksvoll.

Paare trennen sich und gemeinsame Kinder bleiben, das ist trotz gesunkener Scheidungszahlen auch heute noch alltägliche gesellschaftliche Realität. Die Bahnhofsmission versucht, auf diese Herausforderung mit Kids on Tour eine Antwort zu geben. Sie tut dies in der Überzeugung, dass Kinder davon profitieren, weiter einen regelmäßigen Kontakt zu beiden Elternteilen zu haben, auch wenn diese getrennt leben. Voraussetzung ist, dass die Eltern einen gemeinsamen Weg der Verantwortung für die Kinder beschreiten. Dass dies oft gar nicht so einfach ist, belegt das Beispiel von Alex' Eltern und findet Bestätigung in vielen Berichten der Kids-on-Tour-Begleiter*innen, die regelmäßig erleben, wie sich elterliche Konflikte auf die Kinder auswirken.

Neben Kenntnissen über die Abläufe des Fahrbetriebs und Sicherheitshinweisen werden den Kolleginnen und Kollegen im Rahmen von Fort-

---

6 https://www.destatis.de/DE/Themen/Gesellschaft-Umwelt/Bevoelkerung/Eheschliessungen-Ehescheidungen-Lebenspartnerschaften/_inhalt.html#sprg234218 (15.05.2020).

bildungen deshalb auch pädagogische Kompetenzen vermittelt. Dies geschieht, um den Kindern auf der Reise ein sinnvolles Beschäftigungsangebot machen zu können. Benötigt werden aber auch immer wieder Fähigkeiten, auf die Sorgen und Nöte der Kinder angemessen eingehen zu können.

Kirsten sieht neben der Entlastung der Eltern vor allem große Vorteile für die Kinder durch die Reise in der Gruppe: „Sie können mit anderen Kindern spielen und sich unterhalten. Sie können ihrem Bewegungsdrang wenigstens teilweise nachkommen. Da es meistens dieselben Kinder sind, entwickeln sich daraus Freundschaften. Es sind Freundschaften zu Gleichgesinnten, die das gleiche Los (getrennte Eltern – stressige Wochenendfahrten) teilen. Dadurch fühlen sich die Kinder nicht mehr so alleine mit ihren Problemen." Dem ist nichts hinzuzufügen.

Ehrenamt als großes Potenzial

Vielen der Eltern ist gar nicht bewusst, dass Kids on Tour von ehrenamtlichen Begleiter*innen der Bahnhofsmission geleistet wird. Deren persönlicher Einsatz bildet das eigentliche Potenzial des Angebotes. Zwei Drittel der aktuell ca. 180 Kolleginnen und Kollegen sind älter als 60 Jahre und befinden sich in der Nachberufsphase. Menschen helfen zu wollen, Freude bei dieser Tätigkeit zu haben und einen Beitrag zum Gemeinwohl leisten zu können, sind die stärksten Motive der freiwilligen Mitarbeitenden der Bahnhofsmission. Die Tätigkeit für Kids on Tour ermöglicht die Verbindung dieser Aspekte, produziert einen hohen gesellschaftlichen Nutzen und ermöglicht nicht nur den Kindern, sondern auch den Begleitenden ein hohes Maß an gesellschaftlicher Teilhabe.

Kinder begleiten im Netzwerk

Kids on Tour ist eine Koproduktion vieler Akteure. Derzeit beteiligen sich daran bundesweit 30 Bahnhofsmissionen in unterschiedlichen Funktionen. Acht Stationen stellen Teams von Begleiter*innen. Sie werben an, arbeiten ein und disponieren Woche für Woche den Einsatz auf den Strecken. Wie die anderen 22 Stationen öffnen diese Bahnhofsmissionen jeden Freitag und jeden Sonntag ca. eine Stunde vor Fahrtbeginn ihre Türen, um die Kinder spätestens 30 Minuten vor Fahrtbeginn entgegenzunehmen. Nach der Prüfung der Fahrtunterlagen heißt es dann, sich in der Bahnhofsmission von den Eltern zu verabschieden und anschließend begleitet von der Bahnhofsmission allein oder in der Gruppe zum Abfahrts-Bahnsteig zu gehen. Diesen Weg gehen die Eltern nicht mit, damit sich die Kinder voll auf die Begleiter*innen konzentrieren können und im Trubel auf dem Bahnsteig nicht abgelenkt sind.

An der Zugtür steigt die Gruppe gemeinsam ein oder die Kinder werden an Begleiter*innen übergeben, die sich schon im Zug befinden. Der Dienst der örtlichen Bahnhofsmission endet erst, wenn am Ende des Fahrtages das letzte Kind angekommen und sicher an die abholenden Eltern übergeben ist. Logistisch unterstützt wird der Fahrbetrieb durch eine zentrale Hotline in der Bundesgeschäftsstelle der Bahnhofsmission in Berlin, die während der Fahrzeiten durchgängig besetzt ist. Die Zentrale in Berlin übernimmt darüber hinaus Verantwortung für die Aus- und Weiterbildung der Begleitenden, die Koordination der Zusammenarbeit der Stationen sowie die zentrale Bearbeitung der Kundenbuchungen.

Kids on Tour braucht Unterstützung

Die ausführliche Schilderung dieser Zusammenhänge erfolgt einerseits, weil sie Auskunft gibt über das große Potenzial der Bahnhofsmissionen, im Netzwerk auf soziale Bedarfe zu reagieren, passgenaue Angebote zu entwickeln und in Koproduktion umzusetzen. Andererseits weist sie auf den exorbitanten personellen und logistischen Aufwand hin, der mit dem Betrieb eines solchen Angebotes verbunden ist. Um kostendeckend zu arbeiten, müsste die Begleitgebühr ein Vielfaches der 35 Euro betragen, die sich Bahn und Bahnhofsmission am Ende auch noch teilen, um ihren Aufwand zu finanzieren. Das Angebot kann allein aus den Erträgen nicht existieren und ist auf Spenden angewiesen.

Einkommensarme Familien entlasten

Die Bahnhofsmission hat bisher davon abgesehen, die Begleitpauschale zu erhöhen, weil sie den Eltern nicht zumuten will, noch mehr Geld für die Nutzung von Kids on Tour zu bezahlen. Im Gegenteil ist sie daran interessiert, noch mehr Kindern auch aus wirtschaftlich benachteiligten Familien eine Nutzung von Kids on Tour zu ermöglichen. Zu diesem Zweck hat sie einen Unterstützungfonds gegründet, der Eltern mit finanziell prekärem Einkommen oder Transferleistungsbezug Zuschüsse gewährt, um das Angebot zu nutzen.

Zu begrüßen wäre es auch, wenn die Deutsche Bahn (DB) die Kids-on-Tour-Kinder den Kindern im Alter zwischen 6 und 14 Jahren gleichstellt, die in Begleitung eines Verwandten gerader Linie eine Freifahrt erhalten. Kids on Tour begleitet diese Kinder anstelle der Angehörigen und leistet somit einen wichtigen Beitrag zur Entlastung von Familien. Leider hat die DB dem Anliegen trotz der Unterstützung durch Bundesfamilienministerin Dr. Franziska Giffey nicht entsprochen. Frau Dr. Giffey ist Schirmherrin von Kids on Tour.

In Zeiten sich wandelnder Familienstrukturen hat die DB damit eine Chance ungenutzt gelassen, ein zeitgemäßes familienpolitisches Signal zu setzen.

Kirsten erhofft sich ein solches Signal übrigens am Schluss unseres Gespräches auch von der evangelischen Schule, die Alex in Berlin besucht. Als alleinerziehende Mutter zahlt sie dort ein Schulgeld, das auf der Grundlage der Summe ihres Einkommens und dem ihres Ex-Partners errechnet wird. Weil ihr Mann seinen Anteil nicht leisten will, weil er findet, dass Alex auch auf eine andere Schule gehen kann, bezahlt Kirsten den gesamten Beitrag. Dies stellt eine große finanzielle Belastung für sie dar. Wieder begegnen wir einem typischen Konflikt eines getrennten Paares, gleichzeitig begegnen wir aber auch einer Schulgeldregelung, die mit der Lebensrealität einer alleinerziehenden Mutter nicht wirklich konform geht.

Sylvia Brinkmann

„Müttergenesung" – alter Hut oder unverzichtbares Angebot auch oder gerade für Alleinerziehende?

Der Evangelische Fachverband für Frauengesundheit e.V. (EVA) als Fachverband der Diakonie Deutschland und eine der Trägergruppen des Müttergenesungswerkes bietet in ca. 400 Beratungsstellen Beratung und Unterstützung und in 15 Kliniken Vorsorge- und Rehabilitationsmaßnahmen für Mütter, Väter und Kinder und pflegende Angehörige an. Wenn auch der Begriff „Müttergenesung" nicht mehr so recht in unsere moderne Zeit zu passen scheint, ist doch das dahinterstehende Angebot hochprofessionell und gerade in der heutigen Zeit wichtiger denn je. Der vorliegende Beitrag gibt Einblick in das breitgefächerte Angebot der „therapeutischen Kette" des Müttergenesungswerkes und zeigt die Möglichkeiten und Chancen insbesondere für alleinerziehende Mütter und Väter auf.

The Protestant Association for Women's Health (EVA) as a professional association of the Diaconia Germany and one of the sponsoring groups of the maternal recovery organization (Müttergenesungswerk) offers advice and support in approx. 400 counselling centres and preventive and rehabilitation measures for mothers, fathers and children and caring relatives in 15 clinics. Even if the term "mothers' recovery" no longer seems to fit in with our modern times, the offer behind it is highly professional and is more important than ever, especially in today's world. This article gives an insight into the wide range of the so-called "therapeutic chain" of the mother's recovery centre and shows the possibilities and opportunities, especially for single mothers and fathers.

1. Kur- und Rehabilitationsmaßnahmen für Mütter, Väter und pflegende Angehörige gestern und heute

Die Elly-Heuss-Knapp-Stiftung, Deutsches Müttergenesungswerk (MGW), wurde 1950 von Elly Heuss-Knapp, der Frau des ersten Bundespräsidenten gegründet. Ziel und Zweck der neuen Stiftung war es, Kuren für Mütter zur gesundheitlichen Regeneration zu ermöglichen, für die Idee der Müttergenesung zu werben und durch die Vernetzung mit den Wohlfahrtsverbänden in einem breiten Bündnis die Arbeit für Mütter zu stärken. In den 60er Jahren expandierte das MGW aufgrund der großen Nachfrage stark. Bis zu 187 Einrichtungen nahmen bis zu 80.000 Mütter jährlich auf.

1962 wurde die „Müttergenesung" im Bundessozialhilfegesetz verankert. Das MGW passte seine Arbeit den veränderten gesellschaftlichen Bedingungen an und verstärkte sein psychosoziales und medizinisches Angebot. Bis in die 70er Jahre gab es ausschließlich Mütterkuren, seit den 90er Jahren nutzen Frauen verstärkt die Möglichkeit, eine Kur gemeinsam mit ihren Kindern anzutreten. 1989 wurden Kurmaßnahmen für Mütter zu Regelleistungen der gesetzlichen Krankenkassen (§§ 24, 41 SGB V). Seit 2002 sind die Krankenkassen verpflichtet, Mütter- und Mutter-Kind-Maßnahmen voll zu finanzieren.

Heute stellen unter dem Dach des MGW bundesweit 5 Mütter- und mehr als 69 Mutter-Kind-Kliniken Kurmaßnahmen zur Verfügung. In ausgewählten Kliniken werden auch Kurmaßnahmen für Väter und für pflegende Angehörige angeboten.

Im Jahr 2018 wurden bundesweit rund 131.000 Mütter und über 6.000 Väter in ca. 1.200 Beratungsstellen beraten. Rund 48.000 Mütter, über 1.600 Väter und circa 71.000 Kinder haben an Kurmaßnahmen teilgenommen. Der Anteil der pflegenden Angehörigen, die nicht gleichzeitig auch in Erziehungsverantwortung stehen, ist noch relativ gering. Als ursächlich hierfür werden unter anderem eine bislang unzureichende Information und Beratung des Personenkreises sowie erschwerte Zugangsbedingungen betrachtet.

Die angeführten Zahlen belegen einen weiter steigenden Bedarf an Vorsorge- und Rehabilitationsmaßnahmen allein für Mütter und Väter in Erziehungsverantwortung. Trotz dieses beachtlichen Umfangs führt die Müttergenesung unter den psychosozialen und medizinischen Versorgungsangeboten in der (Fach-)Öffentlichkeit teilweise ein Schattendasein und wird durchaus auch in Fachkreisen fälschlicherweise oft mit einem reinen „Erholungs-" oder gar „Wellnessangebot" gleichgesetzt. Nicht selten wird dabei zudem ein nachhaltiger Erfolg der Maßnahmen in Frage gestellt.

Tatsächlich arbeiten die Kliniken des MGW auf Grundlage umfangreicher Qualitätsanforderungen der Krankenkassen sowie der gendersensiblen Qualitätskriterien des Müttergenesungswerks, die weit über die gesetzlichen Vorgaben hinausgehen. Ganzheitliche Therapiekonzepte berücksichtigen mit ihrem multimodalen Behandlungsansatz die persönliche Lebenssituation der Klient*innen im gesellschaftlichen Zusammenhang. Viele Kliniken bieten darüber hinaus besondere Schwerpunktkuren an, wie zum Beispiel zur Trauerverarbeitung, für Mütter oder Väter mit behinderten Kindern, für Mütter nach einer Krebstherapie, für pflegende Angehörige oder für alleinerziehende Familien.

Die Patient*innen, die vielfach an schweren Erschöpfungszuständen und neurovegetativen Störungen leiden, können in diesen speziellen Angeboten nicht nur neue Kraft tanken und genesen, sondern lernen durch die intensive, ganzheitliche, medizinisch-therapeutische Behandlung Zusammenhänge zwischen belastenden Lebensumständen, ihren Rollen und ihren Krankheiten zu erkennen und nachhaltige Strategien für Veränderungen in ihrem Lebensalltag zu erarbeiten.

1.1 Vorsorge- und Rehabilitationsmaßnahmen

Die Kliniken bieten stationäre Vorsorge- und Rehabilitationsmaßnahmen an. Welches Angebot in Frage kommt, hängt von der jeweiligen individuellen Indikation der Patient*innen ab. Kinder können begleitend oder ebenfalls zur Behandlung mit aufgenommen werden. Wichtiges Abgrenzungskriterium zu anderen Rehabilitationsangeboten ist, dass die Erkrankung vor dem Hintergrund beziehungsweise im Zusammenhang mit der Erziehungsverantwortung gesehen wird und entsprechende Coping- und Bewältigungsstrategien entwickelt werden.

2. Die Therapeutische Kette: Beratung – Stationäre Kur – Nachsorge

Der in der Regel dreiwöchige Aufenthalt in einer Kurklinik ist nur einer von insgesamt drei Bausteinen der „Therapeutischen Kette", die das Alleinstellungsmerkmal des Müttergenesungswerkes bildet. Der Stationären Kur wird ein eigener Abschnitt (3.) gewidmet.

2.1 Beratung

Die Kliniken des Müttergenesungswerkes arbeiten eng mit rund 1.200 Beratungsstellen der Wohlfahrtsverbände zusammen. Diese oft interdisziplinär arbeitenden Beratungsstellen unterstützen bei der Wahl des passenden Unterstützungsangebotes, bei der Beantragung der Kurmaßnahme, der richtigen Klinikauswahl oder wenn die Maßnahme von der Krankenkasse in einem ersten Anlauf nicht bewilligt wird. Pro Jahr werden rund 130.000 Kurberatungen durchgeführt.[1]

Die Zahl der Beratungsstellen ist in den letzten Jahren allerdings kontinuierlich gesunken. Grund hierfür ist die fehlende gesetzlich verankerte Finanzierung. Diese wurde bislang durch die Wohlfahrtsverbände selbst geleistet, was an immer mehr Orten nicht mehr möglich ist. Studien haben gezeigt, dass infolge mangelnder Beratung der Zugang zu den Vorsorge- und Rehabilitationsangeboten insbesondere für Patient*innen mit niedrigerem Bildungsniveau erheblich erschwert wird, was mit zusätzlichen Negativentwicklungen für die behandlungsbedürftigen Eltern, aber auch ihre Kinder verbunden sein kann.

Das MGW fordert daher im Zusammenhang der Maßnahmen nach den §§ 24 und 41 SGB V seit langem den gesetzlichen Anspruch auf vor- und

---

[1] MGW Datenreport 2019, www.muettergenesungswerk.de (13.05.2020).

nachstationäre Beratung und Betreuung der Versicherten durch Beratungsstellen, bislang jedoch ohne Erfolg.

2.2 Nachsorge

Dritter Baustein der therapeutischen Kette ist die Nachsorge. Die Beratungsstellen bieten in Abhängigkeit von den jeweiligen strukturellen Rahmenbedingungen und Ressourcen ein breites Spektrum von Nachsorgeangeboten an, wie zum Beispiel Einzel- und Gruppengespräche, Unterstützung bei der Suche nach weiterführenden, ambulanten Therapieangeboten u.v.m. Die Teilnahme ist grundsätzlich freiwillig. Ausgangspunkt und Grundlage sind die Bedarfslagen der Mütter und Väter sowie die Handlungsempfehlungen der Klinik.

Ziel der Nachsorgeangebote ist es, die in der stationären Gesundheitsmaßnahme erreichten individuellen gesundheitlichen Fortschritte und konkreten Verhaltensänderungen in den Alltag zu transportieren, um so Nachhaltigkeit und dauerhafte Wirksamkeit der Maßnahme abzusichern.

3. Mütter- und Mutter-/Vater-Kind-Kuren für Alleinerziehende

70 % der Mütter in den MGW-Kliniken sind verheiratet bzw. leben in einer Partnerschaft. Internen Umfragen zufolge tragen sie die Verantwortung für die Fürsorge der Kinder dennoch in der Mehrzahl der Fälle allein und müssen gleichzeitig Erwerbstätigkeit und in der Mehrzahl der Fälle auch den überwiegenden Teil der Hausarbeit bewältigen. 30 % der Mütter sind im klassischen Sinne alleinerziehend, das heißt sie leben mit ihren Kindern allein.

Die Zahl der Väter, die Vorsorge- und Rehakuren in Anspruch nehmen, steigt kontinuierlich an. Im Jahr 2019 haben 1.600 Väter an Kuren teilgenommen, rund 30 % von ihnen sind alleinerziehend.[2]

Ständiger Zeitdruck und fehlende Unterstützung gehören zu den von Müttern und Vätern am häufigsten genannten sozialen Belastungsfaktoren. Diese Faktoren wirken in besonderem Maße bei Eltern mit alleiniger Familienverantwortung als Gesundheitsrisiken und können krank machen.

Auch die Mutter-/Vater-Kind-Beziehung wird von den sozialen Belastungsfaktoren häufig immens beeinträchtigt. Die Gesundheit der Eltern ist eng mit der ihrer Kinder verbunden. Sie kommen am häufigsten mit Erschöpfungssyndromen bis zum Burnout, Belastungsreaktionen, Schlafstörungen und anderen Erkrankungen in die Kliniken im MGW-Verbund, ihre Kinder weisen ebenfalls zu 80 % einen medizinisch-therapeutischen Behandlungsbedarf auf.

---

2 MGW Datenreport 2019, www.muettergenesungswerk.de (13.05.2020).

Mütterkuren und Mutter-/Vater-Kind-Kuren setzen an diesen wichtigen Erkenntnissen an und bieten mit spezialisierten Konzepten besonders Alleinerziehenden wirksame Hilfen. Neben den medizinischen Behandlungen helfen die therapeutischen Mutter-/Vater-Kind-Interaktionen, psychosoziale Therapien sowie auch der Austausch mit den anderen Betroffenen, Belastungen zu erkennen und Lösungsstrategien für den Alltag abzuleiten, die die Gesundheitsgefährdung verringern und die Lebensqualität wieder verbessern können.

4. Sorgearbeit in Zeiten von Corona

Der vorliegende Beitrag wurde zur Zeit der weltweiten Corona-Pandemie im Jahr 2020 erstellt. Einem Beitrag des Nachrichtensenders n-tv zufolge arbeiten zu dieser Zeit mehr als 450.000 Alleinerziehende in Deutschland in den sogenannten systemrelevanten Bereichen.[3] Als systemrelevant gelten gesellschaftliche Sektoren, die auch in Krisenzeiten aufrechterhalten werden müssen. Rund 117.000 Alleinerziehende arbeiten laut dem Bericht in der öffentlichen Verwaltung, 50.000 im Lebensmittel-Einzelhandel, 36.000 im Bereich der Finanzdienstleistungen und Versicherungen, 30.000 in der Lagerlogistik.

170.000 Alleinerziehende sind im Gesundheitswesen tätig und hierdurch einer zusätzlichen, extremen Mehrfachbelastung ausgesetzt. Umso bemerkenswerter, dass – während Ärztinnen und Ärzte und Pflegekräfte durch Applaus der Bevölkerung von den Balkonen für ihren selbstlosen Einsatz gefeiert wurden – die Bundesregierung nur infolge hartnäckiger Forderungen von Verbänden, Praxis und einzelnen politischen Unterstützer*innen bereit war, die in dieser Zeit von Insolvenz bedrohten Kliniken des MGW-Verbundes unter den „Corona-Rettungsschirm" aufzunehmen und damit vor dem wirtschaftlichen Ruin zu bewahren.[4] Über die Gründe hierfür lässt sich im Hinblick auf die Frage der allgemeinen gesellschaftlichen Anerkennung von (meist weiblicher) Sorgearbeit trefflich spekulieren.

In dem Offenen Brief des Geschäftsführers einer Mutter-Kind-Klinik an die Bundeskanzlerin und den Bundesgesundheitsminister hieß es:

> „Corona ist weiblich und die Folgen noch viel mehr! –
> Es sind die Frauen und Mütter, die in dieser Zeit unverhältnismäßig stärker belastet werden. Die Mütter und Frauen sind diejenigen, die sich in prekären Beschäftigungsverhältnissen befinden. Sie sind es, die schon vor der Krise so belastet waren, dass jede

---

[3] n-tv, Diskussion um Notbetreuung, https://www.n-tv.de/wirtschaft/Viele-Alleinerziehende-sind-systemrelevant-article21725429.html (20.04.2020).

[4] Müttergenesungswerk, Pressemitteilung, *Müttergenesungswerk fordert Rettungsschirm für Rehabilitations- und Vorsorgekliniken für Mütter und Väter*; https://www.muettergenesungswerk.de/presse/mitteilung/pressemitteilung/ (26.03.2020).

vierte Mutter in Erziehungsverantwortung eine stationäre Vorsorge oder Rehabilitationsmaßnahme benötigte.
Die Frauen und Mütter übernehmen jetzt während ihrer Arbeitszeit im Homeoffice die Kinderbetreuung, übernehmen die Jobs der Erzieher*innen und der Lehrer*innen und übernehmen die Pflege von Angehörigen, weil die Hilfskräfte wegbleiben. Die Mütter und Frauen unterstützen die Eltern (Großeltern) mit Einkäufen, um diese Risikogruppe zu schützen. Gleichzeitig stehen die familiären und institutionellen Entlastungsstrukturen nicht zur Verfügung. Mütter und Frauen werden zu Fitnesstrainerinnen und Musiklehrerinnen ...
Frauen und Mütter setzen sich unermüdlich ein, in einer auch für sie besorgniserregenden Zeit. Das Ganze tun Mütter aus Liebe – ohne Entlohnung!!!
Die Menschen, die in der Corona-Krise an vorderster Front arbeiten und das ganze Leid sehen, die, die vielleicht entscheiden müssen, wer behandelt wird und wer nicht, sind zum großen Teil Frauen. Das Ganze tun diese großartigen Menschen aus Berufung.
Die Menschen, die ‚buchstäblich den Laden am Laufen halten', so Bundeskanzlerin Angela Merkel,[5] sind Frauen und Mütter."[6]

Am Osterwochenende 2020 hat die Bundesregierung nach zähem Ringen entschieden, auch Mutter-Vater-Kind-Kliniken in den finanziellen Schutzschirm einzubeziehen. Damit scheint der Fortbestand der Klinik zunächst weitgehend abgesichert. Zum Glück, denn viele derjenigen, die auf Kosten der eigenen Gesundheit eben den „Laden am Laufen gehalten" haben, benötigen gerade nach der Krise geeignete Unterstützung, um selbst wieder zu Kräften zu kommen.

Weitere Informationen

Evangelischer Fachverband für Frauengesundheit e.V. (EVA)
info@eva-frauengesundheit.de
www.eva-frauengesundheit.de

Elly-Heuss-Knapp-Stiftung, Deutsches Müttergenesungswerk
info@ muettergenesungswerk.de
www.muettergenesungswerk.de

---

5 Rede von Frau Bundeskanzlerin Dr. Angela Merkel am 19.03.2020; https://lebensmittelpraxis.de/handel-aktuell/26784-corona-krise-sie-halten-den-laden-am-laufen-2020-03-19-12-09-40.html (24.04.2020).
6 Zitat aus: Heinsberg-Magazin, *Mutter-Kind-Kurheim Haus Waldquelle*: Geschäftsführer Marcus Bierei schreibt einen offenen Brief an Merkel und Spahn; https://heinsberg-magazin.de/2020/04/04/mutter-kind-kurheim-haus-waldquelle-geschaeftsfuehrer-marcus-bierei-schreibt-einen-offenen-brief-an-merkel-und-spahn/ (24.04.2020).

Eva-Maria Zabbée

Ist Familienerholung Luxus?
Familienerholung für alleinerziehende Familien

Familienerholung ist kein Luxus, sondern ein Angebot der Kinder- und Jugendhilfe vor allem für Familien mit kleinen und mittleren Einkommen, kinderreiche Familien, alleinerziehende Familien sowie Familien mit kranken, beeinträchtigten oder pflegebedürftigen Angehörigen. Gemeinnützige Familienerholung trägt zur Entlastung bei, stärkt Eltern und Kinder in der Bewältigung ihres Alltags und fördert ihre Gesundheit. Ein besonderer Aspekt der gemeinnützigen Familienerholung ist das Zusammentreffen von Familien in ähnlichen Lebenslagen. Sie ermöglicht es den Eltern und Kindern, sich mit anderen Familien auszutauschen und Kontakte oder Netzwerke aufzubauen.

Family recreation is not a luxury, but an offer of the child and youth welfare service, especially for families with small and middle incomes, families with many children, single parent families as well as families with sick, impaired or care-dependent relatives. Non-profit family recreation helps to relieve the burden, strengthens parents and children in come to turn with their everyday life and promotes their health. A special aspect of non-profit family recreation is the meeting of families living in similar situations. It enables parents and children to exchange information with other families and to establish contacts or networks.

Alleinerziehendenfamilien im Stress

„Viele Eltern leiden unter Dauerstress." Dies belegt eine aktuelle Forsa-Studie, entstanden in Zusammenarbeit mit der Kaufmännischen Krankenkasse.[1] Laut der Studie leiden viele Familien mit Kindern unabhängig von ihrer finanziellen Situation in ihrem Alltag unter Stress. Diese Belastung wirkt sich auf Gesundheit und Wohlbefinden der Eltern wie auch ihrer Kinder aus. Zu den häufigsten Beschwerden der in der Studie befragten Eltern gehören Erschöpfung und Burnout (79 %), Nervosität und Gereiztheit (77 %) sowie Müdigkeit und Schlafstörungen (75 %).[2]

Ist es für viele Familien oftmals schon ein Kraftakt, Familie, Beruf und die Erziehung der Kinder „unter einen Hut" zu bringen, so kommen in alleinerziehenden Familien zur Alltagsorganisation zusätzlich die Absprachen mit dem anderen Elternteil hinzu, um die gemeinsame Sorge praktisch umsetzen zu können. Überlastung, Stress, das Gefühl, ständig unter Zeitnot zu stehen

---

[1] Forsa Studie 2019, https://de.statista.com/infografik/20250/umfrage-unter-eltern-zum-stress-im-alltag / (06.03.2020).
[2] Ebd.

und den vielfältigen Anforderungen zwischen Beruf und Familienalltag nicht gerecht werden zu können, sind für Alleinerziehende vertraute Erfahrungen.

So ist es nicht weiter verwunderlich, dass die Corona-Pandemie sich für alleinerziehende Eltern als besonders belastend erweist. Der Spiegel stellte seinem Beitrag über die aktuelle Lebenssituation von Alleinerziehenden in Zeiten von Corona den Titel voran: „Ich arbeite jetzt nachts, damit ich mich tagsüber um meine Kinder kümmern kann."[3] Denn das gut organisierte fragile Unterstützungsnetz funktioniert nicht mehr: Kindertagesstätten und Schulen sind geschlossen, der Babysitter darf nicht kommen, die Großeltern – zu den Risikogruppen gehörend – wohnen in der Nähe und sind dennoch unerreichbar.

Ist Familienerholung Luxus?

Im Alltag von Familien mangelt es häufig an gemeinsam verbrachter Zeit, aber auch an Zeit zur persönlichen Regeneration. Insbesondere alleinerziehende Mütter stellen sich und ihre persönlichen Bedürfnisse hintenan, um den Alltag zwischen Beruf und Familie einigermaßen bewältigen und koordinieren zu können. Laut Landesamt für Statistik in Niedersachsen konnten sich 14,9 % aller niedersächsischen Haushalte im Jahr 2018 keine Woche Urlaub oder gar mehr pro Jahr leisten. Besonders stark betroffen waren hiervon alleinerziehende Familien. So gaben mit 46,3 % knapp die Hälfte aller alleinerziehenden Mütter oder Väter an, dass sie sich Ausgaben dieser Art nicht leisten können.[4]

Aber gerade für Alleinerziehende mit ihren Kindern ist es eine gesundheitliche Notwendigkeit, angesichts der vorhandenen Mehrbelastungen sich eine Auszeit von den stressreichen Herausforderungen des Alltags nehmen, sich erholen und Neues erleben zu können. Und wie gerne würden sie sich dabei ein wenig von der Reiselust anderer Familien anstecken lassen!

Einen wichtigen Beitrag leisten hier Familienfreizeiten oder Aufenthalte in gemeinnützigen Familienferienstätten. Die gemeinnützige Familienerholung, ein präventives Angebot der Kinder- und Jugendhilfe gemäß § 16 SGB VIII, hat es sich zur zentralen Aufgabe gemacht, hier vor allem finanzschwachen Familienhaushalten und erschöpften Familien mit Multiproblemlagen einen gemeinsamen Urlaub zu ermöglichen und auf ihre spezifischen Probleme einzugehen. Das Angebot der gemeinnützigen Familienerholung richtet sich da-

---

[3] https://www.spiegel.de/familie/alleinerziehende-in-der-corona-krise-ich-schlafe-meist-nur-ein-paar-stunden-a-18719acd-89f1-4851-9d2e-63be2bf345dd (30.06.2020).
[4] Vgl. Landesamt für Statistik Niedersachsen, Pressemitteilung Nr. 056 vom 02.06.2020, Bezug: Erhebung *Leben in Europa*.

her an sehr unterschiedlichen Herausforderungen und Bedarfen von Familien aus.[5]

In diesen Urlaubs- und Erholungszeiten können sich Familienmitglieder ganz anders erleben als in der Alltagsroutine. Eltern nehmen die Stärken ihres Kindes intensiver wahr; Kinder erleben im Spiel neue Seiten ihrer Eltern. Gemeinsame Aktivitäten stärken den Zusammenhalt der Familie. Die Vernetzung und der Aufbau von Kontakten der Familien untereinander tragen weit über die Zeit der Familienfreizeit hinaus und helfen insbesondere alleinerziehenden Familien beim Austausch von Tipps und Ideen. Oft werden Kontakte auch nach der Familienerholung oder Familienfreizeit weiterhin gepflegt und wachgehalten. Neue Impulse und Abstand von der Alltagssituation helfen dabei, die eigene Situation zu reflektieren und Perspektiven zu wechseln. Die Begegnung und der Austausch mit anderen Familien – das bestätigt sich von Mal zu Mal wieder – sind enorm wichtig! „Urlaubs- und Erholungszeiten sind deshalb gerade in ihrer Relevanz für die Teilhabe am gesellschaftlichen Leben und im Hinblick auf die psychosoziale Gesundheit aller Familien unverzichtbar."[6] Sie wirken präventiv und tragen dazu bei, dass Familien ihre Herausforderungen gut bewältigen. Das Zitat von Mechthild H. steht pars pro toto: „Ja, wir haben ein ‚buntes Netz' geknüpft übers Wochenende mit den Frauen und Kindern und es gab gute Rückmeldungen."

Bislang fördert das Land Niedersachsen Familienerholungen und Familienfreizeiten. Aber auch künftig sind Familien in prekären Lebenssituationen – und auch und vor allem Alleinerziehendenfamilien – auf eine verlässliche Förderung seitens des Landes angewiesen. Um die vielfältigen Angebote der gemeinnützigen Familienerholung für Kinder und Eltern weiter fortführen zu können, braucht es eine verlässliche Finanzierung, die über eine Projektfinanzierung hinausgeht und die Arbeit dauerhaft absichert. „Der hohe Anspruch an die Qualität der inhaltlichen Arbeit in der Familienerholung, insbesondere durch die Ausweitung spezifischer Angebote für besondere Zielgruppen ... ist kaum umsetzbar, ebenso wenig die Forderung nach mehr Kooperation und Vernetzung, solange den örtlichen Trägern der Jugendhilfe vielerorts die Familienerholung als Aufgabe und Angebot gänzlich unbekannt sind."[7]

---

5 Vgl. Meier-Gräwe 2017, 30.
6 SPIEGEL-Artikel vom 22.04.2020: „Alleinerziehende in der Coronakrise – Ich arbeite jetzt nachts, damit ich mich tagsüber um meine Kinder kümmern kann." (30.06.2020).
7 Diakonie Deutschland 2019, 18.

Literatur

Meier-Gräwe, Uta, *Neuausrichtung der gemeinnützigen Familienerholung: Ziel und Standortbestimmung,* in: Bundesarbeitsgemeinschaft Familienerholung (Hg.), Familienerholung – ein Recht auf Förderung, Potentiale einer zeitgemäßen Kinder- und Jugendhilfeleistung, Köln 2017; https://www.bag-familienerholung.de/wp-content/uploads/2017/05/bagfe-familienerholung-ein-recht-auf-foerderung.pdf (30.06.2020).

Diakonie Deutschland, *Familie im Wandel,* Diakonie-Text 5 / 2019; https://www.diakonie.de/diakonie-texte/052019-familie-im-wandel (30.06.2020).

Johanna Thie

Alleinerziehend aufgrund von Häuslicher Gewalt

Häusliche Gewalt kann jeden treffen unabhängig von Alter, Ethnizität, kultureller Herkunft oder sozialer Schicht. Die Trennung von einem gewalttätigen Partner stellt gewaltbetroffene Frauen mit Kindern vor besonders schwierige Aufgaben. Konflikte können eskalieren, Übergriffe noch gewaltsamer werden und sogar damit enden, dass die Frauen getötet werden. Wird eine Frau durch häusliche Gewalt alleinerziehend, steht sie vor sehr großen Herausforderungen. Neben der Erleichterung, den Täter verlassen zu haben, ist sie völlig auf sich alleine gestellt und verantwortlich für sich und ihre Kinder.

Domestic violence can affect everybody, independent of age, ethnicity, cultural origin, or social stratum. Separation from a violent partner confronts violence affected women with children with an exceedingly difficult task. Conflicts can escalate, assault can turn up even more violent and even end up with the women being killed. If a woman comes to be a single parent as a result of domestic violence, she faces very great challenges. Apart from the relief of having left the offender, she is completely on her own and responsible for herself and her children.

Risikoreiche Lebensphasen

Betroffene von häuslicher Gewalt sind nach der Trennung, wenn Kinder da sind, immer alleinerziehend. Trennung und Scheidung fallen nie leicht, sondern sind anstrengende und sehr belastende Zeiten. Die Trennung von einem gewalttätigen Elternteil stellt gewaltbetroffene Frauen mit Kindern vor besonders schwierige Aufgaben: Sie müssen sich und ihre Kinder schützen und gleichzeitig ihre eigenen Interessen gegen die ihrer Kinder abwägen. Hinzu kommt: Eine Trennung beendet die häusliche Gewalt nicht automatisch. Gerade die Trennungsphase kann für die Frauen sehr gefährlich sein. Konflikte können eskalieren, Übergriffe noch gewaltsamer werden und sogar damit enden, dass die Frauen getötet werden. Ungeachtet der Tatsache, dass keinerlei soziale Faktoren – etwa soziale oder ethnische Herkunft, Bildung – das Auftreten häuslicher Gewalt begünstigen, sind bestimmte Lebensphasen für Frauen besonders gefährlich. Für das Auftreten von Partnergewalt sind die Phasen der Trennung und der Schwangerschaft oder der Geburt eines Kindes ausgesprochen risikoreich, weil sie eine Situation kennzeichnen, in der der Mann befürchtet, die Kontrolle über die Frau zu verlieren.[1]

---

1 Brzank 2011.

Um was geht es bei häuslicher Gewalt?

Häusliche Gewalt wird zumeist in einer komplexen Form von Misshandlung, Unterdrückung und Kontrolle ausgeübt. Dazu gehören alle Formen körperlicher, seelischer und sexueller Misshandlung sowie die ökonomisch-finanzielle und soziale Diskriminierung. Auch Beleidigungen, Provokationen, Demütigungen und Drohungen sind Gewalthandlungen, die schwerwiegende körperliche und psychische Folgen nach sich ziehen. Diese vermeintlich harmlosen Formen häuslicher Gewalt zielen darauf ab, Macht auszuüben, indem sie systematisch isolieren und handlungsunfähig machen. Eine allgemein verbindliche Definition von häuslicher Gewalt existiert nicht. Bei enger Auslegung geht es eben um Gewalt zwischen Erwachsenen, die in einer intimen Beziehung leben oder gelebt haben. Bei weiterer Auslegung von häuslicher Gewalt werden auch Lebensformen erfasst, die sich durch eine Lebensgemeinschaft oder gemeinsame Wohnung auszeichnen, ohne dass eine intime Beziehung besteht oder bestand, so beispielsweise zwischen Verwandten, in einer Wohngemeinschaft, einer Pflegebeziehung oder in einem Heim.

Oft suchen gewaltbetroffene Frauen erst nach Jahren Hilfe von außen auf. Die Gründe sind vielschichtig: Sie reichen von Angst vor Verlust des sozialen Umfeldes (Schule, Arbeitsplatz etc.) bis hin zu finanzieller Abhängigkeit. In der bisherigen Wohnung zu verbleiben, ist dann mit Ängsten besetzt, wenn nicht sogar die Gefahr für Leib und Leben so groß wird, dass ein anderer sicherer Ort gefunden werden muss. Das Gewaltschutzgesetz hat zwar Alternativen geschaffen: Statt „Schutz durch Flucht" gilt „Wer schlägt, muss gehen". Aber für viele Frauen bietet die bisherige Wohnung auch nach einem gerichtlichen Beschluss kein ausreichendes Gefühl von (schnellem) Schutz und Sicherheit. Die Frauen fliehen aus der gemeinsamen Wohnung, um ihre Würde, ihre Gesundheit und ihr Leben zu schützen.

Häusliche Gewalt ist eine Menschenrechtsverletzung

Häusliche Gewalt als geschlechtsspezifische Gewalt ist eine Menschenrechtsverletzung und diskriminiert Frauen. Ursachen von geschlechtsspezifischer Gewalt liegen im ungleichen Machtverhältnis zwischen Frauen und Männern begründet. Gewalt gegen Frauen dient der Erhaltung dieser Ungleichverteilung in der Gesellschaft. Hier zeigt sich, dass Gewalt gegen Frauen kein individuelles, sondern ein gesamtgesellschaftliches Problem ist. Auch Männer werden Opfer von Gewalt und sind körperlichen und psychischen Misshandlungen ausgesetzt. Sie erleben Gewalt jedoch in den häufigsten Fällen im öffentlichen Raum und die gewaltausübenden Personen sind zumeist andere Männer. Auch für diese im sozialen Nahbereich von Gewalt betroffenen Männer müssen – in anderem Format – Unterstützungsangebote entwickelt werden.

Folgen häuslicher Gewalt für die Frauen

Gewalt gegen Frauen hat viele Auswirkungen, die gravierend sein können: Der Bogen spannt sich dabei von schweren gesundheitlichen Folgen – nach akuten Verletzungen und auch lang anhaltenden seelischen oder körperlichen Schäden der von Gewalt Betroffenen – über soziale und ökonomische Folgen für das Opfer, bis hin zu finanziellen Auswirkungen für die Gesellschaft. Gewalt in der Beziehung hat großen Einfluss auf die Lebensgestaltung der von häuslicher Gewalt betroffenen Personen. Sehr deutlich erweist sich ein Zusammenhang von Arbeitslosigkeit mit häufigen oder langen Krankenständen oder Arbeitsunfähigkeit infolge von psychischen Belastungen. Aufgrund von finanziellen Abhängigkeiten in der Beziehung haben sie nach der Trennung mit wirtschaftlichen Einbußen zu kämpfen. Wenn sie dann gegebenenfalls ihre Arbeit verlieren, ist die Gefahr der Verschuldung groß oder sie sind auf staatliche Transferleistungen angewiesen.

Hohe Kosten entstehen aber nicht nur für die Betroffenen selbst, auch die Gesellschaft muss einen großen Beitrag leisten. Schätzungen gehen davon aus, dass häusliche Gewalt die Gesellschaft, aber auch die deutsche Wirtschaft jährlich viele Millionen Euro kostet, zum Beispiel aufgrund von verminderter Produktivität und Krankschreibung am Arbeitsplatz.

Folgen häuslicher Gewalt für die Kinder

Ein weiterer, dramatischer und folgenschwerer Aspekt der häuslichen Gewalt betrifft die Kinder. Sie sind immer mittelbar und/oder unmittelbar betroffen, erleben und beobachten die Gewalt gegen ihre Mutter oder erfahren selbst Gewalt. Beides hat Konsequenzen: Viele entwickeln Verhaltensstörungen sowie langfristige emotionale und kognitive Probleme. Auch wenn sie nicht selbst geschlagen werden, leben diese Kinder in einer Atmosphäre der Angst, die ihren späteren Umgang mit Gewalt prägen kann. Die Auswirkungen auf Kinder werden oft unterschätzt.

Neben den finanziellen Problemen kommt es in vielen Fällen zu Auseinandersetzungen beim Sorge- und Umgangsrecht. Die Pflege und Erziehung sind das natürliche Recht und die Pflicht der Eltern. Auch Kinder haben das Recht auf Umgang mit beiden Elternteilen. Nach Trennung im Kontext häuslicher Gewalt ist es oft schwierig, die Rechte und Bedürfnisse aller in Einklang zu bringen. Die Beziehung ist beendet, die Elternschaft bleibt bestehen. Die Kontrolle und Macht wird weiter ausgeübt und daraus können Konflikte entstehen. Beim Sorgerechtsstreit wird oft nicht oder nur unzureichend zwischen dem Recht der Frau und der Kinder auf Schutz einerseits und dem Recht des gewalttätigen Elternteils auf Umgang mit den Kindern andererseits abgewogen. Schutzanordnungen, die nach dem Gewaltschutzgesetz möglich wären, werden eingeschränkt und ausgehebelt. Eine Ursache liegt darin, dass Richterschaft, Anwaltschaft, Jugendämter oder Verfahrensbeistände zum Teil nur wenig über häusliche Gewalt wissen, sodass die Auswirkungen von häuslicher Gewalt nicht als potenzielle Gefährdung des Kindeswohls erkannt werden und bei der Sorgerechtsentscheidung außen vor bleiben. Es muss unterschieden werden zwischen einer konfliktreichen Trennung und der Trennung aufgrund häuslicher Gewalt. Bei häuslicher Gewalt ist ein partnerschaftlicher Umgang der Eltern im Interesse der Kinder in der Regel schwierig.

Auch die Jugendhilfe spielt hier eine wichtige Rolle. Die Jugendhilfe in Deutschland schätzt die Lage von Kindern, die Gewalt in der Partnerschaft miterleben, zunehmend als Gefährdung des Kindeswohls ein. Um in Gewaltsituationen intervenieren zu können, muss die Jugendhilfe enger mit Einrichtungen, die gewaltbetroffene Frauen unterstützen, kooperieren. Das gemeinsame Anliegen muss es sein, den Schutz der Frauen und den Kinderschutz in Fällen häuslicher Gewalt besser zu verzahnen. Mitbetroffene Kinder in Frauenhäusern und Fachberatungsstellen brauchen geschlechts- und altersspezifische Angebote zur Aufarbeitung der Gewalterfahrung.

Das Ausmaß häuslicher Gewalt

Häusliche Gewalt ist keine Randerscheinung in unserer Gesellschaft, sondern prägt den Alltag vieler Frauen in Deutschland und weltweit. Betroffen sind Frauen aller sozialen Milieus, aller Altersgruppen und Bildungsschichten, Migrant*innen ebenso wie Frauen ohne Migrationserfahrungen.

Besonders hoch ist das Risiko für Frauen, Gewalt zu erleiden, im sozialen Nahbereich. Laut einer Studie erlebt in Deutschland jede vierte Frau Misshandlungen durch ihren Partner, europaweit gilt das sogar für jede dritte Frau. Tatsächlich sind Frauen in Deutschland täglich von Gewalt betroffen. Mehr als einmal pro Stunde wird in Deutschland eine Frau durch ihren Partner gefährlich verletzt. Das zeigen Zahlen der kriminalstatistischen Auswertung zu Partnerschaftsgewalt des Bundeskriminalamtes. Für das Jahr 2018 meldete das Amt 140.755 Opfer von Partnerschaftsgewalt.[2] Die Opfer wurden verletzt, bedroht, gestalkt, genötigt, eingesperrt und in 324 Fällen sogar getötet oder ermordet. In 81 % der Fälle waren die Opfer Frauen. Die Dunkelziffer ist wahrscheinlich wesentlich höher.

Aus der Frauenhausbewohnerinnenstatistik für das Jahr 2018 liegen Zahlen zur Aufnahme von 7.172 Frauen und fast 8.000 Kindern in den Frauenhäusern der Bundesrepublik vor.

---

2 BKA 2018.

Zu knappe Kapazitäten im Hilfesystem, weit größerer Bedarf an Schutzplätzen

Hilfe suchen sich die Betroffenen in Deutschland oft in sogenannten Frauenhäusern, die Frauen und ihren Kindern in Notlagen zu jedem Zeitpunkt Schutz bieten können, so zumindest die Idee. Doch deren Kapazitäten sind begrenzt. Um die ca. 350 Frauenhäuser in Deutschland ist es auch im Normalzustand schlecht bestellt. Längst nicht alle Hilfesuchenden bekommen einen Platz.

Der Europarat hat bereits 2006 in einer Empfehlung einen Frauenhausplatz pro 7.500 Einwohner*innen – Männer, Frauen und Kinder – als angemessen bezeichnet.[3] Bei insgesamt ca. 6.800 Plätzen kommt die Bundesrepublik Deutschland derzeit gerade mal auf eine Quote von einem Frauenhausplatz auf 12.000 Einwohner*innen.

2017 ratifizierte Deutschland[4] die sogenannte Istanbul-Konvention des Europarats[5], nach der es pro 10.000 Einwohner*innen einen sogenannten „Family Place" geben soll. Demnach müsste es in Deutschland eigentlich 21.400 Plätze geben.

Die Finanzierung der Frauenhäuser erweist sich nach wie vor als großes Problem

Seitdem es die ersten Frauenhäuser gibt, erweist sich ihre Finanzierung als gravierendes Problem. Es gibt bundesweit keine einheitliche Regelung, inwieweit die Frauenhäuser vom Staat unterstützt werden. Jedes Bundesland regelt die Finanzierung anders, was große Probleme nach sich zieht. In einigen Bundesländern übernimmt das Land einen großen Teil der unterschiedlichen Kosten. In anderen Bundesländern beziehungsweise Kommunen müssen Frauen, wenn sie nicht hilfebedürftig im Sinne des SGB II oder SGB XII sind, den Frauenhausaufenthalt ganz oder teilweise selber zahlen. Bei einem Tagessatz für Beratung bzw. Betreuung von beispielsweise 40 Euro entstehen somit monatliche Kosten um 1.200 Euro, noch bevor die betroffene Frau einen Euro vor allem für Lebensmittel zur Verfügung hat. Ein Aufenthalt kann so die prekäre Situation der Frauen zusätzlich sehr verschlechtern.

---

3 Europarat 2006.
4 Deutschland hat am 12. Oktober 2017 die Beitrittsurkunde zum „Übereinkommen des Europarats zur Verhütung und Bekämpfung von Gewalt gegen Frauen und häuslicher Gewalt" beim Generalsekretär des Europarats hinterlegt. Damit wurde der Ratifikationsprozess dieser sogenannten Istanbul-Konvention abgeschlossen. Anfang Februar 2018 ist das rechtlich bindende Menschenrechtsinstrument in Deutschland in Kraft getreten. Siehe: Deutsches Institut für Menschenrechte 2018.
5 Council of Europe 2011 (sog. Istanbul-Konvention des Europarats).

Resümee

Häusliche Gewalt führt nicht per se in die Armut. Fast 70% der Frauen beziehen ein eigenes Einkommen.[6] Bekannt ist aber, dass die in Deutschland immer noch herrschende traditionelle Arbeitsteilung der Geschlechter in männliche Familienernährer und weibliche Zuverdienerin für Frauen, die Einkommens- und Vermögensunterschiede von Männern und Frauen, die fehlende gleichwertige Entlohnung vor allem frauenspezifischer sozialer Berufe ein hohes Armutsrisiko bergen. Vor allem Alleinerziehende tragen ein besonders hohes Risiko arm zu werden. Verbunden mit häuslicher Gewalt, bedeutet dies einen sozialen Abstieg – auch für die Kinder – und negative Folgen für sie selbst und für die gesamte Gesellschaft. Hier sind wir alle gefordert gegenzusteuern, gegen geschlechtsspezifische Gewalt, für Gerechtigkeit und Gleichberechtigung. Gewalt gegen Frauen ist ein gesamtgesellschaftliches Problem, verursacht durch die ungleichen Machtverhältnisse von Männern und Frauen, und somit keine Privatangelegenheit.

Literatur

Brzank, Petra, *Wege aus der Partnerschaft – Frauen auf der Suche nach Hilfe*, Fulda 2011.
Bundeskriminalamt (BKA), *Partnerschaftsgewalt – Kriminalstatistische Auswertung – Berichtsjahr 2018*; https://www.bka.de/DE/AktuelleInformationen/StatistikenLagebilder/Lagebilder/Partnerschaftsgewalt/partnerschaftsgewalt_node.html (21.06.2020).
Council of Europe, *Übereinkommen des Europarats zur Verhütung und Bekämpfung von Gewalt gegen Frauen und häuslicher Gewalt und erläuternder Bericht*, (sog. Istanbul Konvention), Istanbul 11.5.2011, Council of Europe Treaty Series–No 210; https://rm.coe.int/CoERMPublicCommonSearchServices/DisplayDCTMContent?documentId=0900001680462535 (21.06.2020).
Deutsches Institut für Menschenrechte, *Konvention des Europarates zur Verhütung und Bekämpfung von Gewalt gegen Frauen und häuslicher Gewalt*, Berlin 2018; https://www.institut-fuer-menschenrechte.de/themen/frauenrechte/istanbul-konvention/ (21.06.2020).
Europarat, Sekretariat des Ausschusses für Gleichberechtigung von Frauen und Männern, *Handbuch der ParlamentarierInnen. Die Parlamente vereint bei der Bekämpfung der häuslichen Gewalt gegen Frauen*, Straßburg 2006; https://www.coe.int/t/pace/campaign/stopviolence/Source/handbook_de.pdf (21.06.2020).
Frauenhauskoordinierung e.V., *Statistik Frauenhäuser und ihre Bewohnerinnen*, https://www.frauenhauskoordinierung.de/arbeitsfelder/fhk-bewohner-innenstatistik/ (21.06.2020), Berlin 2018.
Frauenhauskoordinierung e.V. https://www.frauenhauskoordinierung.de/themenportal/gewalt-gegen-frauen/folgen-der-gewalt/folgen-der-gewalt-fuer-kinder/ (21.06.2020).
Schröttle, Monika / Ansorge, Nicole, *Gewalt gegen Frauen in Paarbeziehungen – eine sekundäranalytische Auswertung zur Differenzierung von Schweregraden, Mustern, Risikofaktoren und Unterstützung nach erlebter Gewalt*, Bielefeld 2009.

---

6 Schröttle/Ansorge 2009.

Corinna Mäder-Linke

Sucht zuhause?
Situation, Herausforderungen und Hilfen für Familien mit abhängigkeitskranken Müttern oder Vätern

Seit dem Grundsatzurteil des Bundessozialgerichts vom Juni 1968 ist Sucht als Krankheit anerkannt. In den vergangenen Jahrzehnten entstand ein Versorgungssystem zur Beratung, Betreuung und Behandlung abhängigkeitskranker Menschen, das sich angepasst an die Bedarfe von Menschen mit einer Suchterkrankung stetig weiterentwickelt. In den letzten Jahren sind die Situation und die Herausforderungen der Familien, in denen ein Elternteil an einer Suchterkrankung leidet, immer deutlicher in das Bewusstsein von Politik und Öffentlichkeit gerückt. Mit verschiedenen, neu konzipierten und evaluierten Hilfsangeboten wird das Ziel verfolgt, die Gruppe der drei Millionen Kinder abhängigkeitskranker Mütter oder Väter zu erreichen, um sie in ihrer Entwicklung zu unterstützen und so die Gefahr zu verringern, dass diese besonderen Belastungen ausgesetzten Mädchen und Jungen in ihrem späteren Leben ebenfalls zum Suchtmittel greifen oder einem süchtigen Verhalten zusprechen. Gleichzeitig bedarf es der Stärkung der elterlichen Kompetenz der suchtkranken Mutter bzw. des Vaters – im Idealfall im Rahmen der Behandlung der Abhängigkeitserkrankung. Denn suchtkranke Eltern unterscheiden sich nicht von Eltern, die nicht an einer Sucht leiden – sie möchten ihre Kinder als verlässliche Bezugspersonen auf deren Weg begleiten und sie bestmöglich auf ein eigenständiges Leben vorbereiten.

Since the landmark decision of the Federal Social Court in June 1968, addiction has been recognized as a disease. In the past decades, a care system offering counsel, support and treatment for addicted people was established, which is in a continuous progress as to the needs of addicted people. During the last years, the awareness of politics and the community concerning the situation and the challenge of families in which one parent is suffering from an addiction has grown continuously. The aim of newly conceived and evaluated aid offers is to reach the group of three million children with addicted mothers or fathers in order to support them in their development, and thus to lower the risk of girls and boys exposed to these particular liabilities to use addictive drugs, or to tend to an addicted demeanour themselves in their further life. Simultaneously, a strengthening of parental competence on the part of the addicted mother respectively the father is needed – ideally framed by a therapy of the addiction illness. As addicted parents do not differ from parents who are not addicted, they wish to accompany their children as reliable attachment figure on their way and to prepare them as best they can for an independent life.

>»Ich will vergessen, dass ich mich schäme«,
gestand der Säufer und ließ den Kopf hängen.
»Über was schämst du dich?«
»Ich schäme mich, weil ich saufe!«,
sagte der Säufer abschließend
und hüllte sich in tiefes Schweigen.[1]

1. Diagnostik und Epidemiologie der Abhängigkeitserkrankung

In nüchternen Worten nennt die Weltgesundheitsorganisation in der derzeit aktuellen Internationalen statistischen Klassifikation der Krankheiten und verwandter Gesundheitsprobleme, der ICD 10, sechs Kriterien zur Diagnose einer Abhängigkeitserkrankung. Dabei werden zum einen die körperlichen Reaktionen und Veränderungen mit einer Toleranzentwicklung dem Suchtmittel gegenüber und einer Entzugssymptomatik bei ausbleibendem Konsum beschrieben. Zum anderen steht der Verlust der willentlichen Steuerung des eigenen Verhaltens im Hinblick auf Beginn, Menge und Beendigung des Substanzkonsums im Fokus. Die Fähigkeit, nicht aus freien Stücken über den eigenen Konsum entscheiden zu können, also die Selbstkontrolle zu verlieren, stellt sich nach der ICD 10 in dem starken Wunsch oder Zwang, eine Substanz zu konsumieren, in einer fortschreitenden Vernachlässigung anderer Interessen und einem anhaltenden Substanzkonsum trotz Nachweis schädlicher Folgen dar.

Betrachtet man die folgenden Zahlen, die darlegen, wie viele Menschen in Deutschland missbräuchlich oder abhängig Suchtmittel oder süchtiges Verhalten nutzen, wird einmal mehr deutlich, dass Abhängigkeit kein Randthema einzelner willensschwacher Betroffener ist, sondern eine ernstzunehmende, weit verbreitete Krankheit:

- 85 % der erwachsenen Bevölkerung in Deutschland konsumieren regelmäßig Alkohol. 2,8 % betreiben einen riskanten Alkoholkonsum. In der Altersgruppe von 18 bis 64 Jahren gelten 3,1 % der Menschen als alkoholabhängig.
- 26,7 % der deutschen Bevölkerung konsumieren mindestens einmal im Leben eine illegale Droge, 5,1 % in den letzten 12 Monaten vor der Datenerhebung. Bei der Lebenszeitprävalenz führt Cannabis mit 25,6 % gefolgt von den Amphetaminen mit 3,7 %, Kokain mit 3,3 %, Pilzen 2,8 %, Ecstasy und LSD mit je 2,4 %.
- Pro Kopf liegt der jährliche Verbrauch an Medikamenten bei rund 1.200 Tabletten und anderen Darreichungsformen in einer Höhe von etwa 500 Euro pro Kopf. Bis zu 5 % der rezeptpflichtigen Medikamente haben ein sogenanntes Abhängigkeitspotenzial. Schätzungsweise 1,5 Millionen Men-

---

1 De Saint-Exupéry 2015, 23.

schen sind in Deutschland medikamentenabhängig, vor allem von Benzodiazepinderivaten.²
- Laut aktueller Repräsentativbefragung (12-Monatsprävalenz) der Bundeszentrale für gesundheitliche Aufklärung (BZgA) liegt bei 229.000 Personen im Alter von 16 bis 70 Jahren ein problematisches Spielverhalten vor. Die Anzahl der pathologischen Spieler*innen lässt sich mit 200.000 Personen beziffern.³·

Zahlen und Diagnosekriterien zeichnen das Ausmaß und die Lebensrealität abhängigkeitskranker Menschen, lassen das mit der Krankheit in Zusammenhang stehende Leid vermuten, sagen allerdings wenig darüber aus. Auch einen Blick auf die Auswirkungen der Suchtkrankheit auf das Leben des abhängigkeitskranken Menschen und seines sozialen Umfeldes kann ein Klassifikationssystem nicht tätigen.

2. Sucht zuhause? Zahlen, Daten, Fakten

Wissenschaftler*innen gehen neben den erhobenen statistischen Daten von einer erheblichen Dunkelziffer an Menschen aus, die von einer Abhängigkeit von einer Substanz oder von einem Verhalten betroffen sind. Wie bei jeder Krankheit, so trifft auch die Sucht nicht ausschließlich den Abhängigen oder die Abhängige, sondern ebenfalls sein oder ihr Umfeld – explizit seine oder ihre Familie. Möchte man also Familien, die besondere Herausforderungen zu meistern haben, in den Blick nehmen, darf man das Auftreten eines missbräuchlichen Umgangs oder einer Abhängigkeitserkrankung von Menschen in Elternverantwortung nicht aus den Augen verlieren.

Dies bestätigt auch die bevölkerungsweite Studie „Gesundheit in Deutschland aktuell (GEDA)", die zeigt, dass 22 % der Elternteile, die mit mindestens einem minderjährigen Kind im Haushalt leben, einen riskanten Alkoholkonsum aufweisen – hochgerechnet etwa 3,8 Millionen Elternteile mit riskantem Alkoholkonsum. Unter Berücksichtigung der durchschnittlichen Kinderzahl bedeutet dies, dass in Deutschland schätzungsweise bis zu 6,6 Millionen Kinder bei einem Elternteil mit riskantem Alkoholkonsum leben.⁴

Werden die offiziellen Kriterien für einen schädlichen Gebrauch von Alkohol oder eine Alkoholabhängigkeit zugrunde gelegt, wächst in Deutschland etwa jedes 7. Kind, insgesamt ca. 2,65 Millionen, bei einem Elternteil mit einer Diagnose Alkoholmissbrauch oder -abhängigkeit auf.⁵

---

2 Vgl. Atzendorf 2019, 116, 577–584.
3 Vgl. Meier 2020, 129–148.
4 Vgl. RKI 2017, DOI 10.17886/RKI-GBE-2017-031.
5 Vgl. Lachner/Wittchen 1997, 43–89.

Aussagekräftige Zahlen zu Kindern von Eltern, die illegale Drogen konsumieren, sind in Deutschland kaum vorhanden. Schätzungen gehen davon aus, dass etwa 60.000 Kinder mit einem opiatabhängigen Elternteil zusammenleben. Auch bezüglich der Daten für Kinder von pathologischen Glücksspieler*innen bedient man sich klinischer Beobachtungen und Hochrechnungen. Ausgehend von einem Viertel bis einem Drittel Glücksspieler, die Eltern minderjähriger Kinder sind und etwa 100.000 bis 300.000 pathologischen Glücksspieler, die es in Deutschland gibt, ist mit mindestens 25.000 bis zu 100.000 Glücksspieler*innen mit Kindern zu rechnen.[6]

Die in Forschungsstudien belegten Fakten geben ein deutliches Signal für die Präsenz von Sucht in Familien. Wenn man von Familien mit suchtkranken Elternteilen spricht, lassen sich drei Akteur*innen ausmachen: der an Sucht erkrankte Elternteil, der*die Partner*in des Abhängigkeitskranken und das Kind. Orientiert an dieser Konstellation, die sich selbstverständlich in der Realität in verschiedenen Variationen zeigen kann, zum Beispiel dass sowohl Vater als auch Mutter betroffen sind, werden nachfolgend einerseits die besonderen Herausforderungen der Kinder suchtkranker Eltern betrachtet. Andererseits richtet sich der Blick auf abhängigkeitskranke Mütter und Väter, die darunter leiden, aufgrund ihrer Suchtkrankheit oftmals nicht in der Lage zu sein, dem eigenen Kind hinreichend und zuverlässig zur Verfügung zu stehen.

3. Die Situation der Kinder suchtkranker Mütter oder Väter

Statistische Erhebungen, wie viele Kinder mit einem alleinerziehenden suchtkranken Elternteil aufwachsen oder wie hoch der Anteil Alleinerziehender ist, die sich von ihrem*ihrer abhängigkeitskranken Partner*in getrennt haben, finden sich nicht. Allerdings belegen Studien, dass Kinder suchtkranker Eltern häufige Trennungen, Scheidungen der Eltern oder sogar den Tod eines Elternteils[7] hinnehmen müssen und oft nicht von einer stabilen Eltern-Kind-Beziehung und einer sicheren Bindung als Boden, auf dem eine gesunde Persönlichkeitsentwicklung stattfinden kann, profitieren.

Um Vertrauen in die Umwelt und letztendlich in sich selbst aufbauen zu können, bedarf es Bezugspersonen, die das Kind verlässlich auf seinem Weg begleiten und bei den entwicklungsbedingten Krisen des jungen Lebens hilfreich zur Seite stehen. Diesbezüglich befinden sich Kinder suchtkranker Eltern häufig vor anderen Herausforderungen als von der Thematik nicht betroffene Kinder.

Der Makel, den Kinder, die nicht in einer Familie mit Vater und Mutter aufwachsen, oft spüren, wird potenziert durch die Stigmatisierung der Sucht-

---

6 Vgl. Atzendorf 2019, 116, 577–584.
7 Vgl. Waldron et al. 2013, 337–348.

erkrankung in unserer Gesellschaft und als soziale Ausgrenzung von Kindern abhängigkeitskranker Eltern erlebt.

Dazu kommt, dass häufige (und wiederholte) Fremdunterbringungen der Kinder, stationäre Aufenthalte oder auch Inhaftierung der Elternteile mit einem Beziehungsabbruch zu einer wichtigen Bezugsperson einhergehen, die bisweilen auch eine schwerwiegende Traumatisierung bedeuten.

Kinder abhängigkeitskranker Eltern sind öfter von Arbeitslosigkeit in ihrer Familie und in Folge dessen von einem niedrigeren sozioökonomischen Status betroffen als Gleichaltrige in Familien ohne die Belastung durch eine Abhängigkeitserkrankung. Nicht zuletzt wirkt sich dieser Umstand auch darauf aus, dass alkoholbelastete Familien häufiger in ungünstigen Wohnverhältnissen und schwierigen nachbarschaftlichen Umfeldern leben.[8]

Betroffene Kinder führt dies nicht selten in eine Außenseiterrolle. Sie schämen sich für ihre Herkunftsfamilie, was sich auch in Verhaltensauffälligkeiten niederschlägt. Bei Söhnen aus suchtbelasteten Familien sind häufig Störungen des Sozialverhaltens zu beobachten, die sich mit Hyperaggressivität, Impulsivität und Hyperaktivität in allen Altersstufen zeigen. Mädchen aus suchtbelasteten Familien leiden im Vergleich zu unbelasteten Gleichaltrigen öfter an Depressionen oder Angststörungen.[9] Betrachtet man neben genetischen Faktoren diese Fakten, erstaunt es nicht, dass Kinder aus suchtbelasteten Familien als Hochrisikogruppe für die Entwicklung einer eigenen Abhängigkeitserkrankung bzw. einer psychischen Störung gelten.[10]

Erfährt bereits das ungeborene Kind während der Schwangerschaft die schädlichen Einflüsse eines mütterlichen Substanzkonsums und ist diesem im Mutterleib direkt ausgesetzt, führt das zu einer verzögerten kognitiven, körperlichen und/oder emotionale Entwicklung, die sich durch alle Altersstufen ziehen kann. Speziell in Bezug auf eine pränatale Alkoholexposition besteht für das ungeborene Kind die Gefahr der Entwicklung einer sogenannten Fetalen Alkoholspektrumsstörung (FASD) mit weitreichenden negativen Auswirkungen auf die Entwicklungsperspektive des Kindes.[11]

Inwieweit der nicht süchtige Elternteil als ein Schutzfaktor für das Kind zur Verfügung steht, ihm menschliche Wärme, Fürsorge und Zuneigung bieten kann, wird von der Dynamik der Abhängigkeitskrankheit im Familiensystem abhängen und höchst unterschiedlich sein. Wenn dies allerdings gelingt, ist die Wahrscheinlichkeit groß, dass der nicht kranke Elternteil den Aufbau einer Resilienz des Kindes fördern kann.

---

8 Vgl. Serec et al. 2012, 861–870.
9 Vgl. Eiden 2016, 1619–1633.
10 Vgl. Klein 2006, 127–153.
11 Vgl. Landgraf 2013, 703–710.

4. Abhängigkeitskranke Eltern wollen gute Väter und Mütter sein!

Abhängigkeitskranke Eltern wollen gute Väter und Mütter sein und sind gleichzeitig von den Folgen ihrer Sucht derart beeinträchtigt, dass es ihnen oft nicht gelingt, den kindlichen oder jugendlichen Bedürfnissen, abgestimmt auf die verschiedenen Phasen in der Entwicklung und der anspruchsvollen Erziehungsarbeit mit ihren immer neuen Herausforderungen, gerecht zu werden. Vor dem Hintergrund, dem Drang nach dem Suchtmittel oder einem Verhalten nachkommen zu müssen, gelingt oftmals weder die materielle Versorgung des Kindes noch das Befriedigen dessen emotionaler Grundbedürfnisse nach Nähe, Zuwendung und Liebe.[12] Das hat auch zur Folge, dass die alltäglichen Aufgaben der elterlichen Pflichten innerhalb der Familie oftmals neu verteilt werden und im Sinne der Parentifizierung Kinder bestimmte Rollen zur Versorgung jüngerer Geschwister oder Elternteile zugeschrieben bekommen. Für die Kinder bleibt so für die Bewältigung alterstypischer Entwicklungsaufgaben (zu) wenig Raum. Die*der abhängigkeitskranke Mutter oder Vater fühlt sich unfähig, die von außen oder von sich selbst an sie*ihn herangetragenen Erwartungen an die Elternschaft zu erfüllen und erlebt eine Kränkung ihres*seines Selbstwertes sowie ein weiteres Verstärken der Scham- und Schuldproblematik. Um diese überhaupt ertragen zu können, wird häufig erneut das Suchtmittel bzw. das süchtige Verhalten eingesetzt.

Der Versuch, das eigene Versagen wieder gut zu machen, führt oft dazu, dass suchtkranke Eltern im Umgang mit ihrem Kind zwischen übertriebener Milde und Härte schwanken. Die fehlende Konsequenz und Kontinuität in der Erziehung bietet den Kindern keine verlässliche Orientierung, was letztendlich zu ausufernden Konflikten der Eltern mit den Kindern führt. Kinder können dabei sehr gegensätzliche Gefühle gegenüber ihrem suchtabhängigen Elternteil entwickeln, wie zum Beispiel Hass und Verachtung versus Sorge um den Elternteil.[13] Im Erleben der Mutter oder des Vaters, die*der auf ihre*seine Weise um die Liebe ihres*seines Kindes kämpft, stellt sie*er ihre*seine Kompetenz einmal mehr in Frage, was erneut zum vernichtenden Gefühl des Versagens und der Selbstverachtung führt.

Werden einerseits Streitigkeiten zwischen den Elternteilen und den Kindern in von Sucht betroffenen Familien häufiger und nicht nur verbal sondern auch mit körperlicher Gewalt ausgetragen, sind Kinder auch öfter Zeuge von elterlichen Auseinandersetzungen.[14]

Von einer Suchterkrankung betroffene Familien, das haben die Vorüberlegungen auf der Basis der angeführten Studien gezeigt, sind einer Vielzahl von Belastungssituationen auf den verschiedensten Ebenen ausgesetzt, die

---

12 Vgl. Klein 2016, 127–153.
13 Vgl. ebd.
14 Vgl. ebd.

sich gegeneinander verstärken. Keinesfalls ist es so, dass Mütter und Väter, die an einer Abhängigkeitserkrankung leiden, unfähig sind, Kinder zu erziehen. Sie haben es nur um ein Vielfaches schwerer, den Aufgaben gerecht zu werden, ihr Kind adäquat bei der Bewältigung seiner Entwicklungsaufgaben zu begleiten. Denn auch ihren frühen Bezugspersonen ist es oftmals wenig gelungen, ihnen bei ihrer Ankunft in die Welt bedingungslos und verlässlich zur Verfügung zu stehen, so dass kein stützendes Selbstwertgefühl bzw. kein Modell einer zwischenmenschlichen Beziehung aufgebaut werden konnte. Innerhalb seiner Psychodynamik und Selbstregulierungsprozesse hat deshalb das Suchtmittel oder das süchtige Verhalten die Funktion einer Stabilität für die Selbstwertregulation übernommen und fungiert als verlässliches Objekt. Dieser Selbstheilungsversuch war allerdings von Anfang an zum Scheitern verurteilt.

Personen, die abhängigkeitskranke Menschen beraten, behandeln und begleiten, sollten sich der besonderen Situation, in der sich diese als Eltern befinden, bewusst sein und ihren eigenen Umgang mit dem suchtkranken Elternteil immer wieder neu – in Selbsterfahrung oder Supervision – reflektieren. Wenn es gelingt, das Wagnis der Relativierung seiner individuellen Lebenseinstellung auf sich zu nehmen, Theorie, eigene Maßstäbe oder auch Therapiepläne zumindest für den Moment abzulegen und seine Ressentiments vor dem ganz anderen zurückzustellen, entwickelt sich aus der Offenheit des*der Berater*in bzw. Therapeut*in gegenüber der abhängigkeitskranken Mutter oder dem Vater Respekt. Das einfühlende Verständnis der Genese, des Geworden-Seins des*der Klient*in, des biografischen Schicksals ermöglicht die Akzeptanz des So-Seins des Suchtkranken, der die Toleranz der Andersartigkeit der Individuen in ihrer schöpferischen Vielfalt einschließt.[15] Mit einer solchen Haltung, die weniger durch ein Antrainieren und mehr durch Mut zu einem neugierigen Einlassen auf ein fremdes Gegenüber gelingt, wird eine Begegnung mit dem Vater oder der Mutter möglich. Daraus entsteht eine Beziehung, in der das Auseinandersetzen mit Scham und Schuld bei der*dem Betroffenen dazu führt, die dahinterstehende Sorge um das Kind wahrzunehmen, die nicht selten eine Abstinenzmotivation darstellt, die es gilt therapeutisch zu nutzen.

Begibt sich die abhängigkeitskranke Mutter bzw. der suchtkranke Vater in eine Behandlung und gelingt es ihm, eine Suchtmittelfreiheit aufzubauen, stabilisiert dies insgesamt das familiäre Leben, was der weiteren Entwicklung von betroffenen Kindern besonders zugutekommt: So zeigen zum Beispiel Untersuchungen, dass sich die psychischen Auffälligkeiten von Kindern von alkoholabhängigen Eltern zurückbilden konnten bzw. dass sie sogar langfristig unauffällig wurden, wenn der suchtkranke Elternteil ein abstinentes Leben führt.[16]

---

15 Vgl. Heigl-Evers 1994, 43–78.
16 Vgl. Atzendorf 2019, 577–584.

5. Hilfen für Familien mit suchtkranken Eltern

Den Zusammenhang und die gegenseitige Beeinflussung der Abhängigkeitserkrankung und der Elternschaft berücksichtigend, gilt es neben den Hilfen für Kinder suchtkranker Eltern speziell Angebote für den abhängigkeitskranken Elternteil zu schaffen, die sowohl auf Beratung, Behandlung und Betreuung der Suchtkrankheit als auch auf die Stärkung der Elternkompetenz abzielen.

Insgesamt hat die Hälfte der Personen, die sich an das suchtspezifische ambulante oder stationäre Hilfesystem wenden, mindestens ein Kind. Dabei machen alkoholabhängige Menschen mit Kindern sowohl ambulant (55 %) als auch stationär (57 %) die größte Gruppe aus. Am seltensten haben Personen mit exzessiver Mediennutzung (ambulant: 16 %, stationär: 16 %) Kinder, gefolgt von Personen mit einer cannabinoidbezogenen Störung (ambulant: 19 %, stationär: 27 %) und den Hauptdiagnosen Stimulanzien (ambulant: 39 %, stationär: 39 %), Opioiden (ambulant: 44 %, stationär: 47 %) und Pathologisches Glücksspielen (ambulant: 43 %, stationär: 44 %).[17]

In diesen Zahlen liegt eine große Chance – nämlich bei abhängigkeitskranken Eltern, die sowohl im stationären als auch im ambulanten Kontext Hilfe suchen, nicht ausschließlich auf die Behandlung der Abhängigkeitserkrankung abzuzielen, sondern die Unterstützung auch auf ihre Elternschaft zu beziehen.

Der Fachverband Sucht e.V. legte dazu 2019 beispielsweise ein Rahmenkonzept vor, welches im Behandlungssetting der stationären Rehabilitation suchtkranker Menschen die Möglichkeit eröffnet, neben der Suchterkrankung der Eltern auch deren Kinder hinsichtlich ihrer psychischen, sozialen, körperlichen und kognitiven Entwicklung zu fördern und die Beziehung der Eltern zu ihren Kindern zu stärken.[18] Darüber hinaus gibt es verschiedenen evaluierte Programme (z.B. *Trampolin* oder *Fit Kids*), die sich zum Ziel setzen, die Resilienz der Kinder zu erhöhen.

Auch der Gesamtverband für Suchthilfe e.V. (GVS) widmet sich seit vielen Jahren Familien, die von Abhängigkeitserkrankungen betroffen sind. Als Fachverband der Diakonie Deutschland fühlt sich der GVS dem christlichen Menschenbild verpflichtet und handelt in der Gewissheit, dass auch Menschen in Grenzerfahrungen von Abhängigkeit und Hilflosigkeit von Gott als freie Geschöpfe entworfen und angenommen sind. Die Liebe zum und der Dienst am Nächsten versucht der GVS durch sein Agieren für die Interessen abhängigkeitskranker Menschen in Politik und Öffentlichkeit zu verwirklichen, aber auch durch das Aufgreifen von Bedarfen und auf der Grundlage dessen dem Schaffen neuer Angebote.

---

17 Vgl. DSHS 2019.
18 Vgl. Sucht aktuell 2019.

In dem zweijährigen, vom Bundesministerium für Gesundheit geförderten Projekt „Familienorientierte Suchtarbeit zur Stärkung elterlicher Kompetenz" erarbeiten der Gesamtverband für Suchthilfe e.V. (GVS) – Fachverband der Diakonie Deutschland in Kooperation mit dem Deutschen Caritasverband e.V. (DCV) ein Rahmenkonzept sowie ein Modul für das Qualitätsmanagement für ambulante Suchtberatungsstellen, die darauf abzielen, den Fokus im Hilfeprozess neben der Behandlung der Abhängigkeitserkrankung auf die Stärkung der Erziehungskompetenz von suchtkranken Menschen mit Elternverantwortung zu legen. Mit dem Ziel, verbindliche Kriterien festzuschreiben, die dazu beitragen, die Verzahnung der Hilfesysteme und die Zusammenarbeit zwischen verschiedenen Fachdisziplinen, Verbänden und Behörden zu strukturieren, zu standardisieren und nachhaltig effektiv im Hinblick auf die Bedarfe abhängigkeitskranker Eltern zu gestalten, beziehen GVS und DCV die Erfahrungen von acht ambulanten, unterschiedlich strukturierten Beratungsstellen aus dem gesamten Bundesgebiet ein. Die Ergebnisse, fachlichen Impulse, die Auswertung der praktischen Erfahrungen in der Umsetzung der Konzeptidee vor Ort und der Qualitätsmerkmale für eine familienorientierte Suchtarbeit werden im Rahmen des Projekts dokumentiert und so aufbereitet, dass sie nach Abschluss des Projektes im Mai 2021 deutschlandweit von Einrichtungen der Suchthilfe genutzt werden können.

Die Problematik suchtbelasteter Familien ist in den letzten Jahren immer mehr in das Bewusstsein von Politik und Öffentlichkeit getreten – nicht zuletzt durch Berichte über Kinder abhängigkeitskranker Menschen, die durch Vernachlässigung auf grausame Weise ums Leben kamen. Selbst im Koalitionsvertrag der Bundesregierung fand das Thema erstmals Erwähnung, was nicht zuletzt dazu führte, dass der Deutsche Bundestag im Sommer 2017 beschloss, eine Arbeitsgruppe zum Thema „Kinder psychisch- und suchtkranker Eltern" einzuberufen. Um die Rahmenbedingungen für ein flächendeckendes Hilfesystem für von Abhängigkeit betroffene Familien zu schaffen, erarbeiteten Vertreter*innen aus der Wissenschaft, der Zivilgesellschaft und der drei Bundesministerien für Familie, Senioren, Frauen und Jugend, für Gesundheit und für Soziales ein Papier, das sie am 16.12.2019 dem Deutschen Bundestag übergaben. Auch wenn die darin formulierten zehn Eckpunkte eher einem Minimalkonsens gleichen und die entscheidende Frage nach einem regelfinanzierten Hilfesystem für betroffene Familien nicht beantwortet,[19] bleibt die Hoffnung, dass davon ein Impuls für eine konzentrierte Aktion mit den Bundesländern und Kommunen ausgeht – im Interesse der ca. drei Millionen Kinder und ihrer abhängigkeitskranken (auch alleinerziehenden) Eltern.

---

19 Vgl. AFET 2020.

Literatur

AFET-Bundesverband für Erziehungshilfe e.V. (Hg.), *Abschlussbericht Kinder psychisch- und suchtkranker Eltern*, Hannover 2020.

Atzendorf, J. et. al., *Gebrauch von Alkohol, Tabak, illegalen Drogen und Medikamenten. Schätzungen zu Konsum und substanzbezogenen Störungen in Deutschland,* Deutsches Ärzteblatt, Köln 2019.

Behrendt, Klaus, *Drogenabhängigkeit,* Suchtmedizinische Reihe, Bd. 4, Deutsche Hauptstelle für Suchtfragen e.V. (Hg.), Hamm 2016.

de Saint-Exupéry, Antoine, *Der Kleine Prinz*, München 2015.

Eiden, Rina, *Developmental cascade model für adolescent substance use from infancy to late adolescence,* in: Developmental Psychology, 52, New York 2016.

Heigl-Evers, Anneliese, *Zur Einführung in die psychoanalytisch-interaktionelle Therapie,* Ravensburg 1994.

Klein, Michael, *Kinder aus suchtbelasteten Familien*, in: Klein, Michael / Hoff, Tanja / Pauly, Anne (Hg.), Schriftenreihe Angewandte Suchtforschung, Regensburg 2006.

Landgraf, Miriam, *Diagnose des Fetalen Alkoholsyndroms*, Deutsches Ärzteblatt, 110 (42), München 2013.

Meyer, Gerhard, *Glücksspiel – Zahlen und Fakten,* Deutsche Hauptstelle für Suchtfragen (Hg.), DHS Jahrbuch Sucht, Lengerich 2020.

RKI Robert Koch-Institut, *Journal of Health Monitoring,* Berlin 2017.

Serec, Masa, *Health-related lifestyle, physical and mental health in children of alcoholic parents,* in: Drug Alcohol Rev, Vermont 2012.

Fachverbande Sucht e.V, *Sucht Aktuell,* Bonn 2019.

Waldron, Mary, *Alcoholism and timing of separation in parents*, in: Journal of Studies on Drugs and Alcohol, San Diego 2013.

Katharina Ratzke

Alleinerziehende Familien – was, wenn ein Elternteil psychisch krank ist?

Alleinerziehende Familien sind keine homogene Gruppe und auch der Alltag alleinerziehender Familien mit einem psychisch erkrankten Elternteil verläuft sehr unterschiedlich. Inwieweit die psychische Erkrankung das Familienleben prägt und gegebenenfalls auch beeinträchtigt, hängt von vielen verschiedenen Faktoren ab; nicht zuletzt auch von den zur Verfügung stehenden sozialen und professionellen Unterstützungsangeboten. Vorliegende Daten zur gesundheitlichen Lage alleinerziehender Familien und ihre Lebenssituation werden skizziert. Ausgehend von ihrem Alltag sowie den psychosozialen Belastungen werden Anforderungen an die Politik wie auch an die professionellen Begleiterinnen und Begleiter formuliert.

The everyday life of single parent families with a mentally ill parent is very different from the average experience. The extent to which the mental illness affects family life and possibly also impairs it depends on many different factors, not least of all on the social and professional support services available. Available data on the health situation of single-parent families and their life situation are outlined. Based on their everyday life and the psychosocial burdens they face, requirements are being expressed towards politicians and professional companions alike.

1. Daten zur (psychischen) Gesundheit in alleinerziehenden Familien

Die gesundheitliche Lage Alleinerziehender steht in Deutschland erst seit Anfang der 2000er Jahre vermehrt im Mittelpunkt der Forschung.[1] Wobei sich die vorliegenden Studien fast ausnahmslos auf die Lage alleinerziehender Mütter beziehen. Diese schätzen ihren allgemeinen Gesundheitszustand häufiger als schlechter ein als in Partnerschaft lebende Mütter. Während es bei der körperlichen Gesundheit geringe oder keine Unterschiede gibt, berichten alleinerziehende Mütter in Bezug auf ihre psychische Gesundheit über höhere Belastungen etwa bei Depressionen und beim missbräuchlichen Konsum psychotroper Substanzen (siehe den Beitrag von Corinna Mäder-Linke in diesem Band)[2] als Mütter, die in einer Partnerschaft leben. Auch die emotionale Grundstimmung und die gesundheitsbezogene Lebensqualität sind bei alleinerziehenden Müttern schlechter. Darüber hinaus gibt es Hinweise, dass sich alleinerziehende Mütter in ihrem Alltag häufiger durch Schmerzen beeinträchtigt fühlen.

---

[1] Vgl. Rattay et al. 2017, 24 ff. und Themenheft 14 des RKI.
[2] Vgl. den Beitrag von Corinna Mäder-Linke, *Sucht zuhause? Situation, Herausforderungen und Hilfen für Familien mit abhängigkeitskranken Müttern oder Vätern*, in diesem Band auf S. 324–333.

Daten zur Gesundheit alleinerziehender Väter in Deutschland werden kaum erhoben. Laut einem Bericht des Robert-Koch-Instituts zur Gesundheit von Männern schätzen alleinerziehende Väter ihre Gesundheit häufiger als schlecht ein, geben häufiger eine diagnostizierte Depression an und rauchen häufiger als Väter, die in einer Partnerschaft leben. Andere Studien unterstreichen, dass alleinerziehende Väter in stärkerem Maße psychisch belastet sind und höhere Prävalenzen für psychische Störungen aufweisen als alleinerziehende Mütter.

Repräsentative beziehungsweise belastbare Zahlen zur gesundheitlichen Situation von Alleinerziehenden mit Migrationshintergrund sind der Autorin nicht bekannt. Allerdings wissen wir, dass Menschen mit Migrationshintergrund in Deutschland deutlich häufiger an psychischen Störungen erkranken als der Bevölkerungsdurchschnitt. Frauen sind diesbezüglich besonders gefährdet. Vor diesem Hintergrund sind die Einschätzungen einer Studie des ISS[3] gut nachzuvollziehen, nach denen die psychische Belastung bei alleinerziehenden Migrantinnen mit Armutsrisiko außerordentlich hoch ist. Bei gleichzeitig bestehenden Barrieren im Gesundheitsbereich bedeutet dies, dass die Situation von Familien mit alleinerziehenden Müttern, die psychisch erkrankt sind und einen Migrationshintergrund haben, durch die Häufung psychosozialer Belastungen bei gleichzeitig wenig verfügbaren guten Unterstützungsangeboten sehr angespannt ist.

Wie lassen sich die gefundenen Unterschiede hinsichtlich der Gesundheit von alleinerziehenden im Unterschied zu in Partnerschaft lebenden Eltern deuten? Allgemein kann gesagt werden, dass auch die gesundheitliche Lage von Alleinerziehenden mit ihrem sozioökonomischen Status, dem Erwerbsstatus sowie der erfahrenen sozialen Unterstützung korrespondiert. Gleichzeitig lassen sich die Unterschiede nicht gänzlich durch die soziale Lage erklären. Auch wenn die Gesundheit zumindest für alleinerziehende Frauen umso besser ist, je mehr diese über soziale und finanzielle Ressourcen verfügen.

Eine mögliche Erklärung für die stärker wahrgenommen gesundheitlichen Beeinträchtigungen von alleinerziehenden Eltern wird von Forscherinnen und Forschern nicht in den spezifischen psychosozialen Belastungen des „Alleinerziehens" gesehen, sondern hebt eher ab auf vorangegangene, konflikthafte Paarbeziehungen sowie auf die zurückliegende Trennung und Scheidung.

Bei allen diesen Studienergebnissen sei abschließend darauf hingewiesen, dass Alleinerziehende nicht per se als besonders krankheitsanfällige Gruppe beschrieben werden können. Die große Mehrheit der alleinerziehenden Mütter und Väter zeichnet sich durch eine gute Gesundheit aus.

---

3 Vgl. Institut für Sozialarbeit und Sozialpädagogik 2014.

In den letzten Jahren ist sowohl von der Wissenschaft als auch aus der Praxis unterstrichen worden, dass Kinder psychisch erkrankter Eltern ein höheres Risiko aufweisen, im Verlauf ihres Lebens selbst an einer psychischen Störung zu erkranken. Studien gehen im Durchschnitt von einem dreifach erhöhten Krankheitsrisiko aus.[4] Auch wenn hier kein einfacher Automatismus vorausgesetzt werden kann und viele dieser Kinder nicht selbst erkranken, sind deren Situation und ihre Bedürfnisse besonders achtsam in den Blick zu nehmen. Der Hinweis darauf, dass Kinder psychisch erkrankter Eltern deutlich häufiger alleinerziehende Eltern (meist Mütter) und seltener Geschwister haben, lässt aufhorchen und führt zu der Frage, wo gegebenenfalls spezifische Unterstützungsbedarfe nicht gesehen und betroffene Familien allein gelassen werden.

2. Hintergründe, Familiendynamiken und mögliche Bedarfe der Familien

2.1 Psychische Erkrankungen – weit verbreitet und dennoch ein Stigma

In Deutschland ist, wie in allen Industriegesellschaften, ein Morbiditätswandel von den somatischen hin zu psychischen und chronischen Erkrankungen zu beobachten. Die Wahrscheinlichkeit, an einer psychischen Störung zu erkranken, ist dabei viel größer als allgemein angenommen. Bundesweit erfüllt mehr als jeder vierte Erwachsene im Zeitraum eines Jahres die Kriterien einer psychischen Erkrankung. Angststörungen, Depressionen und Störungen durch Alkohol- oder Medikamentengebrauch zählen zu den häufigsten Krankheitsbildern. Für die knapp 18 Millionen Betroffenen und ihre Angehörigen ist eine psychische Erkrankung oft mit großem Leid verbunden und kann in akuten Phasen zu schwerwiegenden Einschränkungen im sozialen und beruflichen Leben führen.[5]

Trotz dieser Zahlen und der Bedeutungszunahme psychischer Erkrankungen auch in der öffentlichen Wahrnehmung und in der medialen Berichterstattung werden diese zum Teil immer noch tabuisiert und stigmatisiert. Das heißt, alleinerziehende Familien mit einem psychisch erkrankten Elternteil sehen sich möglicherweise mit einem doppelten Stigma konfrontiert. Neben dem „Makel des Scheiterns als Familie", dem Alleinerziehende in einigen Regionen noch begegnen (siehe den Beitrag von Maria Loheide in diesem Band[6]), tritt das Stigma der psychischen Erkrankung. Dabei werden bestehen-

---

[4] Wiegand-Grefe et al. 2019.
[5] DGPPN 2019.
[6] Vgl. den Beitrag von Maria Loheide, *Familie in konzentrierter Form – zur Situation Alleinerziehender*, in diesem Band auf S. 28–38.

de gesellschaftliche Vorbehalte und Vorurteile über psychische Störungen auf die Menschen übertragen, die mit diesen Diagnosen leben. Dies kann unter anderem zum Verlust des Arbeitsplatzes und zum Verlust wichtiger sozialer Beziehungen führen, da sich viele Menschen aufgrund eigener Ängste und Unsicherheiten im Umgang mit psychisch erkrankten Menschen zurückziehen. In der Folge kann es zu Selbststigmatisierungen kommen, die für die Erkrankten und ihr Umfeld oft mit gravierenden negativen Auswirkungen einhergehen. Betroffene übernehmen beispielsweise die gesellschaftlichen Stereotype über psychische Erkrankungen und antizipieren die gesellschaftliche Ablehnung und bestehende Vorbehalte. Auch sie ziehen sich zurück und vermeiden es, über ihre Probleme, Schwierigkeiten und Symptome zu reden. Dies kann weitreichende Folgen für die Inanspruchnahme möglicher Unterstützung haben. Es stellt sich die Frage, inwieweit Stigmatisierungen die Situation der Familie zusätzlich erschweren und wie diese bei der Unterstützung alleinerziehender Familien zu berücksichtigen sind.

Psychische Krankheiten oder Störungen beeinflussen nachhaltig das Erleben, Befinden und Verhalten und sie können sowohl die Lebensqualität der Betroffenen als auch die ihrer Angehörigen beziehungsweise des sozialen Umfeldes erheblich beeinträchtigen. Menschen mit psychischen Störungen werden sich selbst und anderen in akuten, tiefgreifenden seelischen Ausnahmesituationen oft fremd und lösen mit ihrem Anderssein vielfach Unsicherheit oder Unverständnis aus. Die Symptome psychischer Erkrankungen sind aber oft nur extreme Ausprägungen von Erlebens- und Verhaltensweisen, die jede und jeder aus dem eigenen Leben kennt. Wir alle kennen das Gefühl, aus dem Gleichgewicht geraten zu sein und die Balance zu verlieren, zu zweifeln und zu verzweifeln sowie Gefühle von Sinnlosigkeit und Leere. Erklärungsmodelle, Behandlungsansätze und professionelle Haltungen, die Gesundheit und Krankheit nicht als Gegensätze verstehen, sondern als ein Kontinuum an Ausdrucksmöglichkeiten menschlichen Seins, können dazu beitragen, die oben skizzierten Stigmatisierungsdynamiken zu unterbrechen.

2.2 Auswirkungen einer psychischen Erkrankung von Eltern auf das Familienleben Alleinerziehender

Das Zusammenleben mit einem psychisch erkrankten Elternteil stellt für alle Familien ein kritisches Lebensereignis dar, das mit zahlreichen Belastungen einhergehen kann. Zu den möglichen Auswirkungen auf die Familie wurde in den letzten Jahren viel veröffentlicht. Darüber hinaus gibt es zahlreiche politische und fachliche Initiativen, um insbesondere die Situation von Kindern aus Familien mit psychisch und suchterkrankten Eltern[7] zu verbessern. Die

---
7 Abschlussbericht 2019.

Diakonie Deutschland widmet sich dem Thema seit vielen Jahren, unter anderem auch durch eine eigene Publikation.[8] Einige Landesverbände und auch diakonische Beratungsstellen und andere Dienste haben unterschiedliche Projekte und Modellvorhaben auf den Weg gebracht, um die Kinder psychisch kranker Eltern und die gesamte Familie gut begleiten und unterstützen zu können.

Die konkreten Auswirkungen einer psychischen Erkrankung auf das familiäre Zusammenleben hängen von vielen unterschiedlichen Faktoren ab: Bedeutsam ist zunächst die Tatsache, wie schwer die psychische Erkrankung ist und inwieweit in akuten Phasen die Fähigkeit des erkrankten Elternteils eingeschränkt ist, die Lage und Bedürfnisse der Kinder empathisch wahrzunehmen und eine sichere Bindung aufrechtzuerhalten. Und es stellt sich die Frage, ob Eltern in einer psychischen Krise erkennen können, wann sie und ihre Kinder möglicherweise Hilfe und Unterstützung aufgrund der Erkrankung benötigen. Das Alter der Kinder bei Beginn der Erkrankung ist ebenfalls relevant. So finden sich Hinweise, dass die frühe Kindheit wie auch die Pubertät besonders vulnerable Phasen darstellen. Eine zentrale Rolle spielt, welche Beziehung ein Kind zum betroffenen Elternteil hat und ob Mutter oder Vater erkrankt sind. Zahlreiche Studien konnten darüber hinaus belegen, dass es für die psychische Widerstandskraft von Kindern wichtig ist, wenn sie außerhalb ihrer Familie Kontakt zu Bezugspersonen haben, die verlässlich für sie da sind. Außerdem ist relevant, wie isoliert die Familie lebt und ob die Erkrankung überhaupt zum Thema gemacht oder ob sie eher tabuisiert wird. Wird die Krankheit abgewehrt, bagatellisiert oder sogar verleugnet, ist dies vor allem für die Kinder verwirrend und verunsichernd. Gleichzeitig erschwert eine solche Haltung es allen Beteiligten, sich mit der Bitte um Unterstützung an andere zu wenden.

Wie alle anderen Eltern auch, möchten psychisch erkrankte Eltern gute Eltern sein und sie machen sich Sorgen um das Wohl ihrer Kinder. Gleichzeitig bringen sie einige mögliche Auffälligkeiten der Kinder nicht in Zusammenhang mit der eigenen Erkrankung.[9]

Aufgrund von Schuldgefühlen und negativer Selbsteinschätzung der eigenen, elterlichen Kompetenzen kommt es oft zu inkonsistentem und für die Kinder nicht berechenbarem Erziehungsverhalten. Die Tabuisierung der Erkrankung, die fehlende Aufklärung und soziale Ausgrenzung und Stigmatisierung des erkrankten Elternteils lösen bei deren Kindern vielfach Einsamkeit aus, die oft zur Isolation führt. Kinder schämen sich manchmal für das erkrankte Elternteil und fühlen sich häufig mitschuldig an der Erkrankung. Trennungsängste, Angst vor Verschlimmerung der Krankheit, vor einem möglichen Suizid, Hoffnungslosigkeit und Wut können die familiäre Atmosphäre

---

8 Diakonie Text 2012.
9 Wiegand-Grefe et al. 2019.

kennzeichnen. Die Tatsache, dass ein Elternteil aufgrund einer psychischen Erkrankung entweder real oder emotional nicht verfügbar ist, kann dazu führen, dass Kinder zunehmend elterliche Aufgaben übernehmen, eigene, kindliche Bedürfnisse zurückstellen und die eigene Bedürftigkeit nicht mehr wahrnehmen.

Schuld- und Schamgefühle, Angst und Isolation betreffen aber auch die Eltern und zwar sowohl den psychisch erkrankten Elternteil als auch deren beziehungsweise dessen Partner oder Partnerin. Treffen die familiären Spannungen auf finanzielle Schwierigkeiten und problematische Wohnverhältnisse, können sich die Belastungsfaktoren gegenseitig negativ verstärken.

Diese Aussagen und Beobachtungen, die allgemein für Familien mit psychisch erkrankten Elternteilen aufgestellt wurden, lassen sich auch auf alleinerziehende Familien übertragen. Deren Alltag beziehungsweise die Dynamik in der Familie werden aber durch weitere Aspekte geprägt: Es macht einen großen Unterschied, ob der alleinerziehende Elternteil oder der getrennt lebende Elternteil betroffen ist und ob die psychische Erkrankung möglicherweise mit zu der Trennung geführt hat. Wie diese Trennung verlaufen und bewältigt werden konnte, ob sie von dem psychisch erkrankten Elternteil ausging oder gegen dessen Willen erfolgte, hat Auswirkungen auf die Familiendynamik und auch auf den weiteren Umgang mit der psychischen Erkrankung beziehungsweise damit, wie offen alle Familienmitglieder mit der Erkrankung umgehen (können). Führt der Tod eines Elternteils zum Alleinerziehen oder ist gar der Suizid in Folge einer psychischen Erkrankung eines Elternteils dafür verantwortlich, stehen nochmal andere Themen und oft starke Loyalitätskonflikte im Raum.

Ist der alleinerziehende Elternteil von einer psychischen Erkrankung betroffen, können die alleinige Verantwortung für die Kinder, die oft prekäre ökonomische Lage und die Doppelbelastung zu einer chronischen Überforderungssituation führen, die die psychische Erkrankung eher verstärkt. Wir wissen aus verschiedenen Studien, dass psychisch erkrankte Eltern vorhandene Angebote zur Unterstützung nicht hinreichend wahrnehmen; aus Angst vor dem Stigma, vor möglichen familienrechtlichen Konsequenzen, aber auch wegen der Sorge um die Versorgung der Kinder während einer eigenen Behandlung. Für Eltern, die allein die Erziehungsverantwortung übernehmen, verstärken sich diese Barrieren möglicherweise und dies kann zu großer innerer Not und Verzweiflung auf Seiten der Betroffenen führen.

3. Sozialpolitische und fachliche Unterstützung und Hilfen der Diakonie

Um den Unterstützungsbedarf der betroffenen Familien deutlich zu machen, wurden bisher vorrangig die mit psychischen Erkrankungen von Eltern korrespondierenden Schwierigkeiten und Risiken beschrieben. Dabei soll nicht außer Acht gelassen werden, dass psychische Erkrankungen in Familien diese auch stärken und mit besonderen Fähigkeiten wie Feinfühligkeit und Empathie einhergehen können. Ausschlaggebend ist, dass Familien in den Phasen, in denen sie Unterstützung benötigen, da die eigenen Kräfte und Ressourcen nicht mehr reichen, diese rasch und unkompliziert erhalten.

Die vorliegenden Daten zur Gesundheit von Alleinerziehenden legen den Schluss nahe, dass niedrigschwellige Angebote in Kombination mit einer besseren finanziellen Absicherung von Ein-Eltern-Familien sowie Möglichkeiten der besseren Vereinbarkeit von Familie und Beruf einen wichtigen Beitrag zur Gesundheitsförderung von Alleinerziehenden leisten können. Gute ökonomische, psychosoziale und zeitliche Rahmenbedingungen für alleinerziehende Familien haben auch positive Auswirkungen auf deren Gesundheit. Für solche guten Rahmenbedingungen setzt sich die Diakonie Deutschland an zahlreichen Stellen ein.

In vielen anderen Beiträgen dieses Buches ist das weite Spektrum an Unterstützung und Hilfen beschrieben worden, das die Diakonie in allen Phasen des Familienlebens bereithält. Diese Angebote stehen selbstverständlich auch alleinerziehenden Familien mit einem psychisch erkrankten Elternteil zur Verfügung; ergänzt um psychiatrisch-psychotherapeutische Behandlungsmöglichkeiten, die sich an psychisch erkrankte Menschen richten.

Dennoch sind einige Besonderheiten zu beachten, um diesen Familien frühzeitig und wirkungsvoll Unterstützung anbieten zu können beziehungsweise um sie überhaupt zu erreichen. Wie oben ausgeführt, werden gesundheitliche Beeinträchtigungen von Alleinerziehenden vor allem auf vorangegangene, konflikthafte Paarbeziehungen sowie auf Trennung und Scheidung zurückgeführt. Beratungsangebote in dieser Familienphase sind also elementar für die weitere Gesundheit und können mögliche spätere psychische Störungen verhindern und damit seelisches Leid für alle Beteiligten möglichst gering halten. Beratung in der Trennungsphase, vor allem bei sehr konflikthaften Paarbeziehungen, ist praktizierte Prävention und Gesundheitsförderung.

Darüber hinaus benötigen wir sowohl in der Zivilgesellschaft, in kirchlichen Zusammenhängen als auch in den Beratungsstellen und Diensten noch mehr Sensibilität dafür, dass psychische Erkrankungen immer noch stigmatisiert werden und dies dazu führen kann, dass Betroffene aufgrund von Schamgefühlen oder Ängsten keine Hilfe holen – weder für sich noch möglicherweise für ihre Kinder. Aber auch die Auswirkungen einer psychischen Erkrankung sind manchmal dafür verantwortlich, dass bestimmte Hilfen nicht in Anspruch genommen werden. In diesen Fällen ist es wichtig, zunächst oder parallel die Erkrankung zu behandeln und ein gutes Leben *mit* der Erkrankung zu ermöglichen, damit andere Problemlagen der Familie angegangen werden können. Die Mitarbeitenden in den Beratungsstellen, Diensten und Einrichtungen, die sich an alleinerziehende Familien wenden, sollten die psychiatrisch-psychotherapeutischen Angebote in ihrer Region gut kennen, um alleinerziehende Familien, die von der psychischen Erkrankung eines Elternteils betroffen sind, qualifiziert weitervermitteln zu können.

Darüber hinaus legen die Daten zur Gesundheit alleinerziehender Väter beziehungsweise alleinerziehender Migrantinnen den Schluss nahe, dass deren Situation und Problemlagen noch mehr in den Blick zu nehmen und die unterschiedlichen Hilfen entsprechend weiterzuentwickeln sind.

Beim Thema „Seelische Gesundheit" wird sich die Diakonie Deutschland in ihrer sozialpolitischen Lobby- und Öffentlichkeitsarbeit weiter der Entstigmatisierung von psychischen Erkrankungen und ihrer Prävention widmen und sich dafür einsetzen, seelische Gesundheit als Querschnittsthema in den relevanten sozialen Arbeitsfeldern zu verankern. Davon können dann auch alleinerziehende Familien mit einem psychisch erkrankten Elternteil profitieren.

Literatur

Abschlussbericht der Arbeitsgruppe *Kinder psychisch- und suchtkranker Eltern*, Berlin 2019, beauftragt vom Deutschen Bundestag am 22. Juni 2017, https://www.ag-kpke.de/wp-content/uploads/2019/12/Abschlussbericht-AG-Kinder-psychisch-kranker-Eltern.pdf (02.06.2020).

Bundesministerium für Familie, Senioren, Frauen und Jugend (BMFSFJ, Hg.), *Alleinerziehen – Vielfalt und Dynamik einer Lebensform*, Schriftenreihe Band 199, Berlin 2001.

Deutsche Gesellschaft für Psychiatrie und Psychotherapie, Psychosomatik und Nervenheilkunde (DGPPN), *Zahlen und Fakten der Psychiatrie und Psychotherapie*, Berlin 2019.

Diakonie Deutschland, *Klientinnen und Klienten in ihrer Elternrolle stärken. Kinder psychisch oder suchtkranker Eltern achtsam wahrnehmen*, Diakonie Texte 07.2012.

Institut für Sozialarbeit und Sozialpädagogik (ISS), *Inklusive Gesellschaft – Teilhabe in Deutschland. Teilhabe am Gesundheitssystem von alleinerziehenden Müttern und Frauen mit Migrationshintergrund*, Berlin 2014.

Robert-Koch-Institut, hg. von Rattay, Petra / Lippe, Elena von der / Borgmann, Lea-Sophie / Lambert, Thomas, *Gesundheit von alleinerziehenden Müttern und Vätern in Deutschland*, Journal of Health Monitoring, 2(4)DOI 10.17886/RKI-GBE-2017-112, Berlin 2017.

Robert-Koch Institut, hg. von Helfferich, Cornelia / Hendel-Kramer, Anneliese / Klindworth, Heike, Gesundheitsberichterstattung des Bundes Heft 14: *Gesundheit alleinerziehender Mütter und Väter*, Berlin 2003.

Wiegand-Grefe, Silke / Klein, Michael / Kölch, Michael / Lenz, Albert / Seckinger, Mike / Thomasius, Rainer / Ziegenhain, Ute, Kinder psychisch kranker Eltern, „Forschung": *IST-Analyse zur Situation von Kindern psychisch kranker Eltern*, 2019; https://www.ag-kpke.de/wp-content/uploads/2019/02/Stand-der-Forschung-1.pdf (02.06.2020).

Klaus Daniel

Kinder alleinerziehender Inhaftierter

Wenn ein Elternteil inhaftiert wird, entsteht für die durch die Inhaftierung betroffenen Kinder eine besondere Lebenslage. Obwohl sich die Vollstreckung einer Freiheitsstrafe ausschließlich gegen den verurteilten Menschen richtet, sind dessen Kinder/Jugendliche nachhaltig ebenfalls betroffen. Für Kinder sowie alleinerziehende Inhaftierte ist die Inhaftierung mehr als einschneidend.

If one parent is detained, a special life situation arises for the children affected by the imprisonment. Although the imprisoning is directed exclusively against the convicted person, his*her children/adolescents are also permanently affected. For children and single parents, the imprisoning is more than incisive.

Die Diakonie für Bielefeld gemeinnützige GmbH ist die Fachstelle für ambulante diakonische Arbeit im Kirchenkreis Bielefeld mit rund 400 haupt- und ehrenamtlichen Mitarbeiterinnen und Mitarbeitern in Arbeitsbereichen von Kinder-, Jugend- und Familienhilfe bis hin zu Angeboten für Senior*innen.

Freiräume ist Teil der Beratungsstelle für haftentlassene, inhaftierte und von Haft bedrohte Menschen und ihre Familien und fungiert als Brücke zwischen freier Straffälligenhilfe zur Kinder-, Jugend- und Familienhilfe.

Wenn ein Elternteil inhaftiert wird, entsteht für die durch die Inhaftierung betroffenen Kinder eine besondere Lebenslage. Obwohl sich die Vollstreckung einer Freiheitsstrafe ausschließlich gegen den verurteilten Menschen richtet, sind dessen Kinder/Jugendliche ebenfalls nachhaltig betroffen.

1. Kinder und deren Familien werden indirekt mitbestraft

Oftmals sind Lebenspartner*innen und Kinder Zeugen der Verhaftung und immer Mitbetroffene von der Vollstreckung der Freiheitsstrafe eines Elternteils. Dies zieht die Lebensführung der Kinder und deren Familien erheblich in Mitleidenschaft.

Durch Inhaftierung von einem Elternteil getrennt, sind Kinder konfrontiert mit einer für sie unfassbaren Situation, die nicht selten traumatische Auswirkungen haben kann. Sie müssen sich mit Unsicherheiten und Zweifeln zu ihrer Situation auseinandersetzen. In ihrem Alltag in Kindergarten und Schule erfahren sie soziale Benachteiligungen, Stigmatisierungen und Diskriminierungen. Sozialer Halt und Sicherheit gehen verloren. Angst, Wut, Enttäuschungen und sozialer Rückzug sind mögliche Folgen. Ein Teil der Kinder und Jugendlichen reagiert auf die Situation durch sozial abweichendes, zum Beispiel aggressives Verhalten.

In vielen Familien wird der Grund für die Abwesenheit des inhaftierten Elternteils verschwiegen oder geleugnet. Folglich tragen viele Kinder ein „Bauchwehgeheimnis" mit sich, da sie dieses „Familiengeheimnis" in ihrem nahen sozialen Umfeld bewahren müssen. Wut und Ärger auf die Eltern oder die Gesellschaft, die für die Inhaftierung gesorgt hat, werden von Kindern oft nicht zugelassen oder bearbeitet, weil niemand da ist, der sie in der Bearbeitung ihrer Gefühle unterstützt.

Psychische Belastungen oder Konflikte zwischen den Eltern aufgrund der durch die Inhaftierung entstehenden Lebenssituationen führen bei Kindern oft zu ambivalenten emotional-affektiven Veränderungen, die sie in ihrer Entwicklung beeinträchtigen. Kindern und Jugendlichen fehlt der inhaftierte Elternteil sowohl als alltäglicher Lebenspartner als auch als gleich- oder gegengeschlechtliche sowie erwachsene Identifikationsfigur. Mit der Straffälligkeit und der folgenden Inhaftierung des Elternteils verlieren die betroffenen Kinder oft ihre Unbeschwertheit.

Kinder von Straftäter*innen sind infolge der Verurteilung häufig mit inhaftierten Vätern oder Müttern konfrontiert, die durch die Haftsituation und deren Strukturen den Blick für die Not und die Bedürfnisse ihrer Kinder verlieren. Durch Beratung, Information und Vermittlung zwischen den unterschiedlichen Gefühlslagen in der Familie können die Fachleute von *Freiräume* helfen, neue Perspektiven auf die familiäre Situation und gemeinsame Zukunftsvisionen zu entwickeln.

Erfahrungen in der Arbeit mit inhaftierten Müttern und Vätern zeigen, dass gerade der Fokus auf die Entwicklung und die Zukunft der Kinder eine große Motivation für die Gefangenen darstellen kann, neue Lebensperspektiven zu entwickeln und sich in die Gesellschaft zu integrieren, ohne wieder straffällig zu werden.

Die psychosozialen Folgen für die Familienmitglieder werden deutlich verstärkt durch entstehende finanzielle Risiken für die Familie: Der Wegfall eines Verdienstes, Folgekosten des Deliktes sowie der juristischen Aufarbeitung, Mehrbedarf in der Familie für Organisation des täglichen Lebens und weitere Faktoren stellen die verbleibenden Elternteile vor große Herausforderungen. In der Frage nach der finanziellen Sicherheit werden einerseits die emotionalen Belange von Kindern weniger wahrgenommen und andererseits ein besonderer Fokus auf praktische Lebensbewältigung gelegt, was in der Folge in vielen Familien zu größerer Distanz auch zwischen den verbliebenen Familienmitgliedern führt.

Diese Herausforderungen entstehen unvorhergesehen, plötzlich und mit in der Familie möglicherweise bislang unbekannten Problemstellungen (fehlende Einkünfte, veränderte elterliche oder partnerschaftliche Rollenverteilung und weiteres), was die Bewältigung zusätzlich erschwert.

Wenn sich, wie hier skizziert, die Lebenswelten von Kindern, die in einer Zwei-Eltern-Familie von der Haft eines Elternteils betroffen sind, stark verändern, so ist dies für Kinder von Alleinerziehenden oft ein größter anzunehmender Unglücksfall, der sie erheblich erschüttert.

2. Ein-Eltern-Familien

Die Inhaftierung eines alleinerziehenden Elternteils führt in den meisten Fällen zu einer Fremdunterbringung der Kinder. Diese kann im familiären Umfeld (Großeltern, getrennt lebender Elternteil) organisiert werden, wird aber häufig in institutionell organisierten Systemen der Erziehungshilfe durchgeführt.

Kinder und Jugendliche werden ihnen unbekannten Menschen überantwortet, mit Menschen vergesellschaftet, die sie sich nicht ausgesucht haben. Sie müssen unter Umständen neben ihrem Zuhause auch den Lebensort wechseln, werden zu einer fremden Schule und fort von ihren Freunden und Bekannten umgesiedelt. Wenn nun der Gedanke aufkommt, dass dies in der Erziehungshilfe auch viele andere Kinder trifft, ist das nicht falsch, hilft aber den Kindern nicht, die wegen der Inhaftierung ihres Elternteils die einzige sichere Bezugsperson, sichere Tagesabläufe und das sicher geglaubte Gefühl von Selbstwirksamkeit verloren haben.

In Ein-Eltern-Familien kommt es häufig zu einem eher partnerschaftlichen Zusammenleben (diese Erkenntnis ist eines der Ergebnisse der Studie „Endlich fragt mich Jemand", auf die an anderer Stelle dieser Publikation eingegangen wird)[1] zwischen Kind/Jugendlichem und Elternteil. Durch die Fremdunterbringung entstehen für Kinder aus Ein-Eltern-Familien Lebenszusammenhänge, die ihre bisherige Lebenskultur infrage stellen.

Es entstehen unterschiedliche Unsicherheiten in der neuen Lebenswelt der Kinder und Ungewissheiten bezüglich der Zukunftsgestaltung:

Wer kümmert sich während der Haft des Elternteils um die gemeinsame Wohnung? Wird die Wohnung erhalten bleiben? Wird die Familie wieder zusammenkommen? Tatsächlich wird eine Wohnung über einen längeren Zeitraum in Haft nicht erhalten bleiben. Wer kümmert sich um die Habe der Familie? Liebgewonnene Möbel und andere Gegenstände werden vermutlich nicht mit an den neuen Lebensort in einer Pflegefamilie genommen werden. Wo bleibt der Familienhund, kann er mit in die Pflegefamilie kommen? In eine Heimeinrichtung würde sicher kein Hund mitkommen können.

---

1 Vgl. den Beitrag von Marion Arens, *„Endlich fragt mich jemand!" – Alleinerziehende erforschen ihren Lebensalltag*, in diesem Band auf S. 94–108.

Was die Familien zunächst nicht wissen, ist, dass das Profi-Helfernetz während der Erziehungshilfe-Maßnahme (so sind die Erfahrungen aus der Praxis) aus einer pädagogisch (institutionalisierten) motivierten Haltung Annahmen und pädagogische Maßnahmen entwickeln wird, nach der die Familie nicht am Tag der Haftentlassung wieder zusammengeführt, sondern ein Verlauf der Zusammenführung über einen unbestimmten Zeitraum geplant werden wird. Möglicherweise wird sich den pädagogisch Arbeitenden die Situation so darstellen, dass die Familie nach Zusammenführung eine weitere Begleitung benötigen wird.

Kinder, die auf die Inhaftierung des Elternteils mit sozialem Rückzug, Wut, psychischen Beschwerden und Verhaltensauffälligkeiten reagieren, werden im Erziehungshilfesystem (auch hier bestehen einschlägige Erfahrungen) oft nicht in Bezug zu ihrer besonderen Geschichte unterstützt, sondern in Bezug auf ihre Verhaltensauffälligkeiten. Die Inhaftierung eines Elternteils wird mitunter als Wesenszug des Kindes und nicht als Auslöser für emotionale Situationen interpretiert. Unter Umständen ergibt sich für die betroffene Familie die Entwicklung, dass sie nicht nur in ihrem bisherigen Bekanntenkreis, sondern auch von den an ihrer Jugendhilfe-Maßnahme Beteiligten stigmatisiert wird.

Familienzusammenführungen können sich als schwierig erweisen, weil sich die Familienmitglieder in der Zeit der Inhaftierung weiterentwickeln. Die Familie kann nicht an dem Zeitpunkt der Inhaftierung ansetzen, sie muss sich neu finden, die Erfahrungen aus der Haftzeit verarbeiten und in das gemeinsame Familienbild neu integrieren. Dazu gehört auch, dass die Welt nach der Haftzeit eine ganz andere zu sein scheint.

Dem Netzwerk „Children of Prisoners Europe" (Cope)[2] zufolge sind in der Europäischen Union fast eine Million und in Deutschland fast 90.000 Kinder jährlich von der Inhaftierung eines Elternteils betroffen. 2018 waren 19 % der Familien mit Kindern in Deutschland Ein-Eltern-Familien.[3] In einer Stichtagsuntersuchung der beratenen Eltern in Haft durch die Diakonie für Bielefeld im Jahr 2010 waren 7 % der von Haft betroffenen Kinder als Kinder von Ein-Eltern-Familien fremd untergebracht. Auf aktuelle Gesamtzahlen verteilt würde dies auf ca. 6.000 Kinder und Jugendliche in Deutschland zutreffen. Valide Statistiken über die Kinder inhaftierter Alleinerziehender sind nicht erhältlich. Das hat mehrere Gründe:

Laut Cope-Studie[4] sind Kinder Inhaftierter eine nahezu unsichtbare Gruppe, die nicht untersucht ist. Das hat sicher nichts mit Desinteresse der Han-

---

2 https://childrenofprisoners.eu/ (06.05.2020).
3 BMFSFJ https://www.bmfsfj.de/bmfsfj/themen/familie/chancen-und-teilhabe-fuer-familien/alleinerziehende, (06.05.2020).
4 https://childrenofprisoners.eu/data-collection-and-children-with-imprisoned-parents/ (06.05.2020).

delnden zu tun, sondern eher damit, dass Kinder erst seit kurzem bewusster Betrachtung durch die Handelnden in der Justiz unterliegen. Aktuell werden in Justizvollzugsanstalten keine Zahlen Alleinerziehender in Haft erhoben.

Da jeweils kommunale Jugendämter mit zum Teil kleinteiliger sozialräumlicher Zuständigkeit der einzelnen Mitarbeitenden für die Unterbringung von Kindern und Jugendlichen zuständig sind, werden dort die Fälle von Unterbringung wegen der Inhaftierung der Eltern möglicherweise nicht „gehäuft" auffallen.

Für die Umsetzung des Strafvollzugsgesetzes sind Landesministerien zuständig. Bundesweite Erhebungen der Zahlen alleinerziehender Inhaftierter würden ein übergreifendes Interesse voraussetzen, das aktuell offenbar nicht besteht.

3. Alleinerziehende inhaftierte Eltern

In Beratungs- und Unterstützungsgesprächen wird deutlich, dass die Erschütterung bei den inhaftierten Eltern tief sitzt. Überbordende Schuldgefühle, Sorge vor Zurückweisung, Zukunftsängste führen in der JVA zu verzweifelten Versuchen, „alles wieder gut zu machen", aber auch zu Realitätsverlusten und der Flucht aus dem Alltag durch Verleugnung oder Verwendung von Suchtmitteln.

Hier mag schon mal der Gedanke anklingen, dass „die Menschen selbst schuld sind", inhaftiert zu werden – „sie hätten es sich ja mal vorher überlegen können". Es ist weder die Haltung der Mitarbeitenden der Diakonie, so über Menschen zu urteilen, noch ist es hilfreich für die Entwicklung positiver Zukunftsperspektiven.

Die Mitarbeitenden von *Freiräume* organisieren Mutter-Kind- und Vater-Kind-Gruppen in der JVA, diese werden von den Müttern und Vätern vorbereitet und dienen dazu, Kontakte und Beziehungen zwischen Eltern und Kindern zu erhalten und zu stärken. Mit verschiedenen zertifizierten Elterntrainingsprogrammen werden Eltern in ihrer Erziehungsfähigkeit gestärkt und in der Perspektiventwicklung für die Zeit nach der Haft unterstützt. Solche Programme unterstützt das Ministerium für Justiz in NRW.

Wichtig bleiben die Kontaktmöglichkeiten für die Familien. Insbesondere hier ist wichtig, ob sich die Institutionen, die sich um die Kinder von inhaftierten Alleinerziehenden kümmern, auf die besondere Situation einlassen können, Besuche in der JVA begleiten, Wut auf die Mutter oder den Vater bearbeiten und so wertfrei wie möglich mit Kindern und Inhaftierten umgehen.

Doris Scheer

Diakonie goes international
SEMPRE – Social Empowerment in Rural Areas

Das SEMPRE-Projekt ist ein motivierendes Beispiel für gelebte europäische Realität! Anbietern sozialer Dienstleistungen wurden „Empowerment-Werkzeuge" an die Hand gegeben, um die Entwicklung neuer Dienstleistungsangebote zu fördern. Die lebendigen und vielfältigen SEMPRE-Mikro-Projekte laden zu einem Perspektivwechsel ein, der Menschen, die zu benachteiligten Zielgruppen zählen, zu Expert*innen ihrer eigenen Lebenswelt macht. Im Mikroprojekt *AllDi – Alleinerziehende in Dithmarschen* wurde beispielsweise eine Webseite von und für Alleinerziehende kreiert. Der Coffee-Shop *Stopover* in Liepaja/Lettland wurde deshalb gegründet, weil sich Frauen, Alleinerziehende und arbeitslose Jugendliche sozial isoliert fühlten und sich einen einladenden Ort wünschten, an dem Eltern mit Kindern willkommen sind.

The SEMPRE-Project is a motivating example for an active European reality! Providers of social services have been handed over "empowerment tools" in order to support the development of new offers of service. The vital and varied SEMPRE-Micro-Projects invite to a change of perspectives, making people belonging to the disadvantaged target group to experts of their own living environment. In the micro project AllDi – single Parents in Dithmarschen (Alleinerziehende in Dithmarschen) for instance created a website of and for single parents. The Coffee Shop Stopover in Liepa/Latvia was founded because woman, single parents and unemployed youths felt isolated and wished for a welcoming place for parents and children.

Das Projekt

SEMPRE[1] hat die Zielsetzung, neue Quellen für soziale Innovation in ländlichen Regionen des Ostseeraums zu erschließen, verfolgt. Anbieter*innen sozialer Dienstleistungen sollten „Empowerment-Werkzeuge" an die Hand gegeben werden, mit denen diese die Einbeziehung der Endnutzer*innen in die Entwicklung neuer Dienstleistungsangebote fördern können. Auf diese Weise unterstützen Dienstleister*innen Menschen in ländlichen Räumen – insbesondere benachteiligte Gruppen – dabei, ihre Zukunft selbst zu gestalten und an sozialen Innovationsprozessen teilzunehmen.

Das Projekt wurde aus Mitteln des Interreg Programms Ostseeraum[2] und des Bundesprogramms für Transnationale Zusammenarbeit[3] gefördert und im

---
1 SEMPRE 2019.
2 https://www.interreg-baltic.eu/home.html (23.06.2020).
3 https://www.bbsr.bund.de/BBSR/DE/FP/INTERREG/NationaleFoerderung/Bundesprogramm.html?nn=396022 (23.06.2020).

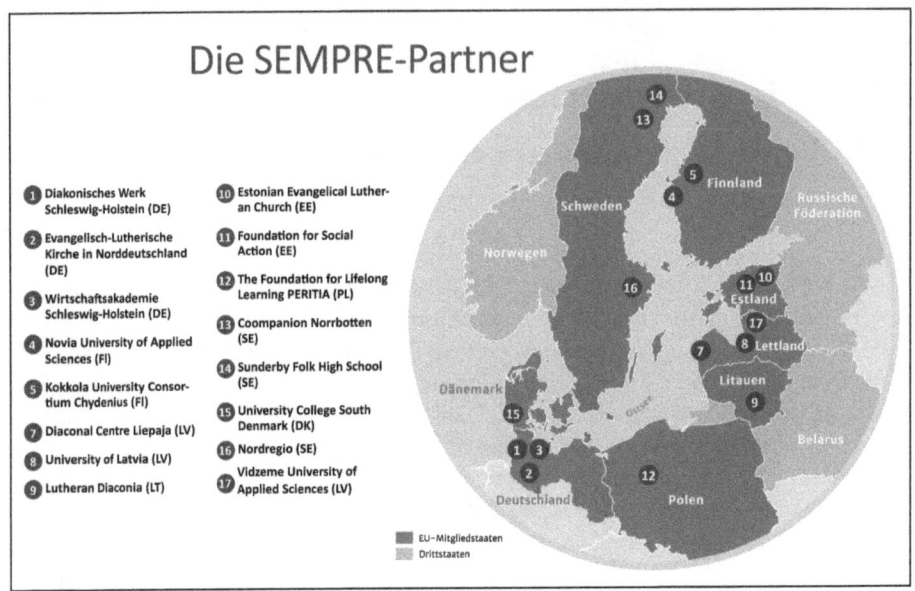

Februar 2019 erfolgreich beendet. Das transnationale Projektkonsortium setzte sich aus sechzehn Partner*innen zusammen, die im Ostseeraum angesiedelt sind und ihre unterschiedlichen Kompetenzen, ihr Wissen und ihre Netzwerkverbindungen in das Projekt einbringen.

Die Projektphilosophie

SEMPRE hat es sich zum Ziel gesetzt, Empowerment und Nutzer*innenbeteiligung auf individueller, organisatorischer und gesellschaftlicher Ebene in ländlichen Regionen des Ostseeraums zu initiieren und zu fördern. Im Rahmen des Projekts sind Instrumente und Methoden erprobt und analysiert worden, die es erlauben, soziale Dienste innovativ zu gestalten und ihre Nutzer und Nutzerinnen, die oft zu benachteiligten Gruppen zählen, aktiv in diesen Gestaltungsprozess miteinzubeziehen.

Diese Instrumente, Methoden und Gestaltungsprozesse[4] orientieren sich theoretisch am „Empowerment", einem Konzept, das in sozialen Bewegungen wie der Bürgerrechtsbewegung der 1950er Jahre in den Vereinigten Staaten, den Kampagnen von Menschen mit Behinderungen und dem Konzept der Gemeinwesenorientierung von Kirche und Diakonie[5] stark verwurzelt ist. Diese Bewegungen beziehen sich auf Paulo Freire, einen brasilianischen Erziehungswissenschaftler, und seine Reflexionen in dem Buch „Die Pädagogik der

---

4 SEMPRE 2019.
5 Siehe Beresford 2016 und Herriger 2014.

Unterdrückten"⁶, die auf seiner Arbeit mit landlosen Landarbeiter*innen und Kleinbauern und Kleinbäuerinnen in Lateinamerika beruhen. Für Freire ist es entscheidend, dass Menschen ihre eigene Lebensrealität wahrnehmen und sich kritisch mit ihr auseinandersetzen. Durch diesen Prozess entdecken sie ihre eigene Kreativität und Macht (wieder), indem sie die Welt mit eigenen Worten benennen und das Recht, dies zu tun, für sich reklamieren. Herriger betrachtet „Empowerment" als Ermutigungsprozess zur Selbstbefähigung, wenn Menschen, die sich in Situationen von Entbehrung, Benachteiligung oder sozialer Ausgrenzung befinden, anfangen, ihre eigenen Angelegenheiten in die Hand zu nehmen und zu entscheiden.⁷

Die SEMPRE Projektpartnerschaft hat Empowerment als einen Prozess definiert, der Servicenutzer*innen befähigt, Selbstvertrauen aufzubauen, verborgene Potenziale und Fähigkeiten zu entwickeln, damit sie ihr Leben und die dazu gehörenden Rahmenbedingungen in die eigene Hand nehmen und eine aktive Rolle bei der Gestaltung und der Umsetzung von Lösungen sozialer Dienstleistungen spielen können. Empowerment wird in dieser Hinsicht als Prozess und wünschenswertes Ergebnis betrachtet, durch welche soziale Dienstleistungen so gestaltet und ausgeführt werden, dass sie den Bedürfnissen der Nutzer*innen besser gerecht werden.

Projektarbeit

Dieser theoretische Ansatz zieht sich durch die SEMPRE Projektarbeit. Neben der transnationalen Arbeit zählen Local Empowerment Networks (LEN) und Micro-Projekte zu den SEMPRE Kernelementen.

Local Empowerment Network

Um ein Serviceentwicklungsprojekt zu ermöglichen, hat jede*r SEMPRE-Projektpartner*in eine oder mehrere Lokale Empowerment Netzwerke (LEN) initiiert, die aus Vertreter*innen von Anbieter*innen sozialer Dienstleistungen, der öffentlichen Verwaltung, privaten und Drittsektor-Akteur*innen bestehen. Die Aufgabe der LEN bestand darin, Servicenutzer*innen mit öffentlichen und privaten Anbieter*innen von Dienstleistungen zusammenzubringen und die Empowerment-Instrumente in der Praxis zu testen. Die Tatsache, dass eine direkte Kommunikation zwischen diesen verschiedenen Akteur*innen auf regelmäßiger Basis möglich war, war ein entscheidender Erfolgsfaktor. Deshalb waren die LENs vor Ort ansässig, das heißt entweder

---

6 Freire 2000.
7 Herriger 2014.

in einer Gemeinde oder im Kreis. Mitarbeitende einer oder mehrerer Partner*inneneinrichtungen, die in einem bestimmten Gebiet tätig sind, haben das LEN koordiniert und die Mittler*innenrolle im Serviceentwicklungsprozess und beim Testen der Empowerment-Instrumente übernommen. Jedes der LENs hat sich auf eine oder mehrere benachteiligte Gruppen konzentriert, und in jedem LEN waren zwischen 5 und 20 lokale Anbieter*innen von sozialen Dienstleistungen und andere Beteiligte involviert. Gemeinsam mit den Servicenutzer*innen arbeiteten die LEN-Mitarbeitenden Bedürfnisse und Ideen der Servicenutzer*innen heraus und entwickelten mit Hilfe der Empowerment-Instrumente Mikro-Projekte. Insgesamt wurden 16 LENs in verschiedenen Ländern der Ostseeregion gegründet.[8]

> **Aufgaben LEN**
>
> **Vernetzung der lokalen Akteur*innen im jeweiligen Landkreis:**
> – Ämter/öff. Einrichtungen
> – Soziale Organisationen
> – Vereine
> – Kirchengemeinden
> – Unternehmen/Betriebe
> – und weitere Akteur*innen
>
> **LENs arbeiten vor Ort gezielt mit benachteiligten Gruppen (Alleinerziehenden, Menschen mit Behinderung, Familien in schwierigen Lebenssituationen, Migrant*innen, Geflüchteten).**

Mikro-Projekte

SEMPRE hat Mikro-Projekte als kleine Initiativen auf örtlichen Ebenen betrachtet, die darauf abzielen, die Lebensbedingungen benachteiligter Zielgruppen (z.B. Alleinerziehende, Migrant*innen, Geflüchtete, ältere Menschen, Menschen mit Handicap, Familien in Not, Drogen- und Alkoholabhängige, Wohnungslose) zu verbessern.

Um als Mikro-Projekt bezeichnet zu werden, mussten Initiativen die folgenden Kriterien erfüllen:
- zumindest teilweise von Servicenutzer*innen initiiert werden (Mitglieder einer benachteiligten Gruppe).
- auf spezifische Bedürfnisse dieser benachteiligten Gruppe eingehen.
- eine Dienstleistung zur Verfügung stellen, die vorher nicht verfügbar war oder einen neu entwickelten Ansatz verfolgt.

Auf diese Weise werden die Servicenutzer*innen zu Co-Produzent*innen sozialer Dienstleistungen, während die traditionellen Anbieter*innen als Unterstützer*innen und nicht als treibende Kraft agieren.

---

[8] SEMPRE 2019.

Mehr als dreißig Mikro-Projekte sind während der Laufzeit des SEMPRE Projekts entstanden, von denen sechsundzwanzig in der Broschüre „Co-creating Social Services"[9] beschrieben sind.

Die Mikro-Projekte unterscheiden sich in vielerlei Hinsicht bezogen auf
- ihre sozioökonomischen Rahmenbedingungen
- die Bedürfnisse und Wünsche der Personengruppen, die den Co-Creation-Prozess getragen haben
- die Art und den Umfangs der Dienstleistung
- die Eigenverantwortung, die für die Mikro-Projekte übernommen wurde
- den Organisationsstatus (von gegründeter Kooperative bis zu informellen Netzwerken).

Allerdings haben die Mikro-Projekte auch vieles gemeinsam
- hohe Motivation und starker Teamgeist unter den Nutzer*innen
- der Wunsch nach Veränderung und Teilhabe
- Aufbau von Strukturen und Kommunikationsstrategien
- die Sorge um Räumlichkeiten und Finanzen
- die Suche nach adäquaten Organisationsformen für die entstandenen Mikro-Projekte.

Eine entscheidende Rolle haben auch die in SEMPRE involvierten sozialen Dienstleister*innen gespielt (siehe LEN). Ihre Bereitschaft, bekannte Wege und bewährte Routinen zu verlassen, neue Ansätze auszuprobieren und mit Nutzer*innen, denen sie in der Regel als Klient*innen beggnen, partnerschaftlich zusammenzuarbeiten und sich von ihren Erfahrungen als Expert*innen bei der Überlegung, angebotene Dienstleistungen zu verbessern oder neue entstehen zu lassen, leiten zu lassen, hat den sozialen Dienstleister*innen Mut abgefordert. Diese Bereitschaft hat nicht zuletzt dazu beigetragen, nachhaltige Mikro-Projekte entstehen zu lassen.

Mikro-Projekte in der Praxis

Die entstandenen Mikro-Projekte arbeiten mit und für sehr unterschiedliche Zielgruppen. Trotz aller Differenzen und Verschiedenheiten, vor allem wenn es um ihre Kontextualisierung geht, verdeutlichen die Mikro-Projekte aber auch, dass Erfahrungen sozialer Benachteiligungen für die betroffenen Menschen ähnliche Auswirkungen auf unter anderem Gesundheit, Bildung, Wohnen, Einkommen, Teilhabe, Selbstwertgefühl und Selbstachtung haben. Die Erfahrung von geringer Selbstwirksamkeit, keine Stimme bei maßgeblichen

---
9 https://www.sempre-project.eu/micro-projects (23.06.2020).

Entscheidungen, die das eigene Leben betreffen, zu haben, beschränkt sich weder auf einzelne Zielgruppen noch macht sie vor Ländergrenzen halt und führt häufig zu einem Rückzug aus sozialen Bezügen und Strukturen.

Die lebendigen und vielfältigen SEMPRE Mikro-Projekte laden zu einem Perspektivwechsel ein, der Menschen, die zu benachteiligten Zielgruppen zählen, zu Expert*innen ihrer eigenen Lebenswelt macht. Die Mikro-Projekte geben Raum für Anerkennung und Wertschätzung dieses bislang oft vernachlässigten Erfahrungswissens und ermöglichen Co-Creation-Settings, die zu innovativen neuen sozialen Dienstleistungen führen können. Die beiden folgenden Beschreibungen sind nur zwei verkürzte Beispiele aus der SEMPRE Broschüre *Co-Creating Social Services*, die diese Erkenntnis unterstreichen.

AllDi – Alleinerziehende in Dithmarschen[10]
Projektpartner: Diakonisches Werk Schleswig-Holstein/Deutschland

Alleinerziehende in Dithmarschen sind nicht gut vernetzt – weder untereinander noch mit sozialen Dienstleister*innen in der Region. Eine Auftaktveranstaltung und viel Netzwerkarbeit (siehe LEN) haben dazu beigetragen, dass sich eine Gruppe von alleinerziehenden Müttern und Vätern zusammengefunden hat, die eine Webseite für Alleinerziehende ins Leben rufen wollten. In mehreren Gesprächen zwischen AllDi und lokalen sozialen Dienstleister*innen wurden Kooperations- und Realisierungsmöglichkeiten herausgearbeitet. Die Webseite sollte als Kontakt- und Informationsplattform ausgerichtet sein, die für Alleinerziehende interessant und wichtig ist und die dazu einlädt, sich bei AllDi zu engagieren und sich durch AllDi zu vernetzen. In Weiterbildungseinheiten haben die alleinerziehenden Mütter und Väter sich mit Webdesign bekannt gemacht und gelernt, wie die Webseite technisch zu pflegen ist. Darüber hinaus haben sie an einem Schreibkurs teilgenommen, um für das Medium Internet ansprechende Texte verfassen zu können und in Fundraisingmodulen zu erfahren, welche Möglichkeiten es gibt, ihre Aktivitäten auch finanziell abzusichern.

---

10 Besuchen Sie uns auf www.alldie.info! (23.06.2020).

Lessons learnt

Dadurch, dass die AllDi-Gruppe die Informationen für ihre Webseite selbst recherchiert und aufbereitet, ist sichergestellt, dass die Inhalte der Webseite die Bedürfnisse Allererziehender treffen und für sie hilfreich sind. Die Bündelung von Informationen auf der AllDi-Webseite und das Angebot von „Hilfe zur Selbsthilfe" von Alleinerziehenden für Alleinerziehende hat zur Vernetzung von Alleinerziehenden in Dithmarschen beigetragen und wird von sozialen Dienstleistern positiv wahrgenommen und akzeptiert.

Coffee-Shop „Stopover in Liepaja"
Projektpartner: Vidzeme University of Applied Sciences/Lettland

Im ersten Treffen mit Frauen, Alleinerziehenden und arbeitslosen Jugendlichen zeigte sich, dass sich die Teilnehmenden sozial isoliert fühlten und sich einen einladenden Ort wünschten, an dem Eltern mit Kindern willkommen sind. Bei weiteren Treffen stellte sich heraus, dass die Gruppe über Fähigkeiten verfügte, die für den Servicebetrieb von großem Nutzen sein würden. Nach und nach entstand eine gemeinsame Vision für das Café. Für die Umsetzung brauchte es eine neue Form von „Unternehmer*innentum", die es in Lettland so noch nicht gab und für die Projektpartner*innen aus Deutschland, Schweden und Finnland Praxisbeispiele beisteuerten.

Ein Ziel des Stopover Cafés in Liepaja ist die Schaffung von Arbeitsmöglichkeiten für Menschen mit besonderen Bedarfen. Darüber hinaus ist eine Webseite in Planung, die soziale Dienstleister*innen, Unternehmer*innen und an Sozialunternehmer*innentum interessierte Personen adressiert und Informationsmaterial anbietet, um Arbeitsplätze für Menschen mit körperlicher oder psychischer Behinderung einzurichten.

Lessons learnt

Die Bildung von Vertrauen zwischen sozialen Dienstleister*innen, SEMPRE- Projektmitarbeitenden und Mikro-Projektteilnehmenden war eine Grundvoraussetzung und ein nicht immer einfacher Prozess. Es war wichtig, dass jede Person, die sich am Stopover Café beteiligen wollte, über ihre Rolle und ihren Beitrag und Einsatz frei entscheiden konnte.

Finanzierungsmöglichkeiten mussten ausgelotet und die Stopover-Café-Idee musste relevanten

> »I like to be together with other women and parents, it is meaningful to come together with others with similar needs. I hope to work in a place where I can balance it with my family and kids.«
>
> a single mother from Liepaja

Stakeholdern vorgestellt werden. Die Stopover Café Gruppe hat immer wieder Motivation und Unterstützung durch die SEMPRE -Projektmitarbeiterinnen benötigt, aber noch schwieriger war es, die zuständigen Behörden von einem Empowerment basierten Arbeitsansatz zu überzeugen, der ihrer gewohnten Arbeitsweise nicht entspricht. Jeder kleine Fortschritt in diese Richtung trägt zur Motivation der im Stopover Café engagierten Menschen bei.

Die transnationale Projektperspektive

Oft wird transnationale Projektarbeit kritisch betrachtet und hinterfragt. Soziale Dienstleistungen werden lokal angeboten und richten sich an Menschen mit konkreten, unmittelbaren Bedarfen. Wenn der lokale Kontext im Fokus steht, was ist dann der Mehrwert transnationaler Zusammenarbeit? Soziale Dienstleistungen werden zwar auf der lokalen Ebene erbracht, aber sie sind eingebettet in lokale, nationale und europäische Politiken und Strategien, die Einfluss darauf haben, wie Dienstleistungen gestaltet und angeboten werden.

Daher ist es sinnvoll, sich in Netzwerken zu engagieren und den kollegialen Austausch zu suchen, die diese unterschiedlichen Ebenen ansprechen.[11]

Transnationaler fachlicher Austausch – in Netzwerken, auf Konferenzen und Workshops, in der Projektarbeit – bietet die Chance, Lernerfahrungen für und mit alten und neuen Partner*innen zu schaffen und zu nutzen, um unsere individuelle und organisatorische Wissensbasis zu vertiefen und zu erweitern. Ein kollegialer Austausch über Arbeitsansätze und Arbeitsstrukturen, über das, was gut funktioniert und was weniger gut bis gar nicht funktioniert, was angepasst, verändert, überarbeitet und neu konzipiert werden muss, ist grundlegend für Innovationen im Dienstleistungsbereich. Dienstleistungsinnovation adressiert komplexe, grenzübergreifende gesellschaftliche Herausforderungen und erfordert daher die Bündelung von Ressourcen und Perspektiven. Erfolgreiche Innovationen im Dienstleistungsbereich benötigen Interaktionen über geographische, organisationale und sektorale Grenzen hinweg. Diese Vielfalt, die unterschiedliche Wissensbestände und die Art und Weise, wie Wissen generiert wird, umfasst, ist für die Entwicklung von Innovationen unerlässlich.

Diese Prämissen haben den SEMPRE Projektansatz von Anfang geleitet und kommen auch in den SEMPRE Projektergebnissen zum Ausdruck. Neben den finanziellen Aspekten der Projektförderung hat die transnationale Kooperation für alle Projektpartner*innen die Möglichkeit eröffnet, professionelle Arbeitsansätze jenseits der Alltagsarbeit zu analysieren und zu er-

---

11 SEMPRE Policy Recommendations https://www.sempre-project.eu/recommendations (23.06.2020).

forschen, interdisziplinär zu arbeiten, die Wissensbasis der eigenen Organisation zu verbreitern und zu vertiefen, verschüttetes Innovationspotenzial zu entdecken, Kompetenzen für transnationale Arbeit aufzubauen und in hohem Maß öffentlichkeitswirksam zu arbeiten.

SEMPRE ist ein motivierendes Beispiel für gelebte europäische Realität!

Literatur

Beresford, Peter, *All Our Welfare: Towards Participatory Social Policy*, Bristol 2016.

Elstad, Toril Anne / Johanssen, Gundi, *Mental Heath, Participation and Social Identity*, in: Eide, Arne H. / Josephsson, Staffan / Vik, Kjersti, Participation in Health and Welfare Services. Professional Concepts and Lived Experience, London 2017.

Freire, Paulo, *Pedagogy of the Oppressed*, 30th Anniversary Edition. Translated by M.B. Ramos, New York ^{30}2000.

Herriger, Norbert, *Empowerment in der sozialen Arbeit: Eine Einführung*, Stuttgart ^{5}2014.

SEMPRE, *Empowerment – Making it happen, Ein Handbuch für Nutzerbeteiligung bei der Entwicklung und Umsetzung sozialer Dienstleistungen*, Rendsburg 2019, https://www.sempre-project.eu/handbook (23.06.2020).

Kapitel 7
Poetisches und Praktisches

Wenn Wege sich trennen
Gedichte und Gedankenanstöße

Aus![1]

Einmal müssen zwei auseinandergehn;
einmal will einer den andern nicht mehr verstehn –
einmal gabelt sich jeder Weg – und jeder geht allein –
wer ist daran schuld?

Es gibt keine Schuld. Es gibt nur den Ablauf der Zeit.
Solche Straßen schneiden sich in der Unendlichkeit.
Jedes trägt den andern mit sich herum –
etwas bleibt immer zurück.

Einmal hat es euch zusammengespült,
ihr habt euch erhitzt, seid zusammengeschmolzen,
und dann erkühlt –
Ihr wart euer Kind. Jede Hälfte sinkt nun herab –:
ein neuer Mensch.

Jeder geht seinem kleinen Schicksal zu.
Leben ist Wandlung. Jedes Ich sucht ein Du.
Jeder sucht seine Zukunft. Und geht nun mit stockendem Fuß,
vorwärtsgerissen vom Willen, ohne Erklärung und
ohne Gruß
in ein fernes Land.

Kurt Tucholsky

---

1 Tucholsky, Kurt, *Aus!*, 1930.

Sachliche Romanze[2]

Als sie einander acht Jahre kannten
(und man darf sagen: sie kannten sich gut),
kam ihre Liebe plötzlich abhanden
Wie andern Leuten ein Stock oder Hut.

Sie waren sehr traurig, betrugen sich heiter,
versuchten Küsse, als ob nichts sei,
und sahen sich an und wußten nicht weiter.
Da weinte sie schließlich. Und er stand dabei.

Vom Fenster aus konnte man Schiffen winken.
Er sagte, es wäre schon Viertel nach Vier
und Zeit, irgendwo Kaffee zu trinken. –
Nebenan übte ein Mensch Klavier.

Sie gingen ins kleinste Café am Ort
und rührten in ihren Tassen.
Am Abend saßen sie immer noch dort.
Sie saßen allein, und sie sprachen kein Wort
und konnten es einfach nicht fassen.

Erich Kästner

Wird kommen der Tag[3]

Wird kommen
der Tag
da ich mich häute
und abstreife
die Trauer
Wird kommen
der Tag
da ich mich hülle
in die Farben
des Regenbogens
zu tanzen
auf den Gräbern
von gestern

Antje Sabine Naegeli

---

2 Erich Kästner, *Sachliche Romanze*, aus: Lärm im Spiegel © Atrium Verlag AG, Zürich 1929.
3 Antje Sabine Naegeli, *Schneckenhauszeit: Schutzraum für die Seele* © 2015, Verlag am Eschbach.

Überall du[4]

Überallnirgends
begegne ich dir
Den Bogen deiner Brauen
erkenne ich wieder
deine gesenkten Lider
in fremden Gesichtern
Manchmal
nur einen Augenblick lang
bewegt sich einer
wie du
Ein anderer lacht
dein Lachen
Nachts trommelt Regen
deinen Namen
gegen die Fensterscheiben
Aber der Sternenhimmel
baut keine Brücken mehr
zwischen dir
und mir

Antje Sabine Naegeli

„Ich glaube, dass Gott aus allem, auch aus dem Bösesten, Gutes entstehen lassen kann und will ...
Ich glaube, dass auch unsere Fehler und Irrtümer nicht vergeblich sind und dass es Gott nicht schwerer ist, mit ihnen fertig zu werden, als mit unseren vermeintlichen Guttaten."[5]

Dietrich Bonhoeffer

---

4 Ebd.
5 Bonhoeffer, Dietrich, 1943.

Bevor ich sterbe[6]

Noch einmal sprechen
von der Wärme des Lebens
damit doch einige wissen:
Es ist nicht warm
aber es könnte warm sein

Bevor ich sterbe
noch einmal sprechen
von Liebe
damit doch einige sagen:
Das gab es
das muß es geben

Noch einmal sprechen
vom Glück der Hoffnung auf Glück
damit doch einige fragen:
Was war das
wann kommt es wieder?

Erich Fried

Alles wandelt sich[7]

Alles wandelt sich. Neu beginnen
Kannst du mit dem letzten Atemzug
Aber was geschehen, ist geschehen. Und das Wasser
Das du in den Wein gossest, kannst du
Nicht mehr herausschütten.

Was geschehen, ist geschehen. Das Wasser
Das du in den Wein gossest, kannst du
Nicht mehr herausschütten. Aber
Alles wandelt sich. Neu beginnen
Kannst du mit dem letzten Atemzug.

Bertold Brecht

---

6 Erich Fried, *Bevor ich sterbe*, aus ders.: Lebensschatten Gedichte © 1981, 1996, 2001 Verlag Klaus Wagenbach, Berlin.
7 Brecht, Bertolt, *Alles wandelt sich*, aus ders.: Die Gedichte. © Bertolt-Brecht-Erben / Suhrkamp Verlag 2000.

Winter[8]

Es hat auf die Rosen geschneit.
Die Rosen sterben im Schnee.
Will sehn, daß ich Winter und Zeit
Überblüh und übersteh.

Eva Strittmatter

Beziehung[9]

Bleib so
wie du bist
sagte er
am Anfang

als er
sagte
du mußt
dich ändern
war es
schon
zu spät

Inge Krupp

---

8 Strittmatter, Eva, *Winter*, aus: dies., Sämtliche Gedichte. Erw. Neuausgabe © Aufbau Verlag GmbH & Co. KG, Berlin 2015 (Das Gedicht erschien erstmals 1977 in E.S.: Die eine Rose überwältigt alles, im Aufbau-Verlag, Berlin und Weimar).
9 Krupp, Inge, *Beziehung*. © Inge Krupp.

Seit Papa weg ist[10]

Im Frühling schreib ich Gedichte,
die sind ganz hellgrün
und buttergelb.
Ich glaube nie an die Geschichte,
daß oft im März noch Schnee fällt.

Im Sommer denk ich hellblau,
Himmel, Wasser,
und spiel mich durch die Ferien.
Bei jedem Wetter hab ich für mich Zeit.

Im Herbst
Besuch ich Oma auf dem Lande,
es riecht nach Äpfeln, Heu und Most.
Im Herbst brennt echtes Feuer,
wenn sie Kuchen backt.

Im Winter hab ich meine Freunde
im Hinterhof und vor dem Haus,
und fernsehn darf ich dann auch länger.
Vielleicht
kommt Papa ja zu Weihnachten
nach Haus.

Christine Haidegger

---

10 Haidegger, Christine, *Seit Papa weg ist,* Salzburg o.J.

Hilfreiche Links, weiterführende Materialien

Kinder im Blick – Ein Kurs für Eltern in Trennung
Wenn Eltern sich trennen, verändert sich vieles, auch für die Kinder. Sie brauchen in dieser Zeit besonders viel Unterstützung, um den Übergang in den neuen Lebensabschnitt gut zu bewältigen. „Kinder im Blick" behandelt als Kurs für Eltern drei grundlegende Fragen: Wie kann ich die Beziehung zu meinem Kind positiv gestalten und seine Entwicklung fördern? Was kann ich tun, um Stress zu vermeiden und abzubauen? Wie kann ich den Kontakt zum anderen Elternteil im Sinne meines Kindes gestalten? *Kinder im Blick* ist ein wissenschaftlich fundiertes Angebot, das in der Beratungspraxis mit Trennungsfamilien entwickelt wurde. Es hat seine Grundlagen in der Stress- und Scheidungsforschung und baut auf dem Elternkurs *Familienteam* auf.
www.kinder-im-Blick.de

Mit Brüchen leben. Andachten – Gottesdienste – Texte für die Arbeit mit alleinerziehenden Müttern und Vätern
Diese kleine Arbeitshilfe ist entstanden in enger Zusammenarbeit des bayrischen Gottesdienstinstituts mit den beiden kirchlichen Fachstellen für Alleinerziehende Nürnberg und München und der Evangelischen Arbeitsgemeinschaft für alleinerziehende Mütter und Väter in der Diakonie Bayern.
https://shop.gottesdienstinstitut.org/mit-bruechen-leben-gottesdienstmaterialien-fuer-die-arbeit-mit-alleinerziehenden-2017.html (19.03.2020).

Konfirmation feiern in Trennungsfamilien
Dieser Flyer ist entstanden in Zusammenarbeit der Konfirmand*innenarbeit der ELKB mit den beiden kirchlichen Fachstellen für Alleinerziehende Nürnberg und München.
https://alleinerziehende-nuernberg.de/evangelische-fachstelle-alleinerziehende/nordbayern (19.03.2020).

Damit das Fest zum Fest wird. Feste feiern nach Trennung und Scheidung.
Feste wie Geburtstage, Einschulung oder Konfirmation werfen in Ein-Eltern-Familien spezielle Fragen auf. Die Arbeitsgemeinschaft für alleinerziehende Mütter und Väter in der Diakonie Deutschland will mit dieser Broschüre anregen, sich rechtzeitig darüber Gedanken zu machen, wie es gelingen kann, dass das Fest zum Fest wird.
https://www.alleine-erziehen.de/materialien/downloads/index.php?rex_media_type=default&rex_media_file=feste-feiern-agae.pdf (26.05.2020).

Wechselmodell: nur unter Beachtung des Kindeswohls
Die Arbeitsgemeinschaft für alleinerziehende Mütter und Väter in der Diakonie Deutschland setzt mit diesem Positionspapier aus fachlicher und verbandlicher Sicht Impulse, damit Eltern auch nach Trennung und Scheidung gemeinsam die Erziehungsverantwortung wahrnehmen und Kindern den unbelasteten Umgang mit beiden Elternteilen ermöglichen können.
https://www.diakonie.de/fileadmin/user_upload/_temp_/05_2018__Wechselmodell_Internet.pdf (26.05.2020).

Die Autorinnen und Autoren

Ahrens, Petra-Angela, Oberkirchenrätin, Diplom-Sozialwirtin, ist Referentin für empirische Kirchen- und Religionssoziologie im Sozialwissenschaftlichen Institut der EKD.
Albrecht, Johannes, Pfarrer, Krankenhausseelsorger, Familientherapeut (Systemische Familientherapie), ist Krankenhausseelsorger im Evangelischen Zentrum für Altersmedizin, Potsdam.
Arens, Marion, Diplom-Sozialpädagogin, ist Projektkoordinatorin im Forschungsprojekt „*Endlich fragt mich jemand!*" – *Partizipative Datenerhebung bei und mit Alleinerziehenden in Bielefeld Stieghorst* im Geschäftsbereich Menschen in Vielfalt, Diakonie für Bielefeld gGmbH.
Bakemeier, Christian, zunächst Sozialarbeiter beim Evangelischen Johanneswerk/Bielefeld in der Straffälligenhilfe, hat das Bielefelder Netzwerk Soziale Strafrechtspflege mit aufgebaut und war Vorsitzender der Evangelischen Konferenz für Straffälligenhilfe in Westfalen. 2007 wechselte er als Fachreferent für Straffälligenhilfe und Bahnhofsmission zur Diakonie Deutschland. Seit 2012 führt er u.a. die Geschäfte der Bahnhofsmission Mobil gGmbH, deren Hauptaufgabe der Kinderbegleitdienst *Kids on Tour* ist. Er ist Bundesgeschäftsführer der Bahnhofsmission.
Baumgarten, Margit, Theologin und Pastorin in Gemeinden, Kirchenkreisleitung und Landeskirche, seit 2011 Referentin der Fachstelle Familien und familienbezogene Erwachsenenbildung der Nordkirche und Vorsitzende des Konvents Evangelischer Theologinnen der Bundesrepublik Deutschland e.V., ist seit Juni 2020 im Ruhestand.
Behrens, Johanna, Diplom Sozialpädagogin (FH), ist Leiterin der Kirchlichen Allgemeinen Sozialarbeit im Diakonischen Werk Landshut e.V.
Boger, Miriam, Erwachsenenbildnerin, Gemeindepädagogik/Diakonie (B.A.), staatl. Anerkannte Sozialarbeiterin (B.A.), ist Referentin für Familienbildung und Familienpolitik in der Diakonie Rheinland-Westfalen und Lippe e.V., Geschäftsführung eaf-nrw.
Brinkmann, Sylvia, Diplom-Pädagogin, ist Geschäftsführerin des Evangelischen Fachverbands für Frauengesundheit e.V. (EVA).
Brückmann, Karin Kornelia, Diplom-Sozialarbeiterin, ist seit 1984 zuständig für die Begleitung von Müttern in Konfliktsituationen und alleinerziehenden Familien im evangelischen Dekanat Büdinger Land der Evangelischen Kirche in Hessen und Nassau (EKHN).
Carrier, Manfred, Altenpfleger, Sozialarbeiter und Sozialgerontologe, ist Referent für stationäre und teilstationäre Altenhilfe und Pflege in der Diakonie Deutschland im Evangelischen Werk für Diakonie und Entwicklung e.V.

Charbonnier, Ralph, Dr. theol., ist Theologischer Vizepräsident des Landeskirchenamtes der Evangelisch-lutherischen Landeskirche Hannovers, war bis Oktober 2020 Leiter des Referates für Sozial- und Gesellschaftspolitische Fragen des EKD-Kirchenamtes, Hannover.

Christian, Barbara, ist Referentin für Frauenfragen und Angebote für Alleinerziehende und Geschäftsführerin des Fachverbands Evangelische Arbeitsgemeinschaft für alleinerziehende Mütter und Väter im Diakonischen Werk Bayern.

Coenen-Marx, Cornelia, OKR a.D., Theologin, war bis 2015 in verschiedenen Leitungspositionen in Kirche und Diakonie tätig, unter anderem als Theologischer Vorstand der Kaiserswerther Diakonie, zuletzt als Leiterin des Referats Sozial- und Gesellschaftspolitik der EKD und als Geschäftsführerin der Kammer für Soziale Ordnung und der Kommission für die EKD-Orientierungshilfe „Zwischen Autonomie und Abhängigkeit". Sie ist Inhaberin der Agentur Seele-und-Sorge und Autorin verschiedener Bücher, Artikel und Rundfunkbeiträge.

Daniel, Klaus, MA Diaconic Management, Diplom-Sozialpädagoge und Trauma-Fachberater, ist Geschäftsbereichsleiter/Prokurist der Diakonie für Bielefeld gGmbH, Geschäftsbereich Menschen in Vielfalt.

Daumüller, Rosemarie, Diplom-Sozialpädagogin, ist Geschäftsführerin des Landesfamilienrats Baden-Württemberg.

Gebelein, Ulrike, Diplom-Erziehungswissenschaftlerin, ist Referentin für Kinderpolitik, Familienförderung und Familienerholung in der Diakonie Deutschland im Evangelischen Werk für Diakonie und Entwicklung e.V.

Giebel, Astrid, Dr. theol., Pastorin, Diplom-Diakoniewissenschaftlerin, ist Theologin im Leitungsstab der Diakonie Deutschland im Evangelischen Werk für Diakonie und Entwicklung e.V.

Giffey, Franziska, Dr. rer. pol., von 2010 bis 2015 Bezirksstadträtin für Bildung, Schule, Kultur und Sport von Berlin-Neukölln, von 2015 bis 2018 Bezirksbürgermeisterin von Berlin-Neukölln, ist seit 2018 Bundesministerin für Familie, Senioren, Frauen und Jugend (BMFSFJ).

Gröne, Susanne, Prof. Dr., Diplom-Sozialpädagogin und Diplom-Pädagogin, ist Professorin an der Hochschule Coburg.

Habert, Annette, ist Initiatorin von *Mein Papa kommt / Meine Mama kommt*. Bundesweites Besuchsprogramm für Kinder mit zwei Elternhäusern der gemeinnützigen Flechtwerk 2+1 gGmbH.

Hahn, Werner-Malte, Diakon, Diplom-Sozialpädagoge (FH), Gestalttherapeut, ist Leiter der Evangelischen Fachstelle für alleinerziehende Frauen und Männer München und Südbayern.

Heuser, Timon, M.A., ist wissenschaftlicher Mitarbeiter der Fachhochschule Bielefeld im Kooperationsprojekt mit der Diakonie für Bielefeld „Endlich fragt mich jemand!" – *Partizipative Datenerhebung mit und bei Alleinerziehenden in Bielefeld Stieghorst.*

Hofmann, Beate, Prof. Dr. theol, ist Bischöfin der Evangelischen Kirche von Kurhessen-Waldeck und außerplanmäßige Professorin für Diakoniewissenschaft und Diakoniemanagement an der Kirchlichen Hochschule Wuppertal/Bethel.

Janke, Luise, Einzelhandelskauffrau, war ab 2005 arbeitslos und machte verschiedene AGHs. Von 2017 bis Ende 2018 war sie über die Soziale Teilhabe in der Denkfabrik des Sozialunternehmens NEUE ARBEIT gGmbH tätig, deren Gesellschafter*innen die Evangelische Gesellschaft Stuttgart e.V. und der Ambulante Hilfe e.V. sind. Seit über 16 Jahren (Teilhabechancengesetz) ist sie im Kaufhaus Bad Cannstatt der Neuen Arbeit beschäftigt.

Jaspers, Daniela, Sozialpädagogin (B.A.) und Erzieherin, alleinerziehend seit 2006 mit zwei Kindern, ist seit 2019 Bundesvorsitzende des „Verband alleinerziehender Mütter und Väter Bundesverband e.V.". Beruflich ist sie als Sozialpädagogin in der Wohnungslosenhilfe bei einem christlichen Arbeitgeber in Berlin tätig.

Kenter-Götte, Bettina, als Singlemutter diffamiert und von Behörden drangsaliert, als Schauspielerin honoriert, als Autorin prämiert, vom Jobcenter sanktioniert. 2011 wurde ihr „Hartz-Grusical" mit dem Stuttgarter Autorenpreis ausgezeichnet, seither setzt sie sich für die Enttabuisierung der Armut ein. 2018 ist ihr Buch „Heart's Fear" erschienen, bis zum „Shutdown" war sie als schreibende Autorin unterwegs zu „Lesungen mit Spielszenen". Im Dezember 2019 ist sie auch im Bundestag aufgetreten. Sie hat eine Tochter und eine kleine Enkelin und lebt mit ihrem Mann im Großraum München. 2020 hat sie ihr 50-jähriges Bühnenjubiläum gefeiert.

Koenig, Noémie (B.A.), Sozialwissenschaftlerin, arbeitete neben ihrem Studium in verschiedenen Instituten der Fraunhofer Gesellschaft (IAO und IAT) als Werkstudentin. Aktuell befindet sie sich im Weiterstudium und arbeitet als wissenschaftliche Hilfskraft an dem Institut für Mobilitäts- und Stadtplanung der Universität Duisburg-Essen.

Krause, Liane, ist seit 22 Jahren Treffpunktleiterin im Treffpunkt des Diakonischen Werkes Altdorf-Hersbruck-Neumarkt e.V.

Langmeyer, Alexandra N., Dr. phil., ist Leiterin der Fachgruppe „Lebenslagen und Lebenswelten von Kindern" in der Abteilung Kinder und Kinderbetreuung am Deutschen Jugendinstitut München.

Lilie, Ulrich, Pfarrer, war bis 2014 Theologischer Vorstand der Graf Recke Stiftung Düsseldorf und zuvor Krankenhausseelsorger und Gemeindepfarrer mit dem Zusatzauftrag der Leitung und Seelsorge am Hospiz des Evangelischen Krankenhauses in Düsseldorf. Seit 2014 ist er Präsident der Diakonie Deutschland und seit 2017 Vorsitzender des Evangelischen Werkes für Diakonie und Entwicklung e.V.

Loheide, Maria, studierte Soziale Arbeit und Heilpädagogik, übernahm 2011 in der Diakonie Rheinland, Westfalen und Lippe die Geschäftsbereichsleitung Familie-Bildung-Erziehung. Seit 2012 ist sie Vorstand Sozialpolitik der Diakonie Deutschland und Vorstand des Evangelischen Werks für Diakonie und Entwicklung e.V. Sie hat den Vorsitz der Sozialkommission II der Bundesarbeitsgemeinschaft der Freien Wohlfahrtspflege inne und ist Vizepräsidentin des Deutschen Vereins für öffentliche und private Fürsorge.

Mack, Karin, Dipl. Religionspädagogin (FH), ist Leiterin der Evangelischen Fachstelle Alleinerziehende Nürnberg und Nordbayern.

Mackscheidt, Elisabeth, Dr. phil., Familientherapeutin und Mediatorin in eigener Praxis, war von 1983 bis 1996 Referentin in der katholischen Alleinerziehendenarbeit.

Mäder-Linke, Corinna, Diplom-Sozialpädagogin, Master of Arts (Arbeits- und Organisationspsychologie), Sozialtherapeutin-Sucht (GVS), Supervisorin (DGSv), war von 1997 bis 2012 in der therapeutischen Arbeit mit abhängigkeitskranken Menschen und als Fachbereichsleiterin der Suchtkrankenhilfe eines diakonischen Trägers tätig. Seit 2010 selbständig als Supervisorin, ist sie seit 2018 Geschäftsführerin des Gesamtverbandes für Suchthilfe e.V. (GVS) – Fachverband der Diakonie Deutschland, Berlin.

Meier-Gräwe, Uta, Prof. em. Dr. sc., von 1994 bis 2018 Professorin für Wirtschaftslehre des Privathaushalts und Familienwissenschaft an der Universität Gießen, dort seit 2013 Leiterin des Kompetenzzentrums „Professionalisierung und Qualitätssicherung haushaltsnaher Dienstleistungen", u.a. Mitglied der Sachverständigenkommission für den Ersten und Zweiten Gleichstellungsbericht der Bundesregierung, war Mitglied des wissenschaftlichen Beirats für die Evaluation der Modellprojekte des Verbands alleinerziehender Mütter und Väter (VAMV).

Meyer, Luisa, Journalistin mit dem Schwerpunkt „Nahost und Religionen", Biographie-Autorin, war von 2014 bis 2017 Autorin/Redaktionsmitarbeiterin bei der evangelischen Wochenzeitung „Die Kirche". Zur Zeit volontiert sie beim Westdeutschen Rundfunk in Köln.

Müller, Janina, ist Verwaltungsfachwirtin im öffentlichen Dienst. Sie hat zwei Kinder, zurzeit im Grundschulalter. Verheiratet ist sie seit dem 18.07.2007, verwitwet seit dem 14.12.2016.

Ratzke, Katharina, Dr. phil., Diplom-Pädagogin, Kinder- und Jugendlichenpsychotherapeutin und systemische Familientherapeutin, ist Referentin für Sozialpsychiatrie und Suchthilfe im Zentrum Gesundheit, Rehabilitation und Pflege der Diakonie Deutschland im Evangelischen Werk für Diakonie und Entwicklung e.V.

Reim, Julia, M.A., Wissenschaftliche Referentin am Deutschen Jugendinstitut München, ist wissenschaftliche Mitarbeiterin im Projekt *pairfam* der Ludwig-Maximilians-Universität München.

Scheer, Doris, Diplom-Pädagogin, Projektmanagement und Projektkoordinierung für das SEMPRE Projekt vom November 2015 bis Mai 2019, ist Europareferentin beim Diakonischen Werk Schleswig-Holstein.

Schöningh, Insa, Dr. phil., Diplom-Soziologin, ist Bundesgeschäftsführerin der evangelischen arbeitsgemeinschaft familie e.V. (eaf).

Städtler-Mach, Barbara, Prof. Dr. theol., Diakoniewissenschaftlerin, ist u.a. Gründerin des Instituts für Pflegeforschung, Gerontologie und Ethik der Evangelischen Hochschule Nürnberg (EVHN) und seit 2014 Präsidentin der EVHN.

Stephan, Ulrike, Diplom-Pädagogin, seit 1990 Mitarbeit in der Evangelischen Familienbildung Berlin, davon 15 Jahre Leiterin eines Familienzentrums, ist seit 2014 Referentin im Forum Familienbildung bei der evangelischen arbeitsgemeinschaft familie e.V. (eaf).

Theißen, Henning, Prof. Dr. theol., ist Heisenbergstipendiat der Deutschen Forschungsgemeinschaft und Verwaltungsprofessor für Systematische Theologie am Institut für Ethik und Theologie an der Fakultät Bildung der Leuphana Universität Lüneburg.

Thie, Johanna, Diplom-Haushaltsökonomin, mit den Arbeitsschwerpunkten Armut und Existenzsicherung, geschlechtsspezifische Gewalt, ist seit 2008 Referentin „Hilfen für Frauen" in der Diakonie Deutschland im Evangelischen Werk für Diakonie und Entwicklung e.V.

Walper, Sabine, Prof. Dr. phil., Diplom-Psychologin, Forschungsdirektorin am Deutschen Jugendinstitut München, ist Professorin für Allgemeine Pädagogik und Jugendforschung an der Ludwig-Maximilians-Universität München.

Zabbée, Eva-Maria, Sozialarbeiterin, ist Referentin für Familienhilfe im Diakonischen Werk evangelischer Kirchen in Niedersachsen.